A comender

L. 1264.
6. 49. D. 13.

COLLECTION
DES MÉMOIRES

RELATIFS

À L'HISTOIRE DE FRANCE.

HISTOIRE DES CROISADES, PAR GUILLAUME DE TYR,
TOME III.

PARIS, IMPRIMERIE DE A. BELIN,
rue des Mathurins S.-J., n°. 14.

COLLECTION
DES MÉMOIRES

RELATIFS

A L'HISTOIRE DE FRANCE,

DEPUIS LA FONDATION DE LA MONARCHIE FRANÇAISE JUSQU'AU 13e SIÈCLE;

AVEC UNE INTRODUCTION, DES SUPPLÉMENS, DES NOTICES
ET DES NOTES;

Par M. GUIZOT,

PROFESSEUR D'HISTOIRE MODERNE A L'ACADÉMIE DE PARIS.

A PARIS,

CHEZ J.-L.-J. BRIÈRE, LIBRAIRE,

RUE SAINT-ANDRÉ-DES-ARTS, N°. 68.

1824.

HISTOIRE DES CROISADES.

LIVRE DIX-SEPTIÈME.

Nous pensons qu'il est juste et assez à propos, dans la présente histoire, de faire connaître à la postérité les noms des princes qui assistèrent à l'assemblée dont nous avons parlé, et qui étaient venus de tant de contrées diverses.

Le premier était le seigneur Conrad, d'illustre mémoire, roi des Teutons et empereur des Romains. Parmi les princes ecclésiastiques de sa suite, on remarquait le seigneur Othon, frère de l'Empereur, homme lettré et évêque de Freysingen; le seigneur Étienne, évêque de Metz; le seigneur Henri, évêque de Toul et frère du seigneur Thierri, comte de Flandre; le seigneur Théotin, né teuton, légat du siége apostolique, et qui avait reçu du seigneur pape Eugène l'ordre de marcher à la suite de l'armée impériale. Parmi les laïques on comptait le seigneur Henri, duc d'Autriche et frère de l'Empereur; le seigneur duc Guelfe, homme illustre et puissant; le seigneur Frédéric, illustre duc de Souabe, fils du frère aîné de l'Empereur, jeune homme d'un excellent naturel, qui plus tard a succédé à son oncle, et gouverne maintenant l'empire romain avec autant de sagesse que de bravoure; le seigneur Hermann, marquis de la province de Vérone; le seigneur Berthold, qui fut par la suite duc de Bavière; le seigneur Guillaume, marquis de Montferrat et beau-frère, par sa femme, du seigneur Empereur; Gui, comte de Blandrada, qui avait épousé la sœur du marquis de Montferrat, tous deux nés en Lombardie, tous deux grands et illustres princes. Il y avait encore quelques autres hommes nobles et dignes de respect, mais leurs noms et leurs titres ne nous sont pas connus.

On voyait également dans cette assemblée le seigneur Louis, très-pieux roi des Français, d'illustre mémoire dans le Seigneur; et avec lui le seigneur Godefroi, évêque de Langres; le seigneur Arnoul, évêque de Lisieux; le seigneur Gui de Florence, cardinal-prêtre de l'église romaine, du titre de saint Chrysogone, et légat du siége apostolique; le seigneur comte du Perche, et frère du Roi; le seigneur Henri, comte de Troyes, fils du seigneur comte Thibaut l'ancien, et gendre du Roi, jeune homme d'un excellent naturel; le seigneur Thierri, illustre comte de Flandre et beau-frère, par sa femme, du roi de Jérusalem; et le seigneur Ive de Nesle, de Soissons, homme sage et plein de foi. Il y avait encore beaucoup d'autres hommes nobles, puissans et dignes de mémoire, mais il serait trop long de rapporter tous leurs noms et je les omets à dessein.

À la tête des princes de nos contrées était le seigneur Baudouin, roi de Jérusalem, jeune homme de la plus belle espérance; il était accompagné de sa mère, femme douée de sagesse et de prudence, portant en son sein un cœur d'homme et non moins éclairée que le prince le plus éclairé; ils avaient avec eux le seigneur Foucher, patriarche de Jérusalem; le seigneur Baudouin, archevêque de Césarée; le seigneur Robert, archevêque de Nazareth; le seigneur Rorgon, évêque d'Accon; le seigneur Bernard, évêque de Sidon; le seigneur Guillaume, évêque de Béryte; le seigneur Adam, évêque de Panéade; le seigneur Gérald, évêque de Bethléem; Robert, maître des chevaliers du Temple; Raimond, maître des Hospitaliers; et parmi les laïques : Manassé, connétable du Roi; Philippe de Naplouse, Hélinand de Tibériade, Gérard de Sidon, Gaultier de Césarée, Pains, seigneur du pays situé au-delà du Jourdain; Balian l'ancien, Honfroi de Toron, Gui de Béryte, et beaucoup d'autres encore, qu'il serait trop long de désigner chacun par son nom. Tous ces princes et seigneurs s'étaient réunis, comme j'ai dit, dans la ville d'Accon, afin d'examiner ce qu'il y avait de mieux à faire, eu égard aux lieux et aux tems, pour travailler, avec l'aide du Seigneur, à l'agrandissement du royaume et à la gloire du nom chrétien.

[1147.] On mit donc en discussion tous les objets sur lesquels il pouvait y avoir lieu à délibérer; et à la suite de plusieurs propositions qui furent, comme il arrive toujours en pareil cas, soutenues et combattues par les partis divers, on jugea d'un commun accord que ce qui valait le mieux en ce moment était d'aller assiéger la ville de Damas, toujours dangereuse pour les Chrétiens. Cette résolution définitivement arrêtée, on ordonna aux hérauts de publier de toutes parts que tous les princes eussent à se préparer pour le jour qui fut indiqué, afin de conduire leurs troupes vers le pays de Damas. En conséquence, et le 25 mai de l'an de grâce 1147, toutes les troupes qui se trouvaient dans le royaume, tant en gens de pied qu'en chevaliers, et en indigènes qu'en étrangers et pèlerins, s'étant rassemblées, les princes agréables à Dieu, précédés du bois salutaire de la croix vivifiante, se rendirent avec leurs hommes dans la ville de Tibériade, ainsi qu'il avait été convenu. De là, suivant des chemins raccourcis, ils conduisirent leurs armées le long de la mer de Galilée jusqu'à Panéade, qui est la Césarée de Philippe. Après avoir consulté les hommes qui connaissaient le mieux la situation de la ville de Damas et toute la contrée environnante, les princes les plus considérables tinrent conseil et jugèrent que, pour mieux investir la ville, il serait convenable de s'emparer d'abord des vergers qui l'entourent en grande partie et lui font un puissant moyen de défense, pensant qu'après que ces positions seraient occupées il serait assez facile de s'emparer de la place elle-même. Conformément à cette résolution, les princes se remirent en route, traversèrent le célèbre mont Liban, situé entre Césarée de Philippe et Damas, et descendirent ensuite au village appelé Darie, placé à l'entrée de la plaine de Damas et à quatre ou cinq milles de distance de cette ville. De cette position les Chrétiens voyaient à découvert la ville et tout le territoire qui l'environne.

Damas est la ville principale et la métropole de la petite Syrie, province autrement appelée Phénicie du Liban. Elle est désignée par Isaïe comme la capitale de la Syrie [1], et reçut son nom d'un serviteur d'Abraham,

[1] Isaïe, chap. 7, v. 8.

qui en fut, à ce qu'on croit, le fondateur; ce nom veut dire *la ville de sang* ou *la ville ensanglantée*. Elle est située au milieu d'une plaine stérile et qui serait entièrement aride si elle n'était arrosée par les eaux qui y sont conduites dans des canaux très-anciennement construits. Un fleuve qui descend d'un monticule voisin vers l'extrémité supérieure de la contrée, est reçu dans ces canaux, et une partie de ses eaux est dirigée dans la plaine et distribuée de tous côtés pour fertiliser un sol d'ailleurs infécond ; ce qui reste de ces eaux (car le fleuve en fournit en abondance), arrose, sur l'une et l'autre rive, des vergers couverts d'arbres à fruits, et coule ensuite le long des murailles de la ville, du côté de l'orient.

Lorsque les princes furent arrivés au village de Darie, comme ils se trouvaient déjà dans le voisinage de Damas, ils formèrent leurs corps d'armée, et assignèrent à toutes les légions un ordre de marche, de peur qu'il ne s'élevât des querelles nuisibles au succès des opérations futures, si elles s'avançaient toutes ensemble et indistinctement. En vertu d'une décision des princes, le roi de Jérusalem reçut l'ordre de marcher le premier avec son armée et de montrer le chemin aux autres, parce qu'on déclara que les hommes qu'il avait sous ses ordres connaissaient mieux les localités. On prescrivit au roi des Français de prendre la seconde ligne et d'occuper le centre avec toutes ces troupes, afin d'être prêt, s'il était nécessaire, à porter secours à ceux qui marchaient devant lui. Par suite de la même décision l'Empereur reçut ordre de former la troisième et dernière ligne, et de se préparer à résister aux ennemis s'ils venaient par hasard faire une attaque sur les derrières, afin que les deux premiers corps d'armée se trouvassent en sûreté de ce côté.

Les trois armées ainsi formées dans un ordre convenable, on porta le camp en avant, afin de se rapprocher de la ville le plus possible. Vers l'occident, par où nos troupes arrivaient, et vers le nord, le sol est entièrement garni de vergers, qui forment comme une forêt épaisse que l'œil ne peut percer, et qui se prolongent vers le Liban sur un espace de cinq milles et plus. Afin que les propriétés ne soient pas confondues et que les passans ne puissent y entrer à leur gré, ces vergers sont entourés de murailles construites en terre, car il y a peu de pierres dans le pays. Ces clôtures servent donc à déterminer les possessions de chacun, et sont séparées elles-mêmes par des sentiers et chemins publics, fort étroits à la vérité, mais suffisans pour le passage des jardiniers et de ceux qui ont soin des vergers, lorsqu'ils vont porter des fruits à la ville avec leurs bêtes de somme. Ces vergers sont en même temps pour la ville de Damas d'excellentes fortifications; les arbres y sont plantés très-serrés et en grand nombre, les chemins sont fort étroits, en sorte qu'il semble à peu près impossible d'arriver jusqu'à la ville, si l'on veut passer de ce côté. C'était cependant par là que nos princes avaient résolu dès le principe de conduire leurs armées et de s'ouvrir un accès vers la place. Deux motifs les avaient déterminés : ils espéraient qu'après s'être emparés des lieux les mieux fortifiés, et sur lesquels le peuple de Damas mettait le plus sa confiance, ce qui resterait ensuite à faire serait peu de chose et pourrait être accompli plus facilement; en second lieu, ils désiraient pour leurs armées pouvoir profiter de la commodité des fruits et des eaux.

Le roi de Jérusalem entra donc le premier avec ses troupes dans ces étroits sentiers ; mais l'armée éprouvait une extrême difficulté à s'avancer, soit à cause du peu de largeur des chemins, soit parce qu'elle était incessamment harcelée par des hommes cachés derrières les broussailles, soit enfin parce qu'il fallait se battre souvent contre les ennemis qui s'étaient emparés des avenues et occupaient tous les défilés. Tout le peuple de la ville en était sorti d'un commun accord, pour venir s'établir dans les vergers, et s'opposer au passage de notre armée, soit en se plaçant en embuscade, soit en attaquant à force ouverte. Il y avait en outre, dans l'intérieur même des vergers, des maisons élevées qu'on avait garnies d'hommes propres au combat, et dont les propriétés étaient voisines. De là, lançant des flèches et toutes sortes de projectiles, ils défendaient l'entrée de leurs jardins et ne laissaient approcher personne ; et comme leurs flèches portaient aussi sur les chemins publics, ceux qui voulaient y passer ne pouvaient le faire sans courir les plus grands dangers. Ce n'était pas seulement ainsi que nos soldats se trouvaient exposés ; des périls de toutes sortes les environnaient de tous côtés, et la mort les menaçait de mille manières imprévues. Il y avait encore dans l'intérieur des vergers, et le long des murailles, des hommes cachés avec des lances, qui pouvaient voir tous les passans à travers de petites ouvertures pratiquées à dessein dans ces murailles, sans être vus eux-mêmes, et qui transperçaient les passans en les frappant dans les flancs.

On dit que dans cette première journée un grand nombre des nôtres périrent de ce misérable genre de mort. Ils rencontrèrent encore au milieu de ces défilés beaucoup d'autres piéges dangereux qu'il serait impossible de détailler.

Dans cette position les Chrétiens persistèrent cependant avec ardeur, et renversant de vive force les clôtures des jardins, ils s'emparèrent des vergers à l'envi les uns des autres, et percèrent de leurs glaives ou firent prisonniers tous ceux qu'ils trouvèrent dans les enclos ou dans les maisons dont j'ai parlé. Effrayés par ces exemples, ceux qui sortaient de la ville pour venir faire un service du même genre abandonnèrent les jardins et rentrèrent en foule dans la place; et ainsi, après avoir mis leurs ennemis en fuite et en avoir tué un grand nombre, les nôtres eurent toute liberté de se porter en avant.

Les corps de cavalerie, tant ceux qu'avaient formés les citoyens de Damas, que ceux qui étaient composés des étrangers accourus à leur secours, ayant appris que notre armée s'avançait du côté des vergers pour faire le siége de la ville, étaient allés s'établir sur les bords du fleuve qui coule sous les remparts, afin d'attaquer nos troupes avec leurs arcs et leurs machines à projectiles, et de les repousser loin de la rivière lorsqu'elles y arriveraient pour chercher quelque soulagement à leur soif, à la suite des longues fatigues du voyage. Les nôtres, en effet, apprenant que le fleuve était dans le voisinage, se hâtèrent de s'y rendre, pour apaiser la soif ardente que leur avaient donnée les travaux de la journée et les nuages de poussière soulevés sans cesse par les pieds des hommes et des chevaux : ils s'arrêtèrent un moment en voyant les bords du fleuve occupés par une multitude innombrable d'ennemis. Ils reprirent cependant courage ; la nécessité ranima leurs forces et leur audace, et ils tentèrent à deux reprises consécutives, mais toujours en vain, de se rendre maîtres de la rivière. Tandis que le roi de Jérusalem et les hommes de son armée faisaient les plus grands efforts sur ce point sans pouvoir parvenir à leur but, l'Empereur, qui commandait le corps d'armée placé sur les derrières, demandait pourquoi l'armée ne se portait pas en avant. On lui annonça que les ennemis occupaient les bords du fleuve, et fermaient ainsi le passage. Aussitôt l'Empereur, enflammé de colère, et s'élançant à travers le corps d'armée du roi des Français, arriva rapidement, à la tête de ses chefs, sur le point où l'on combattait pour attaquer et défendre les rives du fleuve. L'Empereur mit sur-le-champ pied à terre, de même que ceux qui étaient avec lui (car c'est ainsi que font les Teutons, lorsqu'ils se trouvent à la guerre réduits à quelque grande extrémité), et tous ensemble, portant leur bouclier en avant et le glaive en main, s'élancèrent sur les ennemis, pour combattre corps à corps. D'abord ceux-ci avaient vigoureusement résisté, mais ils ne purent soutenir le choc des nouveaux assaillans, et prenant aussitôt la fuite ils abandonnèrent le fleuve et se retirèrent en toute hâte dans la ville.

On dit que dans cette attaque l'Empereur fit un exploit bien digne d'être raconté dans tous les siècles : on assure qu'il vit un des ennemis qui se défendait et combattait avec beaucoup de courage et de vigueur, et que, malgré la cuirasse qu'il portait, l'Empereur l'abattit d'un seul coup, et fit tomber en même temps la tête, le cou, l'épaule et le bras gauche, et même une portion du flanc gauche. Cet événement répandit une si grande terreur parmi les citoyens de Damas qui en avaient été témoins, ou à qui on le raconta, qu'ils perdirent tout espoir de résister et même de sauver leurs vies.

Après qu'ils se furent emparés du passage et des rives du fleuve, les Chrétiens dressèrent leur camp de tous côtés sous les murailles de la ville, et usèrent librement et selon leur gré des vergers dont ils étaient maîtres, ainsi que des eaux de la rivière. Les assiégés, saisis d'étonnement, admiraient la force et la valeur des nôtres; ils perdaient toute confiance en eux-mêmes, comme s'il leur fût devenu impossible de se défendre : et dans la crainte qu'ils avaient de toute nouvelle attaque, ils ne se croyaient nulle part en sûreté, lorsqu'ils venaient à se souvenir quels s'étaient montrés la veille ceux qui les avaient vaincus. Ils délibérèrent en commun, et, recourant aux moyens extrêmes, employant les artifices dont on se sert dans l'affliction et pour des circonstances malheureuses, ils firent garnir de grandes et longues poutres, posées en travers, toutes les rues de la ville qui se trouvaient dans le quartier près duquel nos armées avaient dressé leur camp, n'ayant d'autre espoir que de pouvoir sortir avec leurs femmes et leurs enfans par l'autre extrémité, tandis que les Chrétiens seraient occupés à renverser ces barrières. Il semblait en effet que la ville ne pût manquer de tomber promptement au pouvoir du peuple chrétien, moyennant la protection de la Divinité. Mais celui qui est *terrible dans ses desseins sur les fils des hommes* [1] en avait autrement décidé.

Je viens de dire que la ville était serrée de très-près, et que les citoyens avaient perdu tout espoir de défense et de salut : déjà même ils préparaient leurs bagages et faisaient leurs dispositions pour abandonner la place, lorsqu'en punition de nos péchés ils en vinrent à fonder quelque espérance sur la cupidité des nôtres, et voulurent tenter d'attaquer par l'argent les esprits de ceux dont ils craignaient de ne pouvoir dompter les forces corporelles. Aussitôt ils mirent leurs soins à faire réussir toutes sortes d'intrigues, et promettant et envoyant même des sommes considérables à quelques-uns des princes, ils les entraînèrent à remplir le rôle du traître Judas, et à employer tout leur zèle et leur crédit pour parvenir à faire lever le siége. Corrompus, et par ce qu'ils avaient reçu, et par les promesses qu'on leur faisait encore, n'écoutant que la cupidité, conseillère de tous les vices, ils en vinrent à ce point de scélératesse de tromper par leurs impies suggestions les rois et les princes pélerins qui se confiaient en leur bonne foi et en leur habileté, et les entraînèrent à abandonner le quartier des vergers, pour transporter leur camp et leurs armées à l'autre extrémité de la ville. Ils dirent, pour couvrir d'un prétexte leurs artifices, qu'il n'y avait de cet autre côté de la place qui fait face au midi, non plus que du côté de l'orient, ni vergers qui formassent un point d'appui pour la défense, ni fleuve ni fossés qui pussent rendre plus difficiles l'accès et l'attaque des murailles. Les murailles, disaient-ils en outre, étaient basses et

[1] Psaum. 65, v. 4.

couvertes en briques non cuites, en sorte qu'elles ne pourraient pas même soutenir un premier assaut : ils ajoutaient encore que, de ce même côté, on n'aurait besoin ni de machines ni d'efforts considérables ; que dès la première attaque il ne serait nullement difficile de renverser les murailles en les poussant avec la main, et d'entrer aussitôt après dans la place. En faisant ces propositions, ils n'avaient d'autre but que d'éloigner nos armées du quartier dans lequel elles s'étaient établies, et par où la ville se trouvait vivement pressée et dans l'impossibilité de résister long-temps, sachant très-bien d'ailleurs que du côté opposé nos armées ne pourraient persévérer dans leur entreprise et poursuivre les travaux du siége.

Les rois aussi bien que les principaux seigneurs crurent à ces conseils ; et, abandonnant les lieux dont ils s'étaient emparés naguère à la sueur de leurs fronts et après y avoir perdu beaucoup de monde, ils transportèrent leurs troupes et leur camp vers l'autre extrémité de la ville, marchant sous la conduite de leurs séducteurs. Mais bientôt se voyant placés hors de portée des eaux et des fruits qu'ils avaient auparavant en abondance, et se trouvant entièrement privés de toute espèce d'alimens, ils commencèrent à soupçonner quelque fraude, et se plaignirent, mais trop tard, d'avoir été méchamment entraînés à quitter les positions les plus avantageuses.

Le camp était entièrement dépourvu de denrées : on leur avait persuadé, même avant qu'ils entreprissent cette expédition, qu'ils s'empareraient de la place sans coup férir, et, dans cet espoir, les Chrétiens n'avaient apporté de vivres que pour quelques jours : les pélerins surtout se trouvaient dans le dénuement, et il n'était pas possible de leur en faire un tort, puisqu'ils n'avaient aucune connaissance des localités. On leur avait dit que la ville se rendrait sans la moindre difficulté et dès le premier assaut, et, qu'en attendant ce moment, une armée considérable trouverait suffisamment de quoi se nourrir avec les fruits qu'elle pourrait se procurer sans frais, dût-elle même être entièrement dépourvue de toute autre espèce de denrées. Dans cette nouvelle situation les Chrétiens ne savaient que faire, et délibéraient tantôt en secret tantôt publiquement. Il leur semblait fâcheux et même impossible d'aller reprendre les positions qu'ils avaient quittées. En effet, aussitôt après qu'ils en étaient sortis, les ennemis, voyant leurs désirs accomplis, s'appliquèrent à fortifier ces lieux et les chemins par où nos soldats avaient passé, beaucoup plus même qu'ils ne l'étaient auparavant; ils encombrèrent les avenues de poutres et d'énormes quartiers de pierres, et les vergers furent occupés par des multitudes d'archers, chargés de repousser quiconque tenterait de s'approcher. Une attaque contre la ville, dans les nouvelles positions que nos troupes avaient prises, ne pouvait se faire sans quelque délai, et cependant le défaut absolu de vivres n'en permettait aucun.

Les princes pélerins eurent donc des conférences entre eux; et reconnaissant, à ne pouvoir en douter, la méchanceté de ceux dont ils avaient attendu toute bonne foi pour le salut de leurs ames et le succès de leur entreprise, persuadés d'ailleurs qu'ils ne pourraient désormais réussir, ils résolurent de retourner dans le royaume, détestant les perfidies de ceux qui les avaient trompés. Ainsi, ces rois et ces princes, formant une réunion telle que nous n'en connaissons point en aucun siècle, remplis de confusion et de crainte, et forcés, en punition de nos péchés, de renoncer à leurs desseins sans avoir pu les accomplir, reprirent la route qu'ils avaient d'abord suivie, et rentrèrent dans le royaume.

Ils ne cessèrent dans la suite, et même après qu'ils eurent quitté l'Orient, de se méfier de toutes les actions de nos princes; et, certes, ce n'était pas sans raison. Ils se tenaient en garde contre leurs avis, comme pouvant cacher des piéges, et ne montraient plus aucun zèle pour les affaires du royaume. Lorsqu'il leur fut donné de retourner dans leur patrie, ils conservèrent toujours le souvenir des affronts qu'ils avaient reçus, et eurent en horreur la méchanceté de nos princes. Ils inspirèrent aussi les mêmes dispositions à ceux qui n'avaient point assisté à ces événemens. Dès lors, en effet, on ne vit plus un aussi grand nombre de pèlerins entreprendre le voyage ni témoigner autant de ferveur; et ceux qui arrivaient ou arrivent encore aujourd'hui, voulant éviter d'être pris aux mêmes piéges, s'empressaient et s'empressent de retourner chez eux aussi promptement qu'il leur est possible.

Je me souviens d'avoir très-souvent questionné à ce sujet des hommes sages, et qui avaient conservé un souvenir très-fidèle des événemens de ce temps, et je le faisais principalement avec l'intention de pouvoir consigner dans cette histoire tout ce que j'en aurais appris. Je leur demandais quelle avait été la cause de ce grand malheur, quels étaient les auteurs de ces crimes, comment un projet aussi détestable avait pu être exécuté. J'ai recueilli des rapports fort divers sur les causes que l'on peut assigner à cet événement : quelques personnes pensent que le comte de Flandre pourrait avoir fourni la première occasion de tous ces maux. J'ai déjà dit qu'il était dans l'armée qui entreprit cette expédition. Après que les Chrétiens furent arrivés auprès de la ville de Damas, lorsqu'ils se furent emparés de vive force des vergers et du passage du fleuve, enfin lorsqu'on eut commencé le siége de la ville, on dit que le comte alla trouver en particulier et séparément les rois de l'Occident, et qu'il leur adressa les plus vives prières, pour en obtenir que la ville lui fût livrée dès qu'elle serait prise ; on assure même qu'on le lui promit. Quelques-uns des grands de notre royaume en furent instruits, et s'indignèrent, de concert avec d'autres personnes, qu'un si grand prince, qui devait être satisfait de ce qu'il possédait, et qui semblait vouloir combattre pour le Seigneur, sans prétendre à aucune récompense, eût demandé qu'on lui adjugeât une si belle portion du royaume ; car ils espéraient que tout ce qui pourrait être conquis avec le concours et par les soins des princes pélerins tournerait à l'agrandissement du royaume et au profit des seigneurs qui y habitaient. L'indignation qu'ils en ressentirent les poussa jusqu'à cette honteuse pensée d'aimer mieux que la ville demeurât entre les mains des ennemis, que de la voir devenir la propriété du comte ; et cela, parce qu'il leur semblait trop cruel pour ceux qui avaient passé toute leur vie à combattre pour le royaume et à supporter des fatigues infinies, de voir des nouveaux venus recueillir les fruits de leurs travaux, tandis qu'eux-mêmes, constamment négligés, seraient obligés de renoncer à l'espoir des récompenses que leurs longs services semblaient cependant avoir méritées. D'autres disent que le prince d'Antioche, indigné que le roi de France eût oublié la reconnaissance qu'il lui devait et l'eût abandonné sans vouloir lui prêter assistance, avait engagé quelques-uns des princes de l'armée, autant du moins qu'ils pouvaient tenir à sa bienveillance, à faire en sorte que les entreprises du Roi n'eussent aucun succès, et qu'il avait obtenu d'eux qu'ils emploieraient tous leurs soins pour le forcer de se retirer honteusement sans avoir réussi dans ses efforts. D'autres enfin affirment qu'il ne se passa rien autre chose si ce n'est que l'or des ennemis corrompit ceux qui firent tout le mal; et ils disent même d'ordinaire, comme un fait miraculeux, que dans la suite cet argent si mal acquis devint une cause de réprobation, et fut complétement inutile entre les mains de ses possesseurs. Quels furent les ministres de ce détestable crime? c'est sur quoi il y a encore beaucoup de versions différentes, et il m'a été impossible de découvrir quelque chose de positif. Quels qu'ils soient, qu'ils sachent que tôt ou tard ils seront payés selon leurs services, à moins qu'ils n'offrent au Seigneur une satisfaction convenable, et qu'il ne daigne l'agréer dans sa miséricordieuse clémence.

Les Chrétiens se retirèrent donc sans gloire; la ville de Damas se réjouit de leur départ après avoir été frappée de terreur; et pour les nôtres, au contraire, « la harpe se changea en de tristes plaintes, et nos instrumens de musique en des voix lugubres [1]. »

[1] Job, chap. 30, v. 81.

Les rois, de retour dans notre royaume, convoquèrent de nouveau une assemblée de tous les grands, et tentèrent, mais inutilement, de former quelque entreprise qui pût mettre leur mémoire en honneur dans la postérité. Quelques-uns eurent l'idée d'aller assiéger la ville d'Ascalon, toujours occupée par le peuple infidèle, qui se trouvait, en quelque sorte, placée au milieu du royaume, et où l'on pourrait transporter sans aucune difficulté toutes les choses dont on aurait besoin. Ils assuraient que rien ne serait plus facile que d'y rétablir promptement le culte chrétien; mais, à la suite de beaucoup de propos semblables, ce projet avorta comme le précédent, et fut abandonné avant même d'être adopté, car le Seigneur, dans sa colère, semblait vouloir déjouer tous leurs efforts.

Cependant l'empereur Conrad, voyant que le Seigneur lui avait retiré sa grâce et qu'il était hors d'état de rien faire pour l'avantage de notre royaume, fit préparer ses navires, prit congé de Jérusalem et retourna dans ses propres États. Peu d'années après, il mourut à Bamberg [1], et fut enseveli avec magnificence dans la grande église. C'était un homme pieux et miséricordieux, beau de sa personne, illustre par son courage, habile à la guerre et plein d'expérience; sa vie et ses mœurs furent en tout point dignes d'éloges, et sa mémoire est demeurée en bénédiction. Le seigneur Frédéric, illustre duc de Souabe, qui l'avait accompagné dans son expédition et ne s'était jamais séparé de lui, fils de son frère aîné et jeune homme d'une grande distinction, lui succéda dans

[1] Le 15 février 1152.

l'Empire ¹, et c'est lui qui le gouverne maintenant avec autant de vaillance que de bonheur. Le roi des Français voulut voir accomplir dans le royaume la révolution de l'année. Au printemps il célébra les fêtes de Pâques à Jérusalem, et partit ensuite avec sa femme et ses princes pour retourner dans ses États. Se souvenant, après qu'il y fut arrivé, des affronts qu'il avait reçus de sa femme pendant son voyage et dans tout le cours de son pélerinage, il fit prononcer solennellement son divorce en présence de tous les évêques de son royaume, et se sépara d'elle en alléguant la parenté qui les unissait. Aussitôt après, le duc de Normandie, comte d'Anjou, la prit pour femme et l'épousa ² avant d'aller en Aquitaine prendre possession de son héritage paternel. Immédiatement après son mariage ³, le duc de Normandie succéda au seigneur Étienne, roi d'Angleterre, mort sans laisser d'enfans du meilleur sexe. Plus heureux dans un second mariage, le roi de France s'unit alors avec la fille de l'empereur des Espagnes, nommée Marie ⁴, vierge agréable à Dieu, et que ses vertus et sa sainte conduite ont rendue digne des plus grands éloges.

[1148.] Depuis ce jour la situation des Latins en Orient commença à empirer visiblement. Nos princes et nos plus grands rois, qui semblaient les plus fermes appuis du peuple chrétien, virent tous leurs efforts déjoués, leurs entreprises sans succès; les ennemis in-

---

¹ Frédéric I, dit Barberousse, élu empereur de Germanie et roi des Romains, le 15 mars 1152. — ² En 1152. — ³ En 1154. — ⁴ Constance, fille d'Alphonse VIII, roi de Castille; en 1154.

sultèrent par leurs railleries à cet abaissement de nos forces, à cette disparition de notre gloire; la présence même de ceux dont le nom seul leur inspirait naguère la terreur, ne leur était plus fatale; ils en vinrent à ce point d'insolence et d'audace de ne plus se méfier de leurs propres forces, et de nous attaquer sans crainte, et avec plus d'acharnement qu'ils n'en avaient montré jusque alors. Ainsi, après le départ des deux rois, Noradin, fils de Sanguin, dont j'ai déjà eu occasion de parler, rassembla dans tout l'Orient une multitude infinie de Turcs, et exerça ses fureurs dans les environs d'Antioche, avec plus de témérité que jamais. Voyant que le territoire possédé par les princes latins ne pouvait recevoir aucun secours, il alla mettre le siége devant un château fort nommé Népa. Cependant le seigneur Raimond, prince d'Antioche, en ayant été informé, ne consulta que son courage et son impétuosité naturelle, qui ne lui permettaient pas d'écouter jamais les conseils d'autrui: il ne voulut pas même attendre la réunion de ses chevaliers qu'il avait ordonné de convoquer, et partit imprudemment avec un petit nombre d'hommes. Il trouva Noradin poursuivant les travaux du siége auprès du château de Népa. Celui-ci, dès qu'il fut instruit de l'approche du prince, craignant qu'il ne fût suivi d'un plus grand nombre de troupes, et ne voulant ni l'attendre ni se mesurer avec lui, abandonna le siége et se retira en lieu de sûreté, pour se donner le temps d'apprendre par les messagers qu'il expédia à plusieurs reprises, quels étaient les auxiliaires qui marchaient à la suite du prince, et s'il pouvait compter sur des forces plus considérables.

Enorgueilli par ce premier succès, et, selon son usage, se confiant en lui-même plus qu'il n'aurait dû le faire, le prince d'Antioche ne tarda pas à négliger les précautions convenables : il avait près de lui des forteresses dans lesquelles il eût pu se maintenir sans aucun dommage et ramener de là ses troupes sans le moindre danger ; mais il aima mieux demeurer dans une plaine toute ouverte, pensant qu'il serait honteux de paraître avoir cédé à un sentiment de crainte en se retirant, même momentanément, et préférant rester exposé aux embûches des ennemis.

Cette même nuit Noradin, voyant que le prince n'avait reçu aucun renfort, conçut l'espoir de remporter sur lui et les siens une victoire facile : il disposa ses bataillons en cercle, investit de toutes parts les troupes du prince et se prépara à les assiéger comme dans une place. Le lendemain matin, Raimond, entouré d'une multitude d'ennemis, commença, mais trop tard, à se méfier de ses propres forces et à douter du succès ; il forma cependant ses rangs, plaça ses chevaliers en bon ordre, et fit ses dispositions pour combattre. La bataille s'engagea en effet ; mais les Chrétiens, trop inférieurs en nombre, et ne pouvant soutenir une lutte inégale, prirent la fuite, abandonnant le prince au milieu d'un petit nombre des siens. Il se battit avec vigueur, comme un homme plein de courage et d'une bravoure remarquable ; enfin, épuisé de fatigue, il tomba percé de coups au milieu des nombreux ennemis sur lesquels la force de son bras s'était appesantie : sa tête et son bras droit furent séparés de son corps, et les restes de ce cadavre tout mutilé demeurèrent sur le champ de bataille au milieu de tous les autres. Parmi ceux qui périrent dans cette journée, on remarquait un homme grand et puissant, digne des regrets éternels de son pays, le seigneur Renaud des Mares, à qui le comte d'Édesse avait donné sa fille en mariage. On perdit encore quelques autres nobles, dont les noms nous sont inconnus. Le seigneur Raimond était un homme d'un grand courage ; il avait beaucoup d'habileté et d'expérience à la guerre, et s'était rendu extrêmement formidable aux ennemis ; cependant il eut peu de bonheur. Il faudrait un écrit particulier pour faire connaître toutes les actions magnifiques, toutes les preuves de vaillance par lesquelles il s'illustra dans sa principauté ; mais dans l'empressement que je dois mettre à rapporter les faits généraux, il m'est impossible de m'arrêter à des détails de ce genre. Il fut tué l'an 1148 [1] et le 27 du mois de juin, dans la treizième année de son règne, le jour de la fête des saints apôtres Pierre et Paul, et mourut dans le lieu appelé la *Fontaine murée*, situé entre la ville d'Apamie et le bourg de Rugia. Son corps, que l'on reconnut à de certaines cicatrices, fut retrouvé parmi les morts et transporté à Antioche, où on l'ensevelit solennellement dans le vestibule de l'église du Prince des apôtres, au milieu de ses prédécesseurs.

Pour mettre le comble à sa gloire, et pour célébrer une victoire signalée par la mort de celui qu'il regardait comme le plus redoutable ennemi des Gentils, Noradin envoya la tête et le bras droit de cet ennemi (qu'il avait fait enlever dans ce dessein) au plus puissant prince et monarque des Sarrasins, le calife de Bag-

[1] En 1149, selon *l'Art de vérifier les dates*.

dad, et à tous les autres satrapes turcs établis en Orient. Privés de l'assistance d'un si grand protecteur, les habitans du pays d'Antioche s'abandonnèrent aux lamentations, ne pouvant retenir leurs larmes, exprimant leur douleur par de profonds gémissemens, et rappelant, d'une voix plaintive, les actions héroïques de l'homme fort. Les peuples les plus voisins ne furent pas les seuls que la nouvelle de cette mort pénétra d'une vive tristesse, et lorsque la renommée la répandit de toutes parts, les grands et les petits ressentirent dans leur cœur une profonde amertume et furent accablés de la plus vive douleur.

Cependant Noradin, se montrant, comme son père, le plus zélé persécuteur de la foi et du nom du Christ, voyant que le prince et la plupart des hommes vigoureux avaient péri dans le combat, et que toute la province d'Antioche se trouvait ainsi livrée à sa merci, y conduisit aussitôt ses troupes et parcourut tout le pays en ennemi; il passa près d'Antioche, livrant aux flammes tout ce qui tombait sous sa main, et se rendit de là au monastère de Saint-Siméon, situé sur des montagnes très-élevées, entre Antioche et la mer. Là encore il usa de toutes choses selon son bon plaisir, et ordonna en maître absolu; il descendit vers la mer qu'il n'avait point encore vue, et alla s'y baigner en présence de tous les siens, comme pour prendre acte de la victoire qui l'avait conduit en ces lieux. Puis il revint vers le château de Harenc, situé à dix milles d'Antioche tout au plus, s'en empara en passant, le garnit de troupes et y fit entrer beaucoup de provisions d'armes et de vivres, afin qu'il fût en état de soutenir un long siége. Le peuple entier fut saisi de crainte; le pays fut humilié en sa présence, parce que le Seigneur avait livré entre ses mains et la force de la chevalerie et le prince de la contrée. Nul ne venait le secourir, nul ne lui offrait sa protection pour repousser les périls qui le menaçaient. Il ne restait dans le pays, pour prendre soin des affaires publiques et du gouvernement de la principauté, que la femme du prince, Constance, et avec elle deux fils et deux filles encore enfans; et d'ailleurs il n'y avait personne qui remplît les fonctions du prince, ni qui pût relever le peuple de son profond abattement.

Cependant Aimeri, patriarche d'Antioche, homme habile et très-riche, déploya assez de courage dans ces circonstances, et se porta pour protecteur de son pays affligé. Revenant de sa parcimonie accoutumée, et cherchant à pourvoir aux premières nécessités du temps, il donna de l'argent en abondance pour lever et payer des troupes. Le roi de Jérusalem éprouva une extrême consternation en apprenant la mort du prince d'Antioche et les dangers qui menaçaient cette contrée. Il convoqua aussitôt ses chevaliers pour porter secours à ses malheureux frères, et partit en toute hâte pour Antioche; les habitans désespéraient d'eux-mêmes et avaient perdu tout courage; la présence du Roi leur apporta quelque consolation. Il rassembla aussitôt des forces, réunit celles qu'il avait amenées à tout ce qu'il put lever dans le pays, et invita les habitans à la résistance, et, afin de leur apprendre à se relever de leur abattement, il alla mettre le siége devant le château de Harenc, qui avait été repris tout récemment par les Turcs. Quelques jours après, voyant qu'il ne pouvait réussir dans son entreprise parce que le château avait été mis en bon état de défense, il y renonça et retourna à Antioche.

Le soudan d'Iconium, ayant appris la mort du prince, descendit en Syrie suivi d'une nombreuse multitude, s'empara de beaucoup de villes et d'un plus grand nombre de châteaux, et alla mettre le siége devant Turbessel, où le comte d'Edesse était enfermé avec sa femme et ses enfans. Le Roi pendant ce temps envoya Honfroi, son connétable, avec soixante chevaliers pour défendre le château de Hasarth, et empêcher qu'il ne fût pris par les Turcs. Le comte d'Edesse finit par rendre au soudan tous les prisonniers de son pays qu'il retenait dans les fers; il lui donna en outre douze armures de chevalier, et conclut la paix avec lui. Le soudan se retira, et le comte, ayant recouvré la liberté, partit le même jour pour Hasarth. Il se rendit de là à Antioche pour aller rendre grâces au seigneur Roi des bons procédés qu'il avait eus à son égard. Après avoir vu le Roi et pris congé de lui, le comte retourna dans son pays avec la faible escorte qui l'avait accompagné. Le Roi demeura à Antioche pour prendre soin des affaires de ce pays abandonné; il les régla aussi bien que le temps et les lieux pouvaient le permettre, et la tranquillité étant un peu rétablie, il repartit pour son royaume, où ses intérêts particuliers le rappelaient.

Le patriarche d'Antioche avait, dit-on, appelé auprès de lui le comte Josselin le jeune, homme nonchalant, indigne héritier de la gloire de son père, perdu de débauche et dégoûtant de souillure, qui méprisait les meilleures voies pour suivre les plus pernicieuses, et qui croyait avoir emporté le plus grand de tous les succès par la chute du prince d'Antioche, contre lequel il nourrissait une haine implacable, sans faire attention à la vérité du proverbe qui dit : « C'est de notre affaire qu'il s'agit lorsque la maison voisine est en feu. » Le comte, étant donc parti pendant la nuit, marchait séparé de son escorte avec un jeune homme qui conduisait son cheval : il s'était arrêté pour satisfaire, à ce qu'on dit, à quelque besoin. Ceux qui marchaient en avant et ceux qui le suivaient n'en avaient aucune connaissance, lorsque tout-à-coup des brigands, cachés en embuscade, s'élancèrent sur lui, le firent prisonnier, et le conduisirent à Alep chargé de fers. Recueillant le fruit de ses vices immondes, accablé sous le poids des chaînes et par l'infection de son cachot, consumé par les angoisses de l'esprit et les souffrances du corps, il trouva là enfin le terme de sa misérable existence. Le jour étant revenu, ceux qui accompagnaient le comte, ignorant entièrement ce qui s'était passé auprès d'eux, cherchèrent leur seigneur avec anxiété, et n'ayant pu le découvrir ils retournèrent chez eux et racontèrent ce qui leur était arrivé. Toute cette terre fut de nouveau livrée à la consternation ; ses habitans n'avaient su compatir aux souffrances de leurs voisins ; mais, exposés à leur tour aux mêmes périls, ils apprirent par leur propre expérience qu'il faut savoir prendre pitié des maux d'autrui. Quelques jours après, les rapports des individus qui s'étaient positivement assurés du fait, firent connaître que le comte était retenu dans les fers à Alep. Sa femme, honnête, réservée, remplie de la crainte de Dieu, et telle que les femmes qui aiment le Seigneur, demeura avec son fils encore enfant et ses deux filles. Elle fit tous les efforts possibles pour gouverner son peuple, avec l'assistance des seigneurs restés auprès d'elle, et s'appliqua, plus qu'il n'appartient aux forces d'une femme, à défendre les forteresses du pays contre les ennemis, et à les approvisionner en armes, en hommes et en denrées. Ainsi, et en punition de nos péchés, ces deux contrées, privées de leurs plus fermes appuis et ayant peine à se maintenir, étaient l'une et l'autre gouvernées par des femmes.

Tandis que ces événemens se passaient dans les environs du pays d'Antioche, et peu de temps après ce que je viens de raconter, la clémence divine visita enfin notre royaume. Se relevant de la poussière et de l'abattement où ils étaient comme ensevelis à la suite de tous les malheurs qui leur étaient survenus, et reprenant un peu de courage, le seigneur Roi et les autres princes de la contrée de Jérusalem résolurent de travailler à resserrer plus étroitement encore leurs cruels ennemis d'Ascalon, afin d'opposer de nouvelles barrières à leurs dangereuses incursions. A cet effet ils formèrent le projet de relever l'antique ville de Gaza (située au midi et à dix milles de distance d'Ascalon) alors entièrement détruite et dépeuplée ; au nord et à l'orient ils avaient élevé un cercle de forteresses qui tenaient la ville d'Ascalon comme assiégée ; ils voulurent s'assurer les mêmes ressources du côté du midi, afin de pouvoir renouveler plus fréquemment leurs attaques, et la harceler plus vivement en lui préparant de nouveaux piéges. Au jour fixé le peuple entier se réunit, comme un seul homme, sur le point convenu, et tous travaillèrent à l'envi les uns des autres pour reconstruire la ville. Gaza avait été très-anciennement l'une des cinq villes du pays des Philistins; elle était célèbre par le nombre de ses édifices, et l'on retrouva d'abondantes preuves de son antiquité et de sa noblesse dans ses églises et ses vastes maisons toutes tombant en ruines, dans les marbres et les immenses pierres qui y étaient encore, et dans une grande quantité de citernes et de puits d'eaux vives. Elle était située sur une colline peu élevée et entourée de murailles qui renfermaient une assez vaste étendue de terrain. Les Chrétiens reconnurent qu'il ne serait peut-être pas convenable, et qu'ils n'auraient d'ailleurs ni les forces ni le temps de relever toute la ville; ils prirent donc la portion qui était sur la colline, et ayant jeté des fondations à une profondeur suffisante, ils élevèrent une belle muraille, construisirent des tours, et leurs travaux furent terminés promptement et heureusement par l'assistance du Seigneur. Les ouvrages finis et bien soignés dans toutes leurs parties, ils résolurent, d'un commun accord, d'en remettre la garde aux frères du Temple, et leur concédèrent à perpétuité la ville et toute la contrée environnante. Les frères, hommes forts et vaillans dans les combats, ont conservé jusqu'à ce jour ce dépôt avec autant de fidélité que de sagesse; ils ont fréquemment porté la désolation dans la ville d'Ascalon par les attaques qu'ils ont dirigées contre elle, soit à force ouverte, soit en tendant des embûches secrètes. Auparavant les Ascalonites parcouraient toute la contrée, la ravageaient en ennemis furieux, et s'étaient rendus redoutables aux Chrétiens; dès ce moment ils s'estimèrent infiniment heureux de vivre en repos à l'abri de leurs murailles, et d'acheter la paix de temps à autre, soit par leurs humbles soumissions, soit à prix d'argent. Et ce n'est pas seulement comme dirigée contre cette ville, lorsqu'elle se montrait encore intraitable, que la nouvelle forteresse rendit de grands services aux Chrétiens; alors même que la ville d'Ascalon eut été soumise, cette forteresse, qui formait la frontière vers le midi, servit aussi contre les Égyptiens, et devint comme le boulevart de tout le pays.

[1149.] Au commencement du printemps, lorsque les travaux intérieurs furent à peu près achevés, le Roi et le seigneur patriarche y laissèrent les frères du Temple, et retournèrent à Jérusalem.

Vers ce même temps, on vit arriver le secours d'Égyptiens qui venaient solennellement trois ou quatre fois l'année pour relever les forces et le courage des Ascalonites. Ils s'avancèrent en nombre considérable, et vinrent se présenter devant la nouvelle ville; les habitans rentrèrent dans la place par crainte de leurs ennemis, et ceux-ci livrèrent quelques assauts avec beaucoup de vigueur; mais leurs chefs voyant, au bout de quelques jours de siége, qu'ils ne pouvaient en venir à leurs fins, se remirent en route pour Ascalon. Depuis ce jour il sembla que leurs forces eussent été détruites et qu'on leur eût enlevé tout pouvoir de nuire, si bien qu'ils cessèrent entièrement d'exercer leurs vexations ordinaires sur toute la contrée environnante. Les armées d'Égypte, qui continuèrent à venir apporter des secours aux habitans d'Ascalon, devenus dès lors malheureux, prirent l'habitude de ne plus suivre que la route de mer, se méfiant des chevaliers renfermés dans la forteresse, et voulant éviter les embûches qu'on pouvait leur dresser.

A cette époque, les affaires du royaume d'Orient étaient dans une situation assez prospère, et le pays jouissait de quelque tranquillité; mais nous avions perdu le comté d'Edesse; le comte lui-même était tombé au pouvoir des Turcs, et le pays d'Antioche était continuellement en butte aux attaques inopinées des infidèles. Alors aussi l'ennemi, qui va sans cesse semant la dissension parmi les hommes, jaloux de notre prospérité et cherchant à exciter chez nous des agitations intérieures, fit tous ses efforts pour troubler notre repos. Je dois exposer les causes et l'origine de ces nouveaux périls.

Après la mort de son mari, la reine Mélisende, d'illustre et pieuse mémoire, demeura, ainsi que je l'ai dit, avec deux enfans encore en bas âge; elle prit soin du gouvernement du royaume en vertu de ses droits héréditaires, et fut, à titre légitime, tutrice de ses deux fils. Elle avait administré jusqu'à ce jour avec autant de vigueur que de fidélité, s'appuyant de l'autorité des conseils des princes, et déployant une force et un courage qui l'élevaient au dessus de son sexe. Son fils aîné, le seigneur Baudouin, dont j'écris en ce moment l'histoire, la soutenait dans l'exercice de son pouvoir, et s'y soumettait avec juste raison, même après qu'il eut été élevé au trône de ses pères. Parmi ceux dont elle employait les services et les conseils, la Reine avait pour serviteur intime un homme noble, son cousin, nommé Manassé. Dès qu'elle eut pris possession du gouvernement, elle lui confia toute autorité sur les troupes, et le nomma commandant en chef. Cet homme, se confiant en la protection de la Reine, se montrait, dit-on, fort arrogant; il s'élevait insolemment au-dessus de tous les grands du royaume, et ne témoignait à aucun d'eux le respect qui leur était dû. Cette conduite lui avait attiré la haine de tous les nobles, et ces sentimens auraient éclaté par des effets, si la Reine n'eût employé toute son autorité à les contenir. Manassé avait épousé la veuve du seigneur Balian l'ancien, noble matrone, mère des trois frères Hugues, Baudouin et Balian de Ramla, et ce mariage lui avait valu de grandes richesses et des possessions considérables. Le Roi était placé d'intention et de fait en tête de ceux qui poursuivaient Manassé de leur inimitié; il l'accusait de lui enlever les bonnes grâces de sa mère et de la gêner dans sa munificence. Tous ceux qui détestaient la puissance de ce seigneur, et à qui sa domination déplaisait ne manquaient pas d'entretenir le Roi dans son aversion et d'animer ses ressentimens. Ils le poussaient aussi à éloigner sa mère du pouvoir, lui disant que, puisqu'il était parvenu à l'adolescence, il était honteux pour lui d'être gouverné par les caprices d'une femme, et l'engageant à demander qu'on remît du moins entre ses mains une portion des affaires de son propre royaume.

Séduit par ces conseils et d'autres semblables, le Roi résolut de se faire couronner solennellement à Jérusalem le jour de la fête de Pâques : le seigneur patriarche et les hommes sages qui aimaient la paix du royaume, le supplièrent instamment d'admettre sa mère à prendre part aux mêmes honneurs; le Roi ne voulut pas y consentir : après avoir pris l'avis de ses conseillers, et le jour même qu'il avait d'abord fixé, il différa la cérémonie ; mais le lendemain, sans avoir prévenu sa mère, il parut tout-à-coup en public couronné de lauriers.

A la suite de cette solennité, le Roi convoqua une assemblée des grands, et en présence d'Ives, comte de Soissons, et de Gaultier, seigneur de Saint-Aldemar, il alla trouver sa mère et lui demanda impérieusement de partager le royaume, et de lui assigner une portion dans l'héritage de ses aïeux. A la suite de beaucoup de discussions et de délibérations, on fit en effet ce partage ; on donna le choix au seigneur Roi ; il prit pour sa part les deux villes maritimes de Tyr et d'Accon, avec toutes leurs dépendances, et laissa à la Reine Jérusalem et Naplouse, aussi avec toutes leurs dépendances. Lorsque cette division eut été acceptée de part et d'autre, le peuple jugea qu'il fallait tolérer ces arrangemens pour le bien de la paix, et espéra que l'une et l'autre des parties seraient satisfaites de ce qui lui était échu.

Aussitôt après, le Roi nomma pour son connétable et chargea de son autorité sur les troupes, un homme noble et magnifique, le seigneur Honfroi de Toron, qui avait de grandes et vastes propriétés en Phénicie, dans les montagnes voisines de la métropole de Tyr. Mais la Reine ne fut pas quitte à ce prix des persécutions de ses ennemis; les causes les plus frivoles ranimèrent le feu caché sous la cendre et allumèrent un incendie plus grand et plus dangereux que le précédent. Le Roi, cédant aux conseils de ceux qui l'avaient d'abord poussé, recommença à tracasser sa mère, et résolut enfin de l'expulser complétement de la portion du royaume qu'elle avait obtenue de son propre consentement, et de s'en emparer pour lui-même. Instruite de ses projets, la Reine confia à quelques-uns de ses fidèles le soin de garder la ville de Naplouse, et se retira de sa personne à Jérusalem. Pendant ce temps le Roi convoqua tous ses chevaliers, alla assiéger Manassé dans un château fort nommé Mirebel, le contraignit à se rendre, et à renoncer à tout le royaume et à toute la contrée située en deçà de la mer; il alla ensuite prendre possession de Naplouse, et partit de là pour poursuivre sa mère jusque dans Jérusalem.

Cependant la Reine avait été abandonnée par quelques-uns de ceux dont les possessions se trouvaient dans la portion qui lui était échue en partage; ils oublièrent leurs sermens et les devoirs de fidélité qui les obligeaient envers elle. Un petit nombre d'entre eux lui demeurèrent attachés et se montrèrent fidèles; savoir: Amaury, comte de Joppé; son fils, jeune encore; Philippe de Naplouse, Richard l'ancien et quelques autres dont les noms me sont inconnus. Lorsqu'elle apprit que son fils s'avançait à la tête d'une armée, la Reine se retira dans la citadelle avec les gens de sa maison et ses fidèles, ayant toute confiance aux fortifications de ce château. Cependant le seigneur patriarche Foucher, de précieuse mémoire, voyant approcher le temps des malheurs et les jours de l'épreuve, résolut de se porter pour médiateur et de faire des propositions de paix. Il prit dans son clergé des hommes religieux et remplis de la crainte de Dieu, et marcha à la rencontre du seigneur Roi; il l'invita à renoncer à ses mauvais desseins, à se renfermer dans les termes des conventions antérieures, et à laisser sa mère en repos. Mais voyant qu'il ne pouvait rien obtenir, il rentra dans la ville, détestant les conseils du Roi.

Ce prince cependant, poursuivant ses projets, dressa son camp sous les murs de la ville; mais les habitans, craignant d'encourir la colère royale, lui ouvrirent les portes et accueillirent le Roi ainsi que ses troupes. Il fit investir aussitôt la citadelle, où sa mère s'était retirée, prescrivit toutes les dispositions d'un siége, et se présentant en ennemi, il employa les balistes, les arcs et toutes les machines propres à lancer des projectiles, pour attaquer sans relâche ceux qui s'y étaient enfermés, sans leur laisser un seul moment de repos. Les assiégés résistant vigoureusement à celui qui les combattait vigoureusement, travaillaient à repousser la force par la force, et comme on les attaquait avec tous les moyens qu'on emploie contre des étrangers, ils ne se faisaient aucun scrupule de se servir des mêmes moyens, et de rendre, comme à des ennemis, les maux qu'ils avaient à souffrir. On combattit donc pendant quelques jours avec des périls égaux de chaque côté; les affaires du Roi n'avançaient pas, mais il ne voulait pas renoncer à son entreprise; enfin quelques personnes employèrent leurs bons offices pour rétablir la paix entre les deux partis. La Reine se contenta de la ville de Naplouse avec son territoire, et résigna entre les mains de son fils la capitale du royaume; le Roi s'engagea par serment et par corps à ne jamais la troubler dans ses possessions; le fils et la mère se réconcilièrent pleinement, et, telle que l'étoile du matin qui brille au milieu de la nue, la tranquillité fut enfin rétablie dans le royaume et dans l'Église.

Le Roi apprit alors par des renseignemens certains que le comte d'Edesse était misérablement tombé entre les mains des ennemis; que son pays, privé de défenseur, se trouvait livré aux attaques des infidèles, et que cette province, ainsi que celle d'Antioche, tombées sous le gouvernement de deux femmes, réclamaient vivement sa sollicitude. Il prit aussitôt avec lui Honfroi, connétable, et Gui de Béryte; il convoqua aussi ceux qui habitaient dans le pays échu à la Reine, mais aucun d'eux ne vint le rejoindre, quoiqu'il les eût appelés chacun individuellement; il partit ensuite pour le comté de Tripoli; et après avoir rallié le comte et ses chevaliers, il se rendit en toute hâte à Antioche.

On disait de toutes parts, et il n'était que trop vrai, que le très-puissant prince des Turcs, le soudan d'Iconium, était arrivé dans cette contrée avec une cavalerie innombrable, et avait occupé presque toute la portion du territoire limitrophe de ses États. Les habitans de ces lieux, s'étant trouvés dans l'impossibilité de résister à une armée si considérable, avaient livré leurs villes et leurs bourgs au soudan, à condition d'obtenir la vie sauve avec la faculté d'en sortir suivis de leurs femmes et de leurs enfans, et d'être conduits en toute sûreté jusqu'à Turbessel. Cette place, mieux fortifiée et plus peuplée que les autres, et dans laquelle le seigneur comte avait fait sa résidence habituelle, semblait encore tout-à-fait tranquille.

Après avoir ainsi occupé tout le pays, à l'exception

d'un petit nombre de châteaux forts, le soudan, rappelé par d'autres affaires plus importantes, s'était vu forcé de retourner chez lui; mais les habitans n'avaient rien gagné à son départ, et se trouvaient exposés aux mêmes maux, aux mêmes sollicitudes. Le puissant Noradin, l'ennemi le plus acharné de notre peuple, ne cessait d'infester le pays par des invasions; et les choses en étaient venues au point que personne absolument n'osait sortir des places fortes. Placé comme entre deux étaux, le malheureux peuple était sans cesse écrasé: deux grands princes, dont l'un ou l'autre eût suffi pour l'accabler de sa puissance, pesaient en même temps sur lui et le tourmentaient sans mesure.

Cependant l'empereur de Constantinople, ayant appris les malheurs de ces contrées, avait chargé l'un de ses grands de s'y rendre en emmenant à grands frais de nombreuses troupes, et d'offrir à la comtesse d'Edesse et à ses enfans un revenu annuel suffisant pour leur assurer à jamais une existence honorable, en indemnité de la cession qu'on lui demandait de faire, en faveur de l'Empire, de son pays et des places fortes qu'elle ne retenait plus qu'avec peine. L'Empereur se promettait, à l'aide de ses immenses richesses, de mettre ce pays à l'abri des invasions des Turcs, et de recouvrer même tout ce qui avait été perdu, si la province lui était entièrement abandonnée. Le Roi, arrivé à Antioche, fut instruit des propositions que portaient les députés de l'Empereur; eux-mêmes vinrent aussi lui en faire part, et il s'éleva alors un dissentiment entre les princes du pays. Les uns disaient que les choses n'en étaient point encore à une telle extrémité que l'on fût réduit à accepter ces offres; les autres affirmaient, au contraire, qu'il était indispensable d'y consentir avant que les ennemis eussent pris possession de tout le territoire. Au milieu de ces incertitudes, le Roi considéra que le pays ne pouvait demeurer longtemps dans la situation où il se trouvait; que les propres affaires de son royaume ne lui permettaient pas d'y faire un plus long séjour; qu'il n'avait pas lui-même assez de forces pour administrer deux provinces situées à quinze journées de marche l'une de l'autre; enfin que la province d'Antioche, placée entre deux, était depuis plusieurs années privée d'un prince qui prît soin de ses intérêts; ces divers motifs le déterminèrent à faire céder aux Grecs les villes qui restaient encore dans le comté, moyennant les conditions proposées. Ce n'est pas qu'il se crût fort assuré que les Grecs pourraient réussir à se maintenir dans cette province avec leurs forces; mais il aima mieux, s'il devait arriver un malheur, qu'il survînt pendant que les Grecs seraient en possession du pays, afin qu'on ne pût dès lors lui imputer à lui-même, et la ruine d'un peuple si dangereusement compromis, et la perte du territoire. Le traité fut donc conclu selon les conditions offertes, et on obtint le consentement de la comtesse et de ses enfans : la rédaction de cet acte reçut l'approbation de toutes les parties, et le Roi prit jour pour se rendre avec tous ses chevaliers dans le comté, pour en faire la remise aux hommes de l'Empereur, et leur livrer toutes les places encore occupées par les nôtres.

Au jour indiqué, le Roi, suivi du comte de Tripoli, de ses grands, de ceux du pays d'Antioche et des députés grecs, se rendit sur le territoire du comté d'Edesse, et arriva à Turbessel. Après avoir pris sous sa protection la comtesse, ainsi que ses enfans et tous les Latins et Arméniens des deux sexes qui manifestèrent l'intention de sortir, il résigna le pays entre les mains des Grecs. Les places que les Chrétiens possédaient encore dans cette contrée étaient Turbessel, Hatab, Ravendel, Ranculat, Bilé, Samosate, et peut-être quelques autres encore.

Aussitôt que ces villes eurent été cédées aux Grecs, le Roi fit ses dispositions de départ pour s'en aller avec tous ceux qui voulurent le suivre, chargés de leurs bagages, et avec leurs bêtes de somme, car nul ne voulut quitter le pays sans emmener toutes les personnes de sa maison et de sa famille, ainsi que tout son mobilier ; et le Roi, en voyant ce peuple nombreux et désarmé, embarrassé en outre de tout ce qu'il traînait à sa suite, voulut l'accompagner dans sa marche afin de le préserver de tout péril.

Noradin cependant fut instruit que le Roi avait fait ses dispositions pour conduire lui-même le peuple chrétien ; il avait su qu'ayant perdu tout espoir de se maintenir dans cette contrée, les princes avaient résigné les places qu'ils possédaient encore entre les mains des Grecs, hommes mous et efféminés ; trouvant dans ces témoignages de crainte de nouveaux motifs de courage, il rassembla ses troupes dans toutes les contrées voisines, et partit en toute hâte pour marcher à la rencontre du Roi et de son peuple, tandis qu'ils étaient remplis de méfiance et embarrassés par leurs nombreux bagages : il espérait tirer grand avantage de cette apparition inopinée au milieu de telles circonstances. Le Roi était à peine arrivé à la ville de Tulupa, à cinq ou six milles de Turbessel, avec cette multitude impuissante qu'il conduisait, que déjà Noradin avait inondé tout le pays de ses légions. Elles étaient dans le voisinage d'un château fort nommé Hatab, devant lequel les Chrétiens devaient passer; et ceux-ci en effet, étant près de s'y rendre et se voyant exposés à de grands périls, formèrent leurs corps et se rangèrent en bon ordre, comme s'ils devaient se battre incessamment contre les ennemis. Les Turcs firent aussi toutes leurs dispositions, et se croyant assurés de la victoire, ils attendirent avec impatience l'arrivée de notre armée.

En dépit de leurs espérances, elle arriva cependant sans aucun accident au château de Hatab, marchant sous la protection de la miséricorde divine : les hommes et les animaux employés au transport étaient fatigués, et se reposèrent toute la nuit : pendant ce temps, on convoqua l'assemblée des grands pour délibérer sur la marche du lendemain. Quelques-uns d'entr'eux demandèrent qu'on leur remît le fort de Hatab, espérant, avec l'aide du Seigneur et leurs propres forces, pouvoir se défendre et s'y maintenir malgré les invasions des Turcs. L'un d'eux était du royaume, et se nommait Honfroi de Toron, homme illustre et connétable du Roi; l'autre était un homme noble et puissant de la principauté d'Antioche, nommé Robert de Sourdeval. Mais le Roi, voyant qu'aucun des deux n'avait les forces et la puissance nécessaires pour accomplir ces projets, dédaigna leurs offres comme vaines, persista à assurer l'exécution du traité, livra la citadelle aux Grecs, et donna de nouveau l'ordre du départ. On voyait dans ce cortége des hommes nobles, des matrones illustres conduisant avec elles d'innocentes jeunes filles et de jeunes garçons : tous, quittant le sol natal, la résidence de leurs aïeux, la terre de leurs pères, ne pouvaient contenir leurs soupirs et leurs sanglots; et en s'éloignant pour aller s'établir chez un autre peuple, ils pleuraient et faisaient entendre des lamentations. Aussi l'on n'eût pu trouver un cœur assez endurci pour n'être pas ému des pleurs et des gémissemens plaintifs de ce peuple fugitif.

Le jour revenu, on prépara de nouveau les bagages, et l'on se remit en marche. Les ennemis avaient aussi formé leurs bataillons, et marchaient sur les deux côtés de la route, prêts à tout moment à s'élancer sur l'escorte. Cependant nos princes, en voyant les Turcs ainsi rangés en ordre de bataille et formant une masse imposante, distribuèrent tout de suite en divers corps les cinq cents chevaliers qu'ils avaient avec eux, et assignèrent à chacun la place qu'il devait occuper. Le Roi se porta en avant, et régla le mouvement de la marche pour la foule des gens qui arrivaient à pied : on prescrivit au comte de Tripoli et à Honfroi de Toron de se tenir sur les derrières avec les chevaliers les plus illustres et les plus vigoureux, afin de soutenir le choc des ennemis, et de défendre la multitude de toute attaque violente; les seigneurs d'Antioche furent placés sur la droite et sur la gauche de la colonne, afin que la multitude, qui s'avançait sur le milieu, se trouvât ainsi entourée de tous côtés d'hommes forts et de chevaliers armés. Tel fut durant toute cette journée et jusqu'au coucher du soleil l'ordre de la marche, pendant laquelle nos troupes eurent à soutenir toutes sortes de vexations, à repousser de fréquentes attaques, à livrer des combats presque continuels. En même temps il pleuvait une si grande quantité de flèches sur l'armée, que tous les bagages étaient transpercés comme des machines de guerre : il faisait en outre beaucoup de poussière et une chaleur excessive, telle qu'on la peut éprouver au mois d'août, et le peuple était horriblement fatigué de l'excès de la soif. Enfin, lorsque le soleil vint à tourner vers le couchant, les Turcs, qui se trouvaient entièrement dépourvus de vivres, et avaient déjà perdu quelques-uns de leurs nobles, entendirent le signal de la retraite, et cessèrent de poursuivre nos frères, admirant avec étonnement leur incomparable fermeté et leur persévérance. Honfroi, le connétable, s'était mis à la poursuite de quelques-uns d'entre eux; il était déjà éloigné de la colonne, lorsque s'avança vers lui un chevalier ennemi qui, posant ses armes, et joignant successivement les mains à droite et à gauche, lui donna des témoignages de son respect. C'était un domestique et familier intime d'un puissant prince turc qui avait contracté avec le connétable une alliance fraternelle, et lui était extrêmement attaché. Ce prince avait envoyé cet homme auprès de Honfroi pour le saluer en son nom, et l'informer exactement de l'état de l'armée ennemie. Il lui annonça que Noradin avait le projet de retourner chez lui dans le courant de la nuit suivante avec tous les siens, attendu qu'il n'y avait plus de vivres dans son camp, et qu'il lui était impossible de poursuivre plus long-temps les Chrétiens. Le Turc alla rejoindre sa troupe, et Honfroi, rentré dans le camp, alla aussitôt rendre compte au seigneur Roi de ce qu'il venait d'apprendre. La nuit étant près d'arriver, le peuple entier campa dans le lieu appelé Joha. Les jours suivans il traversa sans obstacle la forêt nommée Marris, et arriva enfin sur le territoire soumis à la domination chrétienne. Le seigneur Roi se rendit alors à Antioche.

Cependant Noradin, voyant que le comté d'Edesse était désormais abandonné par les Latins, et comptant sur la mollesse des Grecs qui en avaient pris possession, renouvela plus fréquemment ses attaques; et comme les Grecs étaient hors d'état de lui résister, la situation du pays devint encore plus critique. Enfin Noradin y conduisit de nombreuses armées, assiégea et investit toutes les places, en expulsa les Grecs de vive force, et se trouva, dans l'espace d'une année, entièrement maître de tout le pays. Ainsi cette province extrêmement opulente, embellie de cours d'eau, de forêts et de pâturages, riche d'un sol très-fertile, douée de toutes sortes de commodités, et dans laquelle cinq cents chevaliers avaient possédé des bénéfices très-considérables, passa, en punition de nos péchés, entre les mains des ennemis, et a été, depuis cette époque, soustraite à notre juridiction. L'Église d'Antioche perdit dans ce comté trois archevêchés, celui d'Edesse, celui de Hiérapolis et celui de Coritium ; ces églises sont maintenant encore occupées par les infidèles, et asservies, à leur grande douleur, aux superstitions des gentils.

Cependant le seigneur Roi de Jérusalem éprouvait une vive sollicitude pour la ville d'Antioche et le territoire qui forme son diocèse ; il craignait que, privée de l'assistance d'un prince, elle n'éprouvât le sort misérable du comté d'Edesse, et que, tombant comme celui-ci entre les mains des ennemis, elle ne causât une perte irréparable au peuple chrétien, et ne devînt pour tous un nouveau sujet de confusion. Comme les affaires de son royaume le rappelaient, et l'empêchaient de prolonger son séjour à Antioche, il renouvela ses instances auprès de la princesse pour l'engager à choisir, parmi les nobles de la contrée, celui dont elle voudrait faire son époux, afin qu'il pût prendre en main le gouvernement de la principauté. Il y avait alors dans le pays plusieurs hommes nobles et illustres qui avaient suivi le Roi dans sa dernière expédition ; savoir le seigneur Ives de Nesle, comte de Soissons, homme puissant, sage et habile, qui avait une grande autorité dans le royaume des Français ; Gaultier de Falcomberg, châtelain de Saint-Aldemar, et qui fut dans la suite seigneur de Tibériade, homme également sage, d'une urbanité parfaite, plein de prudence dans les conseils et de valeur dans les combats; et enfin le seigneur Raoul de Merle, homme d'une très-grande noblesse, fort habitué à la guerre, et doué d'une rare sagesse : chacun de ces seigneurs paraissait également propre à gouverner le pays; mais la princesse, qui redoutait les liens du mariage et préférait vivre en toute liberté, s'inquiétait peu de ce qui pouvait être utile au peuple, et s'occupait presque exclusivement de satisfaire aux convoitises de la chair. Le Roi, ayant appris ses résolutions, convoqua une assemblée générale de tous les princes du royaume et de la principauté, et assigna Tripoli pour lieu de la réunion. Il y invita le seigneur patriarche d'Antioche et ses suffragans, ainsi que la princesse et tous ses grands : sa mère, la reine Mélisende, s'y rendit aussi, et les princes du royaume l'y accompagnèrent. Après que l'on eut examiné avec soin toutes les affaires publiques, on en vint à s'occuper de celle de la princesse ; mais ni le Roi et le comte de Tripoli, ses cousins, ni la Reine et la comtesse de Tripoli, ses tantes maternelles, ne purent la déterminer à prendre le parti qu'on lui offrait pour son intérêt aussi bien que pour celui du pays. On dit qu'elle suivit en cette occasion les conseils du patriarche, homme adroit et dissimulé, qui l'entretenait dans ces mauvais sentimens, afin de pouvoir satisfaire ses propres prétentions, et exercer plus librement sa domination sur toute la contrée. Toutes ces sollicitations n'ayant produit aucun résultat, l'assemblée fut dissoute, et chacun retourna chez soi.

A peu près vers le même temps, des sentimens de jalousie qu'éprouvait le comte de Tripoli avaient excité une secrète inimitié entre ce seigneur et sa femme, sœur de la reine Mélisende, et la Reine s'était rendue à Tripoli pour tâcher d'apaiser ces querelles, en même temps que pour voir la princesse d'Antioche. Elle eut peu de succès dans les soins qu'elle prit pour opérer une réconciliation, et au moment de son départ elle résolut d'emmener sa sœur avec elle : toutes deux, en effet, sortirent ensemble de la ville. Le comte, de son côté, était allé accompagner la princesse d'Antioche qui partait aussi ; et, peu de temps après être sorti, il prit congé d'elle et retourna à Tripoli. Au moment où il arrivait à la porte de la ville, ne redoutant aucun fâcheux événement, il fut attaqué par des assassins, à l'entrée même de la porte, entre la muraille et le rempart, et, percé de plusieurs coups d'épée, il périt misérablement. Le noble et illustre seigneur Raoul de Merle, dont j'ai déjà parlé, fut tué à ses côtés, de même qu'un chevalier de sa suite. Tous deux étaient sortis par hasard avec le seigneur comte, et l'avaient accompagné dans sa promenade.

Pendant ce temps, le Roi était en parfaite sécurité dans la ville, jouant aux dés, se divertissant et ne se doutant de rien. Cependant la nouvelle de la mort du comte répandit une grande agitation dans la ville : le peuple courut aux armes; tous ceux qu'il rencontrait ne parlant pas notre langue, ou distingués par leurs vêtemens, étaient à ses yeux les sicaires auteurs de cette catastrophe; ils succombaient aussitôt sous le glaive; tous étaient frappés et périssaient indistinctement. Cependant le Roi, averti par ces cris extraordinaires, apprit bientôt la mort du comte; il en éprouva une profonde douleur, et l'ame abattue, ne pouvant contenir ses larmes et ses sanglots, il donna l'ordre de rappeler sur-le-champ sa mère et sa tante. Elles furent ramenées toutes deux à la ville, et, après beaucoup de lamentations et de témoignages d'affliction, on célébra les obsèques du comte avec toute la magnificence qui lui était due; puis, en vertu des ordres du Roi, tous les grands du pays prêtèrent serment de fidélité à la comtesse et à ses enfans. Le comte laissait après lui un fils, nommé comme lui Raimond, à peine âgé de douze ans, et une fille nommée Mélisende, plus jeune que son frère. Les choses ainsi terminées, le Roi repartit pour son royaume, avec sa mère et les princes.

[1152.] Il y avait alors quelques nobles satrapes turcs, hommes puissans, et qui portaient chez eux un nom illustre ; on les surnommait les Hiaroquin ; on dit que la cité sainte leur appartenait par droit d'héritage, avant qu'elle eût été délivrée par les Chrétiens. Peu de temps après le retour du Roi, ces satrapes cédant aux instances de leur mère, qui leur reprochait leur lâcheté de consentir à demeurer si long-temps expulsés de l'héritage de leurs aïeux, rassemblèrent une multitude innombrable de Turcs et résolurent de se rendre à Jérusalem et de la revendiquer, comme leur appartenant par droit de naissance. Ils prirent avec eux une immense escorte d'hommes de guerre, et marchant à la suite de leur mère, déjà fort âgée, et qui ne cessait de les animer par ses discours, ils se mirent en route, déterminés à poursuivre l'exécution de leurs projets, si le Seigneur leur permettait d'y réussir. Arrivés à Damas, ils y firent quelque séjour pour laisser leurs troupes se reposer et reprendre des forces ; les gens de Damas voulurent les détourner d'une entreprise aussi insensée ; mais ils n'en tinrent aucun compte, et prenant des provisions de route, rechargeant tous leurs bagages, ils partirent pour Jérusalem, ne doutant pas du succès de leurs efforts. Après avoir passé le Jourdain et gravi avec toutes leurs troupes les montagnes au milieu desquelles est située la cité sainte, ils s'arrêtèrent sur le mont des Oliviers, qui se trouve non loin de la ville et la domine entièrement. De ce point élevé leurs regards se portaient en liberté sur les lieux saints, et principalement sur le Temple du Seigneur, pour lequel ils avaient un respect tout particulier. En ce moment, la plupart des chevaliers du pays s'étaient rendus à Naplouse, dans la crainte que les nouveaux ennemis ne se dirigeassent en masse sur cette ville, qui n'avait pas même de murailles. Ceux des nôtres qui étaient demeurés à Jérusalem, voyant arriver les Turcs, invoquèrent les secours du ciel, coururent aux armes et sortirent avec empressement, marchant à la rencontre des ennemis et faisant des vœux ardens pour pouvoir se mesurer avec eux. Le chemin qui descend de Jérusalem à Jéricho et de là au Jourdain est fort inégal, couvert de rochers et entouré de précipices qui le rendent dangereux; la montée et la descente sont également difficiles pour ceux-là même qui ne craignent rien et qui ne rencontrent aucun obstacle en y passant. Les ennemis, qui se trouvaient engagés dans ce chemin, ayant cherché à fuir devant nos bataillons qui les poursuivaient avec ardeur, et ne pouvant se sauver qu'avec peine à travers les précipices et les étroits défilés, beaucoup d'entre eux périrent par des chutes et sans être frappés du glaive. Ceux qui avaient suivi des chemins plus unis cherchèrent aussi leur salut dans la fuite, mais ils tombaient alors au milieu des nôtres, et, percés de coups, blessés dangereusement, ils se précipitaient également vers la mort : leurs chevaux, fatigués de leurs longues marches et de toutes les difficultés du voyage, ne pouvant résister à l'aspérité de ces chemins, abattus et privés de forces, refusaient tout service à ceux qui les montaient; et les hommes, obligés de se mettre à pied, écrasés du poids de leurs armes, et peu accoutumés à ce genre de fatigue, tombaient comme des moutons sous les coups de ceux qui les poursuivaient. Par suite de ces divers accidens, il se fit un si grand massacre d'hommes et de chevaux que les cadavres entassés sur les chemins faisaient souvent obstacle à la marche de ceux qui poursuivaient les fuyards. Mais ces obstacles mêmes animaient encore plus le zèle des nôtres; ils dédaignaient de s'arrêter pour ramasser du butin ou pour enlever des dépouilles; ils s'attachaient uniquement au carnage, pensant que le sang de leurs ennemis était le plus beau gain qu'ils pussent rechercher.

Pendant ce temps, ceux qui s'étaient réunis à Naplouse, ayant appris que les ennemis avaient marché vers Jérusalem, sortirent tous ensemble et accoururent avec empressement sur les bords du Jourdain pour s'emparer des gués, et s'opposer ainsi au passage des Turcs. Ils y rencontrèrent ceux qui avaient réussi à s'échapper, les surprirent tout-à-fait à l'improviste, et s'élancèrent sur eux, en les prenant en flanc. La main du Seigneur s'appesantit sur les Turcs en cette journée, et l'on put répéter ces paroles de l'Écriture : « La chenille a dévoré les restes de la sauterelle [1]. » Ceux qui paraissaient avoir échappé aux poursuites de leurs ennemis, grâce à la rapidité de leurs chevaux, ou par tout autre moyen, succombèrent sous le glaive de ces nouveaux ennemis; et si quelques-uns d'entre eux, marchant en avant des bataillons, se jetaient dans les eaux du Jourdain, comme ils ne connaissaient pas les gués, ils étaient bientôt emportés par le courant et étouffés dans les flots. Ainsi, des gens qui étaient arrivés au nombre de plusieurs milliers, cédant à la véhémence de leurs passions et pleins de confiance en leur forte cavalerie, s'en retournèrent chez eux en fort

[1] Joel, chap. 1, v. 4.

petit nombre et remplis de confusion et de terreur. On dit qu'ils perdirent à peu près cinq mille hommes dans cette journée, le 23 novembre de l'an 1152 de l'incarnation et la neuvième du règne du seigneur Baudouin III. Les Chrétiens, chargés des dépouilles de leurs ennemis, et rapportant en triomphe un riche butin, rentrèrent à Jérusalem pour offrir au Seigneur de solennelles actions de grâce.

Cette victoire accordée par le ciel même ranima toutes les espérances des Chrétiens; le Seigneur dirigea leurs cœurs, et ils résolurent d'un commun accord, à la suite d'un conseil où les grands et les petits furent également admis, de chercher quelque moyen de nuire aux gens d'Ascalon, ces ennemis qui, toujours placés dans le voisinage, trouvaient toujours de nouvelles occasions de susciter les plus graves dangers à notre royaume. On jugea que ce qui convenait le mieux dans les circonstances présentes, c'était de chercher, avec un corps de troupes nombreux, à détruire les vergers situés dans le voisinage de cette ville, et qui étaient d'une grande utilité à ses habitans, afin de faire du moins quelque notable dommage à ces insolens ennemis. En conséquence toutes les troupes du royaume se rassemblèrent avec empressement devant la ville d'Ascalon, formant une masse bien unie, et l'on jugea qu'il fallait se borner à chercher le succès de l'entreprise projetée. Mais lorsque les Chrétiens furent réunis auprès de la place, la clémence divine les assista merveilleusement, et leur inspira, d'une manière inattendue, le desir de tenter de plus grandes choses. A peine nos troupes se furent-elles établies en face de la ville, que les habitans furent saisis d'une si grande frayeur qu'ils se retirèrent tous derrière leurs remparts, et l'on ne vit pas un seul homme qui osât se présenter au dehors. Aussitôt les Chrétiens, saisissant cette occasion favorable, et guidés par la grâce divine, résolurent d'assiéger et d'investir la place. Ils expédièrent des messagers dans toutes les parties du royaume pour convoquer ceux qui étaient demeurés chez eux, les faisant inviter à ne pas manquer de se rendre tous au jour indiqué, et leur annonçant en même temps les projets que Dieu leur avait inspirés. Tous ceux qui furent appelés, pleins de joie, et se mettant en marche sans retard, vinrent se réunir à leurs frères qui les avaient devancés, et dressèrent leurs tentes au milieu d'eux. Afin de se fortifier dans leurs desseins, et pour qu'il ne fût permis à personne de douter de leur persévérance à poursuivre l'exécution de cette entreprise, ils s'engagèrent par corps les uns envers les autres, et prêtèrent serment de ne point renoncer au siége avant que la ville fût tombée en leur pouvoir. Toutes les forces du royaume ainsi réunies, et le peuple entier prenant part à cette expédition, le seigneur Roi, le seigneur patriarche et tous les autres princes, tant séculiers qu'ecclésiastiques, ayant au milieu d'eux la croix du Seigneur, étendard vénérable et vivifiant, dressèrent leur camp en face de la ville d'Ascalon, le 25 janvier, sous les plus heureux auspices. Les prélats des églises qui se trouvaient présens étaient, le seigneur Foucher, patriarche de Jérusalem; le seigneur Pierre, archevêque de Tyr; le seigneur Baudouin, archevêque de Césarée; le seigneur Robert, archevêque de Nazareth; le seigneur Frédéric, évêque d'Accon; le seigneur Gérald, évêque de Béthléem; quelques abbés, Bernard de Tremelay [1], maître des chevaliers du Temple, et Raimond [2], maître des Hospitaliers. Parmi les princes laïques, on comptait Hugues d'Ibelin, Philippe de Naplouse, Honfroi de Toron, Simon de Tibériade, Gérard de Sidon, Gui de Béryte, Maurice de Mont-Réal, Renaud de Châtillon, et Gaultier de Saint-Aldemar; ces deux derniers étaient à la solde du seigneur Roi. Les tentes ayant été dressées et plantées en cercle, et les princes ayant pris chacun une position fixe et convenable, on se mit avec ardeur à l'œuvre, et tous, animés d'une juste sollicitude, se montrèrent remplis de sagesse et de dévouement pour travailler au succès de cette grande entreprise.

Ascalon, l'une des cinq villes du pays des Philistins, est située sur le bord de la mer, et bâtie en forme d'un demi-cercle, dont le rivage fait la corde ou le diamètre, et dont la circonférence ou l'arc se décrit sur la terre ferme, faisant face à l'Orient. La ville entière est établie comme dans un creux qui va s'abaissant vers la mer, et entourée de tous côtés par une chaussée élevée de main d'homme, sur laquelle est construite une muraille garnie d'un grand nombre de tours, ouvrage tout en ciment, mais extrêmement solide, plus dur même que les pierres, et qui a en épaisseur et en hauteur des dimensions convenables et bien proportionnées : il y a en outre des remparts construits avec la même solidité, qui forment une seconde en-

---

[1] Bernard de Tramelai, ou Dramelai, grand-maître des Templiers de 1149 à 1153. — [2] Raimond du Puy, grand-maître des Hospitaliers de 1121 à 1160.

ceinte, et complètent les moyens de défense de la place. On ne trouve à Ascalon aucune fontaine, ni dans l'intérieur des murailles, ni dans le voisinage ; mais on voit au dedans, aussi bien qu'au dehors, une grande quantité de puits qui donnent des eaux pleines de saveur et très-bonnes à boire. Pour plus de sûreté, les habitans avaient aussi construit dans l'intérieur de la ville quelques citernes qui recueillaient les eaux pluviales. Le long de l'enceinte des murailles on trouve quatre portes, toutes bien flanquées de tours élevées et solides : la première, qui fait face à l'orient, est appelée la Grande-Porte, et surnommée porte de Jérusalem, parce qu'elle est dans la direction de la cité sainte. Auprès de cette porte sont deux tours extrêmement hautes, qui servent comme de citadelle et de boulevard à la ville qu'elles dominent. En avant, et dans l'épaisseur des remparts, sont trois ou quatre portes plus petites, par lesquelles on arrive à la grande, à travers plusieurs sinuosités. La seconde porte, faisant face à l'occident, est appelée la porte de la mer, parce qu'elle conduit en effet au rivage. La troisième, au midi, est placée en face de la ville de Gaza, dont j'ai déjà fait mention, et a reçu en conséquence le même nom. La quatrième et dernière fait face au nord, et est appelée porte de Joppé, du nom de la ville voisine, située dans les mêmes parages.

Il n'y a et n'y a jamais eu à Ascalon ni port, ni même station où les vaisseaux puissent se mettre en sûreté : le rivage est couvert de sables, et offre de grands dangers lorsque les vents agitent la mer dans les environs, en sorte que l'on ne peut y aborder que par un calme parfait. Le sol qui entoure la place est tout-à-fait recouvert de ces sables, qui rendent toute agriculture impraticable; les vignes cependant et les arbres à fruit y réussissent : il y a du côté du nord quelques petits vallons où la terre, fécondée par le fumier qu'on y répand et arrosée par des eaux de puits, produit pour l'utilité des habitans un peu d'herbages et de grains. La ville contenait un peuple nombreux, dont le moindre citoyen, et, comme on disait vulgairement, jusqu'au nouveau-né, recevait une solde sur les trésors du calife d'Égypte. Ce seigneur, en effet, et les princes de son pays étaient animés d'une grande sollicitude pour cette ville, pensant que, si elle venait à leur manquer et à tomber au pouvoir de nos princes, ceux-ci n'auraient autre chose à faire qu'à descendre librement et sans obstacle jusqu'en Égypte pour s'emparer de vive force de ce royaume. Ils la regardaient donc comme leur boulevard, et quatre fois par an ils envoyaient des subsides aux habitans, tant par terre que par mer, avec une grande libéralité, espérant jouir eux-mêmes du repos dont ils avaient besoin, tant que les nôtres se consumeraient en vains efforts contre cette place. Ils envoyaient à grands frais, et à des époques déterminées, tout ce qui pouvait être nécessaire à la ville, des armes, des vivres, des troupes toujours fraîches, afin d'occuper sans cesse les Chrétiens, et de se garantir eux-mêmes des forces qu'ils redoutaient.

Depuis cinquante ans et plus que le Seigneur avait livré au peuple chrétien toutes les autres contrées de la terre de promission, la ville d'Ascalon avait constamment résisté et résistait encore à tous les efforts : enfin on voulut essayer de l'assiéger; entreprise extrêmement difficile, et dont le succès semblait presque impossible. En effet, outre qu'elle était défendue au-delà de toute idée par ses murailles, ses remparts, ses tours, sa chaussée, et parfaitement approvisionnée d'armes et de vivres, elle avait une population bien exercée au maniement des armes, et si forte que, depuis le premier jusqu'au dernier jour du siége, le nombre des assiégés fut toujours double de celui des assiégeans.

Le seigneur Roi et le seigneur patriarche, le seigneur Pierre, archevêque de Tyr et notre prédécesseur, tous les grands du royaume, tant princes que prélats des églises, et avec eux, les citoyens de chacune des villes du royaume, dressèrent leurs tentes séparément, et investirent la place du côté de la terre : le seigneur Gérard de Sidon, l'un des plus grands seigneurs du royaume, fut chargé du commandement de la flotte, composée de quinze navires à éperons, armés en course, et destinés à repousser tous ceux qui tenteraient d'arriver par mer, comme aussi à s'opposer aux sorties de la ville de ce même côté. Les Chrétiens, tantôt les gens de pied, tantôt les chevaliers, livraient des assauts presque tous les jours ; et d'autre part les Ascalonites, s'avançant et combattant avec courage pour leurs femmes, leurs enfans et leur liberté, ce bien le plus précieux de tous, opposaient une résistance vigoureuse. Comme il arrive d'ordinaire dans les rencontres de ce genre, ils avaient tour à tour l'avantage ; les nôtres cependant faisaient plus souvent tourner les chances en leur faveur. On dit aussi qu'on était en parfaite sécurité dans leur camp, par suite d'une extrême abondance de toutes sortes de marchandises et de denrées; en sorte que, sous quelque tente que ce fût, le peuple se trouvait aussi bien qu'il avait coutume d'être chez lui et dans les villes fermées de murailles.

Les assiégés s'attachaient principalement à garder leur place pendant la nuit; ils avaient des postes de veille qui se relevaient alternativement; les grands eux-mêmes faisaient aussi ce service tour à tour, ils parcouraient les murailles et passaient une grande partie de la nuit sans dormir. Ils avaient placé sur toute la circonférence des murs, et sur les créneaux des tours, des lanternes en verre, également recouvertes de la même manière, dans lesquelles le feu était toujours entretenu par l'huile qu'on y versait, et qui répandaient une lumière semblable à celle du jour, pour guider la marche de ceux qui voulaient faire la ronde. Dans le camp des Chrétiens on faisait faire aussi le service des veilles par détachemens, et pendant un temps déterminé, et l'on avait aussi une garde continuelle, de peur que les assiégés ne tentassent quelque sortie pendant la nuit, ou que les Égyptiens qui arriveraient à leur secours ne vinssent attaquer l'armée à l'improviste, et lui faire ainsi beaucoup de mal. Il y avait en outre dans les environs de Gaza, et sur un grand nombre d'autres points, des éclaireurs chargés d'annoncer très-promptement l'approche des ennemis.

On était depuis deux mois occupé avec la même ardeur des travaux du siége, lorsqu'aux environs des fêtes de Pâques on vit commencer, comme de coutume, le passage des pélerins qui arrivaient en grande affluence. Après avoir tenu conseil à cette occasion, on expédia de l'armée des hommes qui furent chargés d'aller, en vertu de l'autorité du Roi, fermer le chemin aux matelots, ainsi qu'aux pèlerins qui voudraient repartir, et les inviter tous à venir prendre part aux travaux d'un siége si agréable à Dieu, moyennant promesse de solde, et à conduire auprès d'Ascalon tous les vaisseaux grands et petits. En effet, peu de jours après, on vit arriver sous la place les navires qui avaient transporté des passagers; une immense multitude de pèlerins tant à pied qu'à cheval vinrent également se réunir à nos troupes qui s'accroissaient de jour en jour. Tout le camp était dans la joie, et s'animait par l'espoir de la victoire; les ennemis au contraire sentaient redoubler leur tristesse et leurs angoisses, et se méfiant de plus en plus de leurs forces, ils se présentaient plus rarement au combat, quoiqu'ils fussent plus fréquemment attaqués.

Ils expédièrent de nombreux exprès au calife d'Égypte [1], pour le solliciter de leur envoyer des secours en toute hâte, et lui annoncer que, s'il ne le faisait, ils seraient bientôt hors d'état de se défendre. Le calife, rempli d'activité, employa aussitôt ceux de ses princes préposés aux travaux de ce genre, pour faire équiper une flotte, disposer les troupes, et charger les plus hauts navires d'armes, de vivres et de machines; il institua des chefs, fournit à toutes les dépenses, et commanda surtout la plus grande célérité. Pendant ce temps, les nôtres avaient acheté des vaisseaux à grand prix, et en firent enlever les mâts; puis ils convoquèrent des ouvriers et firent construire une tour en

---

[1] Dhafer-Bamrillah, neuvième calife fatimite d'Égypte, qui régna de l'an 1150 à l'an 1155.

bois d'une immense hauteur; on la doubla en dedans et en dehors de claies et de cuirs, afin qu'elle fût ainsi à l'abri du feu et de tout autre accident, et que ceux qui recevraient l'ordre de s'y enfermer pour attaquer la place y pussent demeurer en sûreté et comme dans un fort. Le reste du bois que l'on tira des navires fut employé à la construction de machines à projectiles pour attaquer les murailles, et l'on plaça ces machines dans les positions les plus convenables. On fit encore avec ces bois d'autres machines au moyen desquelles on s'avançait en sûreté pour travailler à abattre la chaussée. Ces divers travaux terminés, on rechercha la partie de la muraille contre laquelle il devait être le plus facile d'appliquer la tour mobile; d'abord on abattit la chaussée sur une grande largeur, puis les Chrétiens dirigèrent la tour contre la muraille, en poussant de grands cris; du haut de cette tour on voyait parfaitement la ville et l'on pouvait se battre de près contre ceux des assiégés qui occupaient les tours voisines. En vain les Ascalonites faisaient les plus grands efforts de dessus leurs murailles ou de la chaussée pour repousser les nôtres avec leurs arcs et leurs arbalètes; ils ne pouvaient atteindre ceux qui étaient cachés dans l'intérieur de la machine et qui la faisaient mouvoir à leur gré. Les citoyens accoururent en foule vers ce côté de la muraille qui faisait face à notre tour; les plus courageux reçurent ordre d'aller y déployer leur force, et ils y entretenaient un combat continuel avec ceux qui les attaquaient du haut de la tour mobile. En même temps, et sur divers autres points de la muraille, on ne manquait pas d'occasions de se battre avec autant d'acharnement, en sorte qu'il ne se passait presque pas de jour qui ne vît périr beaucoup de monde, sans parler des blessés, qui des deux côtés étaient aussi fort nombreux. J'ai entendu, au sujet de ce siége, raconter beaucoup d'actions éclatantes et de faits mémorables, tant de la part des nôtres que de la part des ennemis ; mais en écrivant une histoire générale, je ne puis m'arrêter beaucoup à rapporter des détails de ce genre.

Déjà nos princes persévéraient depuis cinq mois dans les travaux de ce siége, les forces des ennemis semblaient déjà un peu abattues, tandis que les nôtres s'attachaient de plus en plus à l'espoir de s'emparer enfin de la place, quand tout-à-coup une flotte égyptienne, poussée par un vent favorable, se présenta sous les murs d'Ascalon. Dès qu'ils la reconnurent les habitans, élevant les mains vers le ciel, poussèrent de grands cris, disant que nous serions forcés de nous retirer, ou que nous ne tarderions pas d'être anéantis. Gérard de Sidon, qui commandait notre flotte, voyant l'armée ennemie s'approcher vers la ville, voulut essayer de se porter à sa rencontre avec le petit nombre de galères qu'il avait sous ses ordres; mais, effrayé de la force des Égyptiens, il tourna le dos et chercha son salut dans la fuite. Cependant la flotte ennemie s'avança sans crainte jusqu'à la ville, apportant aux citoyens des consolations depuis long-temps attendues. Cette flotte était forte, à ce qu'on dit, de soixante-dix galères et de beaucoup d'autres navires chargés à l'excès d'hommes, d'armes et de vivres, tous d'une grandeur admirable, et envoyés par le prince d'Égypte pour porter secours à la ville assiégée. Alors, comme s'ils eussent retrouvé toute leur force, et mettant une entière confiance dans les renforts qu'ils venaient de recevoir, les ennemis recommencèrent à livrer de nouveaux combats, et se montrèrent plus audacieux et plus empressés que de coutume à rechercher les batailles : les habitans de la ville, qui connaissaient déjà la valeur des nôtres, y apportaient plus de réserve ; mais les hommes grossiers et les nouveaux venus, avides de gloire, et voulant faire parade de leur force et de leur audace, se livraient imprudemment à leur ardeur, et succombaient en plus grand nombre, jusqu'à ce qu'enfin ils eussent appris, en voyant la ferme contenance des nôtres, à se ménager dans leurs attaques et à résister plus modérément à l'impétuosité des assiégeans.

Tandis que ces choses se passaient dans les environs d'Ascalon, la dame Constance, veuve du seigneur Raimond, prince d'Antioche, après avoir, avec la légèreté d'une femme, refusé plusieurs hommes nobles et illustres qui la recherchaient en mariage, choisit secrètement pour époux Renaud de Châtillon, chevalier, qui s'était mis à la solde du Roi. Elle ne voulut point faire connaître sa détermination, avant que le seigneur Roi, dont elle était cousine, et sous la protection duquel la principauté d'Antioche se trouvait placée, l'eût confirmée par son autorité et son assentiment. Renaud se rendit donc à l'armée en toute hâte; il porta au seigneur Roi les paroles de la princesse, reçut son consentement, retourna à Antioche, et épousa aussitôt la princesse, non sans exciter l'étonnement de beaucoup de gens, qui ne pouvaient comprendre qu'une femme si distinguée, si puissante, si illustre, veuve d'un si grand prince, daignât se marier avec un homme qui n'était qu'un simple chevalier.

Pendant ce temps aussi, Noradin, homme sage et prudent, ayant appris la mort d'Ainard[1] son beau-père, chef des chevaliers de Damas et gouverneur de ce pays pour le Roi[2], qui avait à diverses reprises résisté aux tentatives de son gendre, et sachant que d'un autre côté le seigneur roi de Jérusalem, ainsi que tous les chevaliers du royaume, était occupé dans les environs d'Ascalon, jugea qu'il ne serait pas facile à ceux-ci d'abandonner le siége, et de se porter au secours du pays de Damas s'ils en étaient requis, et profita de ces circonstances favorables pour se rendre sur le territoire de Damas avec d'immenses troupes, dans l'intention de s'en emparer de vive force. Les habitans l'ayant bien accueilli et lui prêtant assistance, Noradin détrôna le Roi, homme perdu de débauche et complétement nul, et le força à prendre la fuite, et à s'en aller errant et vagabond dans tout l'Orient. Cet événement fut fatal aux Chrétiens, en ce qu'il substitua un adversaire formidable à un homme sans puissance, et que sa faiblesse avait mis sous notre dépendance, à tel point qu'il était devenu comme notre sujet, et payait un tribut annuel. Car de même qu'il est vrai qu'un royaume divisé en lui-même périra, comme l'a dit le Sauveur, de même aussi plusieurs royaumes unis se prêtent appui mutuellement et se lèvent plus forts contre leurs ennemis. Après avoir pris la ville de Damas et soumis tout le pays, Noradin, voulant secourir les Ascalonites, autant du moins qu'il le pouvait à une telle distance, et comptant toujours sur les occupations qui retenaient les Chrétiens, alla

---

[1] Anar. — [2] Le sultan de Damas, Modjir-Eddyn-Abek.

assiéger la ville de Panéade située sur l'extrême frontière du royaume, espérant que les nôtres viendraient porter secours à cette ville, et seraient ainsi forcés de renoncer à leur entreprise sur Ascalon, avant d'être parvenus à leurs fins. Mais la divine miséricorde déjoua ces projets, et Noradin ne réussit dans aucune de ces deux combinaisons; il ne put s'emparer de la place qu'il assiégeait, et les nôtres, au contraire, avec l'aide du Seigneur, forcèrent les Ascalonites à se rendre.

Vers le même temps le seigneur Bernard, de précieuse mémoire, évêque de Sidon, étant mort, on lui donna pour successeur Amaury, de pieux souvenir dans le Seigneur, abbé des chanoines réguliers de l'ordre des Prémontrés, qui habitaient dans le lieu appelé de Saint-Habacuc, ou de saint Joseph (le Joseph que l'on nomma d'Arimathie). Amaury était un homme simple, rempli de la crainte de Dieu, et d'une conduite irréprochable : il reçut, dit-on, le don de la consécration dans l'église de Lydda, des mains du seigneur Pierre, de bienheureuse mémoire, archevêque de Tyr, parce qu'en ce moment il n'était permis à personne de s'éloigner davantage de la ville assiégée.

Cependant tous ceux qui faisaient partie de l'expédition poussaient vivement les travaux, et ne cessaient de livrer des assauts à la place. C'était surtout du côté de la grande porte que recommençaient le plus souvent des combats fort périlleux pour les assiégés. Les machines continuaient aussi à ébranler les tours et les murailles, et les blocs énormes qu'elles lançaient jusque dans l'intérieur de la ville y renversaient des maisons, non sans tuer aussi beaucoup d'habitans. Ceux des assiégeans qui étaient chargés du service de la tour mobile, armés de leurs arcs et de leurs arbalètes, lançaient une si grande quantité de flèches, non seulement sur les assiégés qui leur résistaient du haut de leurs tours ou de leurs murailles, mais encore sur tous ceux que leurs affaires forçaient à se répandre dans la ville, que tous les maux qu'ils avaient à supporter sur d'autres points, comparés à ceux qui leur venaient de la tour, paraissaient légers et tolérables, quelque fâcheux qu'ils fussent dans la réalité. Les Ascalonites tinrent donc conseil entr'eux, et, prenant principalement l'avis de ceux qui avaient une plus grande expérience des affaires de cette nature, ils formèrent le projet, quels que fussent les dangers ou les malheurs auxquels ils dussent s'exposer, de jeter des bois secs entre la muraille et la tour mobile, d'y mêler des substances propres à entretenir et à animer le feu, et de l'allumer secrètement, afin de brûler la machine, jugeant, dans leur malheur et leur extrême désolation, que, s'ils ne recouraient à ce moyen, il ne leur restait aucun espoir de salut, aucune chance de résister avec succès.

A la voix de leurs concitoyens, quelques hommes, remarquables par leur force et leur courage, et pour qui le salut de leur patrie était préférable au soin de leur conservation, se présentèrent pour affronter ce péril. D'abord ils transportèrent du bois sur la portion de la muraille la plus voisine de la tour, et le jetèrent en dehors dans l'espace qui séparait la muraille et la machine. Ils en firent un très-grand amas, suffisant pour assurer l'embrasement de la tour, et jetèrent par-dessus de la poix, de l'huile, des résines, et toutes sortes de substances de la nature de celles qui servent d'ordinaire à animer un incendie. Aussitôt qu'on y eut mis le feu, la divine clémence intervint manifestement en faveur des nôtres : la flamme gagna avec rapidité, mais, au même instant, un vent très-violent souffla du côté de l'orient, et repoussa vivement toute l'activité de l'incendie contre les murailles de la ville. Le vent continua toute la nuit à souffler avec la même force et du même côté, et la muraille fut calcinée et réduite en cendres : le lendemain matin, vers le premier crépuscule, elle s'écroula entièrement, depuis une tour jusqu'à la tour voisine, et le fracas qu'elle fit en tombant ébranla toute l'armée.

La chute d'une telle masse atteignit la tour mobile; naguère elle était demeurée à l'abri des flammes, mais la muraille en s'écroulant brisa quelques-unes de ses principales pièces, et ceux qui se trouvaient sur le sommet ou sur les points avancés, à faire le service de garde, furent presque renversés par terre. Avertis par le bruit de cette chute, les Chrétiens coururent aux armes, et se rendirent en toute hâte vers le lieu où le ciel même semblait leur avoir ouvert un passage, afin d'entrer sans retard dans la ville. Mais déjà depuis long-temps Bernard de Tremelay, maître des chevaliers du Temple, et ses frères, les avaient prévenus; ils s'étaient emparés du passage et ne permettaient à personne de le franchir. L'on assure qu'ils agissaient ainsi afin d'obtenir un plus riche butin en entrant les premiers dans la place, et d'enlever plus de dépouilles. C'est un usage observé jusqu'à ce jour comme une loi parmi les Chrétiens, que dans toutes les villes prises de vive force, ce que chacun peut enlever pour son compte, en y entrant, lui est acquis de droit et à perpétuité, à lui et à ses héritiers. Si tous fussent entrés dans la ville indistinctement, on eût pu s'en emparer, et les vainqueurs eussent même trouvé d'assez riches dépouilles pour tous; mais il est rare qu'une entreprise viciée dans son principe et qui provient d'une intention perverse, ait une heureuse conclusion :

Non habet eventus sordida præda bonos.
Mauvais butin ne fait point de profit.

Tandis qu'entraînés par leur cupidité les chevaliers du Temple refusaient d'admettre personne à partager avec eux, ils se trouvèrent seuls justement exposés aux périls et à la mort. Quarante d'entr'eux environ entrèrent dans la place, et les autres ne purent les suivre. Les citoyens, d'abord uniquement occupés du soin de leurs personnes, et résolus à supporter les plus dures extrémités sans opposer de résistance, ayant reconnu combien leurs ennemis étaient en petit nombre, retrouvèrent leur force et leur courage, saisirent leurs glaives et massacrèrent les chevaliers, après les avoir séparés de leurs compagnons; puis, se reformant en bataillons, reprenant une vigueur nouvelle et les armes qu'il avaient déposées naguère comme des vaincus, ils s'élancèrent tous en même temps vers le lieu où la muraille était tombée. Aussitôt, entrelaçant des poutres d'une immense grandeur et d'énormes pièces de bois, qu'ils tiraient des navires en abondance, ils comblèrent l'ouverture, fermèrent le passage, et s'empressèrent à l'envi à le rendre impénétrable. Ils s'appliquèrent à fortifier de nouveau les tours qui avaient été, des deux côtés, le plus exposées à l'effet de l'incendie, et qu'ils avaient d'abord abandonnées, dans l'impossibilité de supporter l'activité des flammes; puis, tout prêts à recommencer la guerre, et se disposant pour le combat, ils provoquaient eux-mêmes les Chrétiens, comme s'ils n'eussent éprouvé aucun revers.

Ceux des nôtres qui étaient dans la tour mobile, sachant bien qu'elle était moins solide sur ses fondemens, attendu que les pièces les plus fortes avaient été dégradées dans la partie inférieure, avaient peu de confiance en leur position, et montraient ainsi moins d'audace. Pour comble de confusion, les assiégés avaient relevé les cadavres de ceux des nôtres qu'ils venaient de tuer, et, du haut de leurs fortifications, ils les tenaient suspendus par des cordes en dehors des murailles, insultant ainsi aux nôtres, et leur exprimant de la voix et des gestes la joie qu'ils en ressentaient. Mais « l'extrême joie touche au deuil, » et la suite de ce récit fera voir bientôt avec évidence combien il est vrai de dire que « l'orgueil marche devant l'écrasement[1]. » Pendant ce temps, les nôtres, l'ame consternée et pénétrée de douleur, le cœur rempli d'amertume, désespéraient de la victoire et étaient devenus tout craintifs.

Cependant le seigneur Roi, effrayé de cette affreuse catastrophe, convoqua les princes, et ayant fait apporter devant eux la croix vivifiante (car ils s'étaient réunis dans sa tente), il leur demanda avec sollicitude, ainsi qu'au seigneur patriarche, au seigneur archevêque de Tyr, et aux autres prélats des églises, tous

[1] Prov. chap. 16, v. 19.

présens, ce qu'il y avait à faire au milieu de cette extrême mobilité des événemens. Frappés de la crainte de Dieu et saisis de vives angoisses, les princes ne purent s'entendre dans leur délibération, et exprimèrent des vœux et des projets forts différens. Les uns, craignant de ne pouvoir s'emparer de la ville, disaient que depuis long-temps les Chrétiens se consumaient en efforts infructueux, que les princes étaient les uns blessés, les autres morts, les chevaliers détruits en partie, les ressources épuisées; que, d'un autre côté, la ville était inexpugnable, que les assiégés se trouvaient dans l'abondance de toutes choses, qu'ils avaient les moyens de réparer sans cesse leurs forces, tandis que les nôtres déclinaient visiblement, et qu'en conséquence il fallait se retirer. D'autres, plus raisonnables, voulaient au contraire que l'on persévérât dans l'entreprise, disant qu'on devait espérer dans la miséricorde du Seigneur, qui n'abandonne jamais ceux qui se confient en lui avec une pieuse assurance, et déclarant que c'est peu d'avoir bien commencé une affaire si on ne l'amène à une heureuse fin. Ils disaient en outre que l'on avait employé déjà beaucoup de temps et fait des dépenses considérables, mais que ce n'avait été que dans l'espoir de recueillir des fruits avec abondance; que si le Seigneur retardait ce moment, il ne semblait pas que ce fût pour l'éloigner à jamais; que beaucoup des nôtres avaient succombé, mais qu'on gardait l'espoir qu'ils obtiendraient une heureuse résurrection, puisqu'il a été promis aux fidèles que « la tristesse se changera en joie [1]; » puisqu'il a été dit : « Quiconque demande reçoit [2].

[1] Év. sel. S. Jean, ch. 16, v. 20. — [2] Év. sel. S. Math., ch. 7, v. 8.

Tels étaient les motifs, et d'autres semblables, que présentaient, pour s'opposer à la retraite, tous ceux qui, en hommes forts, cherchaient à obtenir que notre armée persévérât dans son entreprise. Presque tous les princes laïques soutenaient la première de ces opinions, et le seigneur Roi, fatigué de tant d'événemens fâcheux, semblait aussi pencher vers cet avis. Dans le parti contraire étaient le seigneur patriarche, le seigneur archevêque de Tyr, tout le clergé, ainsi que le seigneur Raimond, maître de l'Hôpital, et ses frères. Au milieu de cette discussion, et tandis que chacun de son côté alléguait des motifs divers, la clémence divine intervint pour faire adopter l'opinion du seigneur patriarche, qui s'appuyait sur des considérations plus fortes, et tendait à faire prévaloir la détermination la plus honorable. Tous résolurent enfin, d'un commun accord, de recourir au Seigneur, d'implorer les secours du ciel, et de persévérer dans leur entreprise jusqu'à ce que le Tout-Puissant daignât les visiter et laisser tomber sur eux un regard de clémence. Tous aussitôt saisissent de nouveau les armes; les trompettes résonnent, les clairons et les hérauts appellent le peuple entier au combat. Empressés de venger la mort de leurs frères, animés d'une ardeur plus qu'ordinaire, les Chrétiens se rassemblent sous les murs de la ville, et provoquent leurs ennemis avec acharnement. Il semblait que nos troupes n'eussent éprouvé jusqu'à ce jour aucun échec, ou qu'elles fussent remplies d'une force toute nouvelle : dans leur fureur d'extermination elles s'élançaient sur les ennemis, et livraient des assauts plus violens que tous ceux qui les avaient précédés. Les assiégés eux-mêmes les admiraient, et ne pouvaient assez s'étonner de cette vigueur indomptable, de cette persévérance à renouveler sans cesse les attaques : de leur côté, ils faisaient aussi les plus grands efforts pour résister, mais c'était en vain ; ils ne pouvaient soutenir le choc des assaillans, ni échapper à leurs glaives. On combattit toute cette journée avec des forces fort inégales, et cependant sur tous les points, nos troupes, tant chevaliers que fantassins, triomphèrent de leurs adversaires, et remportèrent partout la victoire. Les ennemis perdirent beaucoup de monde, et expièrent chèrement les maux qu'ils nous avaient faits l'avant-veille. Il n'y avait pas dans la ville une seule famille qui fût exempte de deuil, et n'eût à déplorer quelque malheur particulier. La confusion régnait partout, et les dangers passés semblaient légers, comparés aux dangers présens. Depuis le premier jour du siége ils n'avaient pas encore éprouvé d'aussi grands malheurs, ni fait des pertes aussi considérables. Toute la force de leur milice était anéantie, les chefs avaient péri ; plus de conseil, plus de courage, plus d'espoir de résister avec succès. Aussi, après avoir délibéré en public, les Ascalonites envoyèrent quelques-uns des principaux du peuple pour porter des paroles de paix, et demander une trève au seigneur Roi, afin de pouvoir rendre les morts, et recevoir aussi les leurs, et pour que les deux peuples eussent la faculté, chacun selon leurs coutumes, de les faire ensevelir, ainsi qu'on le devait, et de leur rendre les derniers honneurs. Cette proposition fut acceptée, et les corps ayant été échangés, tous furent ensevelis avec les solennités d'usage.

Mais lorsque les Ascalonites eurent reconnu combien leurs pertes étaient grandes, et comment le Seigneur avait étendu sur eux sa puissante main, leur affliction se renouvela ; ils éprouvèrent une profonde anxiété et une immense douleur, et leurs cœurs furent glacés d'effroi. Pour mettre le comble à leurs maux, ce même jour encore, tandis que quarante de leurs hommes les plus vigoureux transportaient une poutre d'une énorme grandeur vers un lieu où elle était nécessaire, un bloc immense lancé d'une de nos machines tomba par hasard sur cette poutre, et l'écrasa, en même temps que tous ceux qui la soutenaient pour la transporter. Accablée sous le poids de tant de maux, et le cœur rempli d'amertume, la populace se rassembla enfin tout entière, versant des larmes, poussant des gémissemens ; et elle appela ceux des principaux citoyens qui vivaient encore. On voyait dans cette réunion jusqu'aux mères qui portaient dans leurs bras des enfans à la mamelle, et jusqu'aux vieillards infirmes qui conservaient à peine le dernier souffle de la vie. Là, du consentement de tous les assistans, des hommes sages et habiles à manier la parole adressèrent au peuple le discours suivant :
« Hommes d'Ascalon, qui habitez dans l'intérieur des
« portes de cette ville, vous savez, et nul ne sait
« mieux que vous, quelle lutte difficile et périlleuse
« nous avons soutenue depuis cinquante ans contre ce
« peuple de fer, trop obstiné à la poursuite de ses pro-
« jets. Vous savez par de longues épreuves combien
« de fois il a dissipé dans les combats les bataillons de
« nos pères, combien de fois les fils, prenant la place
« de leurs pères, ont recommencé la guerre contre lui,

« pour repousser ses insultes, pour défendre le lieu
« où nous avons pris naissance, pour conserver nos
« femmes, nos enfans, et, ce qui est bien plus en-
« core, notre liberté. Nous sommes aujourd'hui dans
« la cinquante-quatrième année depuis que ce peuple
« importun est accouru en foule vers nous des extré-
« mités de l'Occident, et s'est emparé de vive force de
« toute la contrée, depuis Tarse de Cilicie jusqu'à
« l'Égypte. Cette ville seule, par les mérites et par la
« bravoure de nos prédécesseurs, a résisté et s'est
« maintenue jusqu'à ce jour intacte au milieu de si
« puissans adversaires; mais tout ce qu'elle a souffert
« jusqu'à ce jour n'est presque rien, ou même rien
« du tout, comparé avec ce qui la menace. Maintenant
« encore nul de nous n'a senti diminuer en lui le
« courage de la résistance; mais l'armée est détruite,
« les provisions sont épuisées, et les fatigues intolé-
« rables de la guerre, l'acharnement de cette multi-
« tude ennemie, toujours vigilante et toujours obs-
« tinée, les souffrances de l'ame et du corps nous
« enlèvent toutes nos forces et nous mettent hors
« d'état de prolonger notre défense. C'est pourquoi
« les principaux citoyens jugent convenable, si toute-
« fois vous êtes aussi d'avis que le temps presse et
« qu'il importe de mettre un terme à nos misères, d'en-
« voyer, au nom de tout le peuple, des députés auprès
« de ce roi puissant qui nous assiége, pour tenter d'en
« obtenir la faculté de sortir librement avec nos femmes
« et nos enfans, nos serviteurs et nos servantes, et tout
« notre bagage, et pour nous soumettre, à ces condi-
« tions (nous le disons en pleurant), à livrer notre
« ville, comme un moyen de finir tous nos malheurs. »

Ce discours parut sage à tous ceux qui l'entendirent, et tous en même temps témoignèrent leur approbation en poussant de grands cris, comme il est d'usage en de pareilles assemblées. On choisit aussitôt dans le peuple des hommes sages et prudens, qui portaient sur leur personne les marques d'une respectable vieillesse; ils furent chargés d'aller trouver le seigneur Roi et ses princes, et de leur offrir les propositions qu'on venait d'arrêter: ils sortirent par la porte de la ville, et ayant obtenu une trêve et la permission de s'avancer, ils se rendirent auprès du Roi. On convoqua sur-le-champ, suivant le desir qu'ils en témoignèrent, l'assemblée de tous les princes; les députés obtinrent la parole, et exposèrent avec ordre les conditions qu'ils venaient offrir. Ils reçurent ensuite l'ordre de se retirer pour un moment; le Roi tint conseil avec les princes, et demanda soigneusement à chacun d'eux ce qu'il pensait des propositions; tous alors répandant des larmes de joie, élevant les yeux et les mains vers le ciel, rendirent mille actions de grâces au Créateur, qui daignait, quelque indignes qu'ils en fussent, leur prodiguer le trésor de ses largesses. On rappela les députés, et ils reçurent cette réponse, arrêtée d'un commun accord, « qu'on agréait les conditions pro« posées, pourvu que, dans l'espace des trois jours « suivans, les habitans eussent évacué la ville. » Ils consentirent à cette résolution, et demandèrent, afin de donner plus de force au traité, qu'il fût confirmé par serment. Ce serment fut solennellement prêté par le Roi en présentant la main, et par quelques-uns de ses princes, élus à cet effet, en s'engageant par corps à faire observer les conventions dans toute leur teneur, de bonne foi et sans fraude ; les députés livrèrent d'abord pour otages ceux-là même que le Roi désigna nominativement, et s'en retournèrent ensuite chez eux remplis de joie, emmenant à leur suite quelques-uns de nos chevaliers, qui reçurent ordre de planter les bannières royales sur les tours les plus élevées de la ville, en signe de notre victoire.

Notre armée attendait cet événement avec la plus vive impatience : aussitôt qu'ils aperçurent l'étendard royal flottant sur les plus hautes tours, les Chrétiens, se livrant à leurs transports, poussèrent jusqu'au ciel des cris de joie, pleurant, louant le Seigneur à haute voix, et disant : « Béni soit le Seigneur de « nos pères, qui n'abandonne point ceux qui espèrent « en lui, et béni soit le nom de Sa Majesté, parce qu'il « est saint, et parce que nous avons vu aujourd'hui « des choses admirables ! »

Les assiégés avaient, en vertu des conventions, obtenu une trêve de trois jours ; mais comme ils redoutaient le voisinage des Chrétiens, dans l'espace de deux jours ils rassemblèrent tous leurs bagages, et sortirent de la ville avec leurs femmes et leurs enfans, leurs serviteurs et leurs servantes, et tous leurs objets mobiliers. Le seigneur Roi leur donna des guides pour les conduire jusqu'à Laris, ville très-antique située dans le désert, et les renvoya en paix, selon les conventions stipulées dans le traité. Le Roi, le seigneur patriarche, les autres princes du royaume et les prélats des églises étant ensuite entrés dans la ville, marchant avec tout le clergé et le peuple, et précédés du bois de la croix du Seigneur, se rendirent d'abord au principal oratoire, édifice d'une grande beauté, qui fut dans la suite consacré en l'honneur de l'apôtre Paul, et y déposèrent la croix du Seigneur. On célébra l'office divin; et, après ces actions de grâces, chacun se rendit dans la maison qui lui était destinée, et fêta cette journée de bonheur, à jamais mémorable. Peu de jours après, le seigneur patriarche organisa l'église, et y institua un certain nombre de chanoines, auxquels il assigna un traitement fixe, appelé prébende; puis il donna l'ordination d'évêque à un ecclésiastique nommé Absalon, chanoine régulier de l'église du Saint-Sépulcre, malgré les réclamations et l'opposition formelle de Gérald, évêque de Bethléem. Dans la suite, cette cause ayant été portée par appel à l'audience du pontife romain, cet évêque obtint l'exclusion du prélat que le seigneur patriarche avait déjà consacré, et la réunion à perpétuité de cette église et de toutes ses possessions à l'église de Bethléem. Par suite des conseils de sa mère, le Roi distribua des propriétés et des terres, soit de la ville, soit des campagnes environnantes, à ceux qui avaient bien mérité, et en concéda d'autres à prix d'argent; puis il donna généralement toute la ville à son jeune frère, le seigneur Amaury, comte de Joppé. Ascalon fut prise l'an de l'incarnation 1154, le 12 du mois d'août [1], et la dixième année du règne de Baudouin, quatrième roi de Jérusalem.

Les malheureux Ascalonites éprouvèrent une nouvelle infortune pendant leur voyage, et en se rendant en Égypte. Les guides que le Roi leur avait donnés pour les accompagner dans leur marche, et pour les défendre de toute vexation, les ayant quittés,

---

[1] Le 19 août 1153.

un certain Nocquin, Turc de nation, vaillant à la guerre, mais homme pervers et sans foi, qui avait partagé tous les travaux des Ascalonites, en combattant long-temps avec eux et à leur solde, avait feint de vouloir s'associer à leur sort et descendre avec eux en Égypte; mais, lorsqu'il les vit dénués de guides, oubliant ses sermens et méconnaissant toutes les lois de l'humanité, il se précipita sur eux, leur enleva de riches dépouilles, et partit, les laissant errer à l'aventure au milieu des déserts.

LIVRE DIX-HUITIÈME.

Vers ce même temps, Renaud de Châtillon, qui avait épousé la veuve du seigneur Raimond, prince d'Antioche, sachant que le seigneur patriarche de cette ville avait désapprouvé ce mariage dès le principe, et qu'il persistait dans son opinion, nourrissait contre lui une méfiance continuelle. Le patriarche, riche, puissant, et jouissant d'un grand crédit, parlait assez librement de la personne et de la conduite de Renaud, et s'en expliquait fort souvent en public aussi bien que dans les entretiens secrets. Comme il arrive d'ordinaire en de pareilles circonstances, quelques personnes, toujours disposées à entretenir les haines, avaient soin de rapporter toutes les paroles du patriarche. Le prince en conçut une vive indignation; animé d'une colère que rien ne put apaiser, il porta sur le patriarche une main violente, s'empara de sa personne avec une audace diabolique, et le fit conduire ignominieusement dans la citadelle élevée au dessus de la ville d'Antioche : chose abominable! Le prélat, chargé d'années, le successeur de Pierre, prince des apôtres, malade et presque toujours défaillant, fut contraint, pendant un jour d'été, de demeurer, la tête nue et recouverte de miel, exposé à toute l'ardeur du soleil, sans que personne entreprît de l'en défendre, ou par pitié du moins de chasser les mouches loin de lui. Le seigneur roi de Jérusalem, en ayant été informé, fut frappé d'étonnement et de consternation au récit d'un si grand acte de folie, et chargea aussitôt deux vénérables députés, le seigneur Frédéric, évêque d'Accon, et le seigneur Raoul, son chancelier, d'aller de sa part porter des lettres à ce prince insensé, pour le réprimander en vertu de son autorité royale, et l'inviter à réparer promptement cet acte de frénésie. Après avoir reçu les députés, et pris connaissance des lettres qu'ils lui apportaient, le prince, qui déjà avait accablé le patriarche de toutes sortes d'affronts, le fit remettre en liberté, et lui rendit complétement ses biens et les biens de ses hommes, qu'il avait enlevés de vive force. Le seigneur patriarche quitta alors le diocèse d'Antioche, et se retira dans le royaume de Jérusalem. Le Roi et sa vertueuse mère, le patriarche et les autres évêques du royaume l'accueillirent avec bonté, et il y demeura pendant quelques années.

[1155.] Une affreuse disette s'éleva l'année suivante sur toute la terre, et le Seigneur, irrité contre nous, nous enleva la précieuse nourriture du pain, à tel point que le boisseau de froment coûtait quatre pièces d'or. Si l'on n'eût eu la ressource des grains qui furent trouvés dans la ville d'Ascalon lorsqu'elle tomba au pouvoir des nôtres, cette disette eût été bien plus terrible, et le peuple presque entier eût misérablement succombé. Depuis plus de cinquante ans le territoire d'Ascalon, exposé sans cesse aux hostilités, était demeuré sans culture; mais lorsque dans le cours des années suivantes on eut commencé à le travailler, lorsque les habitans, ne redoutant plus les aggressions subites, purent s'adonner librement au soin de la terre, tout le royaume se trouva dans une grande abondance, et l'on put dès lors considérer les temps antérieurs comme des époques de stérilité et de disette, en les comparant avec le temps présent. Depuis long-temps cette terre n'avait subi aucun travail, la charrue ne l'avait point ouverte, elle demeurait inculte et dans toute sa vigueur; mais aussitôt qu'elle devint l'objet des sollicitudes du laboureur, elle les paya avec usure, et rapporta soixante fois les semences versées dans son sein.

A cette même époque le seigneur pape, Anastase IV, mourut à Rome [1], et eut pour successeur le seigneur Adrien III [2]. Celui-ci, né Anglais et dans le château de Saint-Albans, avait été à Avignon, ville de Provence, et située dans le diocèse d'Arles, abbé de chanoines réguliers dans l'église de Saint-Roux : le seigneur pape Eugène, de précieuse mémoire, l'avait appelé de là auprès de l'église romaine pour le faire évêque d'Albano, sous le nom de Nicolas. Après la mort du seigneur pape Anastase, qui avait succédé au seigneur Eugène, l'évêque d'Albano, revenu de Norwége, la plus éloignée des provinces de l'Occident, où il avait été envoyé en qualité de légat, assista à l'élection, fut désigné à l'unanimité par le clergé et par le peuple, et prit le nom d'Adrien.

[1156.] Cette même année le seigneur Frédéric, roi des Teutons, mais non encore empereur, était descendu en Italie avec une nombreuse armée, et après avoir assiégé long-temps et pris enfin Tortone, l'une des

---

[1] Le 2 décembre 1154. — [2] Adrien IV.

villes de la Lombardie, il avait résolu de se rendre à Rome et de s'y faire couronner. Dans le même temps il s'était élevé de sérieuses querelles entre le seigneur pape Adrien, dont je viens de parler, et le roi de Sicile, le seigneur Guillaume, fils du seigneur Roger, de précieuse mémoire : leur inimitié, ayant éclaté publiquement, avait amené la guerre, et le Pape avait lancé contre le Roi une sentence d'excommunication. Cependant le seigneur Frédéric, empressé d'accomplir ses desseins, avait hâté sa marche, et s'était rendu en peu de jours de la Lombardie à Rome : son arrivée subite excita vivement les méfiances du seigneur Pape et de toute l'église romaine. Cependant l'intervention de quelques négociateurs de paix fit adopter de part et d'autre les conditions ordinaires, et le seigneur Frédéric fut, selon l'usage, solennellement couronné et proclamé Auguste dans l'église du bienheureux Pierre, le 6 des calendes de juillet [1]. Trois jours après, et le jour de la fête des saints apôtres Pierre et Paul, s'étant réunis au dessous de la ville de Tivoli, l'Empereur décoré des ornemens impériaux, et le Pape portant les marques distinctives du souverain pontificat, confondirent leurs troupes, et s'avancèrent couronnés de laurier, aux bruyantes acclamations du clergé et du peuple. Après avoir célébré ce jour de fête, les deux souverains se séparèrent en bonne intelligence ; le seigneur Empereur se rendit auprès d'Ancône, où l'appelaient les affaires de l'Empire ; et le seigneur Pape fit quelque séjour, non loin de Rome, dans les villes situées au milieu des montagnes.

---

[1] Le 25 juin. C'est une erreur ; Frédéric 1 fut couronné à Rome le 8 juin 1155.

Pendant ce temps le roi de Sicile ordonna à ses princes d'aller mettre le siége devant la ville de Bénévent, qui appartenait à l'église romaine, et de la bloquer le plus étroitement qu'il serait possible. Le seigneur Pape, irrité à l'excès de cette entreprise, et voulant prendre sa revanche, fit tous ses efforts pour armer contre le Roi les princes mêmes de ses États, et réussit au gré de ses espérances. En effet, il parvint à soulever contre le Roi le plus puissant comte du royaume de Sicile, Robert de Basseville, fils de la tante paternelle du Roi, et beaucoup d'autres nobles encore, leur promettant à perpétuité l'assistance et les conseils de l'église romaine. Plusieurs exilés, que le Roi ainsi que son père avaient chassés du royaume en les dépouillant de leurs héritages, hommes illustres et puissans, tels que le seigneur Robert de Sorrente, prince de Capoue, et beaucoup d'autres encore, furent amenés par les sollicitations du Pape à rentrer dans le royaume et dans les terres qui leur appartenaient, en vertu de leurs droits héréditaires, et le Pape leur engagea formellement sa parole pontificale que l'église romaine leur prêterait à perpétuité son appui. En même temps, le seigneur Pape sollicita également l'empereur des Romains et l'empereur de Constantinople d'aller prendre possession du royaume de Sicile ; il s'adressa ouvertement et de vive voix au premier de ces souverains qui séjournait encore en Italie, et écrivit à l'autre secrètement.

Tandis qu'en Italie l'Église et le royaume de Sicile se voyaient ainsi agités, nos contrées de l'Orient n'étaient pas non plus exemptes de troubles. Vers le même temps, et après que la faveur divine eut remis les Chrétiens en possession de la ville d'Ascalon, pendant que le royaume jouissait d'une assez grande prospérité, et possédait des grains en abondance, l'ennemi de l'homme, jaloux de la tranquillité que le Seigneur nous avait rendue, commença à répandre de nouveaux germes de dissension. Raimond, maître des Hospitaliers, qui d'abord avait passé pour un homme rempli de religion et de crainte de Dieu, assisté de ses frères animés du même esprit que lui, en vint à susciter toutes sortes de tracasseries au seigneur patriarche, ainsi qu'aux autres prélats des églises, au sujet de la juridiction paroissiale et des redevances de dîmes. Ceux que leurs évêques avaient excommuniés, ou interdits nominativement et rejetés de l'Église, en punition de leurs crimes, étaient accueillis au hasard et sans choix par les frères Hospitaliers, et admis par eux à célébrer les offices divins. S'ils étaient malades, les frères ne leur refusaient ni le viatique ni l'extrême-onction, et ceux qui mouraient recevaient par leurs soins la sépulture. S'il arrivait qu'à raison de quelque énorme péché on mît en interdit toutes les églises, ou les églises d'une ville ou d'un bourg quelconque, aussitôt les frères, faisant sonner toutes les cloches et poussant des vociférations extraordinaires, appelaient au service divin le peuple frappé d'interdiction, afin d'avoir pour eux-mêmes les oblations et les autres revenus casuels dus aux églises-mères, et d'être seuls à se réjouir, tandis que les autres étaient dans l'affliction, oubliant ces belles paroles de l'excellent prédicateur : « Soyez dans la joie avec ceux qui sont « dans la joie, et pleurez avec ceux qui pleurent [1]. »

[1] Épit. de S. Paul aux Romains, chap. 12, v. 15.

Quant à leurs prêtres, ceux qu'ils admettaient n'étaient point, selon les antiques lois des sacrés canons, présentés par eux à l'évêque du lieu, pour recevoir de lui l'autorisation de célébrer les offices divins dans son diocèse, et lorsqu'ils en rejetaient quelques-uns, justement ou injustement, ils ne prenaient nul soin de le faire connaître à l'évêque; ils refusaient en outre formellement de donner la dîme sur leurs biens et sur les revenus qui leur étaient attribués, à quelque titre que ce fût. De toutes parts les évêques avaient contre eux ces sujets de plainte, et toutes les églises cathédrales éprouvaient des pertes du même genre; mais le seigneur patriarche et la sainte église de Jérusalem essuyèrent plus particulièrement encore une offense qui fut, à juste titre, odieuse à tous les Chrétiens.

Devant les portes mêmes de l'église de la Sainte-Résurrection, les frères de l'Hôpital entreprirent, en témoignage de mépris et d'insulte pour cette église, de faire construire des édifices beaucoup plus somptueux et plus élevés que ceux que possède celle qui fut consacrée par le sang précieux du Seigneur et Sauveur, suspendu sur la croix, et qui, après son supplice, lui fournit une douce sépulture. Bien plus, toutes les fois que le seigneur patriarche voulait parler au peuple, et montait, selon l'usage, vers le lieu où le Sauveur du monde fut attaché à la croix et opéra à jamais la rédemption de toute la terre, les frères, afin de mettre toujours quelque obstacle aux actes du gouvernement confié à ses soins, faisaient sonner aussitôt les cloches, en si grand nombre, avec tant d'activité et si long-temps, que le seigneur patriarche n'avait pas assez de force pour élever suffisamment la voix, et que, malgré tous ses efforts, le peuple ne pouvait l'entendre. Souvent le seigneur patriarche se plaignait aux citoyens de ces téméraires entreprises, et signalait, par des preuves sans réplique, la méchanceté des frères; les citoyens allaient aussi s'en plaindre à eux, mais ils demeuraient incorrigibles, et souvent même ils menaçaient d'en faire encore beaucoup plus. Ils en vinrent en effet à ce point de témérité, d'audace diabolique et de fureur d'esprit, de prendre un jour les armes, de faire irruption dans l'église agréable à Dieu comme dans la maison d'un obscur particulier, et d'y lancer une grande quantité de flèches, comme dans une caverne de larrons. Ces flèches furent ensuite ramassées et rassemblées en un faisceau : je les ai vues moi-même, et beaucoup d'autres personnes les ont vues comme moi, suspendues par une corde devant la place du Calvaire, où le Seigneur fut crucifié.

Ceux qui examinent toutes choses avec attention sont disposés à croire que c'est à l'église romaine qu'il faut attribuer la première cause des maux que je rapporte, quoiqu'elle ait ignoré peut-être, ou du moins n'ait pas assez mûrement considéré l'objet de la demande qui lui était adressée. En affranchissant injustement la maison de l'Hôpital de la juridiction du seigneur patriarche de Jérusalem, auquel elle avait été subordonnée long-temps, et à juste titre, l'église romaine a fait que les frères n'ont plus conservé aucune crainte de Dieu, et n'en ont, quant aux hommes, que pour ceux qui leur sont redoutables. Cependant nous n'avons garde d'imputer à tous indistinctement et sans aucune restriction cet orgueil odieux à l'Éternel et source de tous les vices, et il nous semble presque impossible que tous ceux qui composent ce corps marchent dans les mêmes voies, et qu'il n'y ait aucune différence dans leur conduite. Mais afin de faire mieux connaître de quelle condition inférieure cette maison est partie pour s'élever à ce point d'élévation, et combien il est injuste qu'elle se soit montrée et se montre encore aujourd'hui si récalcitrante envers les églises de Dieu, je crois devoir remonter un peu plus haut, pour exposer l'histoire de son origine, ayant soin, avec l'aide de Dieu, de me conformer exactement à la vérité.

Au temps où le royaume de Jérusalem, la Syrie entière, l'Égypte et toutes les provinces environnantes tombèrent, en punition des péchés des hommes, entre les mains des ennemis de la foi et du nom du Christ (ce qui arriva, ainsi que nous l'apprennent les anciennes histoires, sous le règne du seigneur Héraclius, empereur des Romains, à la suite des grands avantages que remportèrent sur lui les peuples de l'Arabie), il ne manquait pas cependant de gens qui venaient de l'Occident visiter de temps en temps les lieux saints, tombés au pouvoir des ennemis, et qui s'y rendaient, les uns par dévotion, les autres pour y faire du commerce, d'autres enfin pour l'un et l'autre de ces motifs. Parmi ceux qui tentèrent à cette époque de se rapprocher des lieux saints pour y suivre des entreprises de commerce, étaient des hommes venus d'Italie et appelés Amalfitains, du nom de la ville qu'ils habitent. Cette ville d'Amalfi, située entre la mer et des montagnes très-élevées, a dans son voisinage, du côté de l'orient, la très-noble ville de Salerne, dont elle n'est séparée que par une distance de sept milles par la voie de mer; vers l'occident Sorrente et Naples, et au midi la Sicile, dont la mer Tyrrhénienne la sépare, à une distance de deux cents milles environ. Les habitans de ce pays furent les premiers, comme je viens de le dire, qui tentèrent de transporter par la voie du commerce, dans cette partie de l'Orient que j'ai désignée, des marchandises étrangères qui jusqu'alors y étaient demeurées inconnues; ils obtinrent de tous les gouverneurs de ces contrées de très-bonnes conditions pour toutes les choses utiles qu'ils y transportaient; ils y arrivaient sans aucune difficulté, et le peuple leur témoignait une semblable bienveillance. A cette époque le prince d'Égypte possédait toute la côte qui s'étend depuis la ville de Gabul, située sur les bords de la mer, auprès de Laodicée de Syrie, jusqu'à Alexandrie, la première ville d'Égypte. Il avait dans chaque ville des gouverneurs qui maintenaient son autorité et la rendaient redoutable. Les Amalfitains, jouissant entièrement de la faveur du Roi et de ses princes, pouvaient parcourir le pays en toute confiance, allant de tous côtés, comme des négocians chargés de bonnes et utiles marchandises, et les colportant en tous lieux; fidèles au souvenir des traditions paternelles et de la foi du Christ, ils visitaient les lieux saints, toutes les fois qu'ils en trouvaient l'occasion; mais comme ils n'avaient pas dans cette ville de domicile fixe où il leur fût possible de faire quelque séjour, de même qu'ils en avaient dans les villes maritimes, ils rassemblèrent autant d'hommes de leur nation qu'il leur parut convenable de le faire pour réussir dans leurs desseins; ils allèrent trouver le calife d'Égypte, parvinrent facilement à gagner la bienveillance des gens de sa maison, présentèrent au calife une pétition par écrit, et obtinrent une réponse conforme à leurs vœux.

En conséquence il fut écrit au gouverneur de Jérusalem d'avoir à accorder aux gens d'Amalfi, amis du pays et colporteurs d'objets utiles, un vaste local dans la partie de la ville habitée par les Chrétiens, afin qu'ils pussent y construire une maison d'habitation. Alors, comme aujourd'hui, la ville était divisée en quatre quartiers à peu près égaux : l'un de ces quartiers seulement, celui dans lequel est situé le sépulcre de notre Seigneur, avait été concédé aux fidèles; ils y avaient leurs demeures : les autres, y compris le temple du Seigneur, étaient exclusivement occupés par les infidèles. En vertu des ordres du prince, on désigna aux Amalfitains l'emplacement qui fut jugé suffisant pour les constructions qu'ils avaient à faire : alors ceux-ci prélevèrent de l'argent sur les négocians, à titre de cotisation volontaire; ils firent bâtir en face de la porte de l'église de la Résurrection, à la distance d'un trait de pierre, un monastère qui fut élevé en l'honneur de la sainte et glorieuse Mère de Dieu, l'éternelle vierge Marie, et eurent soin d'y joindre toutes les constructions et usines qui pouvaient être nécessaires, soit pour le service des moines, soit pour l'exercice de l'hospitalité envers les gens de leur pays. Après avoir terminé leurs bâtimens, ils allèrent chercher chez eux et transportèrent de là à Jérusalem des moines et un abbé, avec lesquels ils instituèrent régulièrement leur maison, et la rendirent agréable au

Seigneur par une sainte conduite. Comme c'étaient des Latins qui avaient établi cette maison, et qui la gardaient à titre de maison religieuse, elle fut appelée dès le principe, de même qu'elle l'est encore aujourd'hui, *le monastère des Latins*.

Déjà à cette époque on voyait arriver de temps en temps à Jérusalem de saintes et vertueuses veuves qui, oubliant la timidité de leur sexe, et ne redoutant aucun des nombreux périls auxquels elles s'exposaient, venaient visiter et embrasser les lieux saints : comme il n'y avait dans le monastère aucun local où elles pussent être reçues convenablement au moment de leur arrivée, les hommes pieux qui avaient fondé la maison prirent soin, dans leur sagesse, de fournir un oratoire tout-à-fait séparé aux femmes qui venaient faire leurs dévotions, et de leur assigner une maison particulière et des places déterminées dans l'hôtellerie. Enfin, et grâce à la protection de la clémence divine, on parvint à instituer un petit monastère en l'honneur de la pieuse pécheresse Marie-Madeleine, et l'on y établit un certain nombre de sœurs, destinées à faire le service des femmes venant de l'étranger.

Malgré les difficultés des temps, on voyait aussi arriver à Jérusalem des hommes venant de divers pays, tant nobles que gens de petite sorte; mais comme ils ne pouvaient parvenir à la cité sainte qu'en traversant le territoire des ennemis, il ne leur restait absolument rien de leurs provisions de voyage lorsqu'ils se trouvaient arrivés auprès de la ville : misérables et dénués de ressources, il leur fallait encore s'arrêter devant la porte, et attendre, malgré leur fatigue et leur nudité, malgré la faim et la soif qui les dévoraient, jusqu'à ce qu'on pût leur donner la pièce d'or qui seule faisait ouvrir les portes. Une fois entrés dans la ville, et lorsqu'ils avaient visité les lieux saints dans l'ordre établi, ils ne pouvaient espérer de trouver les moyens de se nourrir un seul jour, si ce n'est dans le monastère où on leur donnait fraternellement quelques secours. Tous les autres habitans de la ville étaient Sarrasins et infidèles, à l'exception du seigneur patriarche, du clergé et du misérable petit peuple de Syriens ; mais ceux-ci étaient vexés et chargés tous les jours de corvées ordinaires et extraordinaires; employés sans cesse aux travaux les plus vils, réduits à la dernière pauvreté, tremblant incessamment pour leur vie, à peine avaient-ils eux-mêmes le temps de respirer. Accablés de misère et dénués de ressources, nos pélerins ne trouvaient même personne qui pût leur offrir un toit hospitalier. Afin de les consoler dans leur affliction, et de leur assurer miséricordieusement le vivre et le couvert, les hommes bienheureux qui habitaient le monastère des Latins firent encore construire, dans l'enceinte du local qui leur avait été assigné, une maison d'hospitalité où l'on pût recevoir les hommes bien portans et les malades, afin qu'ils ne fussent plus exposés à être assassinés dans les rues pendant la nuit, et que, rassemblés dans un même lieu, ils pussent du moins recevoir tous les jours une nourriture quelconque, à l'aide des débris d'alimens qui seraient recueillis dans les deux monastères d'hommes et de femmes. On fit aussi construire dans le même lieu un autel, qui fut dédié au bienheureux Jean

Éleeymon. Cet homme agréable à Dieu, et digne des plus grands éloges, était né à Chypre. Ses vertus le firent parvenir à la dignité de patriarche d'Alexandrie : il se distingua particulièrement par ses œuvres de piété, et toute l'église des saints célébrera à perpétuité la ferveur de son zèle et l'abondance de ses aumônes. Cette conduite lui valut le surnom d'Éleeymon, qui lui fut donné par les saints Pères, et qui signifie *miséricordieux*. Cette vénérable maison, ouverte charitablement à tous les hommes, n'avait cependant ni revenus ni propriétés. Pour y suppléer, les Amalfitains, tant ceux qui demeuraient à Amalfi que ceux qui faisaient le commerce, prélevaient toutes les années entr'eux, et par voie de cotisation, une somme d'argent qu'ils envoyaient, par l'intermédiaire de ceux qui se rendaient à Jérusalem, à l'abbé qui gouvernait alors la maison. Elle était destinée d'abord à la nourriture et à l'entretien des frères et des sœurs qui habitaient dans les couvens, et ce qui en restait était employé en distributions d'aumônes faites dans la maison d'hospitalité à tous les Chrétiens qui arrivaient à Jérusalem.

Tel fut le sort de cette maison pendant longues années et jusqu'à l'époque où il plut au souverain maître de toutes choses de délivrer des superstitions des Gentils la cité qu'il avait purifiée par son propre sang. A l'arrivée du peuple chrétien et des princes agréables à Dieu, auxquels le Sauveur voulut livrer de nouveau son royaume, on trouva, dans le monastère des femmes, une femme sainte et dévouée à Dieu, remplissant les fonctions d'abbesse : elle se nommait Agnès, était née romaine et noble selon la chair. Elle survécut encore quelques années à la délivrance de la cité sainte. On trouva aussi dans la maison d'hospitalité un nommé Gérard, homme d'une vertu éprouvée, qui, lorsque la ville était encore au pouvoir des ennemis, avait pendant long-temps et en toute dévotion servi les pauvres Chrétiens, sous les ordres de l'abbé et des moines du couvent. Il eut pour successeur ce Raimond dont il me reste maintenant à parler.

Dès que les frères de cette maison de l'Hôpital, qui avait eu une si modeste origine, eurent pris un peu de consistance, ils commencèrent par se soustraire à la juridiction de l'abbé : dans la suite, leurs richesses s'étant accrues à l'infini, l'église romaine leur accorda l'émancipation de l'autorité du seigneur patriarche, et aussitôt qu'ils eurent acquis cette dangereuse liberté, ils ne conservèrent plus aucun respect pour les prélats des églises, et refusèrent formellement de servir les dîmes sur tous les biens qui leur étaient dévolus, à quelque titre que ce fût. Entraînés par cet exemple, un grand nombre des établissemens que l'on nomme *vénérables*, tant monastères que maisons d'hospitalité, dont l'Église avait jeté les premiers fondemens par pure libéralité et pour accomplir, selon son usage, des œuvres pies, et qu'elle avait conduits à un état prospère, devenus plus récalcitrans à force de richesses, se séparèrent de leur pieuse mère, qui d'abord les avait nourris de son lait comme ses propres enfans, et qui, dans la suite des temps, les avait engraissés à l'aide d'une nourriture plus solide ; en sorte que l'Église put avec justice répéter à leur sujet cette complainte du prophète Isaïe : « J'ai nourri des enfans, et je les ai élevés, et après cela ils m'ont méprisé [1]. » Que le Seigneur daigne les épagner et rentrer dans leurs cœurs, afin qu'ils apprennent à servir en toute crainte la mère qu'ils ont abandonnée! Surtout qu'il ait encore plus d'indulgence pour celui qui, ayant cent brebis, n'a vu que celle du pauvre et la lui a enviée, et de qui le Seigneur a dit : « Vous avez tué Naboth, et de plus, vous vous êtes emparé *de sa vigne* [2] ! » Malheur à celui-là, quel qu'il soit! car, selon la déclaration du prophète, celui-là est un homme de sang.

A la suite de plusieurs réclamations réitérées, le seigneur patriarche et les autres prélats des églises reconnurent l'impossibilité de faire réussir leurs demandes auprès des frères, et l'affaire fut portée des deux côtés à la cour du pontife romain. Le seigneur patriarche, quoique fort âgé et presque centenaire, prit avec lui plusieurs prélats, savoir le seigneur Pierre, archevêque de Tyr et deux de ses suffragans (le seigneur Frédéric, évêque d'Accon, et le seigneur Amaury, évêque de Sidon), le seigneur Baudouin, archevêque de Césarée; le seigneur Constantin, évêque de Lydda; le seigneur Rainier, évêque de Sébaste, etc.; enfin le seigneur Herbert, évêque de Tibériade. Le printemps avait ramené une plus douce température, les vents d'hiver cessaient d'agiter la mer, et le souffle du vent d'ouest commençait à rendre la navigation plus facile : le seigneur patriarche et les prélats se mirent en route, et, protégés par le Tout-Puissant, ils arrivèrent, après une heureuse traversée, dans la ville d'Otrante, port de mer situé dans la Pouille.

[1] Isaïe, chap. 1, v. 2. — [2] Rois, liv. III, chap. 21, v. 19.

Tandis que les évêques d'Orient mettaient le pied sur ce territoire, l'empereur de Constantinople, cédant aux invitations que le seigneur Pape lui avait adressées, ainsi que je l'ai déjà dit, avait envoyé des princes dans ce pays, chargés de sommes considérables, et ceux-ci avaient occupé toute la contrée les armes à la main, et du consentement des principaux seigneurs qui y habitaient. Lorsque le seigneur patriarche partit d'Otrante avec les prélats pour se rendre à Brindes, les gens de l'Empereur avaient déjà pris possession de cette dernière ville, que les citoyens lui avaient livrée, et la citadelle seule, avec le petit nombre d'habitans qu'elle renfermait, demeurait encore fidèle au Roi. D'un autre côté, le comte Robert, dont j'ai déjà fait mention, suivi de tous ceux qui s'étaient dévoués à son parti, soit par haine contre le Roi, soit par affection pour lui, s'était emparé de vive force des belles métropoles de Tarente et de Bari, et de tout le littoral qui s'étend jusqu'à l'extrémité du royaume. Les grands et illustres Robert prince de Capoue et le comte André avaient pris possession pour leur compte de toute la Campanie, vulgairement appelée terre de Labour, et de Salerne, Naples et San Germano; toute cette contrée était dans une si grande agitation, que les passans même ne pouvaient trouver nulle part ni repos ni sécurité. Pendant ce temps, l'empereur des Romains, le seigneur Frédéric, était encore dans les environs d'Ancône avec ses armées; mais les légions qu'il avait amenées en Italie y souffraient horriblement; les plus grands et les plus nobles princes de l'Empire périssaient successivement; à peine en restait-il un dixième; ceux qui survivaient à ce désastre voulaient, à toute force, retourner chez eux, et l'Empereur, ne pouvant les retenir, se voyait contraint, malgré lui, à faire toutes ses dispositions de départ, et abandonnait à regret des affaires qui auraient encore demandé sa présence, particulièrement celles qui se rapportaient au royaume de Sicile. Le seigneur patriarche et les prélats, remplis d'anxiété, délibéraient, et ne savaient quelle route suivre pour se rendre auprès du Pape, tant la guerre et l'esprit de sédition, répandus en tous lieux, semblaient fermer toutes les issues. Un certain Ansquetin, chancelier du roi de Sicile, qui assiégeait la ville de Bénévent, refusa aux députés que le seigneur patriarche lui avait envoyés pour lui demander une escorte, la faculté même de passer dans cette ville, par où la route était beaucoup plus courte. Enfin ayant pris l'avis de quelques hommes sages, le patriarche prit la voie de mer, et arriva à Ancône avec tout son cortége. Il envoya aussitôt quelques évêques auprès du seigneur empereur des Romains, qui était déjà en marche pour rentrer dans ses États, les chargeant de le saluer de sa part et de lui demander des lettres pour le Pape, au sujet de l'affaire qu'il allait traiter. L'Empereur, poursuivant sa marche, avait déjà dépassé les villes de Sinigaglia et de Pésaro ; cependant les députés l'atteignirent, et il satisfit à leur demande. Le seigneur patriarche se dirigea alors vers Rome avec tout son cortége, marchant sur les traces du seigneur Pape, qui venait de sortir de la ville de Narni, et le poursuivant comme un homme qui fuit. Arrivé à Rome, le patriarche s'y reposa quelques jours ; mais ayant appris que le Pape s'était arrêté à Férentino, il s'y rendit en toute hâte pour ouvrir enfin des négociations sur l'affaire qui l'appelait en Italie. Quelques personnes disaient que le seigneur Pape évitait à dessein de se laisser joindre par le patriarche, afin de le fatiguer et de l'accabler de frais, et l'on ajoutait qu'il s'était laissé séduire par les immenses présens des frères Hospitaliers arrivés auprès de lui long-temps auparavant, et qu'il était disposé en leur faveur. D'autres disaient que le seigneur Pape n'avait précipité sa marche que pour se diriger vers la ville de Bénévent, toujours étroitement bloquée. Deux choses demeuraient évidentes, c'est que le seigneur Pape et les gens de sa maison avaient admis les frères Hospitaliers dans leur intimité, et que d'autre part le Pape mettait une sorte d'obstination affectée à repousser loin de lui le seigneur patriarche et tous les siens, comme s'ils eussent été des enfans adultérins, indignes de sa présence.

Le patriarche cependant, arrivé à Férentino, se présenta, selon l'usage, devant le prince des apôtres; il fut mal accueilli, et plus mal traité encore; la plupart des cardinaux ne lui témoignèrent que mauvaise volonté, et il acquit, par la contenance même du seigneur Pape, la certitude des dispositions qu'on lui avait annoncées. Cependant, fidèle aux conseils de quelques-uns de ses sages amis, le patriarche sut se contenir; il avait beaucoup de gravité; il continua à voir souvent le Pape, et dans les jours de fête il assista régulièrement au consistoire, toujours entouré du vénérable cortége de ses évêques, et toujours pressé par une troupe d'avocats tout prêts à remplir leurs fonctions toutes les fois qu'il pourrait en avoir besoin. Enfin les deux partis obtinrent audience; on disputa pendant plusieurs jours de suite, toujours inutilement, et le seigneur patriarche voyant bien, de même que quelques-uns de ses amis intimes, qu'il lui serait impossible de rien obtenir, prit congé du Pape, et fit ses dispositions pour retourner dans son pays, rempli de confusion et de crainte, et dans une situation plus fâcheuse qu'au moment de son arrivée. Il se trouva à peine dans toute la foule des cardinaux deux ou trois hommes qui osassent se montrer fidèles au Christ, et disposés à soutenir son ministre dans sa juste cause : ce furent le seigneur Octavien et le seigneur Jean de Saint-Martin, qui avait été archidiacre du seigneur patriarche, lorsque celui-ci était archevêque de Tyr. Tous les autres se retirèrent après avoir reçu les présens, et suivirent les voies de Balaam fils de Bosor. Le seigneur Pape, empressé de s'occuper de ses affaires particulières, traversa la Campanie, et se rendit à Bénévent.

Cependant le roi de Sicile, le seigneur Guillaume, ayant appris, par les nombreux messagers qui lui furent expédiés, que dans la Pouille le comte Robert de Basseville, assisté des Grecs, avait occupé de vive force tout le pays ; que dans la Campanie le prince de Capoue et le comte André étendaient chaque jour leur autorité ; qu'enfin le seigneur Pape, retiré à Bénévent, encourageait et soutenait tous ceux que je viens de nommer ; le roi de Sicile, dis-je, rassembla ses chevaliers dans toute la Sicile et dans la Calabre, et se rendit dans la Pouille à la tête d'une nombreuse armée. Arrivé auprès de Brindes, il mit aussitôt en fuite le comte Robert, et dispersa les Grecs dès la première rencontre ; leur armée fut presque entièrement détruite, et leurs chefs furent pris et chargés de fers [1]. Il s'empara avec un pareil succès des immenses trésors que les Grecs avaient apportés, et les fit verser dans ses coffres; puis, ayant repris possession de toute la contrée qui l'avait renoncé, et s'étant réconcilié avec les peuples du pays, il alla, de sa personne, presser le siége de Bénévent. Le seigneur Pape, qui s'y était renfermé avec les cardinaux et tous les habitans, se trouvèrent, dès ce moment, exposés à toutes sortes de maux; les vivres leur manquaient, et déjà tous éprouvaient les plus vives sollicitudes, quand tout-à-coup, après l'échange de plusieurs messages, la paix se trouva conclue, sous plusieurs conditions secrètes, entre le seigneur Pape et le roi de Sicile, à l'exclusion de tous ceux qui n'avaient entrepris tant de travaux et bravé tant de périls que sur les instances du seigneur Pape. En se voyant déçus de leurs espérances, et en apprenant que le Pape n'avait point demandé grâce pour eux et s'était borné à conclure la paix pour lui et pour l'église romaine, les nobles que j'ai déjà nommés éprouvèrent de vives anxiétés, et cherchèrent aussitôt les meilleurs moyens de sortir du royaume et de sauver du moins leurs personnes. Les comtes Robert et André se rendirent promptement en Lombardie avec quelques autres nobles, et de là auprès du seigneur Empereur. Plus malheureux que les autres, le prince de Capoue avait fait ses dispositions pour s'embarquer et passer le Garigliano. Déjà il avait envoyé en avant quelques-uns des siens, et était demeuré sur le rivage avec un petit nombre d'hommes, lorsqu'il fut arrêté et fait prisonnier par

[1] En 1156.

ceux-là même qui devaient le transporter. Il fut livré aux fidèles du Roi, et conduit de là en Sicile, où il languit à jamais dans le fond d'une prison ; on lui arracha les yeux, et il mourut enfin misérablement.

Vers le même temps, et tandis que le royaume de Jérusalem jouissait, grâce à la miséricorde de Dieu, d'une assez grande prospérité, les peuples qui l'avoisinaient de deux côtés furent misérablement livrés à une agitation à peu près imprévue. Un homme très-puissant en Égypte, et qui remplissait les fonctions de soudan [1], se rendit auprès du calife, seigneur de la contrée (que les Égyptiens ont coutume d'honorer et de vénérer comme un Dieu), et étant entré familièrement chez lui, en sa qualité de gouverneur chargé du fond de ses affaires particulières, il l'assassina traîtreusement dans la chambre la plus retirée du palais [2]. On dit qu'il se porta à ce crime dans l'intention d'élever son fils Hosereddin à la dignité de calife, et afin de continuer sans trouble et sans inquiétude à diriger l'administration du royaume, sous l'autorité de son fils. Il espéra pouvoir tenir cet événement secret pendant quelques jours, et se donner ainsi le temps de s'emparer du grand palais et de la totalité des trésors, et de rassembler ses amis et ses serviteurs, pour pouvoir au besoin résister à ceux qui voudraient lui faire rendre compte de son crime. Mais il en arriva tout autrement. Bien peu de temps après le meurtre, le peuple en fut instruit, et tous, depuis le plus grand jusqu'au plus petit, se levèrent comme un seul homme ; ils investirent aussitôt la maison dans laquelle le soudan s'était retiré après avoir commis son crime,

[1] De visir. — [2] En avril 1155 ; ce visir se nommait Al-Abbas.

et demandèrent d'une voix unanime la punition de l'homme de sang qui avait audacieusement attenté à la vie du souverain de la contrée. Comme on le pressait très-vivement, le soudan reconnut qu'il ne lui restait aucun moyen de salut; il ouvrit ses trésors, et tandis que le peuple vociférait sous ses fenêtres, il lui fit jeter de l'or, des pierreries, et tous les objets précieux qu'il possédait, afin de trouver pour lui-même un moyen plus facile de s'échapper, pendant que le peuple serait occupé à recueillir ses riches dépouilles. En effet, le soudan sortit avec une nombreuse escorte, accompagné de ses fils et de ses petits-fils, en dépit de ceux qui l'avaient assiégé dans sa demeure, et dirigea sa marche vers le désert, afin, disait-on, de se rendre à Damas. Les Égyptiens cependant le poursuivirent avec ardeur, pour s'opposer à l'exécution de ce projet. Son fils aîné et quelques autres hommes de sa maison, remplis de prudence et de valeur, éloignaient de lui ceux qui le poursuivaient, résistaient à leurs attaques, et les maintenaient toujours à la même distance. De temps en temps ils laissaient en arrière, et cela avec intention, des vases d'or ou d'argent, des vêtemens précieux, des ouvrages en soie d'une valeur considérable, afin de retarder les ennemis dans leur marche, et de leur susciter des occasions de querelle au sujet du partage des dépouilles. Enfin, les Égyptiens voyant qu'ils ne pouvaient parvenir à leurs fins, abandonnèrent l'entreprise et retournèrent chez eux : le soudan continua sa marche, espérant avoir échappé enfin aux difficultés et aux dangers de sa position, et s'avança en toute sécurité. Mais il ne tarda pas à tomber de Charybde en

Scylla. Les Chrétiens, informés de son prochain passage, s'étaient placés en embuscade, comme des hommes qui veulent nuire à un ennemi ; ils se tenaient cachés en silence, lorsque le soudan tomba à l'improviste dans le piége ; dès la première rencontre, il fut blessé mortellement, et périt enfin par le glaive. Ce noble Égyptien se nommait Habeis[1], et son fils, Nosereddin : toutes leurs maisons et toutes les richesses qu'ils avaient emportées d'Égypte tombèrent entre les mains des Chrétiens, qui s'en retournèrent ensuite chez eux chargés de précieuses dépouilles, pliant sous le poids d'un butin tel qu'on n'en avait jamais vu dans notre pays, et après en avoir fait entre eux la distribution, selon les règles ordinaires. Parmi ceux qui prirent part à cette expédition se trouvaient surtout des chevaliers, frères du Temple ; ils eurent par conséquent, en raison de leur nombre, une part plus considérable dans la répartition du butin : sans parler des divers objets précieux qui leur échurent en partage, le sort leur assigna le fils du noble Égyptien, Nosereddin, homme très-audacieux, et qui jouissait d'une grande réputation chez les Égyptiens pour ses talens militaires : son nom seul était redouté des peuples de tout le pays, et son aspect répandait partout la terreur, et ne laissait aucun espoir de salut. Les frères du Temple le retinrent assez long-temps dans les fers : il témoigna un ardent desir d'être régénéré par le Christ ; il apprit à connaître les lettres romaines, et commençait même à s'instruire dans les premiers principes de la foi chrétienne, lorsque les frères le vendirent au prix de

[1] Al-Abbas.

soixante mille pièces d'or aux Égyptiens, qui le réclamaient pour le faire périr. Ils le livrèrent chargé d'une chaîne de fer, les mains et les pieds liés; on le plaça sur un chameau, dans une cage de fer, et on le transporta en Égypte, où le peuple assouvit sur lui sa rage inhumaine, en le déchirant avec les dents et le dépeçant en mille morceaux.

[1157.] L'année suivante Renaud de Châtillon, prince d'Antioche, cédant aux conseils d'hommes pervers qui exerçaient sur lui la plus grande influence, commit un nouveau crime, digne des plus grandes expiations, en entrant en ennemi, et à la tête de ses légions, dans l'île de Chypre, voisine de notre royaume, qui lui avait été toujours utile, et s'était montrée constamment son amie, et en en prenant possession de vive force. Il faut que j'explique ici les faits qui amenèrent cette abominable invasion.

Il y avait dans la province de Cilicie, et dans les environ de Tarse, un noble et très-puissant Arménien, nommé Toros, qui, par son inconstance et les torts dont il se rendait coupable, encourait fréquemment la disgrâce du seigneur Empereur. Rempli de confiance, tant à cause de la distance qui le séparait de l'Empire qu'à raison des montagnes d'un abord difficile dans lesquelles il faisait sa résidence ordinaire, Toros descendait dans les plaines de la Cilicie pour les ravager et enlever du butin, ne craignant point de faire toutes sortes de dommages sur le territoire de son seigneur, et d'accabler de maux divers les fidèles de l'Empire, quelle que fût d'ailleurs leur condition. L'Empereur, en ayant été informé, écrivit à Renaud de convoquer ses chevaliers, de rejeter Toros loin des frontières de ses États, et de faire ses efforts pour garantir de pareilles incursions les terres appartenant aux Ciliciens, ses sujets; lui annonçant en outre que, s'il avait besoin d'argent pour accomplir cette mission, il ne manquerait pas en temps opportun de lui envoyer une somme suffisante sur ses propres trésors.

En conséquence, et pour obtempérer aux ordres de l'Empereur, Renaud convoqua ses chevaliers, entra en Cilicie, en expulsa Toros, et détruisit entièrement son armée. Il espérait, pour prix d'un si grand service, que l'Empereur lui accorderait une honorable récompense; mais voyant que le souverain retardait l'exécution de ses promesses, et impatient de tout délai, ce prince entreprit la criminelle expédition dont j'ai parlé. Prévenus de sa prochaine arrivée par quelques-uns des nôtres, les habitans de l'île de Chypre avaient rassemblé, tant bien que mal, toutes leurs forces; mais Renaud en entrant chez eux dispersa promptement leur armée, et la détruisit même si complétement qu'il n'y eut bientôt plus un seul homme qui osât entreprendre de lever le bras contre lui. Dès ce moment, il parcourut toute l'île en pleine liberté, renversa les villes, démolit les forteresses, brisa impudemment les portes des couvens d'hommes et de femmes, et livra les religieuses et les jeunes filles à la brutalité de ses compagnons d'armes : ils enlevèrent une immense quantité d'or, d'argent, et toutes sortes de vêtemens précieux; mais les pertes de ce genre furent comme nulles aux yeux de ce malheureux peuple, comparées aux offenses plus graves faites à la pudeur publique. Ils se livrèrent pendant quelques jours, et dans toute la contrée, à tout l'emportement de leur fureur, et comme personne ne leur opposa la moindre résistance, ils n'épargnèrent ni l'âge ni le sexe, et ne témoignèrent aucun égard pour la différence des conditions. Enfin, emportant de tous côtés de précieuses dépouilles et toutes sortes de richesses, ils se rendirent vers la mer, se rembarquèrent et allèrent descendre sur le territoire d'Antioche. Des trésors si mal acquis furent promptement dissipés entre leurs mains, pour confirmer la vérité de ce proverbe que « mauvais butin ne peut faire aucun pro-« fit. »

Dans le même temps, une immense multitude d'Arabes et de Turcomans, plus forte qu'on n'en avait encore vu, s'était rassemblée dans une forêt voisine de la ville de Panéade, et qu'aujourd'hui l'on appelle vulgairement du même nom. Ces Turcomans habitent comme les Arabes sous des tentes, et se nourrissent comme eux du lait de leurs troupeaux. Anciennement les forêts dont il est ici question, tant celle qui s'étend vers le nord que celle qui se prolonge vers le midi et celle qui couvre le mont Liban, étaient désignées sous le nom unique de forêts du Liban. On lit dans les saintes Écritures que Salomon y fit construire une maison; édifice très-somptueux et digne d'admiration, qui fut appelé *la maison de la forêt du Liban*. Maintenant, comme je viens de le dire, la forêt entière a pris le nom de la ville de Panéade, dont elle est également voisine. Les peuples dont je viens de parler, après avoir obtenu d'abord l'assentiment du seigneur Roi et conclu solennellement avec lui un traité de paix, avaient conduit leurs troupeaux dans cette forêt, et principalement un nombre infini de chevaux, qui y trouvaient d'abondans pâturages. Des hommes impies, fils de Bélial, et qui n'avaient point devant les yeux la crainte du Seigneur, allèrent trouver le Roi, et parvinrent aisément, à l'aide de perfides suggestions, à l'entraîner dans leurs méchans desseins. Ils le déterminèrent à oublier sa parole, à ne plus se souvenir du traité qu'il avait conclu avec les Arabes, à faire une irruption subite sur ces peuples, après qu'ils eurent conduit dans la forêt leur gros et leur menu bétail, et à livrer à leur propre avidité tant les hommes que les animaux. Ce qui fut dit fut fait. Le Roi, chargé de dettes envers des étrangers, ne sachant comment faire pour s'acquitter avec ses créanciers, et disposé par conséquent à adopter un moyen quelconque de sortir de cet embarras, prêta trop facilement l'oreille à de perfides conseillers, et céda enfin à leurs insinuations. S'abandonnant aux avis des impies, il convoqua ses chevaliers, et s'élança à l'improviste sur les Arabes et les Turcomans, qu'il surprit sans défense et ne s'attendant nullement à une pareille agression. Il les attaqua en ennemis et les livra à l'avidité de tous les siens : quelques-uns de ces étrangers trouvèrent leur salut dans la fuite, grâce à la rapidité de leurs chevaux; d'autres, obéissant à l'impérieuse nécessité, parvinrent à s'échapper en s'enfonçant dans l'épaisseur des bois; tout le reste périt par le glaive, ou fut livré à une dure servitude. On enleva un immense butin et des dépouilles telles, à ce qu'on assure, qu'on n'en avait jamais vu autant dans nos contrées. Tout homme du peuple, et même de la plus petite populace, eut en partage un grand nombre de chevaux ; et cependant les Chrétiens ne sauraient se faire de ces richesses un titre de gloire ni d'éloge, puisqu'ils n'avaient remporté cet avantage qu'en violant un traité de paix, et en maltraitant, au gré de leurs caprices, des hommes qu'ils avaient surpris sans défense, qui se reposaient sur la parole du Roi, et qui n'étaient pas en état de leur résister. Aussi le Seigneur, qui rétribue avec justice et qui est le Dieu des vengeances, ne voulut pas que les nôtres pussent se réjouir long-temps d'un gain aussi honteux ; et faisant connaître, pour leur plus grande confusion, qu'il faut demeurer fidèle à sa parole même avec les infidèles, il leur envoya en témoignage de vengeance la punition de leurs crimes, leur rendit au double la peine de leurs péchés, et ajouta à leur confusion par cette aggravation de châtiment, ainsi qu'on le verra par la suite de ce récit.

A peu près à la même époque, Honfroi de Toron, connétable du Roi, et seigneur à titre héréditaire de la ville de Panéade, fatigué des dépenses qu'il avait à faire et des sollicitudes continuelles que lui donnait cette ville, voyant qu'il lui serait impossible de s'y maintenir et de la gouverner à lui seul, obtint le consentement du Roi pour en faire un partage égal avec les frères Hospitaliers ; de telle sorte que ceux-ci étant possesseurs de la moitié de la ville et de toute sa banlieue, entrèrent aussi pour moitié dans toutes les dépenses d'utilité et de nécessité publiques, et concoururent, selon leur devoir, à la défense de leur portion. Cette ville se trouvait située sur les confins du territoire des ennemis, et par conséquent fort près d'eux, en sorte qu'on ne pouvait y arriver ou en sortir sans courir les plus grands dangers, à moins de marcher avec une forte escorte ou de suivre secrètement des chemins détournés.

Les frères, après avoir pris possession de la partie de la ville qui leur échut, résolurent un jour de faire des approvisionnemens en vivres et en armes, et de conduire des troupes dans la place, afin de la mettre en bon état de défense. Ils rassemblèrent à cet effet un grand nombre de chameaux et d'autres animaux destinés au transport des bagages; ils se mirent en marche avec leur suite, afin d'accompagner leur expédition et de l'appuyer, au besoin, de la force des armes, et se dirigèrent vers la ville de Panéade, dans l'intention de l'approvisionner pour un long espace de temps. Déjà ils étaient arrivés assez près de la ville avec tous leurs bagages, quand tout-à-coup les ennemis, instruits de leur approche, se présentèrent devant eux, et, les pressant du glaive, renversant et tuant un grand nombre d'entre eux, rompirent les rangs et s'emparèrent du convoi, tandis que le reste de la troupe cherchait son salut dans la fuite. Tous ceux que la vivacité de l'attaque empêcha de se sauver périrent par le glaive ou furent chargés de fers. Ainsi toutes les provisions qui avaient été rassemblées pour le service de la place tombèrent au pouvoir des ennemis pour être employées à son préjudice. Les frères cependant, redoutant de nouveaux accidens du même genre et les dépenses qui en résultaient, renoncèrent aux conditions stipulées par leur traité, et résignèrent entre les mains d'Honfroi de Toron leur portion de propriété sur la ville, avec les charges et les bénéfices qui en résultaient.

Aussitôt profitant des circonstances favorables, Noradin, enorgueilli de ce dernier succès, résolut d'assiéger la ville de Panéade, au moment où les événemens récens venaient d'y répandre la consternation[1]. Il convoqua ses chevaliers, fit transporter des machines, arriva à l'improviste sous les murs de la place, disposa ses troupes en cercle, et commença l'investissement. Il y avait dans un des quartiers de la ville une citadelle bien pourvue d'armes, de combattans, et même de vivres, eu égard du moins aux circonstances présentes, et qui, telle qu'elle était, pouvait encore servir d'asile à tous les habitans, même après la perte de la place. Se confiant cependant aux fortifications de la ville, et habitués à de semblables attaques, les citoyens résolurent de se défendre avec vigueur, et ils eussent même pu, conformément à leurs desirs, se maintenir avec succès, s'ils ne se fussent laissés aller à quelques imprudences, par suite d'une présomption excessive. Noradin, de son côté, les attaqua avec toutes sortes de machines et d'instrumens à projectiles; il employa des archers qui travaillaient continuellement et ne leur laissaient aucun moment de repos, et la nuit comme le jour ils faisaient les plus grands efforts pour harasser les assiégés et les réduire aux dernières extrémités. Déjà un grand nombre d'entre eux avaient été tués, d'autres étaient blessés mortellement, en sorte qu'il n'en restait plus beaucoup pour suivre tous les travaux nécessaires à la défense; et si le seigneur de Toron, et son fils, digne émule de la valeur de son père, combattant l'un et l'autre pour leur héritage, et toujours prêts à se mon-

[1] En 1159.

trer dans l'occasion, n'eussent par leur exemple encouragé les citoyens à la résistance, il est certain que ceux-ci n'auraient pu suffire à une si grande tâche, et qu'ils auraient enfin cédé aux forces trop supérieures des assiégeans ; mais, comme je l'ai dit, la présence de leurs seigneurs les animait, leur fermeté inébranlable relevait les courages abattus et inspirait de nouvelles forces pour de nouveaux combats.

Un jour que les ennemis les pressaient plus vivement que de coutume, les assiégés ouvrirent une porte de la ville et sortirent pour aller se battre au dehors. S'étant avancés assez imprudemment, ils irritèrent leurs nombreux ennemis par leurs provocations: ceux-ci s'élancèrent sur eux, et les citoyens, ne pouvant supporter leur choc, entreprirent de rentrer aussitôt dans la place. Comme ils arrivaient en désordre auprès de la porte, il leur fut impossible de la fermer, et les ennemis entrèrent pêle-mêle avec eux, et en si grand nombre qu'ils s'emparèrent de vive force de la ville, et contraignirent les assiégés à se retirer précipitamment dans la citadelle, non sans courir de grands dangers et sans perdre beaucoup de monde.

Cependant le seigneur Roi fut instruit des maux que souffrait la ville de Panéade, et apprit qu'elle était réduite aux dernières extrémités par suite des efforts de Noradin. Il rassembla, autant que les circonstances le lui permirent, des troupes de gens de pied et de chevaliers, et se rendit en toute hâte auprès de Panéade, dans l'intention d'en faire lever le siége ou de tenter la fortune des combats.

Le prince Noradin, instruit des projets et de la prochaine arrivée du Roi, leva le siége, pour ne pas s'exposer lui-même aux chances toujours incertaines d'une bataille. Mais avant de sortir de la ville, dont il s'était emparé de vive force, il y mit le feu, et rentra ensuite sur son territoire. Il ne voulut pas cependant laisser débander les troupes qu'il avait déjà rassemblées; il les retint auprès de lui, en leva même de nouvelles, et alla, comme s'il eût pressenti l'avenir, se placer en embuscade dans les forêts voisines, pour attendre la suite des événemens. Le Roi arriva à Panéade, apportant aux habitans des secours vivement desirés; il y demeura jusqu'à ce que l'on eût relevé tout ce qui avait été renversé, consolidé ce qui était ébranlé, et jusqu'à ce que les murailles eussent été réparées et la ville rétablie dans l'état où elle se trouvait auparavant. A cet effet, on convoqua dans toutes les villes voisines et dans tout le royaume, des maçons, et tous ceux qui avaient quelque notion des travaux d'architecture : les tours et les murailles furent réparées en toute diligence; on releva les remparts, et dans l'intérieur de la ville les citoyens s'occupèrent à remettre leurs maisons et les édifices publics en bon état; car, ainsi que je l'ai dit, Noradin, pendant qu'il occupait la place, avait renversé toutes ces constructions, de dessein prémédité. Ces travaux terminés, le Roi et ses princes jugèrent qu'un plus long séjour serait désormais inutile aux intérêts des citoyens : tout était rétabli comme avant le siége, et la ville même se trouvait alors approvisionnée pour assez long-temps en vivres, en armes et en combattans. Le Roi renvoya donc tous les gens de pied, et ne garda que les chevaliers pour se rendre avec eux à Tibériade. Il sortit de la ville, et dirigeant sa marche vers le midi, il alla camper auprès du lac nommé Melcha [1]. L'armée y passa la nuit, mais sans prendre aucune précaution, et sans observer les principes de l'art militaire et les règles prescrites pour les campemens. Il n'est que trop ordinaire qu'à la suite d'événemens qui ont réussi au gré de leurs desirs, les hommes se laissent aller à la négligence. Les malheureux seuls se tiennent constamment sur leurs gardes. C'est pourquoi peut-être il a été dit : « Mille tomberont à votre côté (gauche), et dix mille à votre droite [2]. » La plupart des hommes, en effet, lorsqu'ils sont poussés par la prospérité et enorgueillis par le succès, s'élancent en aveugles dans les précipices ; et ceux, au contraire, que l'adversité a éprouvés et fatigués, avertis par leurs propres périls et devenus sages à leurs dépens, ont appris à se conduire avec plus de circonspection dans les circonstances douteuses, et redoutent la fortune dont ils ont plus souvent essuyé les rigueurs. Le Roi, en voyant un si grand prince renoncer au siége de la ville qu'il attaquait, pensa qu'il était allé bien loin avec son armée, et qu'il lui serait impossible de rassembler de nouveau tant de nations diverses pour l'attaquer lui ou les siens. Dans cette persuasion, il se laissa aller trop imprudemment, et permit avec trop d'indulgence que chacun des siens se conduisît au gré de ses caprices.

Cependant les ennemis, placés toujours en embuscade, apprirent que le Roi avait renvoyé ses gens de pied ; que le reste de son armée, se croyant en toute

---

[1] C'est le lac que Josèphe appelle *Samachonitis* ou *Semechonitis*, et dont il est fait mention dans le livre de Josué (chap. 2, v. 5 et 7), sous le nom d'*Eaux de Merom*. Il est situé à sept ou huit lieues au nord du lac de Gennesareth, et s'appelle aujourd'hui *Bahr-el-Houleï*.

[2] Psaum. 90, v. 7.

sûreté, était campé sans précaution sur les bords du lac Melcha ; et que quelques-uns de nos princes, tels que Philippe de Naplouse et quelques autres, s'étaient retirés suivis de leur escorte. Aussitôt, voyant que les événemens répondaient à leurs vœux, ils levèrent leur camp, et marchant en toute hâte sous la conduite de leur prince, ainsi que les circonstances l'exigeaient, ils se dirigèrent vers le lac, et arrivèrent d'abord sur les rives du Jourdain, qui les séparaient de l'armée chrétienne. Ils passèrent le fleuve au lieu vulgairement appelé le gué de Jacob, et vinrent s'établir en deçà du Jourdain sur le point où l'armée royale devait passer le lendemain. Lorsque le jour fut revenu, cette armée se remit effectivement en route, ignorant tout-à-fait les piéges qui lui avaient été dressés pendant la nuit et les dispositions faites par les ennemis. Elle s'avança donc en toute sécurité, et ne redoutant aucun événement fâcheux, vers le lieu que les Turcs avaient occupé secrètement : aussitôt ceux-ci sortant des retraites où ils s'étaient cachés pour attaquer les Chrétiens à l'improviste, se présentèrent devant eux au moment où ils ne s'y attendaient nullement, pour les frapper du glaive ennemi et porter la mort dans leurs rangs. Les nôtres se ravisant, quoique trop tard, et renonçant à leurs entretiens particuliers, dès qu'ils eurent reconnu qu'il s'agissait d'une attaque sérieuse, s'élancèrent sur leurs chevaux et prirent les armes ; mais avant qu'ils se fussent préparés à la résistance et eussent eu le temps de se reformer, leurs rangs furent rompus ; les ennemis les serrant de près les attaquèrent vigoureusement avec le glaive, et bientôt les nôtres se trouvèrent sur tous les points divisés en petits pelotons qui n'avaient aucune consistance.

Le Roi demeurait entouré d'un petit nombre des siens qui ne l'abandonnaient point; mais lorsqu'il vit que les rangs étaient rompus, que le désordre de son armée la livrait de toutes parts aux ennemis, que ceux-ci prenaient de moment en moment de nouvelles forces, tandis que les nôtres pliaient de tous côtés et avaient plié même dès le commencement de l'action, il s'occupa du soin de sa propre sûreté, et se décida sagement à se rendre sur une montagne située dans le voisinage : il y arriva à travers les plus grands périls, et à l'aide d'un cheval vigoureux, passant tantôt à droite, tantôt à gauche, pour éviter la rencontre des ennemis, et ce ne fut qu'avec beaucoup de peine et après mille difficultés, qu'il parvint à se réfugier dans un château fort, nommé Sephet [1], établi sur cette même montagne. La plupart de nos princes furent faits prisonniers dans cette journée, et il n'en périt qu'un très-petit nombre; car tous indistinctement, tant ceux qui étaient renommés pour leur sagesse et leur grande expérience à la guerre, que les simples soldats, empressés de sauver leur misérable vie, se livraient sans résistance à l'ennemi comme de vils esclaves, n'éprouvant aucune horreur pour une honteuse servitude, et ne redoutant point l'infamie qui devait s'attacher à jamais à cette conduite. On remarquait parmi les prisonniers un homme noble et illustre, le seigneur Hugues d'Ibelin, Odon de Saint-

[1] Le château de Sephet ou Saphet est situé au sommet le plus élevé de la montagne occupée par la ville de même nom, et qui, d'après Bachiene, est l'ancienne Béthulie.

Amand, maréchal du Roi; Jean Gottmann, Richard de Joppé et Balian son frère, Bertrand de Blanquefort, maître du Temple, hommes religieux et remplis de la crainte de Dieu; et beaucoup d'autres encore dont les noms nous sont inconnus. Le Seigneur fit justement retomber sur nous le fruit de nos mauvaises voies; nous avions, au mépris des lois de l'humanité, opprimé injustement des hommes innocens, et qui s'étaient reposés avec confiance sur notre bonne foi, et par un juste retour nous tombâmes dans une confusion égale à celle qu'ils avaient ressentie: « Vous nous « avez rendu un sujet d'opprobre à nos voisins, et « un objet d'insulte et de moquerie à ceux qui sont « tout autour de nous; vous nous avez fait devenir la « fable des nations, et les peuples secouent la tête en « nous regardant [1]. » Cependant le Seigneur se montra encore miséricordieux envers nous, car il n'oublie point ses compassions, et dans sa colère même il ne contint point sa miséricorde, puisqu'il pourvut au salut du Roi, sans lequel il est hors de doute que tout le royaume se serait trouvé, à la suite de cette journée, exposé aux plus grands dangers; ce que Dieu éloigne constamment de nous! Quelque illustre que soit un chevalier, il n'y a jamais en lui que la fortune d'un homme; mais les périls du Roi sont ceux de tout le peuple, ainsi que le fidèle David, plein de sollicitude pour le Roi, nous l'a soigneusement donné à entendre, en disant: *Domine, salvum fac regem!* « Seigneur, sauvez le roi! »

Cependant toute la contrée éprouvait de vives sollicitudes en apprenant les divers bruits qui se répan-

[1] Psaum. 43, v. 15, 16.

daient de tous côtés au sujet du Roi : les uns disaient qu'il était mort frappé par le glaive; d'autres, qu'il était parmi les prisonniers et que les ennemis l'avaient emmené chargé de fers, mais sans le connaître ; d'autres enfin, que la clémence divine l'avait garanti de tout mal, et qu'il avait échappé au tumulte des combats. Le peuple entier flottait dans son anxiété, en proie à une pieuse sollicitude, comme l'est une mère pour son fils unique. Chacun ignorant sa destinée imaginait tout ce qui peut arriver de plus funeste, et redoutait avec une tendre compassion que le Roi ne l'eût éprouvé. Lui cependant, aussitôt que le pays se trouva un peu délivré de la présence des ennemis, se rendit en toute hâte dans la ville d'Accon, avec le petit nombre de ceux qui l'avaient accompagné dans le château fort, et avec quelques autres des siens, échappés par hasard au désastre de la veille ; il y entra aux applaudissemens et aux cris de joie de toute la population, qui l'accueillit comme s'il revenait à la vie. Cet événement arriva dans la quatorzième année du règne du seigneur Baudouin, et le 19 du mois de juin [1].

Noradin, toujours plein de courage et toujours ardent à poursuivre ses succès, parcourut tout le pays, et s'enrichit du butin qu'il enleva de tous côtés : il convoqua ensuite de nouvelles troupes, expédia un édit pour en faire lever à Damas et dans toute la contrée environnante, et résolut d'aller mettre de nouveau le siége devant Panéade, ne se doutant nullement que le Roi et ses princes, dont il avait détruit toutes les forces, pussent venir porter secours

[1] En 1157.

aux assiégés. En exécution de ce projet, il se rendit aussitôt devant cette place, l'investit une seconde fois en ennemi acharné, établit de nombreuses machines dans les positions les plus convenables, fit attaquer les tours et ébranler les murailles, et employant avec activité le secours de ses archers qui faisaient pleuvoir sur la ville des grêles de flèches, il fit tous ses efforts pour éloigner des remparts ceux qui s'y étaient renfermés, et leur enlever tout moyen de résistance. Les citoyens cependant, se souvenant des fautes qu'ils avaient faites lors du dernier siége, et qui les avaient empêchés de défendre la ville aussi bien qu'ils l'eussent desiré, voulurent s'en garantir, et se retirèrent spontanément dans la citadelle. Le connétable, Honfroi de Toron, en quittant cette ville pour vaquer à d'autres affaires, en avait confié le commandement et la défense à un sien cousin, nommé Gui de Scandalion, homme rempli d'expérience à la guerre, mais presque dépourvu de foi, et qui ne connaissait point le Seigneur. Celui-ci, poussé par son zèle pour le service de celui qui lui avait remis cette charge, et par son attachement à sa propre réputation, desireux de soutenir dans tout leur éclat les titres de gloire qu'il s'était faits par ses exploits à la guerre, ne cessait d'encourager les assiégés par ses paroles autant que par ses exemples; il les excitait à faire une résistance vigoureuse, leur promettant l'arrivée prochaine de troupes auxiliaires, et offrant à tous ceux qui se conduiraient bien l'espoir assuré d'une gloire immortelle : aussi tous combattaient avec ardeur comme pour leurs propres intérêts, et les ennemis demeuraient frappés d'étonnement et d'admiration en les voyant supporter des veilles continuelles et braver toutes les fatigues. De leur côté les assiégeans, ardens à attaquer de toutes leurs forces ceux qui leur résistaient de même, ne cessaient de leur faire toutes sortes de maux; comme ils étaient beaucoup plus nombreux, ils pouvaient se relever les uns les autres; et par ce moyen ils accablaient de leurs attaques journalières et réduisaient aux abois les assiégés, qui n'avaient pas comme eux les moyens de réparer leurs forces épuisées. Cependant on annonça au Roi, et les princes du royaume qui avaient survécu à la dernière catastrophe n'ignorèrent pas non plus que les habitans de Panéade gémissaient sous le poids des maux les plus cruels. Le Roi envoya aussitôt des députés, tant au prince d'Antioche qu'au comte de Tripoli, pour les engager à venir en toute hâte au secours de la ville assiégée : lui-même expédia des hérauts dans tout le royaume pour convoquer ce qui restait encore de chevaliers. Dieu se montra propice à ses vœux, et peu de jours après, et même avant le moment où on les attendait, les deux illustres seigneurs que je viens de nommer se réunirent au camp royal, au dessous du château neuf, dans le lieu appelé Noire-Garde, d'où l'on voyait la ville assiégée. Noradin, ayant appris que les princes et le Roi s'étaient réunis et se disposaient à marcher vers la place, se montra, selon sa coutume, plein de sagesse et de prudence dans la conduite de ses affaires, et se décida à lever le siége. Quoiqu'il se fût déjà emparé de vive force de plusieurs quartiers de la ville, et que les assiégés eussent perdu tout espoir de résister avec succès, il aima mieux rentrer dans ses États que s'exposer aux chances toujours incertaines des combats.

Tandis que ces divers événemens se passaient dans le royaume de Jérusalem, et que la captivité de la plupart de nos principaux seigneurs répandait partout la consternation, la clémence divine laissa tomber sur nous un regard de bonté, en faisant arriver dans le port de Béryte l'illustre et magnifique seigneur Thierri, comte de Flandre, ainsi que sa femme Sibylle, sœur consanguine du seigneur Roi. Déjà, en plusieurs occasions, son arrivée dans le royaume avait été un événement heureux et fort utile au pays; aussi le peuple entier apprit son débarquement avec des transports de joie qui semblaient un pressentiment de l'avenir, comme si la présence de ce prince et des siens devait faire cesser en grande partie les maux insupportables dont le royaume était accablé. Tous ceux qui faisaient des vœux, dans leur pieuse sollicitude, pour la tranquillité publique, ne furent point trompés dans leurs espérances, et dès son arrivée le comte fut pour le pays comme un bon ange de miséricorde, qui, marchant en avant, dirigea les voies des Chrétiens pour le plus grand bien du royaume et pour la gloire du nom du Christ. La suite de ce récit servira à le démontrer.

Cependant les princes, tant ecclésiastiques que séculiers, voyant le Roi parvenu à l'âge viril et n'ayant pas encore de femme, desiraient lui voir des enfans, car il importait qu'un fils du Roi pût recueillir sa succession en qualité d'héritier légitime. Ils se concertèrent donc entre eux, et résolurent de chercher pour le Roi un mariage honorable, afin qu'il pût avoir des descendans. A la suite de longues délibérations, de nombreux motifs leur firent juger que la chose la plus convenable serait de faire quelque tentative auprès du seigneur empereur de Constantinople pour une proposition de ce genre. D'une part, il avait dans son palais plusieurs nobles jeunes vierges qui lui étaient unies par les liens du sang, et d'autre part, comme il était le prince le plus puissant et le plus riche des mortels, ses trésors pouvaient servir à retirer le royaume de la profonde misère qui l'affligeait, et le faire passer de son extrême détresse à la plus grande abondance. En conséquence, et du consentement de tous, on chargea des députés de se rendre, avec l'aide de Dieu, à Constantinople, et d'y suivre l'accomplissement de ces projets. Ces députés furent le seigneur Attard, évêque de Nazareth, et le seigneur Honfroi de Toron, connétable du royaume : tous deux, après avoir terminé leurs préparatifs, s'embarquèrent pour se rendre au lieu de leur destination.

Mais afin de ne pas perdre dans l'oisiveté le bienfait du voyage de l'illustre prince Thierri et des nobles et braves chevaliers arrivés avec lui, les princes, inspirés par la grâce divine, résolurent d'un commun accord de se rendre dans le pays d'Antioche avec toutes leurs forces : d'abord ils en donnèrent avis au prince de cette contrée et au seigneur comte de Tripoli, et les invitèrent l'un et l'autre officieusement à tenir leurs chevaliers prêts pour le jour qui leur fut désigné, afin que ce même jour l'armée pût entrer subitement sur le territoire des ennemis. En effet, protégés par la faveur céleste, tous les Chrétiens, quoique partis de points très-divers, se réunirent en même temps dans les environs de Tripoli, et dans le

8.

lieu appelé vulgairement *la Boquée;* puis ayant organisé leurs bataillons, ils pénétrèrent de vive force dans les pays ennemis. D'abord ils n'eurent aucun sujet de se réjouir de leur entreprise. Ils attaquèrent avec beaucoup de vigueur une place appartenant aux ennemis, et nommée vulgairement le Château-Rouge; mais tous leurs efforts furent infructueux. Ce mauvais début fut suivi cependant de meilleures chances. Le seigneur Renaud, prince d'Antioche, leur proposa de se rendre dans sa principauté; il les sollicita avec toute la vivacité possible, et les princes, cédant à ses instances, se mirent en marche avec toutes leurs forces, et s'avancèrent sous de plus favorables auspices. Après qu'ils furent arrivés à Antioche, et tandis qu'ils y faisaient quelque séjour pour délibérer sur ce qu'il y avait de mieux à faire pour eux dans les circonstances présentes, le Roi et les princes apprirent par un messager, qui le leur annonça de la manière la plus positive, la nouvelle qui pouvait leur être le plus agréable. Noradin, le plus puissant de nos ennemis, qui avait tout récemment établi son camp auprès du chateau de Népa avec une nombreuse armée, était ou mort, ou frappé du moins d'un mal incurable et qui ne lui laissait aucun espoir. Le messager déclara, en preuve de ses assertions, que la veille il avait vu le camp de Noradin dans le plus grand désordre, à tel point que ses esclaves, même les plus intimes, et ses propriétés particulières, avaient été livrées indistinctement au pillage, et étaient devenues la proie de quiconque avait voulu s'en emparer; que ses bataillons s'étaient dispersés en poussant des cris de désespoir, au milieu des larmes et des témoignages de la plus profonde douleur; qu'enfin la confusion régnait dans son armée, et qu'elle se retirait de tous côtés. Le rapport de ce messager était dans le fait assez conforme à la vérité : Noradin avait été réellement atteint d'une maladie qui ne lui laissait aucune chance de salut [1]; le désordre s'était mis dans les rangs de son armée, tout y était livré au pillage, nulle violence enfin ne pouvait être réprimée, ainsi qu'il arrive presque toujours chez les Turcs lorsque leur seigneur vient à mourir. Pendant ce temps, Noradin, devenu impotent et hors d'état de se servir d'aucun de ses membres, avait été déposé dans une litière, et transporté par ses fidèles jusqu'à Alep. Les nôtres, ayant appris ces nouvelles et voyant que tout semblait concourir à l'accomplissement de leurs projets, résolurent d'un commun accord, et après avoir tenu conseil, d'envoyer des députés au très-puissant prince des Arméniens, le seigneur Toros : ils le firent supplier très-instamment, et employèrent tous les moyens possibles pour lui persuader de ne faire aucun retard, de se rendre en toute hâte à Antioche avec des troupes auxiliaires, et de daigner se réunir aux princes illustres qui l'appelaient pour recueillir avec eux les fruits de leurs travaux. Aussitôt qu'il eut reçu la députation, ce prince éprouva une vive joie : actif autant que vaillant, il rassembla sur-le-champ des forces considérables, se mit tout de suite en marche et arriva à Antioche. Les nôtres l'accueillirent avec empressement; ils sortirent ensuite de la ville à la tête de leurs troupes, et se mirent en route pour Césarée.

Cette ville est située sur les bords du fleuve Oronte,

[1] En 1159.

qui arrose aussi les murs d'Antioche. Quelques personnes l'appellent communément Césarée, et la prennent pour la ville de ce nom, belle métropole de la Cappadoce, où vécut et commanda le bienheureux et illustre docteur Basile; mais c'est une erreur qu'il faut relever. Cette Césarée, métropole de la Cappadoce, est à plus de quinze journées de marche, ou environ, d'Antioche; mais la ville de Césarée se trouve dans la Cœlésyrie, autre province séparée de la Cappadoce par plusieurs provinces intermédiaires; elle ne s'appelle pas Césarée, mais bien Césare, et est l'une des villes suffragantes du patriarcat d'Antioche. Elle est située d'une manière assez avantageuse; la partie inférieure de la ville s'étend dans la plaine, et au sommet de la partie supérieure est une citadelle très-forte; édifice assez long, mais extrêmement étroit, et défendu, indépendamment de sa position naturelle, d'un côté par la ville, de l'autre par le fleuve, en sorte qu'il n'y a aucun chemin pour y aborder.

Nos princes, ayant disposé leurs bataillons en bon ordre, selon les lois de l'art militaire, s'avancèrent donc vers cette ville, et aussitôt qu'ils y furent arrivés chacun d'eux plaça ses troupes dans les positions les plus convenables et l'on entreprit l'investissement de la place. La crainte de l'ennemi avait fait rentrer tous les habitans. Aussitôt le Roi et tous ceux qui avaient campé en dehors firent mettre en place les machines et les instrumens à projectiles, et s'occupèrent d'attaquer la ville et de lui faire tout le mal possible, en poursuivant leurs travaux sans relâche. Les princes faisaient les plus grands efforts, à l'envi les uns des autres, chacun encourageant les siens et leur promettant des récompenses, dans la position qui lui avait été assignée par le sort. Chacun voulait être le premier à s'emparer de la place, chacun recherchait avec ardeur l'honneur d'y pénétrer avant tous les autres, et pendant ce temps les assiégés étaient tellement pressés et tourmentés que de toutes parts la mort semblait les menacer. Les habitans de cette ville n'avaient aucune expérience de la guerre, et s'occupaient exclusivement du commerce. D'ailleurs dans les circonstances présentes, et comme ils ignoraient complétement ce qui s'était passé, ils n'avaient nullement redouté un siége, et s'étaient pleinement confiés en la puissance de leur seigneur, qu'ils croyaient en parfaite santé, aussi bien qu'aux bonnes fortifications de leur ville. Ces divers motifs les mettaient entièrement hors d'état de supporter un si lourd fardeau, et il leur était impossible de soutenir les assauts qu'on leur livrait sans cesse, ou de résister dans les combats. Aussi perdirent-ils tout courage au bout de quelques jours; les assiégeans, persévérant avec ardeur, s'élancèrent sur les remparts, et pénétrèrent de là dans la ville; ils s'en emparèrent de vive force : les citoyens se retirèrent dans la citadelle; les nôtres prirent possession de ce qu'ils trouvèrent dans la partie inférieure de la ville; tout fut livré au pillage, et pendant quelques jours ils usèrent à leur gré et des habitations des citoyens et de tout ce qu'ils y découvraient.

Il eût été convenable et même assez facile de poursuivre l'entreprise avec la même vigueur, afin de s'emparer de la citadelle et de prendre en même temps tous ceux qui s'y étaient réfugiés, mais il s'éleva entre nos princes une contestation d'abord assez légère, et qui ne laissa pas d'être fort nuisible. Le seigneur Roi, voulant pourvoir à la sûreté générale, et voyant que le seigneur comte de Flandre était en état, avec ses chevaliers et l'argent qu'il possédait, de garder la place et de s'y maintenir contre les forces ou les embûches des ennemis, avait résolu de la confier à ce comte, et dans cette intention, il avait en outre résolu de suivre avec activité le siége de la citadelle, afin de lui en remettre également la garde, et de lui donner ainsi la ville et le fort, pour qu'il les possédât à titre perpétuel et héréditaire. Tous les princes avaient approuvé ce projet et donné leur consentement à son exécution : mais le prince Renaud suscita bientôt des difficultés, disant que dans le principe cette ville, ainsi que les dépendances, faisaient partie de l'héritage du prince d'Antioche, qu'ainsi celui qui la possederait, quel qu'il fût, devrait engager sa foi au prince d'Antioche. Le comte était tout disposé à s'engager de fidélité envers le Roi, pour la possession de cette place, mais il refusait formellement d'y consentir à l'égard du prince d'Antioche, soit que ce fût le seigneur Renaud, qui à cette époque administrait la principauté, soit que ce fût le jeune Boémond, que l'on espérait voir bientôt élevé à cette dignité; et le comte disait à cette occasion, qu'il ne s'était jamais engagé de fidélité qu'envers des rois. Ce différend survenu entre nos princes, en punition de nos péchés, fit négliger l'affaire la plus importante, lorsqu'il eût été facile cependant d'en obtenir le succès, et les Chrétiens, gorgés de butin et courbés sous le poids de leurs riches dépouilles, retournèrent alors à Antioche.

Vers le même temps, Mirmiram[1], frère de Noradin, ayant appris la maladie de celui-ci, et croyant qu'il avait subi la loi commune, se rendit à Alep. Les citoyens lui livrèrent la ville, et il en prit possession sans difficulté; mais tandis qu'il insistait vivement pour obtenir qu'on lui livrât aussi la citadelle, il apprit que son frère vivait encore, et aussitôt il congédia ses troupes et se retira de cette place.

Ce fut encore à cette même époque que le seigneur Foucher, patriarche de Jérusalem, et huitième patriarche latin, entra dans la voie de toute chair. Cet homme religieux et craignant Dieu mourut dans la douzième année de son pontificat, et le 20 novembre[2]. Enfin à peu près vers le même temps, la reine Mélisende et ceux qui étaient demeurés dans le royaume, parmi lesquels on remarquait Baudouin de l'Ile, à qui le seigneur Roi avait confié en partant le gouvernement du pays, donnèrent tous leurs soins à une entreprise dont le succès fut complet : les Chrétiens reprirent possession d'une forte position, située au-delà du Jourdain et sur le territoire de Galaad; c'était une caverne extrêmement bien fortifiée, que les ennemis leur avaient enlevée par artifice quelques années auparavant, profitant d'un moment où les nôtres ne se tenaient pas sur leurs gardes. On expédia un messager au Roi pour lui annoncer cet événement, et la nouvelle d'un tel succès répandit la joie dans toute l'armée.

Pendant ce temps, nos princes séjournaient encore à Antioche. J'ai déjà dit qu'ils avaient eu peu de temps auparavant quelque mésintelligence au sujet de la ville

[1] Miran Naser-Eddyn. — [2] 1159.

de Césare; cependant le Seigneur rétablit l'unanimité parmi eux, et, réunis de nouveau par les liens de la paix, ils résolurent de tenter quelque entreprise remarquable et digne de vivre à jamais dans la mémoire des hommes. En conséquence, et du consentement de tout le monde, ils formèrent le projet d'aller assiéger un château fort, voisin de la ville d'Antioche (il en était tout au plus à douze milles de distance). Ce fort était extrêmement nuisible à la ville; son pouvoir et sa juridiction s'étendaient au loin dans la plaine, sur les maisons de campagne vulgairement appelées *casales* [1]. En exécution de ce projet, toute l'armée se rendit devant cette forteresse, le jour de la Nativité du Seigneur, et y dressa son camp.

Noradin cependant continuait à être retenu par la maladie qui l'avait frappé. On avait appelé auprès de lui les plus habiles médecins de tout l'Orient; ils lui administraient des remèdes, mais ils semblaient impuissans à détruire le mal, en sorte que l'on désespérait complétement de la vie de ce prince. Cet événement, que les nôtres considéraient comme une heureuse dispensation de la Providence, les encourageait plus que toute autre chose à poursuivre l'accomplissement de leur projet, car si ce prince eût joui alors d'une bonne santé, il eût été à peu près imposssible à notre armée d'agir aussi librement dans les contrées soumises à sa domination.

Mais le Roi, et tous ceux qui étaient avec lui, prenant avantage de ces circonstances, mettaient d'autant plus d'activité à poursuivre le succès de leur entreprise, qu'ils savaient parfaitement que Noradin

[1] *Casalia.*

n'était pas en état de s'occuper lui même de ses affaires. Ils investirent donc de toutes parts la forteresse dont je viens de parler, et firent dresser les machines et préparer tous les instrumens qui servent en pareil cas à faire le plus de mal possible à des assiégés. Ce fort était situé sur une colline peu élevée, qui présentait l'aspect d'une chaussée transportée et construite de main d'homme, et sur laquelle on aurait bâti l'édifice. Aussi les hommes les plus sages de l'armée s'occupaient avec beaucoup de soin à faire tresser et à pourvoir de tous les instrumens nécessaires des machines dans lesquelles on pût faire enfermer en toute sûreté des hommes qui seraient ensuite employés à miner la chaussée. Ils pensaient en effet (et la chose paraissait assez vraisemblable) qu'après avoir fait pratiquer secrètement des mines en dessous de cette chaussée, on pourrait faire écrouler une partie des bâtimens qu'elle supportait, et ils faisaient en même temps tresser avec beaucoup d'activité des claies en osier, des échelles de moyenne dimension, et tous les instrumens nécessaires pour le genre d'opérations qu'ils suivaient.

Tandis qu'on faisait tous ces préparatifs, les chefs des troupes de gens de pied et des compagnies de chevaliers, furent invités par la voie des hérauts, et plus particulièrement encore par des exhortations secrètes, à faire les plus grands efforts pour attaquer et fatiguer les assiégés de toutes sortes de manières. Chacun des chefs occupa, avec ses domestiques et les gens de sa maison, une position fixe qui lui fut assignée, et pressa vivement les travaux, comme si le succès de toute l'entreprise eût dépendu de lui seul. Chacun s'efforçait de prouver qu'il avait auprès de lui les meilleurs serviteurs; les assauts contre la place se succédaient sans interruption; on se battait tous les jours, et de tous côtés on poussait les travaux avec tant d'ardeur, avec une sollicitude si constante, que l'ouvrage d'un temps beaucoup plus long se trouva enfin terminé dans l'espace de deux mois. Un certain jour une machine à projectiles, qui ne cessait nuit et jour de lancer d'énormes blocs de pierre sur la citadelle, vint à frapper le commandant chargé de la défense du fort; il tomba brisé en mille morceaux. Aussitôt après sa mort les assiégés furent dispersés comme des brebis dont le berger a été renversé, et, tels que les grains de sable que la chaux n'a pas réunis, ils cessèrent dès ce moment de se montrer, comme ils avaient fait jusqu'alors, obstinés à résister à leurs ennemis.

Dès qu'ils furent informés de cet événement, les nôtres au contraire redoublèrent d'efforts, voyant bien que les assiégés se ralentissaient sensiblement. En effet, quelques jours après, ceux-ci envoyèrent une députation au seigneur Roi, et lui rendirent la place, sous la condition d'en sortir librement et sans trouble, et de rentrer dans leur pays en emportant tout ce qui leur appartenait : on leur donna des guides pour les garantir de toute attaque, et les conduire en sûreté jusqu'au lieu qu'ils avaient eux-mêmes indiqué. Dès qu'ils eurent repris possession de ce fort, qui se trouvait situé dans la juridiction du prince d'Antioche, les Chrétiens le lui rendirent, et retournèrent dans cette ville, heureux d'avoir si bien terminé cette entreprise : ils prirent alors congé les uns des autres;

le seigneur Roi rentra dans le royaume avec l'illustre comte de Flandre, et le seigneur comte de Tripoli les accompagna avec beaucoup d'obligeance jusqu'à Tripoli.

Le siége de Jérusalem était devenu vacant par la mort du seigneur patriarche Foucher, de précieuse mémoire. Les prélats des églises se rassemblèrent donc dans la cité sainte pour s'occuper, conformément aux statuts canoniques, de l'élection d'un chef pour cet illustre siége. Ce choix fut fait, à ce qu'on dit, fort irrégulièrement par l'effet des intrigues de la sœur de la reine Mélisende et de la dame Sibylle, comtesse de Flandre et sœur du seigneur Roi : on nomma le seigneur Amaury, prieur de l'église du Sépulcre, né Français, de l'évêché de Noyon et de la ville de Nesle. Amaury était assez lettré, mais d'une simplicité excessive, et à peu près incapable. Le seigneur Hernèse, archevêque de Césarée, et le seigneur Raoul, évêque de Bethléem, s'opposèrent à son élection, et se portèrent ensuite pour appelans. Amaury prit cependant possession du siége, et chargea le seigneur Frédéric, évêque d'Accon, de se rendre auprès de l'église romaine, alors gouvernée par le seigneur Adrien : l'évêque, profitant de l'absence de ses adversaires, et répandant, à ce qu'on assure, ses largesses avec une grande profusion, gagna enfin la bienveillance du siége de Rome, et revint rapportant au patriarche le manteau qui l'investissait de la plénitude de son office pontifical.

Cependant Noradin se rétablit, grâce aux soins assidus de ses médecins, et lorsque le Roi fut rentré dans son royaume ce prince, ayant recouvré une parfaite santé, se rendit dans les environs de Damas. Afin de ne point s'endormir dans l'oisiveté, et pour qu'on ne pût dire qu'il avait perdu son activité accoutumée, il résolut l'été suivant d'attaquer une position occupée par les Chrétiens, dans le pays appelé Sueta [1]; il rassembla son armée, convoqua de nombreuses forces auxiliaires, et se présenta à l'improviste devant la forteresse. C'était une caverne située sur le flanc d'une montagne extrêmement escarpée : elle était entièrement inaccessible, soit d'en haut, soit d'en bas : on n'y arrivait que de côté, et par un sentier fort étroit, sur le bord d'un précipice qui rendait ce passage extrêmement dangereux. Il y avait dans l'intérieur de la caverne des maisons et des hôtelleries qui fournissaient à ses habitans toutes les choses dont ils pouvaient avoir besoin; on y voyait également une source d'eau vive qui ne tarissait jamais, en sorte que cette position, fort utile d'ailleurs pour le pays, se trouvait aussi bien pourvue que le permettaient les étroites dimensions du local.

[1159.] Le Roi, informé par un rapport fidèle, prit avec lui le comte de Flandre, rassembla les forces du royaume, et se rendit en toute hâte vers ce lieu : déjà les habitans, ne pouvant supporter les fatigues du siége, avaient consenti à des conditions, telles que les

---

[1] Un peu au nord-est du lac *Melcha* ou *Samochonitis*, sur la rive gauche du Jourdain. L'histoire de la Palestine offre plusieurs exemples de cavernes semblables à celle dont il est ici question; témoins la caverne Makkéda, où se cachèrent les cinq rois (Josué, chap. 10, v. 16), la caverne où Abdias cacha les cent prophètes (Rois, liv. 1, chap. 18, v. 4), etc. Josèphe et Strabon parlent à diverses reprises de ces cavernes de la Judée; il y en avait une, au dire du dernier, qui pouvait contenir 4,000 hommes (*Geog.* l. xvi).

impose une impérieuse nécessité, et s'étaient engagés formellement à rendre la place qu'ils occupaient s'ils ne recevaient des secours au bout de dix jours. Informé de cette circonstance, le Roi se hâta autant qu'il lui fut possible, et alla avec son armée dresser son camp à côté de Tibériade, et près du pont où les eaux du Jourdain se séparent du lac de Gennésareth. Noradin, ayant appris la prochaine arrivée des nôtres, céda aux conseils de Syracon [1], chef de sa milice, homme vaillant, et plein de confiance en ses forces, il leva le siége et marcha avec ses troupes à la rencontre des Chrétiens.

De son côté, le Roi, informé des projets de Noradin, convoqua tous les princes dans sa tente dès le point du jour, et après avoir humblement adoré le bois de la croix vivifiante, que portait le seigneur Pierre, archevêque de Tyr et notre prédécesseur de bienheureuse mémoire, tous, d'un commun accord, se préparèrent avec empressement au combat. Aussitôt les légions se mirent en mouvement, et les Chrétiens partirent le cœur plein d'allégresse, et, se croyant déjà maîtres de la victoire, dirigèrent leur marche vers le lieu où l'on disait que se trouvait réunie l'armée des ennemis. Ils les rencontrèrent en effet dans le voisinage. Armés jusqu'aux dents, ils se formèrent d'abord en plusieurs corps, et s'élancèrent ensuite sur les Turcs, marchant tous ensemble, et les pressant horriblement de leurs glaives, chacun combattant pour sa vie. Les ennemis cependant soutinrent le premier choc des nôtres avec beaucoup de fermeté, et

---

[1] Chyrkouh (Asad-Eddyn), frère d'Ayoub fondateur de la dynastie des Ayoubites, et oncle de Saladin.

sans se laisser intimider, frappant aussi avec leurs glaives et résistant vigoureusement pour repousser les maux qui les menaçaient. Enfin, après diverses vicissitudes, le ciel accorda la victoire aux nôtres; les ennemis vaincus prirent la fuite, non sans avoir perdu beaucoup de monde, et le Roi, vainqueur, demeura maître du champ de bataille. Ce succès fut remporté le 14 juillet dans la quinzième année du règne de Baudouin III [1], et dans le lieu nommé Puthaha. Le Roi en le quittant jugea nécessaire de se rendre avec toute son armée vers la position qui avait été assiégée par Noradin; il fit réparer ce qui avait été détruit, approvisionna le fort en armes, en vivres et en braves guerriers, et après avoir heureusement terminé cette expédition il congédia son armée, renvoya chacun chez soi et retourna à Jérusalem.

J'ai déjà parlé des députés qui avaient été chargés de se rendre à Constantinople pour y négocier le mariage du seigneur Roi. L'un d'eux, le seigneur Attard, archevêque de Nazareth, mourut en chemin, et son corps fut rapporté dans sa propre église, par les soins et sous la conduite de ses fidèles. Il eut pour successeur le seigneur Létard, prieur de la même église, homme d'une extrême douceur, affable et bon, qui gouverne encore aujourd'hui l'église de Nazareth, et est dans la vingt-troisième année de son pontificat. Ceux des députés qui survécurent au seigneur Attard, savoir, le seigneur Honfroi, connétable, Josselin Peyssel et Guillaume des Barres, hommes nobles et illustres et ayant une grande expérience des affaires du monde, fidèles aux ordres qu'ils

---

[1] En 1159.

avaient reçus, se rendirent en toute hâte auprès du seigneur Empereur. Après beaucoup de délais, et à la suite de réponses énigmatiques telles que savent les faire les Grecs toujours rusés et qui répondent toujours par circonlocutions, les députés obtinrent enfin satisfaction; ils réglèrent les conditions, tant de la dot que de la donation pour cause de mariage, et on leur promit de donner pour épouse au Roi la plus illustre des vierges élevées dans les retraites sacrées du palais impérial. Elle était nièce du seigneur Empereur, fille du seigneur Isaac, son frère aîné, et se nommait Théodora : elle était alors dans sa treizième année, et singulièrement remarquable par la beauté de sa personne et l'élégance de sa figure. Ses manières, et tout son extérieur, prévenaient en sa faveur toutes les personnes qui la voyaient. Sa dot consistait en cent mille hyperpères (monnaie d'or de Constantinople) de bon poids, sans parler de dix mille pièces de la même monnaie, que le seigneur Empereur donna généreusement pour pourvoir aux dépenses du mariage, et sans compter aussi son trousseau de jeune fille, consistant en or, pierreries, vêtemens, perles, tapis, ouvrages en soie et vases précieux, le tout pouvant être évalué au plus juste à quarante mille pièces.

Le Roi s'était engagé envers le seigneur Empereur, par un écrit de sa propre main, à ratifier tout ce que ses députés arrêteraient avec lui, et ceux-ci promirent formellement de sa part qu'après la mort du Roi la Reine serait mise en possession et jouirait durant toute sa vie, en toute tranquillité et sans aucun obstacle, de la ville d'Accon et de toutes ses dépendances, à titre de donation pour cause de mariage. Ces conventions ayant été réglées et stipulées par écrit dans les mêmes termes, les plus grands princes de l'Empire furent désignés pour servir de chevaliers d'honneur à l'illustre jeune fille, et l'accompagner jusqu'auprès du Roi. Elle partit alors avec eux et avec les députés pour se rendre en Syrie, auprès de son futur époux. Au mois de septembre elle arriva en parfaite santé avec toute son escorte, et débarqua à Tyr. Peu de jours après, elle fut consacrée à Jérusalem, selon l'usage établi dans le royaume, et remise ensuite à son époux, parée du diadème royal, après la célébration solennelle de l'acte de mariage. Et comme à cette époque le patriarche élu de Jérusalem n'avait pas encore reçu l'acte de sa consécration, car les députés qu'il avait envoyés auprès du siége apostolique pour y défendre ses intérêts n'étaient pas encore de retour, on fit venir, en vertu des ordres du Roi, le patriarche d'Antioche Aimeri, afin qu'il conférât à la Reine l'onction royale, et qu'il célébrât, selon l'usage, les solennités du mariage. Aussitôt qu'il eut reçu son épouse, le Roi renonça entièrement à cette légèreté à laquelle on assure qu'il s'était trop abandonné jusqu'alors, en sorte qu'il eût pu dire avec l'Apôtre : « Quand j'étais enfant, je parlais en « enfant, je jugeais en enfant, je raisonnais en en- « fant; mais lorsque je suis devenu homme je me suis « défait de tout ce qui tenait de l'enfant [1]. » On dit que dans la suite il aima sa femme d'une affection digne d'éloges, et l'on croit qu'il lui conserva jusqu'à la fin de sa vie une parfaite fidélité : renonçant à tout

---

[1] Iere Ep. de S. Paul aux Corinth. chap. 18, v. 11.

acte de frivolité, il parut dès ce moment entièrement changé, s'occupa sérieusement, et donna toute son attention aux choses utiles.

Cette même année [1], le seigneur empereur de Constantinople, ayant convoqué ses chevaliers avec toute la magnificence impériale dans toute la vaste étendue de son empire, résolut de descendre en Syrie à la tête d'une immense armée, recrutée de peuples parlant des langues et originaires de tribus et de nations diverses : il franchit l'Hellespont, traversa en toute hâte les provinces intermédiaires, et arriva avec toutes ses armées en Cilicie vers le commencement du mois de décembre, mais si subitement et tellement à l'improviste qu'à peine les habitans du pays pouvaient-ils en croire leurs yeux. Je dois dire ici quel était le principal motif d'une marche si rapide. Un prince arménien très-puissant, nommé Toros, dont j'ai eu déjà occasion de parler, s'était emparé de vive force de toute la Cilicie, située au dessous des montagnes au milieu desquelles il possédait plusieurs châteaux très-forts ; il avait occupé tout le pays, depuis la ville garnie de murailles jusqu'au moindre bourg, et soumis à son autorité Tarse, métropole de la première Cilicie; Anazarbe, métropole de la seconde, et plusieurs autres villes encore, telles que Mamistra, Adana, Sisium [2], après en avoir expulsé les gouverneurs qui y faisaient les affaires de l'Empereur. Ce souverain avait précipité sa marche et tenu ses intentions secrètes,

---

[1] En 1159.

[2] Sis dans le pachalik d'Adana, au nord d'Anazarbe: cette ville, construite par Léon, roi de la petite Arménie, avait été pendant quelque temps la capitale de ce royaume.

afin de pouvoir surprendre l'Arménien à l'improviste. De plus, l'Empereur avait été ému d'un tendre intérêt pour les malheureux Cypriotes, dont la cause méritait bien sa protection, et contre lesquels le prince d'Antioche avait, comme je l'ai déjà rapporté, exercé inhumainement sa tyrannie, les traitant comme s'ils eussent été les ennemis de la foi et de détestables parricides. L'armée impériale arriva donc si subitement que Toros, qui habitait alors à Tarse, eut à peine le temps de pourvoir à son salut, en se retirant dans les montagnes voisines, et déjà même les légions de l'Empire et leurs principaux chefs s'étaient répandus de tous côtés, et avaient inondé la plaine. Agité par les tourmens de sa conscience, le prince d'Antioche Renaud, qui peu de temps auparavant s'était abandonné en insensé à ses fureurs contre les innocens Cypriotes, et qui, également abominable devant Dieu et devant les hommes, avait accablé des plus cruels outrages les malheureux habitans de cette île, hommes, femmes et enfans, craignant, lorsqu'il apprit l'arrivée de l'Empereur, que les voix plaintives des malheureux qui criaient contre lui n'excitassent ce souverain à venger les injures dont ils se plaignaient, délibérait avec anxiété tantôt en lui-même, tantôt avec ceux de ses familiers qui pouvaient lui être demeurés fidèles, sur ce qu'il avait à faire dans ces circonstances, et recherchait péniblement l'espèce de satisfaction qu'il lui serait possible d'offrir pour racheter son offense et se réconcilier avec la grandeur impériale. L'arrivée de l'Empereur l'avait frappé, dit-on, d'une si grande terreur qu'il ne voulut pas même attendre celle du seigneur roi de Jérusalem, qui cependant ne devait pas tarder à venir le rejoindre, quoiqu'il dût être bien assuré que l'intercession et les bons offices du Roi étaient les plus propres à lui faire obtenir dans son intérêt les meilleures conditions possibles, surtout depuis la nouvelle alliance qui unissait le Roi et l'Empereur. Le prince d'Antioche, se livrant aux conseils de ses domestiques, emmena quelques-uns d'entre eux à sa suite, ainsi que le seigneur Girard, vénérable évêque de Laodicée, et se mit en route pour la Cilicie, où le seigneur Empereur était à la tête de ses armées. Il eut soin de s'assurer d'abord de la bienveillance de quelques-uns des familiers de l'Empereur, pour s'en faire de favorables intercesseurs, et il arriva ensuite à Mamistra. Après beaucoup d'intrigues, il rentra enfin en grâce auprès de l'Excellence impériale, mais à la plus grande honte et à la confusion de notre peuple. On dit en effet qu'il parut devant le seigneur Empereur, à la vue de toutes les légions, marchant pieds nus, portant des manches de laine coupées jusqu'aux coudes, le cou entouré d'une corde, et ayant en main une épée nue qu'il portait par la pointe, afin de pouvoir la présenter à l'Empereur par la poignée : là, se prosternant à ses pieds, et lui remettant son épée, il demeura étendu sur la terre jusqu'à devenir un objet de dégoût pour tous les assistans, et à changer en opprobre la gloire du nom latin; se montrant ainsi également ardent à faire le mal et à en offrir la réparation.

Le seigneur roi de Jérusalem, informé de l'arrivée de l'Empereur, prit avec lui son frère et une escorte d'élite parmi les princes du royaume; il laissa à Jérusalem le seigneur comte de Flandre, qui avait résolu de saisir la première occasion favorable pour retourner dans son pays, et se rendit en toute hâte à Antioche. Il envoya de là des députés au seigneur Empereur, savoir le seigneur Geoffroi, abbé du temple du Seigneur, et qui connaissait bien la langue grecque, les nobles seigneurs Josselin et Piselle, les chargeant de présenter à l'Empereur ses salutations empressées, et de savoir quel serait son bon plaisir, et s'il desirait que le seigneur Roi se rendît auprès de lui. On répondit aux députés qu'ils eussent à inviter le Roi à se présenter le plus tôt possible devant l'Empereur. Ce souverain chargea en outre son illustre chancelier d'aller porter de sa part des lettres au Roi, et de l'engager aussi de vive voix, comme un fils tendrement chéri, à ne pas tarder de se rendre auprès de lui.

Au jour fixé, le Roi, prenant avec lui une escorte d'élite composée de ses plus illustres chevaliers, dirigea sa marche vers le camp de l'Empereur, et y fut reçu de la manière la plus honorable : l'Empereur envoya aussitôt à sa rencontre ses deux neveux, frères utérins, Jean protosébaste [1] et Alexis protostrator [2], qui tous deux occupaient le premier rang parmi les illustres du sacré palais, et il leur adjoignit une nombreuse escorte de nobles. Ils conduisirent le Roi jusqu'à la porte de la tente où habitait le seigneur Empereur, entouré de tous ses illustres : il y fut introduit avec beaucoup d'honneur; l'Empereur le salua avec bonté, lui donna le baiser de paix, et le fit placer auprès de lui, sur un siège d'honneur, mais moins élevé que le sien. Il honora ensuite ses compagnons

---

[1] Espèce de généralissime. — [2] Grand-écuyer.

de voyage de ses salutations, leur donna avec bonté le baiser de paix, s'informa avec empressement de la santé du seigneur Roi et de ceux qui étaient arrivés avec lui, et montrant un visage plus enjoué que d'ordinaire, il leur témoigna, par ses paroles et par toutes ses manières, que leur arrivée lui était infiniment agréable, et qu'il jouissait vivement de la présence d'un si illustre prince et de tous les siens. Durant les dix jours que le Roi demeura assidument auprès de l'Empereur, il eut avec lui de nombreux entretiens toujours infiniment agréables, tant en particulier que dans l'assemblée des grands, et comme il était plein de grâces, le Roi gagna, pendant ce temps, la bienveillance du seigneur Empereur et des princes, et entra si avant dans leur affection que tant qu'il vécut tous l'aimèrent comme s'il eût été pour eux un fils unique, et que depuis sa mort sa mémoire leur est demeurée chère, et est encore aujourd'hui en bénédiction au milieu d'eux.

Afin que son séjour auprès du seigneur Empereur ne fût pas infructueux, le Roi, homme habile et rempli de sagacité pour les affaires, voyant que l'Empereur avoit fait établir son camp en dehors de la ville, pour diriger son armée contre Toros qu'il poursuivait d'une haine implacable, et s'étant assuré par avance de l'agrément de l'Empereur, se mit à s'occuper avec le plus grand zèle des moyens de rétablir la bonne intelligence entre le prince arménien et le souverain de Constantinople. Il appela le prince auprès de lui, et celui-ci s'étant présenté, il lui fit résigner les places que le seigneur Empereur redemandait, et le rétablit en faveur, à tel point que le prince, avant de rentrer dans ses propres domaines, engagea sa foi à l'Empereur, toujours par l'entremise du seigneur Roi, et lui présenta la main. Après cela, l'Empereur, déployant une magnificence digne de son rang, combla le Roi et ses princes des plus riches présens, leur prodigua ses largesses; et le Roi retourna alors à Antioche, emportant avec lui la bienveillance universelle.

J'ai entendu dire à quelques personnes entièrement dignes de foi, et dont on ne saurait révoquer en doute le témoignage, que sans compter les présens qu'il avait faits aux compagnons du Roi dans sa générosité prodigue, et qui passaient pour fort considérables, l'Empereur avait donné au Roi seul vingt-deux mille hyperpères, et trois mille marcs d'argent de très-bon poids, indépendamment des vêtemens, des étoffes de soie et des vases précieux qu'il y ajouta.

Arrivé à Antioche, le Roi y trouva son frère, le seigneur Amaury, comte de Joppé et d'Ascalon, et le seigneur Hugues d'Ibelin, qui, racheté naguère de captivité, était revenu dans la même ville. Ceux-ci, ayant aussi desiré aller se présenter à l'Empereur, partirent aussitôt après; l'Empereur les accueillit avec bonté, les traita honorablement, les combla, selon son usage, de riches présens, et les renvoya auprès du Roi extrêmement satisfaits.

Après avoir célébré en Cilicie la solennité de la Pâque, et laissé passer ces jours de fête à jamais mémorables, l'Empereur dirigea ses armées vers Antioche, et, lorsqu'elles furent arrivées sous les murs de la ville, il s'y arrêta, et campa au milieu de cette multitude innombrable. Le seigneur patriarche alla à sa rencontre, suivi de tout le clergé et de tout le peuple, portant les saints Évangiles et entouré de toute la pompe des églises. Le Roi sortit aussi avec les princes d'Antioche, le comte d'Ascalon, et tous les grands seigneurs de son royaume et de la principauté : l'Empereur, couronné du diadème et revêtu de tous les ornemens de son auguste dignité, fut introduit dans la ville avec les plus grands honneurs, au son des trompettes, au bruit des tambours, au milieu des hymnes et des cantiques. On le conduisit d'abord à l'église cathédrale, basilique du Prince des apôtres, et de là au palais, toujours escorté par les grands et par le petit peuple.

Après avoir employé quelques jours à se baigner et à d'autres plaisirs et divertissemens corporels, après avoir répandu ses libéralités sur le peuple de la ville, avec sa profusion accoutumée, l'Empereur fit le projet de sortir pour aller à la chasse, et voulant échapper à l'ennui, il emmena avec lui le seigneur Roi, et se rendit dans les lieux les plus favorables pour ce genre de divertissement. Tandis que ces princes se livraient à cet exercice et parcouraient les forêts le jour de la fête de l'Ascension, le Roi, emporté par le cheval qu'il montait sur un terrain couvert de broussailles et de buissons épineux, fut renversé et se cassa le bras, en roulant par terre avec son cheval. Dès qu'il en fut informé, l'Empereur, ému de la plus tendre compassion, et remplissant aussitôt les fonctions de chirurgien, mit un genou en terre, et prodigua au Roi les soins les plus empressés, comme eût pu le faire tout autre homme. Ses princes et ses parens, frappés d'un étonnement auquel se mêlait quelque indignation, ne pouvaient comprendre que l'Empereur oubliât la majesté impériale et négligeât le soin de son auguste dignité jusqu'à montrer pour le Roi un dévouement et une familiarité qui leur semblaient à tous tout-à-fait inconvenans. A la suite de cet événement, on retourna sur-le-champ à Antioche. L'Empereur allait tous les jours rendre visite au seigneur Roi, il renouvelait les cataplasmes, y appliquait les onguens nécessaires, mettait ensuite le plus grand soin à lui envelopper de nouveau le bras avec des bandages, et montrait en tout point autant de sollicitude qu'il eût pu en témoigner pour un fils. Aussitôt que le Roi se trouva en pleine convalescence, l'Empereur chargea des hérauts d'aller de sa part ordonner à tous les commandans des légions de conduire leurs corps vers la ville d'Alep, le jour qu'il leur fit indiquer, et d'envoyer en avant les machines et tous les instrumens de guerre. Lui-même sortit ensuite de la ville avec le seigneur Roi, avec ses princes et ceux du royaume, au bruit des tambours, au son des trompettes et des clairons qui animent les combats, et il alla camper avec toute son armée dans le lieu appelé vulgairement *le gué de la Baleine*. Il envoya de là des députés à Noradin, qui se trouvait par hasard à Alep, et obtint par leur entremise la restitution d'un certain Bertrand, fils naturel du comte de Saint-Gilles, et de quelques autres compagnons de sa captivité [1]. Fort peu de temps après, l'Empereur, rappelé par ses affaires particulières, retourna dans ses États, et aussitôt après son départ le Roi rentra aussi dans son royaume avec ceux qu'il avait conduits à sa suite.

---

[1] Ces prisonniers étaient au nombre de plus de six mille, la plupart Français ou Allemands.

Vers le même temps[1], le seigneur pape Adrien étant mort d'une esquinancie, à Anagni, ville de la Campanie, son corps fut transporté à Rome, et enseveli avec honneur dans la basilique du bienheureux Pierre, prince des apôtres. Les cardinaux s'étant réunis pour conférer de l'élection de son successeur, se trouvèrent divisés dans leurs vœux, comme il arrive souvent en pareille circonstance. Les uns élurent le seigneur Roland, cardinal-prêtre de la même église de Saint-Pierre, sous l'invocation du bienheureux Marc, et chancelier du siége apostolique; on lui imposa les mains, il reçut l'ordination d'évêque et fut appelé Alexandre. Les autres élurent le seigneur Octavien, noble selon la chair, cardinal-prêtre de la même église, sous l'invocation de sainte Cécile d'au-delà du Tibre. Il reçut de la même manière l'imposition des mains et l'institution d'évêque, et fut nommé Victor. Les plus grands princes de la terre se prononcèrent pour l'un ou l'autre des deux partis, et ce schisme, élevé en punition de nos péchés, fut sur le point de diviser l'église latine, et de la séparer irrévocablement en deux factions. Enfin, au bout de dix-neuf ans, le seigneur Frédéric, empereur des Romains, qui jusqu'alors avait fourni des conseils et des secours au parti contraire, ramena l'unité dans l'Église, en se réconciliant pleinement avec le seigneur pape Alexandre; la paix fut rétablie, les ténèbres de l'erreur furent dissipées, et l'on vit renaître la tranquillité, comme l'étoile du matin se montre resplendissante après avoir dispersé les brouillards.

Cependant, Noradin éprouva une vive joie en ap-

[1] Le 1er septembre 1159.

prenant le départ de l'Empereur; son approche lui avait inspiré beaucoup de craintes, et son séjour dans le pays les avait encore augmentées. Dès qu'il se trouva à l'abri des redoutables entreprises de ce puissant prince, Noradin, voyant le roi de Jérusalem également rentré dans ses États, espéra avoir enfin trouvé l'occasion qu'il attendait depuis long-temps. Il convoqua aussitôt ses chevaliers dans tous ses domaines, les conduisit sur le territoire du soudan d'Iconium, limitrophe des siens, et entreprit de soumettre la ville de Marésie, et les deux bourgs de Cresse et Bethselin. Le soudan se trouvait alors éloigné de ce pays, il lui eût été difficile de porter secours à ses sujets, et c'était dans cette confiance que Noradin avait osé attaquer un rival bien plus puissant que lui. Le seigneur Roi ayant appris que Noradin était occupé de ces siéges avec toutes les forces dont il pouvait disposer, résolut aussi d'en prendre avantage pour lui-même. Il savait que le pays de Damas se trouvait dégarni de troupes et demeurait ainsi exposé à ses entreprises; aussitôt il convoqua son armée, entra sur le territoire de Damas, et, livrant tout aux flammes et au pillage, il conduisit ses troupes, sans éprouver aucune résistance, depuis Offrum [1], illustre métropole de la première Arabie, jusqu'à Damas. Il y avait dans cette ville un noble, nommé Négémeddin, qui possédait, à ce qu'on assure, une grande expérience des affaires, et à qui Noradin avait entièrement remis le soin de ses domaines et le gouvernement de la ville et de toutes ses dépendances. Voyant son seigneur occupé au loin d'affaires

---

[1] Je présume qu'il y a ici une erreur et qu'il faut lire *Bostrum*, Bosra.

très-importantes, et n'ayant pas lui-même de troupes qui le missent en état de résister aux efforts de l'armée royale, Négémeddin, prenant son parti en homme prudent, et voulant surtout éloigner les dangers qui le menaçaient, offrit au Roi quatre mille pièces d'or pour obtenir une paix de trois mois, gagna de nombreux intercesseurs à force de répandre de l'argent, réussit en effet à se faire accorder les conditions qu'il demandait, rendit en outre six captifs, simples soldats, qu'il tenait auprès de lui, et parvint ainsi, par sa sagesse, à éloigner de son pays le Roi et son armée.

A la même époque, la reine Mélisende, femme douée de plus de sagesse et de prudence qu'il n'appartient d'ordinaire à son sexe, et qui avait dirigé avec beaucoup de vigueur les affaires du royaume pendant trente ans et plus, tant du vivant de son mari que sous le règne de son fils, successeur de celui-ci, fut attaquée d'une maladie grave, dont elle ne put se guérir jusqu'au moment de sa mort. Ses deux sœurs, la dame comtesse de Tripoli et la dame abbesse de Saint-Lazare de Béthanie, lui prodiguèrent tous leurs soins; on fit venir de tous côtés les plus habiles médecins qui ne cessèrent de lui administrer les remèdes qu'ils jugèrent les plus convenables; elle demeura fort long-temps couchée dans son lit, la mémoire un peu perdue, le corps à demi détruit, et dans un état presque de dissolution, n'admettant qu'un très-petit nombre de personnes auprès d'elle.

Cependant le délai que le Roi avait accordé à Négémeddin, gouverneur du pays de Damas, était expiré, et le temps de la trêve se trouvait passé : Noradin, n'ayant pas encore terminé ses affaires, demeurait dans le pays où il avait entrepris quelques siéges : le Roi entra de nouveau sur le territoire des ennemis ; il parcourut toute la contrée à main armée, enlevant du butin, mettant le feu partout, et se chargeant partout de riches dépouilles, sans rencontrer aucun obstacle. Après avoir ravagé le pays, détruit toutes les maisons des champs, et réduit leurs habitans en captivité, il rentra sain et sauf dans son royaume.

[1160.] Peu de temps après, le prince d'Antioche, Renaud, apprit par ses éclaireurs qu'il y avait dans le pays qui avait appartenu jadis au comte d'Edesse, et maintenant entièrement dégarni de troupes, un territoire, situé entre les villes de Marésie et de Tulupa, où était rassemblé beaucoup de gros et de menu bétail ; que les habitans de ces lieux n'avaient aucune expérience de la guerre, et qu'il serait par conséquent facile de s'emparer de ce riche butin. Prêtant l'oreille avec trop de crédulité aux rapports qui lui furent faits, il rassembla aussitôt beaucoup de chevaliers, et se mit en marche sous les plus funestes auspices. Arrivé au lieu indiqué, il reconnut qu'on lui avait fait un fidèle rapport, et trouva à la vérité une innombrable quantité de bestiaux de toute espèce, mais ceux à qui ces troupeaux appartenaient étaient de fidèles Chrétiens. Dans toute l'étendue de ce pays, les Turcs n'habitent que les forteresses ; ils y sont même en petit nombre, et s'emploient à garder les places et à lever sur les gens de la campagne les tributs que ceux-ci paient aux seigneurs plus considérables dont ces Turcs sont les agens. Les campagnes ne sont habitées que par des Chrétiens,

Syriens et Arméniens, qui s'occupent d'agriculture et font valoir les terres.

Le prince d'Antioche enleva de tous côtés beaucoup de butin, sans rencontrer aucune opposition, et il s'en revenait sain et sauf et en parfaite tranquillité avec les gens de son expédition, chargés de dépouilles et enrichis de toutes sortes de provisions, lorsque Mégeddin, gouverneur d'Alep, ami intime et serviteur fidèle et dévoué de Noradin, informé du prochain passage du prince, leva dans le pays les plus braves chevaliers et se hâta de marcher à sa rencontre, afin d'attaquer les Chrétiens dans quelque défilé, et de les écraser au milieu des embarras de leurs bagages, ou de les forcer du moins à les abandonner. La chose arriva en effet, selon les projets de l'habile Mégeddin. Précédé par ceux qui étaient venus de l'armée du prince pour lui donner avis de son approche, le gouverneur d'Alep arriva au lieu qu'ils lui indiquèrent, non loin de celui où le prince avait dressé son camp et rassemblé ses richesses. Instruit de l'arrivée des ennemis, celui-ci délibéra aussitôt avec les siens sur ce qu'il y avait à faire dans les circonstances présentes : renonçant au meilleur avis, selon lequel les Chrétiens auraient abandonné leur butin et seraient retournés chez eux sans rencontrer beaucoup de difficulté, ils aimèrent mieux ne point renoncer à leur capture, et combattre vaillamment les ennemis, si l'occasion leur en était offerte. Le matin, et lorsque le jour fut assez avancé, les bataillons se rencontrèrent, le combat s'engagea, et les ennemis attaquèrent avec beaucoup d'ardeur, employant tour à tour leurs arcs et leurs glaives. Au commencement les nôtres parurent disposés à résister avec vigueur, mais ils ne tardèrent pas à être frappés de consternation, tournèrent le dos et prirent la fuite, abandonnant tout leur butin. Le prince, destiné, en punition de ses péchés, à expier en personne toutes les impiétés qu'il avait commises, fut fait prisonnier, chargé de fers et conduit honteusement à Alep, où il fut, avec tous ses compagnons de captivité, livré en spectacle aux peuples infidèles. Cet événement arriva dans la dix-huitième année du règne du seigneur Baudouin, le 23 novembre, dans un lieu situé entre Cresse et Marésie, et appelé Commi.

Vers le même temps, un certain Jean, homme fort lettré, cardinal-prêtre de l'église romaine, sous l'invocation de saint Jean et de saint Paul, chargé par le seigneur pape Alexandre de se rendre en Orient à titre de légat, débarqua à Biblios avec quelques Génois. Desirant obtenir la permission de faire son entrée dans le royaume en sa qualité de légat, il voulut d'abord sonder les dispositions du seigneur Roi et des autres princes du royaume, tant ecclésiastiques que séculiers, et savoir ce qu'ils pensaient de son voyage. J'ai déjà dit que le schisme survenu dans l'Église divisait alors presque toute la terre; les uns soutenaient le parti du seigneur pape Alexandre, les autres s'étaient prononcés pour son rival. Après une longue délibération, on commença par prescrire au légat d'avoir à s'arrêter où il se trouvait, et de n'avoir garde de pénétrer plus avant dans le royaume, jusqu'à ce que les prélats des églises et les princes eussent délibéré mûrement, et qu'on pût lui mander ce qu'il aurait à faire lui-même. On convoqua donc à

Nazareth, tant le seigneur patriarche que tous les autres prélats des églises; quelques princes et le seigneur Roi lui-même assistèrent aussi à cette assemblée, où l'on délibéra pour régler la conduite qu'il convenait de tenir dans un si grand embarras. Jusque là tous les évêques de l'Orient, dans les deux patriarcats, avaient évité de se prononcer ouvertement pour l'un ou l'autre parti; en secret cependant les avis étaient divers, et chacun favorisait de ses vœux l'un ou l'autre des concurrens. Aussi, et comme il arrive presque toujours dans ces sortes d'assemblées, on vit paraître des opinions contraires et des désirs qui ne pouvaient s'accorder. Les uns disaient qu'il fallait reconnaître le seigneur Alexandre, et recevoir son légat, comme attaché au meilleur parti; à la tête de ceux-ci était le seigneur Pierre, de pieuse mémoire en Dieu, notre prédécesseur dans l'archevêché de Tyr. Les autres, au contraire, préférant la cause du seigneur Victor, et disant qu'il s'était toujours montré l'ami et le protecteur du royaume, se refusaient absolument à admettre le légat. Le Roi, adoptant un moyen terme, avec l'assistance de ses princes et de quelques prélats, et craignant sur toutes choses que les évêques ne se divisassent entre eux, et qu'il ne s'opérât un schisme dans l'Église, proposa de ne reconnaître aucun des deux partis; il dit que si le légat désirait se rendre aux lieux saints en qualité de pèlerin, pour y faire ses prières et sans prendre aucun caractère officiel, il fallait lui en accorder la permission, et lui donner même l'autorisation de séjourner dans le royaume jusqu'à ce qu'il trouvât l'occasion de s'embarquer, mais qu'alors aussi il fallait le faire repartir. Le Roi dit, à l'appui de son opinion, que le schisme était encore tout récent, que le monde ne pouvait encore savoir lequel des deux partis soutenait la meilleure cause, qu'il serait dangereux, dans une affaire aussi douteuse, de se prononcer d'après ses propres opinions, et de se précipiter définitivement dans un parti, au milieu de tant d'incertitudes : il ajouta encore que le royaume n'avait nul besoin d'un légat, qui ne ferait que charger les églises et les monastères de nouvelles dépenses, et les épuiser par ses extorsions. Telles furent les propositions du seigneur Roi ; quoiqu'elles parussent plus conformes aux intérêts du pays, ceux qui voulaient recevoir le légat firent prévaloir leur avis. On l'appela, il vint dans le royaume, et sa présence fut onéreuse à plusieurs même de ceux à qui son arrivée avait été d'abord agréable.

A la même époque le seigneur Amaury, comte de Joppé, eut un fils d'Agnès, fille du comte d'Edesse. Le Roi, sur la demande de son frère, le présenta sur les fonts sacrés, et lui donna son nom. Comme on lui demandait, en plaisantant, ce qu'il donnerait à son neveu, devenu, par le baptême, son fils adoptif, il répondit en homme enjoué et dont la parole était toujours pleine d'urbanité, qu'il lui donnerait le royaume de Jérusalem. Quelques hommes sages qui entendirent ces mots en furent frappés, et les recueillirent au fond de leur cœur : ils semblaient annoncer que le Roi, malgré sa jeunesse et celle de sa femme, serait enlevé de ce monde sans laisser de postérité ; et en effet l'événement justifia ce présage.

Le prince d'Antioche ayant été fait prisonnier, et

cette province se trouvant dépourvue de l'assistance d'un chef, le peuple de tout ce pays, saisi de crainte et d'anxiété, attendait de jour en jour la désolation dont il se sentait menacé si le Seigneur ne prenait soin de le garder. Dans cet état, les Antiochiens crurent devoir recourir à leur protecteur ordinaire, et s'adresser, pour obtenir les moyens de se défendre des maux qu'ils prévoyaient, à ceux qui avaient souvent accueilli leurs demandes sans jamais les repousser. A cet effet ils envoyèrent une députation chargée de faire connaître au seigneur roi de Jérusalem les prières et les lamentations des habitans du pays, et de le supplier instamment de venir, sans le moindre retard, au secours d'une nation désespérée, d'un peuple tout près de sa perte, dans l'assurance d'obtenir honneur et gloire auprès des hommes, et de recevoir du Seigneur des récompenses éternelles. Informé de la malheureuse situation de ce pays, et s'attachant à suivre les traces de ses prédécesseurs, le Roi, plein de compassion pour les angoisses que lui témoignaient les députés d'Antioche, se dévoua avec empressement à la tâche qui lui était offerte; il prit avec lui de braves chevaliers, et se rendit en toute hâte à Antioche. Les grands et le petit peuple l'accueillirent à son arrivée avec des transports de joie. Il demeura dans cette ville autant que les circonstances parurent exiger sa présence, et s'occupa des affaires de la principauté avec tout le soin qu'il eût pu donner aux siennes; puis il remit le gouvernement du pays au seigneur patriarche, pour en être chargé jusqu'au moment où il lui serait possible de revenir; et après avoir pourvu d'une manière convenable aux dépenses de la province, il rentra dans le royaume, où le rappelait sa sollicitude pour ses affaires particulières.

A peine le Roi était-il de retour, qu'il vit arriver des députés venant de la part du seigneur empereur de Constantinople, hommes respectables et illustres dans le sacré palais, qui lui apportaient des lettres et étaient chargés en outre d'un message confidentiel. Le premier de ces députés était l'illustre Gundostephane, parent du seigneur Empereur; l'autre était le premier des interprètes du palais, Triffilène, homme adroit et fort zélé pour les intérêts de l'Empire. Ils lui apportèrent des lettres qui étaient conçues dans les termes suivans :

« Vous saurez, très-chéri et bien-aimé de notre
« Empire, que l'heureuse Irène, d'illustre mémoire
« dans le Seigneur, compagne de notre empire sacré,
« a accompli sa destinée, digne d'être associée aux
« esprits des élus, nous laissant une fille unique
« pour héritière de notre dignité. Mais nous, rempli
« de sollicitude pour la succession de l'Empire, et
« n'ayant point de progéniture du meilleur sexe,
« nous avons souvent et soigneusement délibéré sur
« une seconde alliance, avec les illustres de notre
« palais sacré. Enfin il nous a plu, de l'avis et du
« consentement de tous nos princes, de choisir dans
« votre propre sang, que nous affectionnons unique-
« ment, une nouvelle compagne à notre empire.
« Ainsi celle de vos deux cousines que vous aurez
« vous-même choisie pour nous, soit la sœur de l'il-
« lustre comte de Tripoli, soit la sœur cadette du
« magnifique prince d'Antioche, nous la recevrons
« selon votre choix et avec l'aide du Seigneur, nous

« reposant entièrement sur la sincérité de votre foi,
« et nous l'admettrons à participer comme notre com-
« pagne à notre couche et à notre empire. »

Le Roi, informé des intentions de l'Empereur, tant par les lettres qu'il en reçut que par les discours de ses députés, promit ses services et sa coopération à ce projet, et rendit mille fois grâces à Sa Majesté impériale d'avoir résolu de choisir dans le sang royal celle qu'elle voulait associer à son élévation, et d'avoir en même temps honoré sa propre fidélité en remettant à son libre arbitre le choix de celle que l'Empereur admettrait à participer à sa couche et à son empire.

Après avoir délibéré avec les gens de sa maison sur le choix qu'il convenait le mieux de faire pour lui aussi bien que pour Sa Grandeur impériale, le Roi appela auprès de lui les députés, et leur ordonna de recevoir comme épouse de leur seigneur, Mélisende, jeune personne d'un excellent naturel et sœur du comte de Tripoli. Les députés écoutèrent la déclaration du Roi avec le plus profond respect, et y donnèrent leur consentement, sous la réserve toutefois d'en donner aussitôt avis à l'Empereur par lettres et par messagers. Pendant ce temps la mère et la tante paternelle, le frère et tous les amis de la jeune fille destinée à une si grande fortune, firent préparer à grands frais, et sans garder aucune mesure, des ornemens dont le prix excédait beaucoup leurs facultés : on fit faire des chaînes, des pendans d'oreilles, des bracelets, des jarretières, des bagues, des colliers et des couronnes de l'or le plus pur ; on fit encore fabriquer des vases en argent d'un poids énorme et d'une grandeur inouie, pour le service des cuisines, pour les mets, les boissons et les salles de bain. Ces divers objets, sans parler même des selles, des mors de chevaux, en un mot des ustensiles et ornemens de toute espèce, entraînèrent des dépenses très-considérables, et furent fabriqués avec tant de soins, que le travail seul en prouvait assez l'excessive cherté, et dépassait de beaucoup le luxe de la maison du Roi.

[1161.] Les Grecs cependant s'informaient minutieusement de toutes choses; ils pénétraient dans les détails les plus intimes qui pouvaient se rapporter à la conduite de la jeune fille; ils cherchaient à connaître les particularités les plus secrètes au sujet même de sa personne, et une année entière s'écoula pendant ces investigations, durant lesquelles ils expédiaient fréquemment des messagers à l'Empereur, et attendaient ensuite leur retour. Le seigneur Roi, le comte de Tripoli, et tous les parens et amis de la jeune fille, impatientés de ces longs retards, s'adressèrent enfin ouvertement aux députés de l'Empereur, et leur proposèrent de deux choses l'une, ou de renoncer positivement à ce mariage qui se traitait depuis si long-temps, et de rembourser toutes les dépenses faites jusqu'à ce jour, ou de cesser d'accroître leurs perplexités par des délais sans cesse renaissans, et de mettre un terme à cette affaire en accomplissant les conditions stipulées. Le comte était accablé de toutes sortes de dépenses extraordinaires : il avait fait construire et approvisionner au grand complet douze galères, avec lesquelles il avait résolu d'accompagner sa sœur pour la remettre lui-même à son époux : tous les grands de la principauté et du royaume s'étaient en outre rassemblés à Tripoli, et attendaient d'un jour à l'autre le départ de la princesse, et le comte fournissait entièrement, ou du moins en très-grande partie, aux frais de leur entretien. Les Grecs continuaient, selon leur usage, à répondre d'une manière amphibologique, et cherchaient à traîner encore en longueur. Mais le Roi, voulant enfin mettre un terme à tous leurs artifices, chargea le seigneur Otton de Risberg de se rendre de sa part auprès de l'Empereur, pour traiter spécialement cette affaire, et le supplier instamment de lui faire connaître ses intentions d'une manière précise. Le député revint auprès du Roi plus promptement qu'on ne l'avait espéré, et lui apprit de vive voix aussi bien que par les lettres dont il était porteur, que tout ce qu'on avait fait jusqu'alors au sujet de ce mariage avait déplu au seigneur Empereur.

Dès qu'il en fut informé, le Roi retira sa parole, et se tint pour vivement offensé du mauvais succès d'une affaire qui passait pour avoir été faite par son entremise, et qui se trouvait entièrement réglée, du moins de son côté; il n'est pas douteux, en effet, que ce fût pour lui un très-grand affront. Cependant les députés du seigneur Empereur, redoutant la colère du comte de Tripoli, trouvèrent moyen de se procurer un petit navire, et se firent transporter dans l'île de Chypre. Les grands qui s'étaient réunis à Tripoli se séparèrent, et le Roi alla dans le pays d'Antioche, dont il avait accepté l'administration, ainsi que je l'ai déjà dit, sur les instantes prières de tout le peuple de la contrée. Il y trouva, à son arrivée, les mêmes députés de l'Empereur, qu'il avait crus partis en quittant Tripoli. Ils avaient tous les jours des conférences particulières avec la princesse d'Antioche, au sujet de la plus jeune de ses filles, nommée Marie. Ils étaient en outre porteurs de lettres signées par le seigneur Empereur et revêtues d'un sceau d'or, par lesquelles il promettait de ratifier toutes les conditions que les députés arrêteraient pour ce nouveau mariage avec la princesse ou avec ses amis. Le Roi, dès qu'il fut arrivé, reçut communication de ces propositions; et, quoiqu'il eût été assez offensé par ce qui venait de se passer pour pouvoir à bon droit refuser de prendre part à cette affaire et de rendre aucun service à l'Empereur, il crut cependant devoir intervenir en faveur de sa parente, orpheline et dépourvue de l'appui d'un père; et après d'assez longs délais, il parvint enfin à amener une conclusion. Tous les arrangemens terminés, on fit préparer des galères à l'embouchure du fleuve Oronte, dans le lieu appelé le Port de Saint-Siméon, et la jeune fille s'embarqua et partit, suivie par les grands du pays qui furent reconnus les plus propres à remplir ces fonctions, et qui l'accompagnèrent jusqu'auprès de son époux.

Le Roi se trouvant encore dans le pays d'Antioche, et voulant que sa présence lui fût de quelque utilité, fit reconstruire un château fort qui avait existé jadis au dessus du pont du fleuve Oronte (vulgairement appelé le pont de Fer), à environ six ou sept milles de distance de la ville d'Antioche. Ce château était assez bien placé pour réprimer les ennemis dans leurs incursions, et pour opposer un obstacle aux entreprises secrètes des voleurs de grands chemins. Tandis que le Roi était ainsi occupé des affaires de la principauté, sa pieuse mère, affaiblie par ses longues souffrances, exténuée par des douleurs continuelles, entra enfin dans la voie de toute chair, le 11ᵉ jour de septembre[1]. Dès qu'il en fut informé, le Roi montra, par des témoignages non équivoques, avec quelle sincérité de cœur il avait chéri sa mère, et se répandant en vives lamentations, il fut plusieurs jours sans vouloir accueillir aucune espèce de consolation. La dame Mélisende, d'illustre mémoire, digne d'être transportée au milieu des chœurs des anges, fut ensevelie dans la vallée de Josaphat, à droite en descendant vers le sépulcre de la bienheureuse et immaculée vierge Marie, mère de Dieu, dans un caveau en pierre, garni de portes de fer, à côté duquel est un autel où l'on offre tous les jours le sacrifice agréable au Créateur, tant pour le salut de son ame que pour celui des ames des fidèles trépassés.

[1162.] Cependant le comte de Tripoli, le cœur pénétré de douleur, irrité de se voir ainsi joué par l'Empereur, pour lequel il avait fait des dépenses considérables, et qui avait fini par répudier sa sœur, comme la fille d'un homme du peuple, sans qu'il fût possible d'assigner aucun motif à cette conduite, méditait en lui même avec anxiété, et, poussant de profonds soupirs, cherchait dans son cœur quelque moyen de rendre la pareille à l'Empereur et de lui faire subir la peine du talion en échange de l'affront qu'il en avait reçu. Quelquefois, au milieu de ces réflexions, il en venait à penser que, l'Empereur étant le plus puissant des princes de la terre, ses forces à lui se trouveraient bien insuffisantes, et qu'il lui serait impossible de lui faire jamais le moindre mal. Cependant

[1] Le 11 septembre 1161.

ne voulant point paraître insensible à l'injure qu'il avait subie ou négligent à en tirer vengeance, et dominé par sa douleur, il donna l'ordre d'armer les galères qu'il avait d'abord fait préparer pour un usage bien différent; puis il appela des pirates, artisans de crimes détestables, leur livra ces galères, et leur prescrivit d'aller parcourir et dévaster les terres de l'Empereur, sans garder aucun ménagement pour l'âge ou le sexe, sans témoigner aucun égard pour les différentes conditions, leur enjoignant de livrer aux flammes indistinctement et sans choix les monastères et les églises, de s'abandonner en toute liberté au meurtre et au pillage, et leur déclarant qu'ils allaient prendre les armes et employer leurs forces pour une cause tout-à-fait légitime.

Empressés d'obéir à ces ordres, les pirates se mirent en mer, parcoururent les pays soumis à la domination de l'Empereur, tant ceux qui formaient des îles que ceux qui se trouvaient sur les côtes de la Méditerranée; et, interprétant le plus largement possible les intentions du comte, ils allèrent de tous côtés, pillant, brûlant et massacrant tout ce qu'ils rencontraient. Les églises furent violées, les portes des monastères tombèrent devant eux, les lieux les plus vénérables ne purent leur imprimer aucun respect. Ils enlevaient aux pélerins qui allaient visiter les lieux saints, ou qui en revenaient, toutes leurs provisions de voyage, et les réduisaient à vivre dans le dénûment et la misère, à mendier leur pain ou à mourir faute de ressources. Les négocians colporteurs, qui gagnaient leur vie dans ce genre de trafic, pour eux-mêmes, pour leurs femmes et pour leurs enfans, furent dépouillés de ce qu'ils avaient amassé, et forcés de retourner chez eux après avoir perdu leur principal et tout leur bénéfice.

Tandis que le comte de Tripoli se livrait ainsi au ressentiment de son injure, le Roi, étant encore à Antioche, voulut, selon sa coutume, prendre une médecine avant le commencement de l'hiver. Barak, médecin du comte de Tripoli, lui prescrivit des pilules, dont il devait prendre quelques-unes au moment même, et les autres peu de temps après. Nos princes de l'Orient, cédant en ce point à l'influence des femmes, ne font nul cas de la médecine et des moyens curatifs employés par nos médecins latins; ils n'ont confiance que dans les Juifs, les Samaritains, les Syriens et les Sarrasins; ils s'abandonnent imprudemment à eux pour être soignés, et se livrent ainsi à des gens qui ignorent complétement les principes de la médecine. On assure que les pilules qui furent données au Roi étaient infectées de poison; et la chose paraît assez vraisemblable, puisque celles qui restaient et devaient lui être administrées une seconde fois furent, plus tard, mêlées dans du pain et données à Tripoli à une petite chienne qui en mourut au bout de quelques jours.

Dès que le Roi eut pris cette sorte de médecine, il fut saisi de la dysenterie et d'une petite fièvre qui dégénéra ensuite en consomption, et de là jusqu'au moment de sa mort sa position ne put être ni améliorée ni seulement atténuée. Se sentant de plus en plus souffrant et accablé par le mal, le Roi se fit transporter d'Antioche à Tripoli : il y languit pendant quelques mois, espérant de jour en jour sa guérison.

Enfin, voyant augmenter son mal, et perdant tout espoir de salut, il se fit porter à Béryte, et ordonna de convoquer en hâte les prélats des églises et les princes du royaume : tous s'étant rassemblés en sa présence, il leur fit en toute piété et avec détail sa profession de foi religieuse : rempli d'un esprit de contrition et d'humilité, il confessa ses péchés devant les évêques, et, dégagée de la prison de la chair, son ame s'éleva vers les cieux pour aller, avec l'assistance de Dieu, recevoir la couronne incorruptible dans l'assemblée des élus. Il mourut l'an 1162 de l'incarnation du Seigneur, la vingtième année de son règne et le dixième jour de février, âgé de trente-trois ans, ne laissant point d'enfans, et ayant institué son frère héritier de son royaume. Son corps fut transporté à Jérusalem, avec les témoignages du plus profond respect et une pompe toute royale, au milieu des pleurs et des gémissemens de tous les citoyens. Le clergé et le peuple de la cité sainte allèrent à sa rencontre, et l'ensevelirent honorablement au milieu de ses prédécesseurs, dans l'église du Sépulcre du Seigneur, en face du Calvaire, lieu où le Seigneur fut attaché à la croix pour notre salut.

On ne voit dans aucune histoire, et les souvenirs d'aucun homme ne rapportent que jamais, dans notre royaume ou dans aucun autre pays, le peuple ait éprouvé autant de tristesse ni témoigné une aussi vive douleur que celle que l'on ressentit à l'occasion de la mort de ce prince. Sans parler des habitans des villes où passa le cortége funèbre, et qui montrèrent une affliction sans exemple, on vit encore descendre du haut des montagnes une multitude de fidèles qui

escortèrent le convoi en poussant des cris lamentables. Dans tout le trajet depuis Béryte jusqu'à Jérusalem, et presque continuellement pendant huit jours, ces témoignages de la douleur publique se renouvelèrent sans cesse et reparaissaient d'heure en heure. On assure même que les ennemis s'affligèrent de sa mort, à tel point que quelques personnes ayant voulu proposer à Noradin d'entrer sur notre territoire et de le ravager tandis que nous étions exclusivement occupés de ses obsèques, il répondit, à ce qu'on prétend, « qu'il fallait avoir de la compassion et une ten-
« dre indulgence pour une si juste douleur, puisque
« les Chrétiens avaient perdu un prince tel que le
« monde n'en possédait plus en ce jour. » Pour nous, en terminant ce livre de notre histoire, en même temps que le récit des œuvres de ce roi, nous prions le Ciel que son ame jouisse d'un saint repos au milieu des ames pieuses des élus! Amen.

LIVRE DIX-NEUVIÈME.

Le seigneur Baudouin III, quatrième roi latin de Jérusalem, étant mort sans enfans, comme je l'ai déjà dit, eut pour successeur dans la cité sainte le seigneur Amaury, son frère unique, cinquième roi latin, comte de Joppé et d'Ascalon, qui parvint au trône l'an 1163 [1] de l'incarnation de notre Seigneur, et soixante-deux ans après la délivrance de la cité agréable à Dieu. A cette même époque la sainte église romaine avait pour chef le seigneur Alexandre [2], qui se trouvait dans la troisième année de son pontificat; la sainte église de la Résurrection était sous l'autorité du seigneur Amaury, neuvième patriarche latin et pontife de cette église depuis quatre ans; le seigneur Aimeri gouvernait la sainte église d'Antioche; il en était le troisième patriarche latin, et occupait ce siége depuis vingt ans; enfin la sainte église de Tyr obéissait au seigneur Pierre, troisième archevêque latin de cette ville depuis que les Chrétiens en avaient repris possession, et qui se trouvait dans la treizième année de son pontificat.

Cependant, après la mort de Baudouin III, les princes du royaume se trouvèrent divisés d'opinion au sujet de la nomination d'un nouveau roi, et le

[1] En 1162. — [2] Alexandre III qui régna de 1159 à 1181.

schisme qui s'éleva à cette occasion fut sur le point d'exciter de grandes querelles et d'exposer le royaume à de graves périls. Heureusement la clémence divine, qui sait appliquer les remèdes les plus efficaces aux maux les plus désespérés, daigna venir à notre secours : tout aussitôt le clergé et le peuple se prononcèrent fortement en faveur d'Amaury, les machinations du petit nombre de grands qui avaient d'autres projets, furent déjouées ; le 12 des calendes de mars, huit jours après la mort de son frère [1], Amaury fut élevé, en vertu de ses droits héréditaires, au trône qui lui était dû, et le seigneur patriarche Amaury, assisté de la présence et de la coopération des archevêques, des évêques et de tous les prélats des églises, lui administra l'onction royale dans l'église du Sépulcre, et le revêtit du diadème, marque visible de sa dignité.

Aussitôt après qu'il avait été fait chevalier et qu'il eut commencé à porter les armes, Amaury avait été créé comte de Joppé : dans la suite son frère, le seigneur Baudouin, d'illustre mémoire, lui donna, dans sa royale libéralité, la belle métropole des Philistins, la ville d'Ascalon, reconquise sous son règne et rendue à la foi et au nom du Christ après une longue interruption. J'ai déjà rapporté tous ces faits en détail en écrivant l'histoire du règne de Baudouin III. Le seigneur Amaury était âgé de vingt-sept ans lorsqu'il parvint au trône de Jérusalem, et il régna onze ans et cinq mois.

Amaury se montra plein d'expérience pour les affaires du monde et doué de beaucoup de sagesse et de

---

[1] Le 11 février 1162.

prudence dans sa conduite. Il avait la langue un peu embarrassée, sans que ce fût cependant au point de lui être reproché comme un défaut grave, et de telle façon seulement qu'il n'avait dans la manière de s'exprimer ni facilité ni élégance ; aussi était-il beaucoup mieux pour le conseil que pour l'abondance de la parole ou pour l'agrément du langage. Nul ne lui était supérieur dans l'intelligence du droit coutumier qui régissait le royaume, et il se distinguait entre tous les princes par la sagacité de son esprit et la justesse de son discernement. Au milieu des périls, et dans les situations difficiles où il se trouva fréquemment placé, en combattant vigoureusement et sans relâche pour l'accroissement du royaume, il se montra toujours plein de force et de prévoyance, et son ame, douée d'une fermeté vraiment royale, l'éleva toujours au dessus de toutes les craintes. Il était peu lettré, et surtout beaucoup moins que son frère ; mais en même temps il avait de la vivacité dans l'esprit et l'heureux don d'une mémoire solide ; il interrogeait souvent, lisait avec goût, dans tous les momens de loisir dont il pouvait disposer après les affaires, et était par conséquent assez bien instruit de toutes les choses qui peuvent entrer dans les occupations d'un Roi : il avait de la subtilité dans la manière de proposer ses questions, et se plaisait beaucoup à en rechercher la solution. Outre son goût pour la lecture, il écoutait avec avidité le récit des faits de l'histoire, en conservait à jamais le souvenir, et les répétait ensuite avec beaucoup de présence d'esprit et de fidélité. Entièrement adonné aux choses sérieuses, il ne recherchait jamais les représentations des baladins ni les

jeux de hasard, et son principal divertissement était
de diriger le vol des hérons et des faucons, et de les
faire chasser. Il supportait la fatigue avec patience, et,
comme il était gros et gras à l'excès, les rigueurs du
froid ou de la chaleur ne le tourmentaient pas beaucoup. Il voulait que les dîmes fussent toujours payées à
l'Église en toute intégrité et sans aucune difficulté, et
se montrait en ce point parfaitement évangélique. Il
entendait la messe tous les jours très-religieusement
(à moins cependant qu'une maladie ou une circonstance impérieuse ne l'en empêchât); il supportait
avec une grande patience et oubliait avec bonté les
mauvais propos ou les injures qui pouvaient être prononcés contre lui en secret, et plus souvent encore
en public, par les personnes même les plus viles et les
plus méprisables, à tel point qu'on eût dit qu'il n'a-
vait pas même entendu les choses qu'il entendait. Il
était sobre pour le manger et la boisson, et avait en
horreur l'un et l'autre de ces excès. On dit qu'il avait
une telle confiance pour ses agens que, du moment
qu'il leur avait remis le soin de ses affaires, il ne leur
demandait aucun compte, et ne prêtait jamais l'oreille
à ceux qui auraient voulu exciter en lui quelques
doutes sur leur fidélité; les uns lui reprochaient cette
disposition comme un défaut, d'autres la louaient
comme une vertu et comme une preuve de sa sincérité et de sa bonne foi. Ces dons précieux de l'esprit,
ces qualités plus estimables du caractère étaient cependant gâtés par quelques défauts notables, qui semblaient les envelopper en quelque sorte d'un nuage.
Amaury était sombre et taciturne, plus qu'il n'eût été
convenable, et n'avait aucune urbanité. Il ne con-

naissait nullement le prix de cette affabilité gracieuse qui sait mieux que toute chose gagner aux princes les cœurs de leurs sujets. Il était bien rare qu'il adressât jamais la parole à quelqu'un, à moins qu'il n'y fût forcé par la nécessité ou qu'on ne l'eût d'abord fatigué d'un long discours; et ce défaut était d'autant plus choquant en lui, que son frère au contraire avait toujours eu la parole fort enjouée, et s'était fait remarquer par une affabilité pleine de bienveillance. On dit encore qu'il était sans cesse travaillé du démon de la chair, ce que le Seigneur veuille lui pardonner dans sa clémence, au point d'attenter souvent au lit de l'étranger. Violent adversaire de la liberté des églises, pendant son règne il attaqua souvent leurs patrimoines, les accabla d'injustes exactions et les réduisit aux abois en les contraignant à charger les lieux saints de dettes qui excédaient de beaucoup la portée de leurs revenus. Il se montrait avide d'argent, plus qu'il ne convenait à l'honneur d'un roi : séduit par des présens, il prononçait souvent autrement que ne le permettent la rigueur du droit, l'impartialité de la justice; et plus souvent encore il différait de prononcer. Il lui arrivait fréquemment, en causant familièrement avec moi, de chercher des excuses à cette avidité, et de vouloir lui assigner quelque motif; il me disait alors « qu'un prince quelconque, et sur-
« tout un roi, doit toujours avoir grand soin de se
« tenir à l'abri des besoins; et cela pour deux prin-
« cipales raisons; l'une, parce que les richesses des
« sujets sont en sûreté lorsque celui qui gouverne
« n'a pas de besoins; l'autre, parce qu'il convient qu'il
« ait toujours en main les moyens de pourvoir à toutes

« les nécessités de son royaume, s'il s'en présente
« surtout qui n'aient pu être prévues, et parce que
« dans des cas semblables un roi prévoyant doit être
« en mesure d'agir avec munificence, et de ne rien
« épargner dans ses dépenses, afin que l'on juge par
« là qu'il possède, non point pour lui, mais pour le
« bien de son royaume, tout ce qui peut être néces-
« saire. » Les envieux même ne sauraient nier qu'il
s'est montré tel qu'il disait en toute circonstance. Au
milieu des plus grandes nécessités, il n'a jamais cal-
culé aucune dépense, et les fatigues personnelles ne
l'ont jamais détourné d'aucune entreprise. Mais les
richesses de ses sujets n'étaient pas pour cela parfaitement en sûreté; à la plus légère occasion, il ne
craignait pas d'épuiser leurs patrimoines, et recourait
beaucoup trop souvent à cette ressource.

Il avait une taille avantageuse et bien proportionnée,
et était plus grand que les hommes de moyenne grandeur, et moins grand cependant que les hommes les
plus grands. Il avait une belle figure et un air de dignité qui eût pu révéler un prince digne de respect
à ceux-là même qui ne l'eussent point connu. Ses
yeux, pleins d'éclat, étaient de moyenne grandeur; il
avait, comme son frère, le nez aquilin, les cheveux
blonds et un peu rejetés en arrière, les joues et le
menton agréablement ornés d'une barbe bien fournie.
Sa manière de rire était désordonnée, et quand il se
livrait à un accès de ce genre, tout son corps en était
ébranlé. Il aimait à s'entretenir avec les hommes
sages et éclairés, qui avaient des notions sur les pays
éloignés et sur les usages des nations étrangères. Je
me souviens qu'il me faisait appeler quelquefois fa-

milièrement, tandis qu'il était retenu dans la citadelle de Tyr par une petite fièvre lente, qui cependant n'avait rien de sérieux, et que j'ai eu avec lui beaucoup de conférences particulières, pendant les heures de repos et dans les bons intervalles que laissent toujours les fièvres intermittentes. Je lui donnais, autant que le temps me le permettait, des solutions sur les questions qu'il me présentait, et ces conférences avec moi lui plaisaient infiniment. Entre autres questions qu'il me proposa, il m'en adressa une un jour qui me donna au fond du cœur une vive émotion, soit parce qu'il était assez bizarre qu'on pût faire une pareille demande, puisqu'on ne peut guère mettre en question ce qui nous est enseigné par une foi universelle et ce que nous devons croire fermement; soit encore parce que mon ame fut douloureusement blessée de voir qu'un prince orthodoxe, et descendant de princes orthodoxes, pût avoir de pareils doutes sur une chose aussi certaine, et hésitât ainsi dans le fond de sa conscience. Il me demanda donc « s'il y avait, indé-
« pendamment de la doctrine du Sauveur et des saints
« qui avaient suivi le Christ, doctrine dont il ne dou-
« tait nullement, des moyens d'établir, par des argu-
« mens évidens et irrécusables, la preuve d'une ré-
« surrection future. » Saisi d'abord de la singularité d'un tel propos, je lui répondis qu'il suffisait de la doctrine de notre Seigneur et Rédempteur, par laquelle il nous a enseigné la résurrection future de la chair de la manière la plus positive, dans plusieurs passages de l'Évangile; qu'il nous a promis qu'il viendrait comme juge, pour juger les vivans et les morts; qu'il donnerait aux élus le royaume préparé depuis la

création du monde, et que les impies auraient en partage le feu éternel qui a été préparé pour le diable et pour ses démons; enfin j'ajoutai que les pieuses assurances des saints apôtres et celles mêmes des Pères de l'ancien Testament suffisaient pour en fournir la preuve. Il me répondit alors : « Je tiens tout « cela pour très-certain ; mais je cherche un raison-« nement par lequel on puisse prouver à quelqu'un « qui nierait ce que vous dites, et qui n'admettrait « pas la doctrine du Christ, qu'il y a en effet une « résurrection future et une autre vie après cette « mort. » Sur quoi je lui dis : « Prenez donc pour vous « le rôle de la personne qui penserait ainsi, et es-« sayons de trouver quelque chose comme vous le de-« sirez.—Volontiers, » me dit-il. Et moi alors : « Vous « reconnaissez que Dieu est juste ? » Lui : « Rien de « plus vrai, je le reconnais. » Moi : « Qu'il est juste « de rendre le bien pour le bien et le mal pour le « mal? » Lui : « Cela est vrai. » Moi : « Or, dans la « vie présente il n'en est pas ainsi. Dans le temps « actuel, il y a des hommes bons qui ne font qu'é-« prouver des malheurs et vivre dans l'adversité : « quelques méchans au contraire jouissent d'une fé-« licité constante, et nous en voyons tous les jours de « nouveaux exemples. » Lui : « Cela est certain. » Je continuai alors : « Il y aura donc une autre vie, car « il ne se peut pas que Dieu ne soit pas juste dans « ses rétributions : il y aura une autre vie et une ré-« surrection de cette chair, lors de laquelle chacun « devra recevoir son prix, et être récompensé comme « il aura mérité, selon le bien ou le mal qu'il aura « fait. » Il finit en me disant : « Cette solution me

« plaît infiniment, et vous avez dégagé mon cœur de
« tous ses doutes. » Telles étaient les conférences, et
beaucoup d'autres semblables, dans lesquelles ce prince
se complaisait infiniment. Je reviens maintenant à
mon sujet.

Le roi Amaury était excessivement gras, et à tel
point qu'il avait comme les femmes la poitrine fort
proéminente et arrondie en forme de seins. La nature
l'avait traité avec plus de bienveillance pour toutes
les autres parties du corps, qui non seulement étaient
bien, mais se faisaient même remarquer par la beauté
particulière des formes. Enfin le Roi était d'une grande
sobriété pour tout ce qui tient à la nourriture du
corps et pour la boisson, et ses ennemis même ne
sauraient le nier.

Tandis que son frère était encore en ce monde, et
gouvernait le royaume avec succès, Amaury avait
épousé Agnès, fille de Josselin le jeune, comte d'E-
desse. Il eut deux enfans de sa femme, du vivant
même de son frère : un fils, nommé Baudouin, que le
roi son oncle présenta sur les fonts de baptême, et
une fille, aînée de Baudouin, et qui fut appelée Sibylle, du nom de la comtesse de Flandre, sœur de
son père et de son oncle. Après la mort de son frère,
et au moment où il revendiquait sa succession en vertu
de ses droits héréditaires, Amaury se vit contraint
cependant de renoncer à sa femme. Lorsque dans le
principe il s'unit avec elle en mariage, il l'épousa contre le gré et malgré l'opposition expresse du seigneur
patriarche Foucher, de précieuse mémoire, parce
qu'on disait qu'ils étaient cousins au quatrième degré,
comme cela fut solennellement prouvé dans la suite,

à la face de l'Église, par les témoignages de parens communs. Le seigneur Amaury, patriarche, et le seigneur Jean, cardinal-prêtre sous l'invocation de saint Jean et saint Paul, et légat du siége apostolique, s'étant réunis, on procéda selon les cérémonies du droit ecclésiastique. Les parens des deux parties prêtèrent serment par corps, et déclarèrent que les choses étaient en effet comme on l'avait dit. Le divorce fut prononcé et le mariage dissous. On y mit cependant cette réserve, que les enfans qui en étaient issus seraient tenus pour légitimes, et jouiraient de la plénitude de leurs droits pour recueillir la succession paternelle. Plus tard j'ai eu la curiosité de connaître par quel degré de parenté ces deux époux étaient unis, et je l'ai recherché avec beaucoup de soin ; car à l'époque où ces événemens se passèrent à Jérusalem, je n'étais pas revenu des écoles, et j'étais encore au-delà des mers, occupé à étudier les sciences libérales. Dans mes recherches ultérieures, j'ai appris l'ordre des générations dans les deux familles par les rapports de la dame Stéphanie, abbesse de l'église de Marie-Majeure, située à Jérusalem, en face du sépulcre du Seigneur ; cette abbesse était fille du seigneur Josselin l'ancien, comte d'Edesse, et d'une sœur du seigneur Roger, fils de Richard prince d'Antioche ; elle était religieuse, noble selon la chair autant que par ses vertus, déjà fort âgée, mais conservant encore toute sa mémoire : or voici ce qu'elle me raconta.

Le seigneur Baudouin du Bourg, second roi latin de Jérusalem, homme illustre et magnifique, dont j'ai décrit avec détail la vie, la conduite et les divers événemens heureux ou malheureux qui lui survinrent, en rapportant l'histoire de son règne, et le seigneur Josselin l'ancien, étaient fils de deux sœurs. Le seigneur Baudouin eut pour fille la reine Mélisende, et celle-ci fut mère du seigneur Baudouin III et du seigneur Amaury, qui furent successivement rois de Jérusalem. Le seigneur Josselin l'ancien eut pour fils Josselin le jeune, et celui-ci fut père de cette même comtesse Agnès, qui avait été femme du seigneur Amaury, de fait, sinon de droit, et d'un fils, Josselin le troisième, qui est maintenant sénéchal du Roi, et oncle du seigneur roi Baudouin IV, qui règne aujourd'hui. Le seigneur roi Amaury demeura libre après ce divorce; mais la comtesse Agnès s'unit aussitôt après, par les liens du mariage, avec un homme noble et puissant, le seigneur Hugues d'Ibelin, fils de Balian l'ancien, et frère de Baudouin de Ramla, qui possède maintenant cette ville, depuis que son frère est mort sans enfans, et de Balian le jeune, qui est maintenant l'époux de la veuve du seigneur roi Amaury. Le seigneur Hugues d'Ibelin étant mort tandis que le seigneur Amaury vivait encore, sa veuve, Agnès, s'unit des mêmes nœuds avec le seigneur Renaud de Sidon, fils du seigneur Gérard, et l'on assure que cette union est encore moins légitime que celle qu'elle avait d'abord contractée avec le seigneur Amaury.

En effet, le seigneur Gérard, père de Renaud, avait comparu en qualité de parent du Roi et de sa femme, comme il est certain qu'il l'était, et avait affirmé par serment, suivant ce qu'il avait entendu dire à ses ascendans, la parenté qui existait entre les deux époux, et qui amena, ainsi que je l'ai déjà dit, la dissolution de leur mariage.

Après que le seigneur Amaury eut pris possession du trône, et dans le cours de la première année de son règne, les Égyptiens ayant refusé d'acquitter le tribut annuel pour lequel ils s'étaient engagés envers son frère, le Roi convoqua tous ses chevaliers et une nombreuse armée, et descendit en Égypte à la tête de toutes ses forces, vers les calendes de septembre. Le gouverneur de ce royaume, désigné par le titre de soudan dans la langue des habitans, et qui se nommait Dargan, marcha à sa rencontre avec une innombrable multitude de combattans, et ne craignit pas de livrer bataille au Roi dans les déserts voisins des frontières de l'Égypte. Cependant, ne pouvant soutenir le choc des nôtres, il perdit beaucoup de monde sur le champ de bataille et quelques prisonniers, et prenant alors la fuite, il fut contraint de se retirer avec ce qui lui restait de troupes, et s'enferma dans une ville voisine, appelée Bilbéis[1] chez les Égyptiens.

Ceux-ci, craignant alors que le Roi ne voulût tenter, à la suite de ce premier succès, de pénétrer avec son armée dans l'intérieur du pays, et ne connaissant aucun autre moyen de se défendre de l'impétuosité des Chrétiens, rompirent les chaussées qui d'ordinaire contiennent le fleuve du Nil dans ses inondations jusqu'à une époque déterminée, et les eaux, qui étaient déjà en pleine crue, se répandirent dans la campagne, pour former une barrière qui opposât un obstacle aux incursions de nos troupes, et mît les habitans du pays à l'abri de leurs entreprises. Mais le seigneur Roi ayant triomphé des ennemis, et

[1] Péluse.

terminé heureusement cette expédition, rentra alors dans son royaume, victorieux et couvert de gloire.

Peu de temps auparavant, ce Dargan, qui était, comme j'ai dit, gouverneur de toute l'Égypte et soudan, avait, tant par artifice que de vive force, expulsé du pays et dépouillé de son gouvernement un autre homme très-puissant, nommé Savar[1]; celui-ci, ayant pris la fuite avec ses amis et les gens de sa maison, et avec les trésors qu'il lui fut possible d'emporter, se retira chez les Arabes, ses compagnons de tribu, pour implorer leur assistance. Attendant l'issue de l'expédition de notre roi et les événemens de la guerre, il demeurait caché parmi les siens, et se disposait à saisir la première occasion favorable pour diriger quelque nouvelle tentative contre son rival. Il apprit que le seigneur Roi venait de rentrer dans son royaume; il sut en même temps que son adversaire se montrait plus insolent que jamais dans son administration; qu'il semblait triompher d'avoir mesuré ses forces avec un si grand prince, qui s'était ensuite retiré de l'Égypte sans y avoir fait beaucoup de mal; et qu'enfin il continuait à gouverner le pays dans l'orgueil de sa force et de sa puissance : Savar se rendit alors en toute hâte auprès du très-puissant prince Noradin, roi de Damas, et le supplia de lui donner du secours, afin de pouvoir rentrer en Égypte et se ressaisir du gouvernement en en expulsant son compétiteur. Gagné par ses présens et ses promesses, espérant aussi parvenir à s'emparer de vive force du

---

[1] Chawer, visir d'Adhed Ledinillah, onzième et dernier calife d'Égypte, de 1160 à 1171. Chawer descendait de la famille de Hatsyniah, nourrice de Mahomet.

royaume d'Égypte, s'il lui était possible d'y introduire d'abord ses armées, Noradin prêta l'oreille aux propositions de Savar : il lui donna le chef de ses chevaliers, nommé Syracon[1], homme habile et vaillant à la guerre, généreux au-delà même des ressources de son patrimoine, avide de gloire, doué d'une grande expérience dans l'art militaire, et chéri des troupes à cause de son extrême munificence ; et prescrivit à ce prince de se rendre en Égypte à la tête de nombreux chevaliers. Syracon, déjà avancé en âge, était petit de taille, mais très-gras et très-gros ; dénué de fortune, il avait amassé de grandes richesses, et son mérite l'avait élevé d'une condition servile au rang le plus haut. Il avait une taie sur un œil ; il était dur à la fatigue, et supportait la faim et la soif avec beaucoup de patience, et mieux que ne peuvent le faire d'ordinaire les hommes parvenus à cet âge. La renommée, et les exprès qui lui furent adressés, apprirent au soudan Dargan que l'ennemi qu'il avait précédemment expulsé arrivait dans le pays avec des milliers de Turcs ; et Dargan, n'osant compter sur ses propres forces, voulut recourir aux étrangers, et mendia leur assistance. Il adressa au seigneur roi de Jérusalem des députés porteurs de paroles de paix, et le supplia, avec les plus vives instances, de lui prêter secours contre les ennemis dont il était menacé. Il offrit de payer un tribut, non seulement tel que celui dont il était convenu antérieurement avec le seigneur roi Baudouin, mais même beaucoup plus considérable, laissant au Roi la faculté d'en fixer le montant, promettant en outre une soumission éternelle, dont les conditions seraient

[1] Asad-Eddyn Chyrkouh.

déterminées par un traité d'alliance, et se déclarant enfin tout disposé à livrer des otages.

[1164.] Vers la même époque, la seconde année du règne du seigneur Roi, et le premier jour du mois de mars, le seigneur Pierre, vénérable archevêque de Tyr, et de pieuse mémoire en Dieu, entra dans la voie de toute chair. Peu de jours après, et dans le courant du même mois, on lui donna pour successeur, conformément au vif desir que le Roi en avait témoigné, le seigneur Frédéric, évêque de la ville d'Accon, suffragante de la même église : ce prélat, noble selon la chair, et d'une taille fort élevée, était né en Lorraine : c'était un homme peu lettré, et adonné plus que de raison aux exercices de la guerre.

Tandis que les députés égyptiens traitaient avec le seigneur Roi, lorsqu'à peine celui-ci avait accepté leurs propositions, et avant qu'ils eussent eu le temps de retourner dans leur pays, Savar et Syracon étaient entrés en Égypte avec toutes leurs troupes; ayant rencontré le soudan Dargan, ils l'attaquèrent en ennemis, et furent battus et fort maltraités dans la première affaire : ils se disposaient à tenter une seconde fois la fortune des armes, lorsque Dargan, frappé d'une flèche lancée sur lui par quelqu'un des siens, périt, emportant les regrets de ceux qui le servaient. Après sa mort, Savar, parvenu au comble de ses vœux, entra dans le Caire en vainqueur; il fit périr sous le glaive tous les amis, les parens et les gens de la maison de Dargan qu'il put trouver dans cette ville, et se rétablit en possession de ses dignités; car le prince souverain de ce pays voit d'un œil indifférent tomber ou triompher ceux qui se disputent le pouvoir, à condition qu'il y en ait toujours un qui se charge de faire ses affaires et celles du royaume, et qui se dévoue à le servir en esclave. Syracon s'emparant alors de la ville voisine, nommée Bilbéis, se montra fermement résolu à se l'approprier, et annonça par ses œuvres, et peut-être par ses discours, son intention de prendre possession des autres parties du royaume, et de les soumettre s'il le fallait à son autorité, en dépit même du soudan et du calife. Savar craignit bientôt d'avoir aggravé sa condition et celle de son seigneur, en introduisant un tel hôte dans le pays, et redoutant de le trouver semblable à la souris enfermée dans l'armoire, ou au serpent réchauffé dans le sein, et plein d'ingratitude pour ceux qui le recevaient dans leurs domaines, il se hâta d'expédier des députés en Syrie, auprès du seigneur roi de Jérusalem, et les chargea de lui porter des paroles de paix, d'exécuter sans le moindre retard les conventions qui avaient été arrêtées antérieurement entre le seigneur Roi et Dargan le soudan, et même, s'il était nécessaire, d'offrir encore de plus grands avantages.

Ces propositions ayant été acceptées et confirmées par un traité, le Roi se mit en marche la seconde année de son règne, à la tête de toutes ses troupes, et descendit en Égypte. Savar s'étant réuni à lui avec ses Égyptiens, ils allèrent ensemble assiéger Syracon renfermé dans la ville de Bilbéis comme dans une citadelle qui lui eût appartenu en toute propriété: fatigué enfin par le long siége qu'il soutint, et n'ayant plus de vivres à sa disposition, Syracon fut forcé de se rendre, mais sous la condition qu'il lui serait permis de sortir de la ville librement et sans obstacle avec tous les siens, et de retourner chez lui. Ces propositions ayant été consenties, Syracon sortit de Bilbéis, et partit pour Damas, en traversant le désert.

Pendant ce temps Noradin avait établi sa résidence dans les environs de Tripoli, et dans le lieu vulgairement appelé la Boquée. Mais, enorgueilli de ses succès, il se laissa aller à quelque négligence, et subit un échec presque irréparable. Quelques nobles étaient arrivés, vers la même époque, du pays d'Aquitaine, savoir, Geoffroi surnommé Martel, frère du seigneur comte d'Angoulême [1], et Hugues de Lusignan l'ancien, qui fut surnommé *le Brun*. Ils étaient venus à Jérusalem pour y faire leurs prières. Après s'être acquittés, selon l'usage, de ce pieux devoir, ils se rendirent dans le pays d'Antioche. Ayant appris que Noradin s'était arrêté avec son armée dans les environs de Tripoli, au lieu que j'ai déjà nommé, et qu'il y goûtait un doux repos, sans prendre aucune des précautions que lui eût commandées la prudence, ils convoquèrent aussitôt les chevaliers, tombèrent à l'improviste sur les troupes de Noradin, lui firent beaucoup de prisonniers, lui tuèrent encore plus de monde, et détruisirent presque entièrement son armée. Noradin, déposant le glaive et abandonnant tous ses bagages, monta nupieds sur une bête de somme, et couvert de confusion, désespérant même de son salut, il n'échappa qu'avec peine à la poursuite des nôtres. Chargés de dépouilles et d'immenses richesses, les Chrétiens rentrèrent chez eux en vainqueurs. Ils avaient été conduits dans cette expédition par Gilbert de Lascy,

[1] Guillaume Taillefer IV, comte d'Angoulême, de 1140 à 1178.

homme noble, habile dans le maniement des armes, et commandant des frères du Temple dans cette portion du pays; par les deux illustres seigneurs que j'ai déjà nommés, par Robert Mansel, et par quelques autres chevaliers.

[1165.] Noradin, consterné de ce malheureux événement, rempli de colère, couvert de crainte et de confusion, voulant se laver de l'affront qu'il avait reçu, et se venger lui et les siens, sollicita ses parens et ses amis, s'adressa en suppliant à la plupart des princes de l'Orient, et employant les prières ou prodiguant les trésors, remit ses forces en bon état, et rassembla de tous côtés des auxiliaires. Ayant rassemblé de nombreuses troupes, et se trouvant à la tête de plusieurs milliers de combattans, il alla assiéger une ville appartenant aux Chrétiens, nommée Harenc, située sur le territoire d'Antioche; il disposa ses machines en cercle, selon l'usage, et se mit en devoir d'attaquer vivement les assiégés, sans leur laisser aucun moment de repos. Aussitôt que nos princes furent informés de cette nouvelle entreprise, le seigneur Boémond, troisième fils de Raimond, et prince d'Antioche, le seigneur Raimond le jeune, comte de Tripoli, et fils du comte Raimond; Calaman, gouverneur de Cilicie, parent du seigneur Empereur, et chargé par lui du soin des affaires de l'Empire dans cette province; et enfin Toros, très-puissant prince des Arméniens, appelèrent à eux de tous côtés tous les secours qu'il leur fut possible de rassembler en gens de pied et en chevaliers; et ayant formé leurs bataillons et leurs corps d'armée, ils se mirent en marche en toute hâte, pour aller forcer les ennemis à lever le siége de la place. Alors Noradin et les chefs des Perses qui étaient avec lui tinrent conseil, et jugeant qu'il serait plus sûr pour eux de lever le siége de plein gré que de hasarder imprudemment un combat avec des ennemis qui les serraient déjà de près, ils firent préparer tous leurs bagages et se disposèrent à se retirer : les nôtres cependant ne cessaient de les presser; abusant de leurs succès et d'une situation avantageuse, ils ne se tinrent pas pour satisfaits d'avoir délivré les assiégés de l'attaque de si puissans adversaires, et se mirent imprudemment à leur poursuite; mais tandis qu'ils rompaient leurs rangs et se dispersaient çà et là dans la campagne au mépris des lois de la discipline militaire, les Turcs, retrouvant leurs forces et leur courage et revenant rapidement sur eux, les surprirent dans un défilé marécageux, les enfoncèrent dès le premier choc, et ceux qui naguère leur avaient inspiré les plus vives craintes se trouvèrent bientôt livrés misérablement à leur merci et devinrent pour eux un objet de risée. Battus et écrasés de tous côtés, les Chrétiens tombaient honteusement sous le fer de l'ennemi, semblables à des victimes dévouées. Nul ne se souvenait plus de sa vigueur passée, de la valeur de ses aïeux ou de la sienne propre; nul ne cherchait plus à repousser l'insulte ou à combattre glorieusement pour la défense de sa liberté et pour l'honneur de sa patrie. Chacun, oubliant le soin de sa dignité, se précipitait pour déposer les armes et pour racheter par d'indécentes supplications une vie qu'il eût mieux valu cent fois sacrifier en combattant vaillamment pour le pays, et en laissant du moins de beaux exemples à la postérité. Toros l'Arménien, voyant les ennemis prendre la supériorité, tandis que notre armée était entièrement détruite, chercha son salut dans la fuite, et échappa ainsi au désordre de la mêlée. Il avait vu avec déplaisir, dès le principe, que les Chrétiens se fussent mis à la poursuite des ennemis, après que ceux-ci avaient levé le siége; il chercha même à s'y opposer, mais sans pouvoir ramener les nôtres à un meilleur avis. Le seigneur Boémond, prince d'Antioche; le seigneur Raimond, comte de Tripoli; Calaman, gouverneur de Cilicie; Hugues de Lusignan, dont j'ai déjà parlé; Josselin le troisième, fils de Josselin second, qui avait été comte d'Edesse, et beaucoup d'autres nobles encore, cherchant honteusement à sauver leur vie, se livrèrent aux ennemis, furent misérablement chargés de chaînes, comme de vils esclaves, et conduits à Alep, ou on les jeta dans des prisons après qu'ils eurent été donnés en spectacle aux peuples infidèles.

Enflammés par leurs succès et par ce retour inattendu de la fortune, Noradin et ceux qui étaient avec lui allèrent de nouveau reprendre le siége du château fort qu'ils avaient d'abord attaqué, l'investirent une seconde fois, s'en emparèrent au bout de quelques jours, et s'y établirent de vive force. Cet événement arriva l'an 1165 de l'incarnation du Seigneur, dans la seconde année du règne du seigneur Amaury, et le quatre des ides d'août [1], tandis que le Roi était encore retenu en Égypte.

De si grands changemens, de si malheureux événemens avaient mis nos affaires dans le plus mauvais

---

[1] Le 10 août 1165.

état : réduits aux dernières extrémités, ne conservant aucun espoir de salut, les Chrétiens, l'ame remplie de consternation, redoutaient de jour en jour d'avoir à subir des maux encore plus grands, lorsque le comte de Flandre, Thierri, beau-frère du Roi par sa femme, arriva avec celle-ci, femme pleine de religion et craignant Dieu, accompagné en outre de quelques chevaliers. Le peuple se réjouit infiniment de leur arrivée, et parut y trouver un adoucissement à ses maux, comme dans un vent agréable qui succède aux ardeurs excessives du soleil. Il espéra pouvoir, avec l'appui du comte, attendre le retour du seigneur Roi et de l'armée chrétienne. Mais cet aspect d'un ciel serein fut promptement recouvert de brouillards épais qui l'enveloppèrent misérablement et le chargèrent de ténèbres. Noradin, de plus en plus enorgueilli par ses succès et par les faveurs de la fortune, voyant d'une part le royaume dépourvu de ses défenseurs accoutumés et privé de l'assistance de ses plus grands princes, que lui-même retenait en captivité, sachant d'autre part que le Roi était absent et avait emmené à sa suite la fleur des chevaliers, résolut de saisir une occasion si favorable pour aller mettre le siége devant la ville de Panéade. Cette très-antique cité, établie au pied du fameux promontoire du Liban, fut appelée Dan, aux temps les plus reculés et à l'époque où vivait le peuple d'Israel; elle marquait au nord les limites des possessions de ce peuple, comme Bersabée les indiquait au midi ; aussi, lorsqu'on cherche la description de la terre de promission dans sa longueur, trouve-t-on toujours ces mots : « Depuis « Dan jusqu'à Bersabée. » Elle fut appelée Césarée de

Philippe, au temps de Philippe, fils d'Hérode l'ancien, lequel était tétrarque de l'Iturée et de la Trachonite, ainsi qu'on le voit dans l'Évangile de Luc : Philippe agrandit cette ville en l'honneur de Tibère-César, et lui donna son nom pour en perpétuer le souvenir. Elle est aussi appelée Panéade ; mais nos Latins ont corrompu ce nom, comme ceux de presque toutes les autres villes, et la nomment maintenant Bélinas. Panéade est limitrophe, du côté de l'orient, de la plaine de Damas : la source du Jourdain est située tout près de cette ville. Il en est encore fait mention dans l'Évangile de Matthieu, qui a dit : « Jésus étant venu « aux environs de Césarée de Philippe, interrogea ses « disciples [1]. » Ce fut aussi là que Pierre, le prince des apôtres, reçut pour prix de sa glorieuse confession les clefs du royaume du ciel que le Seigneur lui confia.

Noradin mit donc le siége devant cette place, qu'il trouva dépourvue de moyens de défense. Le seigneur Honfroi, connétable du royaume, qui la possédait à titre héréditaire, était absent et avait suivi en Égypte le seigneur Roi ; l'évêque de la ville en était également éloigné, et la population se trouvait fort diminuée. Noradin, ayant disposé ses machines et ses instrumens de guerre autour de la place, fit miner les murailles, ébranla les tours à force de faire lancer des pierres, et s'empara de la ville au bout de quelques jours : les habitans furent forcés de se rendre, sous la condition cependant qu'ils auraient la faculté de sortir librement et tranquillement, en emportant tout ce qui leur appartenait ; Noradin prit ensuite

[1] Ev. sel. S. Matth. chap. 16, v. 13.

possession de la place, l'an 1167 de l'incarnation de notre Seigneur, la seconde année du règne du seigneur roi Amaury, et le 17 octobre [1].

Au commencement de son départ pour l'Égypte, le seigneur connétable avait confié la garde de cette ville à un certain chevalier, son fidèle, nommé Gautier de Quesnet : quelques personnes ont dit que celui-ci s'était montré négligent dans l'exercice de ses fonctions. On a même ajouté qu'il s'était méchamment concerté avec un certain prêtre, nommé Roger, chanoine de l'église de Panéade, pour la reddition de la place ; qu'il avait reçu de l'argent, et qu'en conséquence lorsque le seigneur Roi fut revenu d'Égypte tous les deux éprouvèrent de vives terreurs, dans la crainte que cette conduite ne leur attirât la mort. Il m'a été impossible de découvrir rien de certain sur ce sujet, si ce n'est que la ville fut bien réellement livrée aux ennemis.

Après que ces événemens se furent passés en Syrie, le seigneur Roi, ayant expulsé Syracon du territoire de l'Égypte, et remis le soudan Savar en possession de son gouvernement, rentra dans son royaume, victorieux et comblé de gloire. Il avait appris déjà quelques nouvelles avant d'y arriver ; mais lorsqu'il eut une connaissance plus détaillée des malheurs survenus pendant son absence, et lorsqu'il se vit appelé par les gens du pays d'Antioche pour les secourir dans une situation presque désespérée, plein d'une compassion fraternelle pour leurs souffrances, il prit avec lui le comte de Flandre, et se rendit à Antioche à marches forcées, afin de leur

---

[1] Il y a ici une erreur. Noureddin prit Panéade le 17 octobre 1165.

apporter dans leurs afflictions les consolations dont ils avaient besoin. Aussitôt après son arrivée, il prit soin des intérêts du seigneur prince avec autant de fidélité que de sagesse, et déploya une activité, une sollicitude telles qu'il n'eût pu jamais en avoir davantage pour l'administration de ses propres affaires : il se montra rempli de douceur et de prudence envers les nobles et les gens du peuple; il plaça dans chaque ville des hommes habiles, chargés de suivre en toute bonne foi et avec sagesse les affaires qui se rapportaient aux domaines du prince; puis il retourna dans son royaume, sans cesser cependant de s'occuper, de concert avec les fidèles et les amis du prince, des moyens de le racheter de la captivité. Il y réussit en effet dans le courant du même été, moyennant des sacrifices d'argent considérables; et le prince recouvra en même temps la liberté et l'honneur, lorsqu'une année s'était à peine écoulée depuis qu'il était tombé entre les mains des ennemis.

De retour à Antioche, il n'y demeura pas en repos; jaloux de retirer aussi promptement que possible les otages qu'il avait livrés, et d'acquitter le prix de leur rançon, il se rendit en toute hâte auprès de l'empereur de Constantinople, qui peu de temps auparavant avait épousé sa sœur cadette, Marie. L'Empereur le reçut honorablement, le traita avec bonté, le combla de présens magnifiques; et le prince, peu de temps après, revint à Antioche. On a quelque sujet de s'étonner que Noradin, ce prince si sage et si prévoyant, ait consenti si promptement à rendre la liberté au prince d'Antioche, lui qui témoignait toujours de la répugnance à renvoyer ceux des nôtres qu'il retenait en captivité, et qui se glorifiait par dessus toutes choses d'avoir dans ses fers un grand nombre de Chrétiens, et plus particulièrement des nobles. Il me semble qu'il se présente deux manières de résoudre cette question. Il est possible que Noradin craignît les prières du seigneur Empereur, qui aurait voulu peut-être obtenir gratuitement la restitution du prince; et dans ce cas Noradin aurait eu peut-être aussi quelque honte de se refuser à une pareille demande; ou bien encore, comme le prince était jeune alors et donnait peu d'espérances, il est possible que Noradin craignît, en le retenant plus long-temps, que les habitans du pays d'Antioche ne choisissent dans leurs intérêts un homme plus redoutable, et ne lui opposassent un plus fort adversaire; peut-être jugea-t-il avec sa sagesse et sa prévoyance ordinaires qu'il vaudrait mieux pour lui que la province d'Antioche continuât à être gouvernée par un homme en qui l'on ne pouvait prendre une grande confiance, plutôt que de voir mettre à sa place un chef plus habile et plus vigoureux, avec lequel ses relations pourraient devenir plus difficiles et plus dangereuses. Telle est, selon moi, l'opinion que l'on doit avoir des calculs que fit en cette occasion cet homme rempli de sagacité.

[1166.] Vers le même temps, Syracon, dont j'ai déjà parlé plusieurs fois, toujours occupé du soin de nuire aux Chrétiens, alla assiéger une position qui leur appartenait dans le territoire de Sidon. C'était une caverne inexpugnable vulgairement appelée *la grotte de Tyr*. On assure qu'il séduisit à prix d'argent ceux qui étaient chargés de la défendre; et à la suite de ses intrigues il en prit possession tout-à-fait à l'improviste.

La preuve que cette position passa entre les mains de l'ennemi du consentement de ceux qui avaient été préposés à sa garde, c'est qu'aussitôt après qu'ils s'en furent emparés ceux qui y étaient enfermés passèrent tous sur le territoire de l'ennemi, excepté cependant leur chef, qui fut pris par hasard et termina sa misérable vie à Sidon, où on le fit pendre.

La même année, le seigneur Guillaume, d'illustre mémoire, roi de Sicile et fils du seigneur roi Roger, acquitta sa dette envers la mort[1].

Vers le même temps encore, une autre position du genre de celle dont je viens de parler, caverne également inexpugnable, située au-delà du Jourdain sur le territoire d'Arabie, et que les frères du Temple avaient été chargés de garder, fut aussi livrée à Syracon[2]. Le seigneur Roi se mit aussitôt en marche à la tête de nombreux chevaliers, pour voler à sa défense; mais lorsqu'il eut dressé son camp sur les bords du Jourdain, il reçut la nouvelle que les ennemis avaient pris possession de ce fort. Rempli de confusion et enflammé de colère, le seigneur Roi fit attacher au gibet environ douze frères du Temple, de ceux qui avaient livré la position aux ennemis. Ainsi dans le cours de cette année, qui était la troisième du règne du seigneur Amaury, les Chrétiens essuyèrent plusieurs échecs considérables, en punition de leurs péchés, et tout le royaume se trouva dans une situation extrêmement critique.

Tandis que ces choses se passaient autour de nous,

[1] Guillaume I, dit le Mauvais, qui régna du 26 février 1154 au 7 mai 1166.

[2] C'était le fort de Montréa.

un bruit général se répandit, et la renommée annonça de toutes parts que Syracon, ayant convoqué d'innombrables troupes dans toutes les contrées de l'orient et du nord, faisait avec magnificence tous ses préparatifs pour descendre en Égypte : cette nouvelle n'était point dénuée de fondement. Syracon était allé trouver ce prince, le plus grand des Sarrasins, qui est considéré comme l'unique monarque, le monarque par excellence, et supérieur à tous les autres, c'est-à-dire le calife de Bagdad. Arrivé auprès de lui, et après lui avoir offert les témoignages accoutumés de son respect, Syracon lui présenta avec soin le tableau des richesses innombrables de l'Égypte, et lui parla des biens de toute espèce et des avantages infinis que l'on trouvait dans ce pays; il l'entretint des trésors incalculables que possédait le prince, des cens et des impôts qu'il percevait dans les villes du continent et dans celles qui étaient situées sur les bords de la mer, des subventions annuelles qui lui étaient payées continuellement ; il lui représenta le peuple de ce pays comme adonné aux délices, inhabile à la guerre et amolli par un long repos; il dit encore, et le répéta fréquemment, afin de le graver profondément dans sa mémoire, comment celui qui gouvernait alors ce royaume avait, à l'exemple de ses ancêtres, cherché à élever un siége rival de celui qu'occupait le calife de Bagdad et qu'avaient occupé ses prédécesseurs, se portant impudemment pour l'égal du calife supérieur à tous les autres, et ne craignant même pas d'enseigner une loi différente et d'adopter des traditions contraires aux véritables doctrines. Par ces discours et d'autres semblables qu'il répétait sans cesse devant lui, Syracon parvint à frapper l'esprit du calife, et l'engagea dans ses projets. Le calife écrivit à tous les princes qui partageaient ses erreurs, et leur prescrivit formellement d'avoir à préparer leurs forces, afin de lui prêter secours et de marcher sous les ordres de Syracon.

Informé de ces nouvelles, et voulant prévenir les entreprises des Turcs, le seigneur roi Amaury convoqua une assemblée générale à Naplouse : là, en présence du seigneur patriarche, des archevêques, des évêques, de tous les autres prélats des églises, des princes et du peuple, le Roi exposa de point en point les besoins urgens du royaume, et sollicita des secours avec les plus vives instances. On vota d'un commun accord, et l'on décréta que tout le monde, sans aucune exception, donnerait le dixième de ses propriétés mobilières pour subvenir aux besoins de l'État; et ce décret fut exécuté. Cependant on continuait à dire qu'il n'était pas douteux que Syracon, après avoir fait des approvisionnemens de vivres pour beaucoup de temps, s'était mis en route, faisant transporter de l'eau dans des outres, et qu'il s'avançait à travers le désert que le peuple d'Israel avait franchi anciennement en se rendant dans la terre de promission. Le Roi, rassemblant alors tous les chevaliers qu'il lui fut possible d'appeler à lui, marcha à sa rencontre pour s'opposer à son passage, et s'avança en toute hâte jusqu'à Cadesbarné, lieu situé au milieu du désert; mais n'ayant pu rejoindre Syracon, le Roi revint aussitôt sur ses pas.

[1167.] Des hérauts allèrent de ville en ville convoquer toutes les forces disponibles, tant en gens de pied qu'en chevaliers; elles se réunirent à Ascalon, et le 30 janvier les Chrétiens se mirent en route, ayant pris avec eux des vivres pour le nombre de jours qui leur fut désigné. Ils traversèrent, à marches forcées, la vaste étendue du désert située entre Gaza, la dernière ville de notre royaume, et le pays d'Égypte, et étant arrivés dans l'antique Laris, seule ville qu'on trouve dans ce désert, ils firent le dénombrement de leurs forces, et attendirent les derniers arrivans : de là l'armée entière se rendit à la ville appelée aujourd'hui Bilbéis, dont j'ai déjà parlé plusieurs fois, qui se nommait anciennement Péluse, et que les prophètes ont fréquemment désignée sous ce nom. En apprenant l'arrivée inopinée du seigneur Roi, le soudan Savar fut frappé d'étonnement, et craignant que tout cet appareil de guerre ne fût dirigé contre lui, hésitant à se fier aux Chrétiens, il éprouva les plus vives terreurs : dans d'autres circonstances, il avait paru rempli de sagesse, d'habileté, et surtout de prévoyance; mais en cette occasion il fut pris entièrement au dépourvu, et montra une ignorance honteuse des événemens. Lorsqu'on lui eut appris le motif de la marche des Chrétiens, il eut peine à le croire, et ne se décida qu'à la dernière extrémité, et avec une grande lenteur, à envoyer des exprès dans le désert pour faire des reconnaissances et chercher des nouvelles positives sur les mouvemens de l'armée ennemie. Ceux qu'il avait envoyés lui annoncèrent cependant, à leur retour, que les Turcs étaient arrivés au lieu nommé Attasi. Alors le soudan, plein d'admiration pour la bonne foi et la sincérité des Chrétiens, les combla de louanges, et prenant en considération la sollicitude que l'armée chrétienne avait montrée pour la défense de ses alliés, il mit aussitôt à la disposition du seigneur Roi toutes les richesses de l'Égypte et du calife, et se montra dès ce moment plein de zèle pour exécuter tous les ordres qu'il pourrait recevoir : ainsi le seigneur Roi se servit de son ministère pour toutes les choses dont il put avoir besoin.

Après avoir traversé Péluse et le Caire, où l'on voit le trône sublime du royaume d'Égypte entouré de magnifiques édifices, les Chrétiens allèrent dresser leur camp sur les bords du fleuve, ayant à leur gauche la noble et belle métropole vulgairement appelée Babylonie, et en langue arabe *Macer*. Il m'a été impossible de trouver à cette ville un nom plus antique. Babylone ou Babylonie fut très-anciennement une cité de l'Orient; mais les histoires même les plus reculées ne donnent aucun indice qu'il y ait eu en Égypte une ville de ce nom. Il est donc vraisemblable que celle-ci fut fondée, non seulement après les Pharaon, qui régnèrent les premiers en Égypte, et après les Ptolémée, qui formèrent la dernière dynastie, mais même après les Romains, qui réduisirent le royaume d'Égypte en province de l'Empire. Il en est de même pour la ville du Caire ; il est certain, à l'égard de celle-ci, qu'elle fut fondée par Johar [1], chef des troupes de Mehezedinalla [2], qui régnait alors en Afrique, après que ce Johar eut conquis pour son seigneur tout le pays d'Égypte : j'aurai soin de dire dans la suite de ce écrit comment cet événement fut accompli. Quelques personnes affirment hardiment que cette

---

[1] Giaour. — [2] Moez-Ledinillah, premier calife fatimite d'Égypte, de l'an 953 à 975.

Babylone est l'antique, la noble et la très-fameuse ville de Memphis, dont les histoires anciennes et les prophètes ont fait mention très-fréquemment, et qui était, à ce qu'on dit, la capitale et la souveraine de tout ce royaume et de beaucoup d'autres provinces limitrophes. Cependant aujourd'hui encore on voit, au-delà du fleuve qui coule tout près de cette ville de Babylone, et à dix milles environ de ses bords, une ville chargée d'années, d'une vaste étendue, et dans laquelle on trouve de nombreux indices d'une noblesse très-antique et d'une grandeur imposante; et les habitans du pays disent comme une chose certaine que c'était là l'ancienne Memphis. Il serait probable d'après cela que le peuple de Memphis, forcé par la nécessité ou attiré par de plus grands avantages, transporta sa résidence en deçà du fleuve, et que le premier nom de la ville fut changé à cette époque, ou peut-être même plus tard. Au surplus, nous regardons comme certain que Johar, qui fut, comme j'ai dit, envoyé d'Afrique à la tête des armées du grand prince Mehezedinalla pour faire la conquête de l'Égypte, après avoir soumis toute la contrée et rendu les peuples tributaires, fonda la ville du Caire, non loin de cette même Babylone, avec l'intention de faire de la première la résidence principale et habituelle de son seigneur : cette fondation remonte à l'an 358 depuis le règne de Mahomet. Trois ans après, l'an 361 depuis le règne de Mahomet et dans la vingtième année de son règne, Mehezedinalla quitta Carée [1], où il avait établi pendant quelques années le siége de son royaume, et consentit, conformément aux dispositions

[1] Cairoan.

faites par le prince Johar, à transporter au Caire le siége de son gouvernement, et à illustrer cette ville en y faisant sa résidence habituelle : j'ai rapporté tous ces faits avec plus de détails dans mon histoire des princes de l'Orient.

Les Chrétiens, s'étant établis sur la rive du fleuve, à deux stades tout au plus de la ville ci-dessus nommée, tinrent conseil; et après avoir longuement délibéré pour choisir le meilleur parti, ils jugèrent qu'il serait plus convenable de marcher à la rencontre de Syracon et des siens avant qu'ils eussent passé le fleuve, et de chercher à le repousser des frontières mêmes du royaume, plutôt que de le combattre lorsqu'il aurait franchi le fleuve, et que la difficulté mêmes de le repasser le rendrait nécessairement plus opiniâtre. Ils levèrent donc leur camp, et dirigèrent leur marche vers le lieu où l'on disait que se trouvait l'ennemi, et qui était, à ce qu'on croyait, à dix milles de distance du point de leur départ; mais lorsqu'ils arrivèrent au lieu qu'on leur avait indiqué, ils apprirent que Syracon, chef plein d'activité, avait déjà traversé le fleuve avec la plus grande partie de son armée, ne laissant derrière lui qu'un petit nombre d'hommes qui furent faits prisonniers par les nôtres et chargés de fers. Interrogés sur la force de l'armée turque et sur la manière dont elle avait passé la rivière, les captifs donnèrent aux nôtres beaucoup de renseignemens utiles, et leur apprirent en outre un fait entièrement ignoré jusqu'alors. Après que les Turcs eurent traversé la Syrie de Sobal, il s'éleva tout-à-coup au milieu du désert d'horribles tourbillons de vent : le sable, soulevé dans les airs, y fut dispersé en forme de nuages et de brouillards épais : les hommes de l'armée n'osaient même essayer d'ouvrir les yeux ou la bouche pour se parler les uns aux autres ; ils descendaient de cheval, se couchaient sur la terre, et faisaient leurs efforts pour s'attacher au sol en enfonçant leurs mains dans le sable aussi avant qu'il leur était possible, afin de ne pas se voir enlever par la force du tourbillon, pour retomber bientôt après sur cette même terre. Souvent, en effet, au milieu de ce désert, les sables sont soulevés et abaissés tour à tour comme les eaux de la mer pendant une tempête, et alors il n'est pas moins dangereux d'avoir à traverser ces lieux abandonnés, qu'il ne peut l'être pour les navigateurs de se trouver exposés à la fureur des flots. Les Turcs perdirent dans ce désastre leurs chameaux et la plus grande partie de leurs vivres : un grand nombre d'entre eux périrent, beaucoup d'autres s'égarèrent dans la vaste solitude de ces sables mouvans ; et lorsque la tempête fut passée, tous ceux qui avaient survécu, osant à peine espérer de se sauver, marchant d'abord au hasard, errant çà et là sans connaître leur chemin, arrivèrent enfin en Égypte au bout de quelques jours. L'armée chrétienne, voyant que Syracon avait passé le fleuve avec tous ceux qui le suivaient, reprit la route qu'elle venait de faire, et alla de nouveau dresser son camp sur les bords du fleuve, auprès de la ville qu'elle avait quittée naguère.

Cependant le soudan, bien persuadé qu'il lui serait tout-à-fait impossible de résister à l'ennemi qui venait de pénétrer dans le cœur du royaume, et plus encore de le repousser hors des frontières sans l'assistance du seigneur Roi, cherchait avec sollicitude les moyens les plus efficaces pour le retenir en Égypte. Il craignait que, déjà fatigué de ses pénibles travaux, le Roi ne fît ses dispositions pour rentrer dans ses États, et ne voyait aucun moyen de l'engager à demeurer plus long-temps sur cette terre, que de lui assigner une somme plus considérable à titre de tribut, et de pourvoir avec générosité à toutes ses dépenses et à celles de ses princes. Il résolut donc, de concert avec les Chrétiens, de renouveler les anciens traités, d'établir sur des bases inviolables une convention de paix et d'alliance perpétuelle entre le seigneur Roi et le calife, d'augmenter la somme des tributs et de les constituer en revenu fixe et déterminé, qui serait payé annuellement au seigneur Roi sur les trésors du calife. On pouvait juger dès lors que l'entreprise dont il s'agissait présenterait de grandes difficultés, et qu'il faudrait beaucoup de travail et de temps pour amener une heureuse conclusion. Ceux qui intervinrent pour régler ces conventions, ayant sondé les dispositions des deux parties et pris connaissance de leurs intentions, décidèrent qu'il serait alloué au seigneur Roi une somme de quatre cent mille pièces d'or : la moitié fut payée sur-le-champ, et l'on promit que les deux cent mille pièces restantes seraient payées sans la moindre difficulté aux époques déterminées, sous la condition expresse que le seigneur Roi s'engagerait de sa propre main, en toute bonne foi, sans fraude ni mauvaise intention, à ne point sortir du royaume d'Égypte avant que Syracon et son armée fussent entièrement détruits ou expulsés de toutes les parties du territoire. Ce traité fut accepté par les deux parties. Le seigneur Roi donna sa main droite, en témoignage de son consentement, à ceux qui lui furent envoyés de la part du calife. En même temps il chargea Hugues de Césarée, jeune homme d'une admirable sagesse et d'une prudence fort au dessus de son âge, de se rendre auprès du calife, pour recevoir aussi de sa main la confirmation des conventions qui venaient d'être arrêtées, jugeant qu'il ne suffisait pas que le soudan se fût engagé envers lui.

Comme les usages établis dans la maison de ce prince sont tout-à-fait particuliers et inconnus aux gens de notre siècle, je crois devoir rapporter avec soin tout ce que j'ai pu apprendre par les fidèles récits de ceux qui furent introduits auprès de cet illustre seigneur, sur l'état de sa maison, sur l'immensité et la magnificence de ses richesses, et sur la gloire dont il était environné. On sera certainement bien aise de connaître en détail tout ce que je puis avoir à en dire.

Hugues de Césarée, que j'ai déjà nommé, et Geoffroi, frère de Foucher et chevalier du Temple, étant d'abord entrés dans la ville du Caire, accompagnés par le soudan, pour s'acquitter de leur mission, se rendirent au palais appelé *Cascer* dans la langue du pays, précédés d'une nombreuse troupe d'appariteurs qui marchaient en avant avec beaucoup de fracas, et armés de glaives : on les conduisit à travers des passages étroits où l'on ne voyait point le jour, et à chaque porte ils rencontraient des compagnies d'Éthiopiens armés, qui offraient leurs salutations empressées au soudan aussitôt qu'il se présentait. Après avoir ainsi franchi le premier et le second poste de garde, ils furent introduits dans un local plus vaste, où le soleil pénétrait, et qui se trouvait à découvert : il y avait pour se promener des galeries en colonnes de marbre, lambrissées en or et incrustées d'ouvrages qui s'avançaient en saillie ; les pavés étaient de diverses matières, et tout le pourtour de ces galeries était vraiment digne de la puissance royale. L'élégance des matériaux et des ouvrages retenait involontairement les regards de tous ceux qui y passaient, et l'œil avide, attiré par la nouveauté d'un tel spectacle, avait peine à s'en détacher, et ne pouvoit se rassasier de cette vue. On y trouvait encore des bassins en marbre remplis de l'eau la plus limpide ; on entendait les gazouillemens variés d'une multitude infinie d'oiseaux inconnus dans notre monde, dont les formes et les couleurs étranges étaient également nouvelles, qui présentaient un aspect extraordinaire, du moins aux regards des nôtres, et qui avaient, chacun selon son espèce, des alimens divers et appropriés à leurs goûts. De là, s'avançant encore plus loin sous la conduite du chef des eunuques, ils trouvèrent d'autres bâtimens plus élégans encore que les précédens, autant que ceux-ci leur avaient paru supérieurs à ceux que l'on pouvait voir ordinairement en tout autre lieu. Ils rencontrèrent là une étonnante variété de quadrupèdes, telle que la main folâtre des peintres peut se plaire à la représenter, que la poésie pourrait la décrire dans ses licences mensongères, ou que l'imagination d'un homme endormi pourrait l'inventer dans ses rêves nocturnes, telle enfin qu'on la trouve réellement dans les pays de l'Orient et du Midi, tandis que l'Occident n'a jamais rien vu de pareil, ou n'en a même entendu parler que bien rarement. Il semblait, à n'en pouvoir douter, que ce fût dans ces lieux que Solin eût trouvé les sujets dont il a fait entrer le récit dans son *Polyhistor*.

Après avoir passé par beaucoup de corridors et de chemins tortueux, où les hommes les plus occupés eussent pu s'arrêter long-temps à contempler tout ce qui s'y rencontrait, ils arrivèrent enfin dans le palais même, où l'on trouvait des corps plus nombreux d'hommes armés, et des satellites formant des troupes plus considérables, dont la belle tenue et la multiplicité proclamaient déjà la gloire incomparable du seigneur de ces lieux, de même que tous les objets qu'on voyait annonçaient son opulence et ses richesses extraordinaires. Lorsqu'ils furent entrés dans l'intérieur du palais, le soudan présenta, selon l'usage, les témoignages de son respect à son seigneur; il se prosterna deux fois successivement devant lui, et lui offrit, en suppliant, un culte qui n'était dû à nul autre, et qui semblait une manière d'adoration; puis, s'étant prosterné une troisième fois, il déposa enfin le glaive qu'il portait suspendu au cou. Aussitôt on tira, avec une étonnante rapidité, des rideaux tissus en or et ornés d'une infinie variété de pierres précieuses, et qui, suspendus au milieu de l'appartement, étaient refermés sur le trône; le calife apparut alors, exposant sa face à tous les regards, assis sur un trône doré, couvert de vêtemens plus magnifiques que ceux des rois, et entouré d'un petit nombre de domestiques et d'eunuques familiers. Alors, s'avançant avec le plus grand respect, le soudan baisa humblement les pieds du souverain assis sur son trône, exposa les motifs de la venue des députés, rapporta la teneur des traités qu'il avait conclus, dit que le royaume se trouvait dans la nécessité la plus pressante, que les ennemis les plus cruels avaient pénétré jusqu'au cœur de l'État, et finit par déclarer en peu de mots ce qu'on exigeait du calife, et ce que le seigneur Roi était disposé à faire pour lui. Le calife répondit avec beaucoup de bonté, et de l'air le plus calme et le plus enjoué, qu'il était tout prêt à accomplir et à interpréter de la manière la plus généreuse toutes les stipulations convenues en faveur de son très-chéri le seigneur Roi, dans le traité consenti de part et d'autre.

Nos députés ayant demandé que le calife confirmât ces paroles de sa propre main, de même que le Roi l'avait fait, les confidens intimes et les officiers de la chambre du calife qui entouraient sa personne et qui exerçaient toute l'autorité dans ses conseils, parurent d'abord n'entendre cette proposition qu'avec horreur, comme une chose inouie dans tous les siècles : cependant après une longue délibération et à la suite des instances réitérées du soudan, le calife tendit la main, avec beaucoup de répugnance, et la présenta couverte d'un voile : alors, et à la grande surprise des Égyptiens qui ne pouvaient assez s'étonner qu'on osât parler si librement au prince souverain, Hugues de Césarée dit au calife : « Seigneur, la foi
« n'a point de détour ; il faut que tout soit à nu
« dans les engagemens par lesquels les princes se lient
« les uns envers les autres : il faut découvrir avec
« sincérité, rapprocher et délier tout ce qui fait l'objet
« d'une convention quelconque, qui s'appuie sur la
« bonne foi réciproque des parties contractantes. C'est
« pourquoi, ou vous présenterez votre main nue, ou

« je serai réduit à croire qu'il y a de votre part quel-
« que arrière-pensée, et moins de sincérité que je ne
« voudrais. » Enfin, forcé bien malgré lui et comme
s'il eût dérogé à sa dignité, souriant cependant, ce
que les Égyptiens ne virent qu'avec humeur, le calife mit sa main nue dans la main de Hugues de Césarée, et tandis que celui-ci lui dictait la formule de
son serment, il s'engagea, en prononçant après lui presque les mêmes syllabes, à observer les conventions
selon leur teneur, *de bonne foi, et sans fraude ni
mauvaise intention.*

Ce calife était, selon ce que nous a raconté le seigneur Hugues, dans la première fleur de la jeunesse,
d'un brun noirâtre, d'une taille élevée, d'une belle
figure et d'une grande libéralité; il avait un nombre
infini de femmes, et se nommait Elhadech, fils d'El-
feis [1]. Ayant renvoyé les députés, il leur fit donner,
en témoignage de sa générosité, des présens tels que
leur abondance et leur insigne valeur pussent à la
fois honorer celui qui les leur adressait, et réjouir
ceux qui se retiraient de devant la face d'un prince
aussi illustre.

Puisque j'ai parlé de la magnificence de ce souverain, d'après ce que m'en ont rapporté ceux qui en
ont été témoins et l'ont vue de leurs propres yeux,
je crois aussi devoir dire quelque chose de la dignité
dont ce prince était revêtu, de l'origine et des progrès de son pouvoir, et j'en dirai tout ce qu'il m'a été
possible d'en apprendre, soit par la lecture des anciennes histoires, soit par les rapports pleins de vérité que m'en ont faits beaucoup de personnes; ce que

[1] Haphedh, ou Adhed-Ledinillah.

je pourrai apprendre à mes lecteurs sur ce sujet ne sera pas, j'espère, sans utilité pour eux.

Le prince d'Égypte est appelé chez les siens de deux noms différens ; on le nomme *calife,* ce qui veut dire *héritier* ou *successeur,* parce qu'en vertu de ses droits héréditaires il occupe la place et tient l'héritage de leur souverain prophète. On l'appelle également *mulene,* ce qui signifie *notre seigneur.* Il paraît que l'origine de ce dernier nom remonte au temps des Pharaon et à l'époque où le Joseph de l'Ancien-Testament acheta toute la contrée d'Égypte, des Égyptiens qui, pressés par la famine, vendirent leurs propriétés : il les remit alors sous l'autorité de Pharaon, de même que tous les peuples qui habitaient depuis les frontières les plus reculées de l'Égypte jusqu'à l'autre extrémité, disant aux agriculteurs : « Vous donnerez la cinquième portion au Roi, « et je vous permets de garder les quatre autres por- « tions pour y semer et pour nourrir vos familles et « vos enfans. » Ainsi il acheta d'abord les propriétés, et ensuite les personnes ; c'est ce qui fait que les Égyptiens sont plus étroitement engagés et liés envers leur seigneur que ne le sont les habitans des autres pays envers leurs magistrats ; car ce seigneur les acheta eux-mêmes, ainsi que leurs propriétés, moyennant un prix déterminé, en sorte qu'ils lui sont attachés par un lien de servitude, et se trouvent placés vis-à-vis de lui dans la condition la plus humble. Ainsi, par suite de l'extrême sollicitude de ce très-excellent gouverneur de l'Égypte, et depuis cette époque sous les Pharaon, plus tard sous les Ptolémée, et plus tard encore sous les Romains, qui réduisirent l'Égypte en province de leur empire, comme ils le firent à l'égard de tous les autres royaumes, cette coutume prévalut et s'est maintenue en Égypte, et les Égyptiens ont été serfs et ont donné ce titre à leur souverain en témoignage de leur respect. C'est encore une autre coutume très-ancienne dans ce pays que celle d'après laquelle le prince vit dans un loisir perpétuel, uniquement adonné aux délices, loin du tumulte et dégagé de toute sollicitude, ayant un gouverneur qui, tel qu'un nouveau Joseph, administre toutes les affaires du royaume, a la puissance du glaive, et exerce en tout point les fonctions de son seigneur. Ce gouverneur est nommé *soudan*, et à l'époque dont il est ici question c'était Savar, dont j'ai déjà parlé à plusieurs reprises, qui occupait cette place en Égypte.

Voici maintenant l'explication du titre de *calife*. Mahomet le prophète, ou plutôt le destructeur, qui le premier entraîna les peuples de l'Orient aux superstitions qu'ils pratiquent encore, eut pour successeur immédiat l'un de ses coopérateurs, nommé Bebecre [1]. Celui-ci eut pour successeur Homar [2], fils de Chatab; après lui vint Ohémen [3], et après celui-ci Hali [4], fils de Béthaleb [5]. Chacun d'eux fut successivement appelé *calife*, de même que tous ceux qui leur succédèrent dans la suite, parce que chacun succéda à son premier maître, et fut son héritier. Hali cependant, le cinquième à partir de Mahomet, et cousin germain de celui-ci, étant vaillant à la guerre plus que tous ceux qui l'avaient précédé, et se trouvant fort supérieur dans la science militaire à tous

---

[1] Abu-Bekr. — [2] Omar. — [3] Othman. — [4] Ali. — [5] Abu-Thaleb.

les hommes de son temps, s'indigna extrêmement d'être appelé successeur de Mahomet, et de n'être pas considéré lui-même comme un prophète, et plus grand même que le premier d'entr'eux. Non content que lui-même ou les autres pensassent ainsi à son sujet, il voulut encore prêcher publiquement cette doctrine, et alla jusqu'à dire et à faire circuler dans le peuple cet horrible blasphème, que l'ange législateur Gabriel avait été envoyé du ciel vers lui ; que ce n'était que par erreur qu'il s'était adressé à Mahomet, et qu'à cette occasion même l'ange avait été vivement réprimandé par le Seigneur. Quoique ces assertions parussent fort inconvenantes à quelques Arabes, et fussent même fort contraires aux traditions qu'ils avaient reçues, Hali trouva cependant une partie du peuple disposée à le croire, et ce fut ainsi que se forma dans la nation arabe un schisme qui n'a jamais pu être détruit depuis cette époque jusqu'à nos jours. Les uns ont soutenu que Mahomet était le plus grand et le prophète par excellence, et ceux-là sont appelés en langue arabe les *Sunni* [1] ; les autres ont dit qu'Hali était le seul prophète du Seigneur, et ont été nommés depuis lors les *Ssii* [2]. Hali ayant été tué, ses adversaires reprirent le pouvoir ; les sectateurs de Mahomet fondèrent leur monarchie dans l'Orient, et se trouvant les plus forts, ils opprimèrent ceux qui professaient des opinions différentes. L'an 296 depuis le règne du séducteur Mahomet [3], on vit paraître un noble nommé Abdalla [4], fils de Mahomet, fils de Japhar, fils de Mahomet, fils d'Hali, fils de Hussen, fils d'Hali l'ancien dont j'ai déjà parlé. Abdalla sortit de

---

[1] Sonnites. — [2] Shiites. — [3] L'an 296 de l'hégyre. — [4] Obeidollah.

la ville de Sélémie, située en Orient, passa en Afrique, s'empara de tous les royaumes situés dans ce vaste pays, et s'appela *Mehedi* [1], ce qui veut dire *celui qui aplanit,* comme pour indiquer qu'il était celui qui établirait le repos partout, et qui dirigerait le peuple dans des voies plus unies où il ne rencontrerait aucun obstacle. Il fit aussi construire une ville qu'il nomma de son nom Méhédie, et dont il voulut faire la capitale et la souveraine métropole de tous ses États. Ayant équipé une flotte, il s'empara de la Sicile, et ravagea quelques portions de l'Italie. Il fut le premier de tous les descendans d'Hali, l'un de ses aïeux, qui osât se dire et se nommer calife, non qu'il se donnât pour le successeur de Mahomet, qu'il avait au contraire en exécration, mais en se portant pour héritier du très-grand et très-excellent prophète Hali, dont il descendait en ligne directe, comme je l'ai fait voir. Il osa en outre prononcer publiquement des malédictions contre Mahomet et ses sectateurs, et établir des rites et un mode de prière tout nouveaux. Son arrière-petit-fils Ebuthemin, surnommé El Mehedinalla [2], soumit toute l'Égypte par le bras de Johar [3], chef de ses troupes, qui fit construire la ville du Caire, nom qui signifie *la victorieuse,* parce qu'elle était destinée à devenir la résidence habituelle du premier seigneur, du prince souverain qui avait tout vaincu. Sortant alors de la ville de Carée [4], située dans le pays d'Afrique, où avaient habité quatre de ses prédécesseurs, El Mehedinalla descendit en Égypte et établit dans le Caire le siége de sa puissance. Depuis cette époque jusqu'à ce jour, le ca-

---

[1] Mahadi, directeur, guide. — [2] Moez-Ledinillah. — [3] Giaour. — [4] Cairoan.

life d'Orient, qui avait été pendant si long-temps unique monarque, a en Égypte un rival qui a prétendu marcher son égal, et même s'élever au dessus de lui. Au surplus ceux qui desireraient plus de détails sur tous ces faits, n'ont qu'à lire l'histoire que j'ai écrite avec beaucoup de soin sur la vie et les actions des princes de l'Orient, depuis l'époque de la venue du séducteur Mahomet jusqu'à la présente année (l'an 1182 de l'Incarnation), époque qui comprend un espace de temps de cinq cent soixante dix-sept ans : cette histoire a été composée par moi sur les instantes demandes du seigneur Amaury, d'illustre mémoire, qui me fit fournir les manuscrits arabes dont j'eus besoin.

Après que les traités eurent été renouvelés et rédigés comme je l'ai dit, avec l'approbation des deux contractans, les Chrétiens et les Égyptiens firent d'un commun accord leurs dispositions pour poursuivre l'ennemi et l'expulser de tout le royaume. La nuit venue, l'armée chrétienne prit quelque repos, mais le lendemain matin les affaires se présentèrent sous une nouvelle face. Durant cette même nuit Syracon était venu dresser son camp sur la rive opposée du fleuve, vis-à-vis du lieu occupé par notre armée. Le seigneur Roi fit aussitôt avancer des navires et transporter des poutres de palmier, arbre qu'on trouve en abondance dans ce pays, et donna l'ordre de construire un pont. A cet effet on rapprochait les navires deux à deux et on les fixait à l'aide des ancres; puis on plaçait par dessus des poutres, que l'on recouvrait de terre, et alors on établissait sur le pont des tours en bois et l'on dressait des machines de guerre. Au bout de quelques jours ce travail se trouva conduit jusqu'au milieu du fleuve; mais alors la crainte de l'ennemi empêcha d'achever ce qui restait à faire et de pousser l'ouvrage jusqu'à l'autre rive. On demeura ainsi en suspens, et il ne se passa aucun événement pendant plus d'un mois, les nôtres ne pouvant traverser le fleuve et les ennemis n'osant abandonner leur position, de peur d'être attaqués sur leurs derrières. Dans cette situation des deux armées, non loin du Caire, Syracon détacha une partie de ses troupes avec ordre d'aller s'emparer, s'il était possible, d'une île située dans le voisinage, et remplie de toutes sortes de provisions, afin que les nôtres ne pussent y faire eux-mêmes une descente. Les Turcs en prirent en effet possession. Mais dès que le seigneur Roi en fut informé, il envoya aussi vers cette île le seigneur Milon de Planci, et Chemel, fils du soudan, qui emmenèrent avec eux une partie des chevaliers. Ils y abordèrent aussi et trouvèrent les Turcs exerçant leurs horribles fureurs contre les habitans du lieu. Ils marchèrent à leur rencontre; le combat s'engagea et fut soutenu des deux côtés avec vigueur. Enfin, et avec l'aide du Seigneur, les nôtres obtinrent l'avantage; ils poussèrent les Turcs devant eux et les forcèrent à se jeter dans le fleuve, en sorte que ceux qui avaient échappé au glaive furent entraînés par la violence du courant. Les Turcs perdirent dans cette journée, et de diverses manières, environ cinq cents chevaliers.

Lorsqu'on apprit cette nouvelle à Syracon, il éprouva une grande consternation et commença à avoir moins de confiance au succès de son entreprise. Dans le même temps quelques-uns des princes de notre royaume, savoir Honfroi de Toron, le connétable, et

Philippe de Naplouse, qui étaient demeurés auprès du seigneur Roi pour des motifs particuliers, se mirent en toute hâte à la suite de l'armée et se réunirent au camp. Ils furent accueillis à leur arrivée par les applaudissemens et les cris de joie de toutes les troupes, car ils étaient forts et vaillans à la guerre, et, adonnés au métier des armes dès leurs premiers ans, ils avaient une grande expérience. Les chefs tinrent alors conseil et délibérèrent sur ce qu'il y avait à faire. Ils arrêtèrent enfin, d'un commun accord, de profiter du silence de la nuit pour conduire toute la flotte, à l'insu des ennemis, dans une île située au dessous du camp, à huit milles de distance tout au plus, et d'y transporter en même temps toute l'armée vers la première veille de la nuit, afin de pouvoir lui faire traverser le fleuve sans que les ennemis en fussent instruits, de les aller surprendre à l'improviste au milieu des ténèbres, et de leur faire le plus de mal qu'il serait possible.

On s'occupa sans retard de l'exécution de ce projet; la flotte descendit vers le lieu désigné, et les ennemis n'eurent aucune connaissance de son mouvement. L'armée suivit dans le plus grand silence, et les navires la transportèrent promptement dans l'île, dont on prit possession sans retard. Les Chrétiens voulurent tenter alors, comme il avait été convenu à l'avance, de s'emparer de la même manière de l'autre rive du fleuve; mais il survint un tourbillon de vent qui les empêcha d'exécuter leur projet, et ils furent forcés de dresser leur camp sur le point qui fait face à la rive opposée. Cependant en quittant leur première position, ils eurent soin d'y laisser des hommes chargés de défendre le pont qu'ils avaient construit à moitié, et de le protéger contre toute attaque; ils donnèrent le commandement de ce poste au seigneur Hugues d'Ibelin, homme illustre et puissant, qui avait épousé la femme du seigneur Roi après que celui-ci l'eut renvoyée, ainsi que je l'ai déjà rapporté.

L'île dont il est ici question, nommée île de Maheleth[1] par les habitans du pays, riche en toutes sortes de productions, et d'un sol extrêmement fertile, est formée par la division des eaux du Nil. Le fleuve se sépare là en plusieurs branches, qui ne se réunissent plus jusqu'à son entrée dans la mer, où il se jette par quatre grandes embouchures. La première de ces branches, qui fait face à notre Syrie, se réunit à la mer, entre deux villes maritimes très-anciennes, nommées Tafnir et Pharamie, passant tout près de l'une d'elles, et baignant les murs de plusieurs de ses édifices, tandis qu'elle est plus éloignée de l'autre et coule à trois ou quatre milles de distance. La seconde branche se réunit aux eaux de la mer à Damiette, ville noble et antique; la troisième a son embouchure auprès de Sturion, et la quatrième auprès de Ressith ou Rosette, lieu situé sur les confins du territoire d'Alexandrie, dont il n'est éloigné que de quatre milles environ. J'ai cherché à savoir, et je me suis informé avec beaucoup de soin, s'il n'y a pas d'autres branches du Nil qui se séparent vers son embouchure; je n'ai pu en découvrir aucune autre, et dès lors je m'étonne infiniment que les anciens aient dit *le Nil aux sept branches*, semblant indiquer par là qu'il se jetait dans la mer par sept différentes branches. On

[1] Maallé.

ne peut résoudre cette difficulté qu'en supposant que la succession des siècles a altéré l'état des lieux et que le fleuve a changé de lit, comme il arrive fréquemment pour beaucoup d'autres rivières ; peut-être aussi les hommes de ces temps reculés n'ont-ils pas rapporté la vérité dans toute son exactitude ; peut-être encore, lorsque le fleuve s'élève à une plus grande hauteur qu'il ne le fait d'ordinaire, les eaux, au moment de ces crues excessives, s'ouvrent-elles, indépendamment des quatres branches dont j'ai parlé, de nouveaux passages qui sans doute se referment ensuite et ne portent plus de courant à la mer ; et comme ces nouvelles branches, s'il s'en forme réellement, ne sont pas constamment remplies et ne coulent qu'en forme de torrens et à certaines époques, il est assez simple qu'on ne les compte pas parmi les branches qui forment les embouchures du fleuve.

Les Chrétiens, ayant pris possession de l'île, avaient encore à franchir le bras le moins large du fleuve ; au point du jour les ennemis s'étant éveillés s'aperçurent du départ de nos troupes et de la flotte, et prirent aussitôt les armes, craignant d'être attaqués à l'improviste. Ils suivirent en toute hâte le cours de la rivière, et reconnurent que les nôtres s'étaient emparés de l'île, et occupaient avec leur flotte la portion du fleuve qui leur restait à traverser. Ils établirent leur camp sur l'autre rive, assez loin cependant des bords, parce qu'il leur était impossible de s'approcher davantage, en sorte qu'ils furent obligés pour abreuver leurs chevaux de les conduire plus bas. Les Chrétiens avaient résolu de tenter la fortune dès le jour suivant, et de chercher à s'ouvrir un chemin par le fer; mais pendant la nuit les ennemis se retirèrent à l'insu des nôtres, et le lendemain matin lorsque ceux-ci virent qu'ils étaient partis, ils traversèrent promptement le fleuve et se disposèrent à les poursuivre.

Afin de pouvoir marcher plus rapidement, le seigneur Roi laissa en arrière tous les gens de pied, et se mit en route suivi seulement de ses chevaliers. Il renvoya en même temps le seigneur Hugues d'Ibelin, et Chemel, fils du soudan, avec un corps nombreux formé de Chrétiens et d'Égyptiens, pour aller défendre la ville du Caire et le pont que l'on avait construit à moitié, et les mettre à l'abri de toute incursion inopinée. Les tours et tous les points fortifiés de la noble ville du Caire furent livrés alors aux nôtres : ils eurent également un libre accès dans le palais du calife, qui jusqu'alors leur était demeuré inconnu, car le seigneur de ce palais et tous les gens de sa maison mettaient en ce moment toute leur confiance dans les Chrétiens, et n'attendaient leur salut que d'eux seuls. Alors furent révélés aux nôtres tous les mystères de ces lieux sacrés, demeurés inconnus depuis deux siècles, asiles révérés et dignes d'admiration, qui n'étaient ouverts auparavant que pour un petit nombre de familiers intimes. Le seigneur Roi envoya en outre Gérard de Pugi, et un autre fils du soudan, nommé Mahadi, sur la rive opposée du fleuve, et leur donna des troupes composées également des deux peuples, afin qu'ils pussent résister aux ennemis si ceux-ci voulaient tenter de traverser le fleuve. Lui-même, laissant en arrière la plus grande partie de ses bagages, comme je l'ai déjà dit, se mit à la poursuite des Turcs, en remontant le long du

Nil, car la coupe même du terrain lui indiquait d'une manière positive la route qu'avaient suivie les ennemis.

En effet, tout le territoire de l'Égypte, depuis l'extrémité par où il se prolonge en continuation du pays des Éthiopiens, est placé entre deux déserts sablonneux, condamnés à une stérilité perpétuelle; et ce sol même ne porte aucune production, de quelque nature que ce soit, qu'autant qu'il est, à de certaines époques, fertilisé par les crues bienfaisantes du Nil. Mais les inondations même de ce fleuve ne rendent le sol propre à produire des récoltes qu'autant que peut le permettre la disposition convenable des terres qui avoisinent ses rives, et ce n'est qu'aux lieux où le fleuve trouve auprès de lui une surface unie qu'il peut s'étendre en liberté, pour rendre la terre propre à la culture, et féconder d'autant plus d'espace qu'il lui est possible de se répandre davantage. Depuis le Caire et au dessous jusque vers la mer, le pays étant entièrement plat, le Nil s'épanche sans obstacle, porte la fertilité de toutes parts, agrandit singulièrement le royaume, et recule ainsi ses limites. Depuis la ville appelée Facus, et qui fait face à la Syrie, jusqu'à Alexandrie, dernière ville du royaume et contiguë à la brûlante Libye, le fleuve se répand sans efforts sur un espace de plus de cent milles de largeur, bien cultivé et fécondé par les eaux. Mais au dessus du Caire, et jusqu'à Chus, dernière ville du pays d'Égypte, et limitrophe, à ce qu'on dit, du royaume des Éthiopiens, le cours du Nil est sans cesse resserré entre de nombreux défilés formés par des collines de sable; rarement peut-il se développer sur un espace de sept ou huit milles de largeur; plus habi-

tuellement cet espace n'est que de quatre à cinq milles, tantôt sur les deux rives, tantôt sur l'une d'elles seulement; et toujours les frontières du royaume se resserrent ou s'élargissent des deux côtés, selon que les eaux des inondations peuvent s'étendre ; toujours aussi les lieux qui ne sont pas arrosés demeurent en proie à toute l'ardeur du soleil et à une stérilité perpétuelle. Cette portion supérieure du pays est appelée *Seith* par les Égyptiens : si l'on veut connaître l'origine de ce mot, voici la seule explication que j'aie pu en trouver. Nous lisons dans les écrits de l'antiquité qu'il y eut autrefois dans la partie supérieure de l'Égypte, une ville extrêmement ancienne, nommée Saïs : Platon en fait mention dans le *Timée*, où il se présente sous le personnage de Critias, son disciple, lequel introduit sur la scène Solon, homme d'une grande autorité. Afin de ne laisser aucun doute sur l'évidence de ce témoignage, je crois devoir citer les paroles mêmes de cet écrivain : « Il y a, dit-il, une con-
« trée d'Égypte, nommée Delta, du haut de laquelle
« descendent en se divisant les eaux du Nil, et auprès
« de laquelle était la grande ville nommée Saïs, qui
« obéit à une ancienne coutume que l'on a appelée la
« loi Satyra. L'empereur Amasis était originaire de
« cette ville, etc. » Il y a encore une autre portion de territoire, appartenant également à l'Égypte et située à une journée de marche du Caire, à travers un pays inhabitable : elle est arrosée, à l'aide de quelques canaux, par les eaux bienfaisantes du Nil; son sol est riche et fécond, ses champs et ses vignes donnent des produits très-abondans. Cette portion de territoire est appelée *Phium* par les Égyptiens; les anciennes

traditions rapportent que Joseph, ce très-sage gouverneur de l'Égypte, qui l'enrichit de beaucoup de choses utiles, trouva ce territoire entièrement délaissé; on n'y connaissait point l'usage de la charrue; depuis le commencement du monde il était demeuré inculte et négligé, comme plusieurs autres quartiers du même désert. Joseph examina la position de ce lieu; il reconnut que le sol y était plus bas que celui de toute la contrée environnante, et qu'il serait facile de le faire jouir des bienfaits de l'inondation, en faisant disparaître quelques tertres qui se trouvaient placés entre cette partie habitable et le reste du désert; il fit abattre ces élévations et aplanir le sol placé entre deux; puis on construisit des aqueducs qui servirent à conduire les eaux des inondations dans cette portion du pays; et dès ce moment en effet la terre se trouva en possession permanente d'une fertilité jusqu'alors inconnue. Je ne sais pas précisément quel nom fut anciennement donné à cette terre, mais je pense que c'est celle qui fut désignée jadis sous le nom de Thébaïde, et d'où vint, dit-on, cette légion sacrée de Thébains, qui furent couronnés du martyre dans Agaune[1], sous les règnes des empereurs Dioclétien et Maximien, et avaient pour chef l'illustre martyr Maurice. Une autre preuve, qui vient à l'appui de cette assertion, est que c'est aussi sur cette terre que l'on trouve le meilleur opium connu, que les médecins ont appelé *opium de la Thébaïde*. Cette terre ne peut être en effet celle de Gessen, que Joseph donna à ses frères, car celle-ci était située dans cette partie de l'Égypte qui fait face

[1] S. Maurice en Valais.

à la Syrie, ainsi qu'un lecteur attentif peut s'en convaincre facilement en lisant le livre de la Genèse, tandis que le territoire dont il s'agit ici est situé dans la partie opposée de l'Égypte, et voisin de l'autre rive du fleuve qui fait face à la Libye : ce pays n'est pas d'une médiocre étendue, et l'on dit qu'il contient dans son enceinte trois cent soixante-six villes ou villages.

Grâce à cette disposition des localités, qui fait que, dans cette partie resserrée du royaume d'Égypte, on ne peut s'égarer ni à droite ni à gauche, et aussi aidés par les rapports que leur faisaient les éclaireurs qu'ils envoyaient fréquemment en avant, le seigneur Roi et le soudan ayant suivi, pendant trois jours consécutifs, la trace des ennemis, apprirent enfin qu'ils se trouvaient dans leur voisinage, le quatrième jour de leur marche, jour du sabbat qui précède le dimanche, où l'on a coutume de chanter dans l'église de Dieu le *Lætare Hierusalem*.

Aussitôt on tint conseil sur ce qu'il y avait à faire, car les circonstances étaient assez pressantes pour ne souffrir aucun retard, et l'on jugea qu'il devenait nécessaire d'agir avec beaucoup de sagesse et de prudence ; toutefois, on répondit aux desirs des Chrétiens en leur annonçant qu'on allait en venir aux mains, et le signal du combat fut accueilli aux acclamations générales. Il y avait cependant une énorme disproportion entre les deux partis qui se disposaient à mesurer leurs forces. Syracon avait avec lui douze mille Turcs, dont neuf mille étaient couverts de casques et de cuirasses, et les trois mille autres armés seulement d'arcs et de flèches ; il avait en outre dix ou onze mille Arabes, qui, selon leur usage, ne se servaient que de lances. Les nôtres de leur côté n'avaient tout au plus que trois cent soixante et quatorze chevaliers, sans parler des Égyptiens, hommes vils et efféminés, plus embarrassans et plus nuisibles qu'ils ne pouvaient être utiles. Il y avait encore des cavaliers armés à la légère, qu'on appelle des *Turcopoles;* j'ignore en quel nombre ils se trouvaient, mais j'ai entendu dire à beaucoup de personnes qu'ils avaient été entièrement inutiles dans cette journée, où l'on se battit cependant avec beaucoup de vigueur. Les nôtres étant donc informés qu'ils se trouvaient dans le voisinage des ennemis, lesquels furent aussi instruits de leur arrivée, se mirent en devoir de former leurs corps selon que leur situation semblait le commander; ils disposèrent leurs escadrons et préparèrent leurs armes : ceux qu'une vieille expérience de la guerre avait doués de plus de sagesse encourageaient les autres ; ils donnaient des leçons aux ignorans, cherchaient à animer leur courage par les paroles les plus convenables, leur promettaient la victoire, et leur parlaient de la gloire immortelle qui serait pour eux le fruit du triomphe.

Le terrain sur lequel la bataille devait se livrer était situé sur les confins des terres cultivées et du désert; c'était un sol inégal, entre les collines sablonneuses et les vallées qui les divisent, en sorte qu'il n'était pas possible de voir de loin ceux qui arrivaient ou de suivre long-temps de l'œil ceux qui s'éloignaient. Ce lieu est nommé Beben [1], ce qui veut dire *les portes,*

---

[1] Près du château de Toura, à deux lieues du Caire, vis-à-vis l'ancienne Memphis.

parce qu'il sert à fermer le passage pratiqué entre les collines qui le resserrent. Il est à dix milles de distance de Lamonie, dont quelques personnes ont pris l'habitude de donner le nom à la bataille qui se livra à Beben [1].

Cependant les ennemis, remplis d'activité, avaient aussi formé leurs corps et occupé les collines sur la droite et sur la gauche, en sorte qu'il était difficile pour les nôtres de les aborder vivement, à cause de la roideur des pentes et du sol sablonneux qui cédait sous les pas des chevaux : le corps que commandait Syracon était placé au centre, et les autres l'environnaient de tous côtés. Déjà cependant on en était venu au point de combattre de près : ceux des nôtres qui faisaient partie du corps commandé par le seigneur Roi s'élancèrent tous à la fois sur le corps que commandait Syracon, et l'enfoncèrent avec vigueur; puis ils frappèrent du glaive tous ceux qu'ils purent atteindre, contraignirent Syracon à prendre la fuite, et se lancèrent après lui. Hugues de Césarée, s'étant jeté avec impétuosité sur le corps que commandait Saladin, neveu de Syracon, se trouva abandonné par les siens, tomba, fut fait prisonnier ainsi que beaucoup d'autres qui le suivaient, et un plus grand nombre encore furent tués. Là périt aussi un homme noble et vaillant dans les combats, Eustache Chollet, du pays du Pont. Enorgueillis de ce succès, les escadrons ennemis se reformèrent et enveloppèrent de tous côtés le corps des nôtres qui avait été chargé de la défense des bagages et des provisions; les Turcs l'attaquèrent, le dispersèrent et le détruisirent. Il y avait dans ce corps

---

[1] Le 18 mars 1167.

un jeune noble, né en Sicile, brave et honorable chevalier, nommé Hugues de Créone, qui fut tué dans cette mêlée. Le corps dispersé, un grand nombre de ceux qui en faisaient partie furent tués, et ceux qui échappèrent au glaive cherchèrent leur salut dans la fuite. Les ennemis s'emparèrent sans autre obstacle des bagages et des provisions, et les emportèrent. Cependant les divers escadrons se trouvant rompus et s'étant dispersés dans les petits vallons des environs, la bataille continua avec des chances diverses qui n'avaient pour témoins que ceux-là seuls qui la soutenaient; nul ne pouvait rien voir au-delà du poste où il se trouvait; la fortune demeurait toujours incertaine; vainqueurs ou vaincus, tous ignoraient également ce qui se passait sur d'autres points, et croyaient à leur victoire ou à leur défaite, selon la chance qu'ils avaient devant les yeux. Notre vénérable frère, le seigneur Raoul, évêque de Bethléem et chancelier du seigneur Roi, auquel nous avons succédé plus tard dans l'exercice des mêmes fonctions, fut grièvement blessé et perdit tous ses équipages au milieu de cette mêlée. On combattit long-temps sans qu'il fût possible de reconnaître avec certitude quels étaient les vainqueurs, jusqu'à ce qu'enfin le jour tombant par degrés invita les combattans, dispersés çà et là, à se rallier aux signaux; alors seulement, craignant les approches de la nuit, tous ceux qui pouvaient agir en liberté cherchèrent en hâte à rejoindre leurs compagnons, et les Chrétiens faisant tous leurs efforts pour retrouver le seigneur Roi, arrivèrent de divers côtés et se reformèrent en un seul corps. Sur le point où il avait combattu, le seigneur Roi avait obtenu des succès et remporté la victoire ; les autres éprouvèrent les chances variées de la guerre, favorables en un lieu et contraires en un autre, en sorte que ni l'un ni l'autre des deux partis n'obtint un succès décidé.

Entouré d'un petit nombre des siens, le Roi occupa une colline un peu élevée, dressa sa bannière afin de rallier tous ceux qui étaient dispersés, et attendit qu'ils fussent tous réunis. Lorsqu'ils se trouvèrent rassemblés en majeure partie, les Chrétiens virent sur deux collines situées vis-à-vis d'eux, ceux des ennemis qui, après avoir attaqué le corps chargé de la défense des bagages, l'avaient détruit en partie et en partie enlevé : ceux-ci étaient encore en désordre. Les nôtres n'avaient aucun autre moyen de faire leur retraite qu'en passant entre les deux collines occupées par ces Turcs. Résolus cependant à partir, ils se formèrent en ordre de bataille et se mirent en marche, s'avançant lentement, et passant entre les corps ennemis qu'ils voyaient sur leur droite et sur leur gauche ; mais ils s'avançaient avec une telle assurance que les Turcs n'osèrent faire aucune tentative hostile : ils serrèrent leurs rangs ; les hommes les plus forts et les mieux armés entourèrent la colonne, et tous se dirigèrent vers les bords du fleuve, et le traversèrent à un gué, sans le moindre accident. Ils marchèrent ensuite pendant toute la nuit, suivant toujours le chemin par lequel ils étaient venus à Beben. Arrivés à Lamonie., ils rencontrèrent Gérard de Pugi, qui avait gardé la rive opposée du fleuve avec Mahadi, fils du soudan, à la tête de cinquante chevaliers et de cent Turcopoles, afin de s'opposer aux ennemis s'ils avaient voulu tenter de passer le fleuve. Gérard de Pugi arriva fort à propos pour calmer les vives inquiétudes du seigneur Roi, qui craignait que les ennemis n'allassent attaquer son détachement sur l'une ou l'autre rive. Il eut ensuite de nouvelles et assez vives inquiétudes pour le corps des gens de pied qu'il avait laissé en arrière, comme je l'ai déjà dit, et qui pouvait aussi être rencontré et surpris à l'improviste par les ennemis. Il s'arrêta donc pendant trois jours à Lamonie, pour y attendre et recueillir le corps que commandait le noble et sage Josselin de Samosate. Ce ne fut enfin que le quatrième jour que tous les Chrétiens se trouvèrent peu à peu réunis, et le seigneur Roi, ayant alors rallié son infanterie, poursuivit sa marche, arriva au Caire, et alla de nouveau dresser son camp auprès du pont, en face de la ville de Babylone. On fit le recensement des chevaliers, et l'on reconnut qu'il en manquait cent. On dit encore que les ennemis avaient perdu quinze cents hommes dans cette affaire.

Syracon cependant ayant rallié tous ceux des siens qui avaient survécu, les reforma en un seul corps, traversa le désert à l'insu des nôtres, et se rendit à Alexandrie : les habitans de cette ville la remirent aussitôt entre ses mains. Dès que le Roi eut reçu la première nouvelle de cet événement, il convoqua auprès de lui les princes, le soudan et ses fils, et les nobles d'Égypte, et leur demanda avec sollicitude ce qu'il y avait à faire. On discuta longuement, ainsi qu'il arrive d'ordinaire dans l'incertitude d'une décision à prendre ; et comme la ville d'Alexandrie n'a par elle-même aucune ressource en vivres et en grains, et ne se nourrit que de ce qu'on lui apporte par eau des contrées supérieures de l'Égypte, on résolut d'établir une flotte sur le fleuve, afin d'intercepter entièrement tous les transports qui pourraient être dirigés sur cette ville. Après avoir fait ces dispositions, le Roi se rendit lui-même dans les environs, avec toute son armée, et dressa son camp entre les lieux appelés Toroge et Demenchut: ce point est situé à huit milles d'Alexandrie. De là le Roi envoyait des éclaireurs pour fouiller et faire évacuer tous les lieux voisins et même des points plus éloignés dans le désert, afin que personne ne tentât de porter secours aux assiégés, ou pour empêcher aussi ceux qui voudraient sortir de la ville d'aller au dehors solliciter l'assistance des étrangers.

En même temps la flotte refusait le passage à tous ceux qui se présentaient, ou, lorsqu'elle l'accordait à quelque bâtiment, ce n'était qu'après avoir fait une exacte perquisition. Un mois s'était déjà écoulé sans que la ville eût reçu dans l'intervalle aucune espèce de secours en vivres; le peuple commençait à se plaindre du manque de pain et d'alimens. Syracon craignant alors d'être réduit à périr de misère avec tous les siens, laissa son neveu Saladin avec mille cavaliers environ, et sortant de la ville au milieu de la nuit, il marcha à travers le désert, passa tout près de notre armée, et s'échappa cependant pour remonter vers la haute Égypte, qu'il avait quittée peu de temps auparavant. Le Roi se mit à sa poursuite aussitôt qu'il en fut informé et marcha sans s'arrêter jusqu'à Babylone. Déjà l'armée était prête à se remettre en route; on avait préparé tous les bagages, et le Roi avait résolu d'aller en avant, lorsqu'un noble et puissant égyptien, nommé Benecarselle, vint se présenter devant lui; il lui annonça que la ville d'Alexandrie était réduite à la dernière misère, qu'il y avait lui-même des parens très-puissans, qui y exerçaient une grande autorité, et qu'il serait très-facile à ceux-ci de faire adopter le parti qu'ils voudraient à un peuple consumé par le faim, et de livrer entre les mains du seigneur Roi la ville ainsi que tous les Turcs qui y étaient demeurés. Ébranlé par cette proposition, le Roi prit l'avis des princes, et tous ayant témoigné les mêmes desirs, et le soudan approuvant aussi cette résolution, les deux armées retournèrent à Alexandrie, et l'investirent en même temps.

Alexandrie, la dernière de toutes les villes d'Égypte, dans cette partie du pays qui fait face à la Libye et se prolonge vers l'occident, est placée elle-même sur les confins du sol cultivé et du désert brûlant, si bien qu'en dehors des murs de la ville, du côté du couchant, on ne voit qu'une vaste étendue de terres qui n'ont jamais ressenti les bienfaits d'aucune culture. Elle fut fondée, selon les anciennes histoires, par Alexandre le Macédonien, fils de Philippe, et reçut de lui le nom qu'elle a porté depuis. Solin dit que son origine remonte à la cent douzième olympiade [1], et au consulat de Lucius Papyrius, fils de Lucius, et de Caius Petilius, fils de Caius. L'architecte Dinocrate dressa le plan de cette ville, et occupe, dans ses souvenirs, le second rang après son fondateur. Elle est située non loin de l'une des embouchures du Nil, appelée par quelques-uns Héracléotique, et par d'autres Canopique. Aujourd'hui cependant, le lieu qui a donné son nom à cette embouchure du Nil, voisine

[1] L'an 331 avant J.-C.

de la ville, a perdu lui-même son antique dénomination, et est appelé Ressith. Alexandrie est à cinq ou six milles de distance du lit du fleuve ; au temps ordinaire des crues, elle reçoit une partie de ses eaux par quelques canaux qui les versent dans de vastes citernes, creusées tout exprès, où on les conserve avec soin durant toute l'année pour l'usage des habitans. Une partie de ces eaux est dirigée, autant qu'on peut en avoir besoin, vers les vergers qui se trouvent en dehors de la ville, et elles y arrivent par des conduits souterrains. La position d'Alexandrie est des plus avantageuses pour le commerce. Elle a deux ports séparés par une langue de terre excessivement étroite. En avant de cette chaussée naturelle, est une tour d'une grande élévation, appelée *Phare* : Jules-César la fit construire, dit-on, pour le service de la navigation, lorsqu'il y conduisit une colonie. On y apporte de la haute Égypte par le Nil une grande quantité de denrées, et presque toutes les choses nécessaires à la vie. Les productions inconnues à l'Égypte arrivent par mer à Alexandrie de toutes les contrées du monde, et y sont toujours en abondance ; aussi dit-on qu'on y trouve toutes sortes d'objets utiles, plus qu'en tout autre port de mer. Les deux Indes, le pays de Saba, l'Arabie, les deux Éthiopies, la Perse et toutes les provinces environnantes, envoient dans la haute Égypte, par la mer Rouge, jusqu'à la ville nommée Aideb, située sur le rivage de cette mer, par où tous ces peuples divers arrivent également vers nous, les aromates, les perles, les trésors de l'Orient, et toutes les marchandises étrangères dont notre monde est privé : arrivées en ce lieu, on les transporte sur le Nil, et elles descendent de là à Alexandrie. Aussi les peuples de l'Orient et ceux de l'Occident se rencontrent-ils continuellement dans cette ville, qui est comme le grand marché des deux mondes. Elle a eu dans les temps anciens, comme dans les temps modernes, des titres nombreux à l'illustration. Le bienheureux Marc, fils spirituel du prince des apôtres, envoyé par le ciel même auprès de cette église, l'honora de ses prédications ; les saints Pères Athanase et Cyrille y firent leur résidence, et y furent déposés dans leurs glorieux tombeaux ; le patriarche d'Alexandrie avait le second rang dans la chrétienté, et cette ville était la vénérable métropole de l'Égypte, de la Libye, de la Pentapolite et de plusieurs autres provinces. Toute la flotte des armées alliées fut conduite devant ses murs ; on ferma l'accès des portes et toutes les autres avenues, et il ne fut plus permis de s'approcher de la place.

Sur ces entrefaites, ceux des Chrétiens qui étaient demeurés en Syrie, ayant appris que le seigneur Roi avait mis le siége devant Alexandrie, et jugeant qu'il leur serait possible d'y arriver après quelques jours d'une navigation non interrompue, se disposèrent à l'envi à faire ce voyage, et prenant les armes, s'invitant les uns les autres à suivre l'expédition, chargeant leurs navires de toutes les provisions nécessaires, ils se mirent joyeusement en route. On remarquait parmi ceux qui s'embarquèrent, le seigneur Frédéric, archevêque de Tyr, notre prédécesseur, qui, animé d'un zèle ardent, et poussé surtout par l'affection qu'il portait au seigneur Roi, débarqua en Égypte avec une escorte assez considérable. Mais les eaux du Nil lui ayant donné la dyssenterie, il tomba dangereusement malade, et comme son mal augmentait de jour en jour, il fut enfin forcé de retourner chez lui avant le moment où le seigneur Roi s'empara d'Alexandrie. Les assiégeans prirent alors sur les navires des mâts de très-grande dimension; on fit venir des ouvriers et des charpentiers, et l'on construisit une tour fort élevée, du haut de laquelle on pouvait voir toute la ville. On fit placer aussi dans les positions les plus convenables des machines appelées pierriers, d'où l'on lançait de lourds et énormes quartiers de pierre, qui ébranlaient les murailles et portaient la terreur parmi les citoyens, presque à toutes les heures de la journée.

Il y avait autour de la ville des vergers qui présentaient l'aspect le plus agréable, et ressemblaient à de belles forêts bien boisées : ils étaient garnis d'arbres à fruits en plein rapport, et de plantes utiles; leur vue seule engageait les passans à les visiter de plus près, et lorsqu'ils y étaient entrés, tout les invitait au repos : une grande partie de notre armée y alla aussi, d'abord pour y chercher le bois nécessaire à la construction des machines, et y demeura ensuite dans la seule intention de nuire et de faire un dommage considérable aux habitans; bientôt les arbres aromatiques et propres à toutes sortes d'usages furent coupés et renversés avec tout autant d'empressement qu'on avait pu, dans le principe, leur prodiguer de soins et de travaux pour les faire prospérer. Le sol se trouva subitement rasé, il ne resta plus aucun indice du coup d'œil qu'il présentait auparavant, et dans la suite lorsque la paix fut rétablie, cette destruction et le dommage que les habitans en éprouvèrent furent pour eux la perte la plus sensible et l'événement dont ils se plaignirent le plus.

Les nôtres cependant pressaient toujours les travaux du siége ; ils cherchaient à inventer tous les moyens possibles de nuire aux habitans, et employaient toutes les ruses par lesquelles ils pouvaient espérer de leur porter quelque préjudice. Ils livraient des assauts continuels, et ne laissaient aucun moment de repos aux assiégés, déjà fatigués de tant d'efforts. Uniquement adonnés aux travaux du commerce, n'ayant nulle expérience de la guerre, nulle habitude des combats, les citoyens d'Alexandrie ne supportaient qu'avec beaucoup de peine un genre de fatigue si nouveau pour eux. Les Turcs qui étaient demeurés dans la place ne s'y trouvaient pas en grand nombre ; ils ne pouvaient prendre aucune confiance aux assiégés qui se montraient légers et dénués de toute fermeté ; et dans cette position, ils se présentaient rarement au combat, se conduisaient avec mollesse, et ne pouvaient par conséquent ranimer le courage des habitans. Que dirai-je de plus ? Les attaques journalières, la mort d'un grand nombre des citoyens, la nécessité de veiller constamment, les alarmes de nuit, et, par dessus tout, le défaut de vivres jetaient le découragement dans le peuple, et tous, l'esprit frappé de crainte, voulaient abandonner la ville ; ou bien encore dédaignant la liberté, ils en étaient venus à desirer la servitude sous le joug d'un peuple quelconque, plutôt que de demeurer dans leurs foyers domestiques, livrés avec leurs femmes et leurs enfans à toutes les horreurs d'une telle disette. Déjà le peuple murmurait tout bas, déjà beaucoup de gens disaient hautement qu'il fallait chasser de la ville ces ennemis empestés qui avaient apporté la désolation parmi les citoyens, et s'informer à quel prix et de quelle manière il serait possible de repousser les maux dont on était accablé, de faire lever le siége, et de rendre à la ville tous les biens dont elle jouissait auparavant, et la liberté qu'elle avait jusqu'alors possédée.

Informé des dispositions des habitans, Saladin expédia secrètement, et en toute hâte, des messagers chargés de faire connaître en détail à son oncle la misérable situation de la ville, le projet des assiégés de se séparer de lui, et surtout la disette affreuse qui régnait à Alexandrie; il fit demander à Syracon, avec les plus vives instances, de chercher les meilleurs moyens de le secourir dans cette position désespérée, et de l'arracher à la destruction dont il était menacé. En même temps, Saladin s'adressa aussi au peuple et aux principaux habitans; il les invita à combattre jusqu'à la mort pour la défense de leurs femmes et de leurs enfans; il les exhorta à défendre la loi et les traditions de leurs aïeux; il leur annonça que l'heure du salut approchait, que Syracon, son oncle, parcourait l'Égypte pour travailler à leur délivrance et pour chasser les ennemis de tout le territoire, et qu'il arriverait incessamment à la tête d'une armée innombrable. De son côté le seigneur Roi, instruit que la dissension régnait parmi les citoyens, poussait les travaux du siége sans relâche; et plus il voyait les habitans accablés sous le poids de leur affliction, plus il ordonnait de les attaquer avec acharnement. Le soudan, toujours armé et plein de zèle et d'activité, allait successivement visiter tous les chefs, et leur témoignait une extrême sollicitude; il fournissait avec profusion à toutes les dépenses qu'exigeaient la construction des machines et tous les autres besoins de la guerre; il accordait aux ouvriers des salaires convenables; les pauvres, les indigens, et surtout les blessés, qui avaient besoin de se faire soigner, recevaient de lui des présens, et quelquefois aussi il faisait des distributions aux braves qui se distinguaient le plus dans les combats.

Tandis que ces événemens se passaient dans les environs d'Alexandrie, Syracon parcourait toute la haute Égypte. Arrivé à Chus, il voulut essayer de faire le siége de cette ville; mais voyant qu'il lui faudrait beaucoup trop de temps pour s'en rendre maître, et jugeant en outre que des intérêts plus pressans le rappelaient auprès de son neveu, il leva des sommes d'argent dans plusieurs villes, et se disposa à redescendre promptement dans la basse Égypte avec l'armée qu'il traînait à sa suite. Il apprit, en arrivant à Babylone, que le Roi avait remis la garde de la ville du Caire et du pont de bateaux à Hugues d'Ibelin; et voyant en outre que ses affaires étaient bien loin d'aller comme il l'avait espéré, il fit venir Hugues de Césarée, qu'il retenait prisonnier, pour avoir avec lui un entretien particulier; et comme il avoit de l'éloquence et de l'urbanité dans les manières, il chercha à le gagner par un discours adroitement ménagé.

« Tu es, lui dit-il, un grand prince, noble et très-
« illustre entre les tiens, et il n'est personne parmi
« les princes tes compagnons que je voulusse, si j'en

« avais la faculté, choisir de préférence à toi pour lui
« communiquer mes secrètes pensées et lui confier
« les choses que je vais te dire. La fortune m'a offert
« spontanément, et les chances de la guerre m'ont
« procuré tout naturellement l'avantage que je n'eusse
« pu obtenir autrement qu'avec beaucoup de peine,
« de pouvoir employer ton expérience pour coopérer
« à l'œuvre que j'entreprends. J'avoue qu'avide de
« gloire comme le sont presque tous les hommes, attiré
« par les richesses de ce royaume, et comptant aussi
« sur la faiblesse des indigènes, j'ai conçu une fois
« l'espoir que ce pays tomberait tôt ou tard entre mes
« mains. C'est pourquoi j'ai fait des dépenses considé-
« rables, j'ai supporté des fatigues infinies et cepen-
« dant infructueuses, à ce que je crois, pour venir en
« Égypte à travers mille périls, suivi d'une nombreuse
« escorte de nobles, tous animés des mêmes senti-
« mens; j'espérais que les choses tourneraient pour
« moi autrement qu'elles n'ont fait. La fortune m'a
« été contraire dès mon entrée dans ce pays, je le
« vois maintenant, et plaise à Dieu qu'il me soit donné
« d'en sortir plus heureusement! Tu es noble, comme
« je l'ai dit, chéri du Roi, puissant en discours et en
« actions : sois entre nous un médiateur de paix; que
« mes paroles prospèrent par tes soins. Dis au sei-
« gneur Roi : *Nous perdons ici notre temps, il s'é-*
« *coule sans profit et il reste encore beaucoup de*
« *choses à faire chez nous.* En effet, la présence de
« ton roi dans son royaume lui serait infiniment né-
« cessaire; il se prodigue maintenant pour les autres,
« car après qu'il nous aura repoussés il laissera les
« richesses de ce pays à des misérables, à peine dignes

« de la vie. Qu'il reçoive ceux des siens que je retiens
« dans les fers; qu'il lève le siége et restitue ceux qu'il
« retient et ceux aussi qu'il a enfermés dans les murs
« d'Alexandrie, alors je serai prêt à sortir du pays,
« après avoir reçu de lui la garantie que je ne ren-
« contrerai sur ma route aucun obstacle qui puisse
« me venir des siens. »

En entendant ce discours le seigneur Hugues jugea les propositions qui lui étaient faites en homme sage et prudent, et reconnut l'utilité du traité de paix et des conditions qu'on lui offrait. Cependant, et pour ne pas paraître entraîné par le desir d'obtenir sa liberté personnelle plutôt que par le seul intérêt public, il jugea convenable de faire faire les premières propositions par tout autre que lui. Plus tard il m'a dit lui-même, dans un entretien particulier, que tels avaient été les motifs de sa conduite. On envoya donc pour porter la parole, un homme également prisonnier, et au service du Roi, nommé Arnoul de Tournazel; il avait été pris dans la bataille où le seigneur Hugues de Césarée était aussi tombé entre les mains de Syracon. Instruit de ce qu'il avait à dire, il partit en hâte pour se rendre auprès du Roi, et lui rapporta exactement l'objet de sa mission. Aussitôt le Roi convoqua le conseil des princes, et Arnoul exposa en présence de cette assemblée, du soudan et de ses fils, les propositions qu'il était chargé de présenter et les conditions que l'on offrait. Tous accueillirent favorablement ces ouvertures de paix, et jugèrent qu'il suffirait pour l'honneur de l'expédition et pour la pleine exécution des traités conclus entre le Roi et le calife, que la ville d'Alexandrie fût livrée au pouvoir du Roi, et que ceux des ennemis qui y étaient enfermés, de même que ceux qui avaient suivi Syracon et se trouvaient dispersés sur tout le territoire d'Égypte, en sortissent tous ensemble, après toutefois que les Turcs auraient rendu ceux des nôtres qu'ils retenaient dans les fers, et reçu de leur côté ceux des leurs qui étaient prisonniers chez nous. Savar, le soudan, approuva aussi ces propositions, du consentement de tous les satrapes égyptiens, et accepta de plein gré les conditions offertes pour le traité, déclarant qu'il se tenait pour complétement satisfait, moyennant l'expulsion absolue de son formidable ennemi, de son compétiteur pour le gouvernement du royaume. Le seigneur Hugues s'étant alors présenté, mit la dernière main au traité, et le termina au gré de tous les partis.

En conséquence les hérauts allèrent annoncer aux troupes et à tous ceux qui faisaient partie de l'expédition, que la guerre était finie; on publia aussi un édit pour défendre de faire aucun mal aux habitans d'Alexandrie. Pleins de joie d'avoir obtenu la paix, ceux-ci, abattus et maigris par les fatigues d'un long siége, et ne se souvenant qu'avec dégoût des gênes qu'ils avaient endurées, sortirent de la ville pour soulager leurs ennuis, et recherchèrent le plaisir de la promenade avec un empressement tout particulier. Ayant retrouvé des vivres en abondance et la faculté de commercer librement, ils s'appliquaient à restaurer leurs corps épuisés par les longues souffrances de la famine, et à y ranimer le souffle de la vie. Ils se plaisaient aussi à voir dans des sentimens de paix ces bataillons armés qui naguère ne leur inspiraient que haine et terreur; ils s'amusaient à s'entretenir familièrement avec ceux qu'ils redoutaient peu de temps auparavant comme des messagers de péril et des ministres de mort. De leur côté les nôtres s'empressaient aussi d'entrer dans cette ville, objet de leurs desirs; ils se promenaient en toute liberté, visitant les rues, les ports, les remparts, examinant toutes choses avec soin, afin de pouvoir, de retour dans leurs foyers, faire de longs récits à leurs compatriotes et réjouir leurs amis par des relations intéressantes. Cette belle ville est dominée par une tour d'une grande hauteur, qu'on appèle *le Phare*, et sur laquelle on allume des torches qui jettent une grande clarté et brillent comme un astre dans le ciel, afin de diriger au milieu de la nuit la marche des navigateurs qui ne connaissent pas les localités. On ne peut en effet aborder à Alexandrie que par une mer aveugle, pour ainsi dire, et semée de bas-fonds trompeurs et périlleux. Instruits par les feux qui brûlent constamment au sommet du Phare et sont entretenus aux frais du trésor public, les navigateurs échappent ainsi aux naufrages qui les menacent, et dirigent heureusement leur marche vers le port. La bannière du seigneur Roi fut arborée au haut de cette tour, en témoignage de victoire; et ce qui n'était encore connu que d'un petit nombre de gens fut su bientôt dans toute la ville lorsqu'on eut vu le nouveau signal. Aussitôt, ceux qui par excès de prudence avaient craint de se confier aux nôtres en entendant parler des premiers arrangemens de paix, plus assurés maintenant d'une conclusion définitive, ne redoutèrent plus de se réunir à eux et de prendre confiance en leur sincérité : surtout ils ne pouvaient assez s'étonner qu'une si grande masse de citoyens et tant d'étrangers, qui tous avaient fidèlement coopéré à la défense de la place, eussent été si facilement bloqués dans la ville par une si faible armée, et réduits enfin à se rendre honteusement et à discrétion : ceux des nôtres en effet qui avaient fait le siége d'Alexandrie étaient tout au plus au nombre de cinq cents chevaliers et de quatre à cinq mille hommes de gens de pied, tandis qu'il y avait dans la ville plus de cinquante mille hommes en état de porter les armes.

Saladin, étant sorti, se rendit auprès du seigneur Roi, et demeura dans son camp jusqu'au moment où le Roi partit pour rentrer dans ses États. On lui donna un gardien qui fut chargé de le traiter avec honneur et de le défendre des insultes de tout téméraire. Le soudan entra en triomphe dans la ville, au bruit des trompettes et des tambours, au milieu des chanteurs, et au son des instrumens de musique de toute espèce, accompagné de ses troupes et précédé d'une foule innombrable d'appariteurs et de gens armés qui élevaient leurs cris jusqu'aux cieux. Il se présenta en vainqueur aux portes de la ville, et les citoyens furent frappés de terreur; il condamna les uns, renvoya les autres absous, examina dans sa puissance les fautes de chacun, et rendit à chacun ce qu'il avait mérité par sa conduite. Les habitans d'Alexandrie furent condamnés à payer une certaine somme d'argent, et le soudan institua des receveurs pour la perception des tributs et des impôts, et des magistrats pour l'exercice des fonctions civiles. Après avoir retiré des sommes considérables, il chargea ses fidèles de veiller à la garde de la ville, et se retira dans le camp, couvert de gloire.

Les nôtres cependant aspiraient au moment du retour; ceux qui étaient venus par mer firent leurs provisions de voyage, montèrent sur leurs navires pour profiter des vents favorables, et retournèrent avec joie dans leurs foyers. Le Roi fit brûler les machines de guerre et préparer tous ses bagages, et se mit ensuite en marche pour la ville de Babylone. Il rallia ceux qu'il y avait laissés, et après avoir rétabli le soudan dans le gouvernement de l'Égypte, chassé les ennemis et réuni à son armée tous les prisonniers qu'on lui rendit, il rentra dans la ville d'Ascalon le 20 août [1], l'an 1167 de l'incarnation du Seigneur, et la quatrième année de son règne.

[1] Le 8 août.

LIVRE VINGTIÈME.

[1167.] Cependant le seigneur Hernèse, archevêque de Césarée, de précieuse mémoire, et Odon de Saint-Amand, grand échanson du Roi à cette époque, ayant accompli avec autant de sagesse que de fidélité la mission que le seigneur Roi leur avait donnée auprès du seigneur Manuel, empereur de Constantinople, et obtenu au bout de deux ans ce qu'ils étaient allés demander, se remirent en mer et vinrent débarquer à Tyr, amenant avec eux une épouse au seigneur Roi, fille du protosébaste [1] du seigneur Empereur. Aussitôt qu'il fut informé de son arrivée, le Roi se rendit à Tyr en toute hâte, et ayant convoqué les prélats des églises et les princes du royaume, il épousa la princesse Marie, après qu'elle eut reçu l'onction royale et le don de consécration : cette cérémonie fut célébrée dans l'église de Tyr, le 29 août, avec toute la magnificence convenable, par le seigneur patriarche Amaury, de précieuse mémoire, et le Roi y parut avec éclat, revêtu de tous les ornemens de la royauté et couronné du diadème de ses ancêtres. Ce Jean, protosébaste, dont le Roi épousa la fille, était fils d'un frère aîné du seigneur Empereur [2], et par suite

---

[1] Jean Comnène. — [2] Isaac Comnène.

neveu de ce dernier. Des hommes illustres et magnifiques, attachés à la maison impériale, savoir le seigneur Paléologue et Manuel le sébaste, cousin de l'Empereur, et plusieurs autres encore, accompagnèrent sa nièce par ses ordres, et furent chargés de la remettre en grande pompe au seigneur Roi, et d'avoir soin que l'on n'omît aucune des solennités qui avaient été prescrites. L'église de Tyr, dans laquelle cette cérémonie fut célébrée, avait alors pour chef le seigneur Frédéric, qui avait été transféré de l'église d'Accon à celle-là. Trois jours après le couronnement du Roi et la célébration des noces dans la même ville, le seigneur Frédéric nous accorda généreusement, en présence et sur la demande du seigneur Roi et de beaucoup d'autres hommes honorables, l'archidiaconat de l'église de Tyr, que le seigneur Guillaume occupait lorsqu'il fut appelé à l'église d'Accon.

Un certain Grec, nommé Andronic, homme noble et puissant, et parent du seigneur empereur de Constantinople, était arrivé de Cilicie dans la ville de Tyr, suivi de nombreux chevaliers, tandis que le seigneur Roi se trouvait encore retenu en Égypte ; il y séjourna, à notre grande satisfaction, jusqu'à l'arrivée du Roi ; mais, tel que le serpent qu'on réchauffe dans son sein, ou que la souris enfermée dans l'armoire, il récompensa bien mal ses hôtes, et montra combien sont vraies ces paroles du poète : *timeo Danaos et dona ferentes*. Aussitôt après son retour le seigneur Roi lui donna la ville de Béryte : la dame Théodora, veuve du seigneur roi Baudouin, qui possédait la ville d'Accon à titre de donation pour cause de mariage, et qui était fille du neveu d'Andronic, auprès duquel il avait long-temps demeuré, fut invitée par celui-ci à venir visiter la ville de Béryte; Andronic l'enleva par trahison, à ce qu'on assure, et la conduisit sur le territoire des ennemis, d'abord à Damas, et de là en Perse avec l'assistance de Noradin.

Il n'arriva cette même année aucun événement un peu mémorable, si ce n'est que deux nouvelles églises furent instituées dans le royaume vers l'époque du carême, et reçurent chacune un évêque. L'une d'elles n'avait pas eu d'évêque depuis l'établissement des Latins dans la terre de promission; c'était l'église de Pétra, située au-delà du Jourdain, sur le territoire de Moab, et métropole de la seconde Arabie. L'autre, l'église d'Ébron, n'en avait jamais eu : c'était du temps des Grecs un simple prieuré, de même que l'avait été l'église de Bethléem. Mais cette dernière méritait bien d'être élevée la première à la dignité de cathédrale, en témoignage de respect pour le lieu de la naissance du Sauveur, et elle le fut en effet peu de temps après la délivrance de la cité sainte et agréable à Dieu, sous le règne du seigneur Baudouin I. Au temps dont je parle, l'église d'Ébron fut enfin jugée digne de cette nouvelle dignité, en considération des serviteurs de Dieu dont la mémoire est demeurée en bénédiction, savoir Abraham, Isaac et Jacob. On donna pour évêque à l'église de Pétra le seigneur Guerrique, chanoine régulier du temple du Seigneur, qui devint en même temps métropolitain de la seconde Arabie; et l'église d'Ébron eut pour chef le seigneur Renaud, neveu du seigneur patriarche Foucher, de pieuse mémoire.

[1168.] L'été suivant, un homme noble, le seigneur

Étienne, chancelier du seigneur roi de Sicile, et élu pour l'église de Palerme, jeune homme d'un excellent naturel et beau de sa personne, frère du seigneur Rotrou, comte du Perche, fut chassé de ce royaume par suite des intrigues et des conspirations des princes de cette contrée, au grand regret du Roi, encore enfant, et de sa mère, qui n'eut pas la force de réprimer ces troubles. Étienne eut grand' peine à échapper aux embûches de ses ennemis; il se sauva avec un petit nombre de personnes et vint débarquer dans notre royaume. Peu de temps après, il fut saisi d'une maladie grave, et mourut: on l'ensevelit avec honneur à Jérusalem, dans le chapitre du temple du Seigneur.

Vers le même temps encore, le seigneur Guillaume, comte de Nevers, prince illustre, noble et puissant du royaume des Français, arriva à Jérusalem avec une escorte honorable de chevaliers, dans l'intention de combattre à ses frais pour le service de la chrétienté contre les ennemis de notre foi; mais une mort prématurée l'arrêta dans ce pieux et louable dessein, et lui enleva misérablement l'honneur qu'il eût recueilli de ses exploits. Frappé subitement d'une maladie dont il languit et souffrit long-temps, il termina enfin sa vie dans l'éclat de la plus belle jeunesse, objet des regrets et des lamentations de tout le monde.

Dans le cours du même été, le comte Alexandre de Gravina, et un certain Michel Hydrontin, tous deux de la maison du seigneur empereur de Constantinople et ses députés auprès du seigneur Roi, arrivèrent à Tyr; ils allèrent aussitôt trouver secrètement le seigneur Roi qui appela auprès de lui ceux qu'il voulut admettre à cette confidence, lui exposèrent l'objet de leur voyage, et lui présentèrent les écrits qu'ils avaient reçus de l'Empereur sur le même sujet. Voici quel était, en abrégé, le motif de leur mission. Le seigneur Empereur avait reconnu que le royaume d'Égypte, infiniment puissant jusqu'alors et jouissant d'immenses richesses, était tombé entre les mains de gens faibles et efféminés, et que les peuples voisins avaient une parfaite connaissance de l'impéritie, de la faiblesse et de l'incapacité du seigneur de ce pays et de tous ses princes. Comme il paraissait impossible que les choses demeurassent plus longtemps dans cette situation, plutôt que de voir passer la souveraineté et le gouvernement de ce royaume entre les mains des nations étrangères, l'Empereur avait pensé en lui-même qu'il lui serait facile, avec le secours du seigneur Roi, de soumettre ce pays à sa juridiction. Tel était l'objet de la députation que l'Empereur envoyait au Roi. Quelques personnes disent que, déjà auparavant, le seigneur Roi avait adressé de fréquentes sollicitations à l'Empereur pour cette même affaire, qu'il lui avait envoyé des exprès et écrit de nombreuses lettres, ce qui est beaucoup plus vraisemblable, lui demandant de l'assister de ses troupes, de sa flotte et de ses trésors, et lui offrant, à de certaines conditions, la cession de quelques portions de ce royaume et une part dans le butin qui y serait enlevé.

Les députés étant donc venus trouver le Roi pour traiter de cette affaire, on arrêta une convention qui fut approuvée des deux parties : puis le Roi me donna l'ordre de m'adjoindre à eux, d'aller, en qualité de conseiller du Roi et de tout le royaume, porter au seigneur Empereur les lettres qui me furent remises, et de ratifier le traité aux conditions qui me seraient imposées, et toutefois en la forme qui fut déterminée par avance. J'allai donc rejoindre les confidens intimes du seigneur Empereur, qui attendaient mon arrivée à Tripoli, en conformité des lettres que le Roi leur avait adressées, et nous partîmes ensemble pour la ville royale.

Le seigneur Empereur se trouvait à cette même époque dans la Servie, pays montagneux, couvert de forêts, et d'un abord très-difficile, situé entre la Dalmatie, la Hongrie et l'Illyrie; les habitans, comptant sur la difficulté qu'éprouveraient des étrangers à pénétrer et à se maintenir dans une contrée qui n'était ouverte d'aucun côté, s'étaient révoltés contre l'Empire. Les anciennes traditions rapportent que ce peuple fut formé dans l'origine par des déportés et des exilés que l'on condamnait à aller dans ce pays scier du marbre et fouiller la terre pour en retirer des métaux, et c'est même à ce fait que l'on attribue leur nom, qui indique leur premier état de servitude. Ce peuple grossier et indiscipliné habite les montagnes et les forêts, et ne pratique point l'agriculture; mais il possède beaucoup de gros et de menu bétail, et a en grande abondance du lait, du fromage, du beurre, de la viande, du miel et des gâteaux de cire.

Il y a dans ce pays des magistrats appelés *suppans;* ils obéissent quelquefois au seigneur Empereur; d'autres fois les habitans sortent tous de leurs montagnes et de leurs forêts, et comme ils sont entreprenans et belliqueux, ils vont ravager les contrées environnantes. Comme ils faisaient souffrir toutes sortes de maux à leurs voisins, l'Empereur marcha contre eux avec courage, et conduisit dans leur pays une armée innombrable. Il les soumit et s'empara même de leur chef principal. Il revenait de cette expédition lorsque nous allâmes à sa rencontre, et nous le joignîmes, après une marche longue et remplie de fatigues, dans la province de Pélagonie et dans la ville vulgairement appelée Butelle, auprès de cette ville antique, patrie du très-heureux, très-invincible et très-sage empereur, le seigneur Justinien [1], nommée d'abord *Justiniana*, et vulgairement appelée *Acreda*. Le seigneur Empereur nous accueillit honorablement, et nous traita avec bonté dans sa clémence impériale; nous lui exposâmes soigneusement le motif de notre voyage et de notre mission auprès de lui, ainsi que la teneur des traités que nous avions à lui présenter; il reçut ces nouvelles avec joie et approuva gracieusement tout ce qui avait été réglé à l'avance. On s'engagea des deux côtés par serment et par corps; et l'Empereur, déployant son autorité, confirma ce qui avait été convenu d'abord entre les députés. Après avoir reçu les lettres impériales qui contenaient en entier toutes les clauses du traité, ayant ainsi heureusement accompli notre mission, et comblé, selon l'usage, par l'Empereur des témoignages de sa munificence, nous nous remîmes en route vers le commencement d'octobre, pour retourner dans le royaume.

[1] Justinien naquit dans le village de Tauresium, près des ruines de Sardica; ce village prit en effet le nom de *Justiniana prima*.

Aussitôt après que nous eûmes quitté le royaume, bien avant notre retour, et lorsque le Roi ne pouvait encore se tenir pour assuré du succès de notre mission et des secours qu'il attendait de l'Empereur, le bruit se répandit, à ce qu'on assure, que Savar, le soudan d'Égypte, expédiait fréquemment des messages à Noradin, et implorait secrètement son assistance, lui faisant dire qu'il se repentait d'avoir conclu un traité avec le Roi, et qu'il avait le projet d'y renoncer; qu'il éprouvait de la répugnance à se trouver engagé dans une alliance avec un peuple ennemi, et que s'il pouvait compter avec certitude sur les secours de Noradin, il s'empresserait de rompre son traité et de se séparer du Roi. Animé, dit-on, d'une vive indignation, le Roi fit un appel à tout son royaume, et ayant levé de toutes parts des troupes de chevaliers et de gens de pied, il se hâta de descendre de nouveau en Égypte. Il y a des personnes qui disent que tous ces bruits n'étaient qu'une fausse invention, que le soudan Savar était innocent, qu'il observait de bonne foi son traité et en remplissait les conditions, et que ce fut à la fois une œuvre impie et injuste d'aller lui faire de nouveau la guerre; on dit qu'on n'avait imaginé ces prétextes qu'afin de colorer d'une excuse quelconque une entreprise aussi extraordinaire, et qu'aussi le Seigneur, juge équitable des secrètes pensées et des consciences, retira sa protection aux nôtres, rendit leurs efforts inutiles, et ne voulut point accorder le succès à des tentatives qui n'étaient point fondées sur la justice. Gerbert, surnommé Assalu [1], maître de la maison de l'Hôpital, établie à Jérusalem, fut, à ce

---

[1] Gerbert d'Assaly, grand-maître des Hospitaliers de 1161 à 1169.

qu'on dit aussi, le principal moteur de ces funestes résolutions. C'était un homme d'un grand courage, et généreux jusqu'à la prodigalité, mais léger et d'un esprit très-mobile : après avoir dépensé tous les trésors de sa maison, il emprunta encore des sommes considérables, et les distribua à tous les chevaliers, qu'il allait cherchant de toutes parts pour les attirer à lui ; la maison de l'Hôpital se trouva, par sa conduite, chargée d'une si grande masse de dettes qu'il n'y avait aucun espoir qu'elle pût jamais s'en affranchir ; lui-même, dans la suite, désespérant d'y réussir, abandonna son office et renonça à son administration [1], laissant cette maison grevée d'obligations pour cent mille pièces d'or. On dit qu'il ne fit toutes ces énormes dépenses que dans l'espoir qu'après la conquête et la soumission de l'Égypte, la ville de Bilbéis, anciennement appelée Péluse, et tout son territoire, reviendraient à sa maison et lui appartiendraient à perpétuité, en vertu d'une convention conclue antérieurement avec le Roi. En même temps les frères du Temple ne voulurent prendre aucune part à cette expédition, soit qu'ils obéissent à l'impulsion de leur conscience, soit parce que le maître de la maison de l'Hôpital, leur rivale, passait pour le moteur et le chef de l'entreprise : ils refusèrent donc de fournir leurs troupes et de suivre le Roi, disant qu'il était trop injuste d'aller porter la guerre dans un royaume allié qui se reposait sur notre bonne foi, et de méconnaître la teneur d'un traité et les principes sacrés du droit, pour aller combattre des hommes qui ne

---

[1] En 1169, il se retira en Normandie, et se noya le 19 septembre 1183, en passant de Dieppe en Angleterre.

méritaient point une pareille agression, et qui demeuraient fidèles ¹.

Le Roi cependant s'étant armé, et ayant fait tous ses préparatifs de guerre et rassemblé les forces du royaume, descendit de nouveau en Égypte, la cinquième année de son règne, au mois d'octobre ². Après avoir marché pendant dix jours environ à travers le désert qui précède ce pays, il arriva à Péluse, l'investit aussitôt de toutes parts, s'en empara de vive force en trois jours, s'ouvrit un chemin par le fer, et y introduisit sans retard toutes ses troupes le treizième jour de novembre. Aussitôt après la prise de la ville, la plupart des habitans furent passés au fil de l'épée, sans aucun égard pour l'âge ni le sexe; et ceux qu'un hasard quelconque fit échapper à ce massacre, et que l'on put découvrir ensuite, perdirent leur liberté, malheur plus redoutable pour les ames élevées que toute espèce de mort, et furent soumis à une misérable servitude. On remarquait, parmi les prisonniers de condition, Mahadi, fils du soudan, et l'un de ses neveux, qui tous deux commandaient dans la ville, et étaient chefs de l'armée qu'on y avait rassemblée.

Dès qu'on se fut rendu maître de cette place, les bataillons chrétiens, s'élançant en désordre et pêle-mêle, pénétrèrent dans les retraites les plus cachées; ils ouvraient dans les maisons toutes les portes secrètes, et, cherchant de tous côtés ceux qui semblaient avoir échappé aux dangers de la mort, ils les chargeaient de fers et les traînaient ignominieusement au supplice.

---

¹ Bertrand de Blanquefort était encore, à cette époque, grand-maître des Templiers.

² De l'an 1168.

Ceux qui se montraient dans toute la vigueur de l'âge mûr ou bien armés étaient frappés par le glaive, à peine témoignait-on quelque pitié pour les vieillards ou les enfans, et les gens du menu peuple ne rencontraient pas plus d'indulgence. Tout ce qui pouvait exciter la cupidité tomba entre les mains des assiégeans, et les objets les plus précieux, les plus riches dépouilles, furent distribués par le sort entre les vainqueurs.

Consterné au récit de ces tristes nouvelles, et ne sachant que faire, Savar délibéra, autant du moins que le permettaient la brièveté du temps et le mauvais état de ses affaires, s'il tenterait de gagner le Roi par des présens, et d'apaiser sa colère à force d'argent, ou s'il solliciterait les secours des princes voisins qui participaient à ses superstitions, en leur adressant ses prières et leur offrant ses trésors. Il résolut enfin d'essayer, sans le moindre retard, l'un et l'autre de ces moyens. Il envoya des députés à Noradin pour implorer son assistance, et obtint en effet une réponse favorable. Noradin, ayant appelé Syracon, dont j'ai déjà parlé plusieurs fois, lui confia une partie de son armée et un grand nombre de ses nobles et de ses satrapes, pour l'assister dans les soins de son expédition; et celui-ci ayant fait ses approvisionnemens de vivres pour la route, et prenant avec lui un nombre suffisant de chameaux pour le transport des bagages, se rendit aussitôt en Égypte.

Le Roi cependant, après la destruction de Péluse, dirigea toutes ses troupes vers le Caire; mais il s'avança avec une telle lenteur qu'il faisait à peine en dix jours la marche d'une seule journée. Il arriva enfin, dressa son camp en face de la ville, et fit préparer les machines, les claies et tous les instrumens de guerre nécessaires en de pareilles circonstances. Les préparatifs que l'on faisait en dehors de la ville semblaient annoncer qu'on l'attaquerait incessamment; déjà les assiégés paraissaient saisis de crainte, comme s'ils eussent eu sous les yeux l'image menaçante de la mort. Mais ceux qui ont connu les causes secrètes de tous les retards qui survinrent, disent que le soudan, frappé de terreur à la vue de cette armée qui marchait sur lui, avait trouvé le moyen de gagner du temps, et ne cessait de promettre beaucoup d'argent pour obtenir la retraite des troupes. Le Roi, de son côté, n'avait pas d'autre intention que d'arracher le plus d'argent possible au soudan, aimant mieux vendre sa retraite au poids de l'or que de livrer la ville au pillage des gens du peuple, comme il l'avait fait déjà pour la ville de Péluse. J'aurai bientôt occasion de prouver clairement ce que je dis ici.

Pendant ce temps, le soudan cherchait, par l'entremise de ses serviteurs et de ceux du Roi, tous les moyens possibles de s'insinuer jusqu'à lui; il frappait à toutes les portes, et ayant enfin découvert l'excessive cupidité du Roi, il l'accabla de ses promesses, et s'engagea à lui donner des sommes considérables, telles que le royaume entier eût à peine suffi à les acquitter quand on aurait épuisé même toutes ses ressources. On assure, en effet, qu'il promit de livrer deux millions de pièces d'or, à condition que le Roi rendrait au soudan son fils et son neveu et remmènerait ses troupes dans ses États. Mais la suite montra bien qu'en faisant de telles offres le soudan n'avait nullement l'espoir de pouvoir s'acquitter en entier; son but principal était d'empêcher que le Roi n'arrivât trop vite au Caire, et que, trouvant cette place sans munitions et hors d'état de se défendre, il ne parvînt à s'en emparer dès les premières attaques. En effet, il en serait arrivé ainsi sans aucun doute, comme l'ont toujours pensé ceux qui faisaient partie de cette expédition, si, après avoir pris la ville de Péluse, notre armée se fût dirigée sur le Caire à marches forcées, lorsque les Égyptiens étaient encore frappés de stupeur et abattus d'un désastre tout récent et des calamités inattendues qui avaient signalé la destruction de Péluse. Il est tout-à-fait probable que des hommes mous et efféminés, plongés depuis si long-temps dans une vie d'oisiveté et de délices, dépourvus de toute expérience de la guerre, et redoutant pour eux-mêmes les maux dont leurs compatriotes venaient d'être frappés, n'eussent eu ni la force ni le courage de résister.

Tandis que ces choses se passaient dans les environs du Caire, notre flotte, que le Roi, en quittant ses États, avait ordonné de faire partir le plus tôt possible, mit en mer, et, poussée par un vent favorable, aborda, dit-on, vers l'une des embouchures du Nil, vulgairement appelée *Carabeix* [1]. Ceux qu'elle transportait s'emparèrent de vive force d'une ville très-antique située sur les bords du fleuve; elle se nommait Tapnis, et fut tout aussitôt livrée au pillage : puis les Chrétiens voulurent entreprendre de rejoindre l'armée du Roi en remontant le fleuve; mais les Égyptiens montèrent sur leurs navires, occupèrent la partie supérieure, et fermèrent ainsi le passage. Le Roi chargea aussitôt

---

[1] Probablement l'*ostium pelusiacum*.

Honfroi de Toron, son connétable, d'aller avec des chevaliers d'élite prendre possession, à tout prix, de la rive opposée du fleuve, afin de faciliter le passage des nôtres; et ce projet eût pu être exécuté assez aisément si la nouvelle de l'arrivée de Syracon n'eût nécessité de nouvelles dispositions. Le Roi ordonna donc à ceux qui venaient vers lui de redescendre vers la mer et de rentrer promptement dans le royaume. Ils exécutèrent ses ordres, et perdirent une galère par suite de quelque imprudence.

Le soudan et les siens pendant ce temps ne cessaient d'intriguer pour parvenir à éloigner le Roi, employant la ruse là où ils voyaient la force leur manquer, et suppléant par les artifices au défaut de ressources plus énergiques. En même temps qu'ils promettaient beaucoup d'argent, ils demandaient des délais pour s'acquitter, disant que les sommes étaient beaucoup trop considérables pour qu'on pût les trouver sur un seul point, et qu'ils avaient besoin d'un plus long terme pour suffire à leurs engagemens. Ayant donné cependant cent mille pièces d'or sans aucun retard, le soudan obtint la restitution de son fils et de son neveu et livra comme otages deux petits neveux encore enfans, en garantie du paiement du surplus. Le Roi leva alors le siége, se retira à un mille de la place environ, et dressa son camp auprès du *jardin du Baume.* Après avoir pendant huit jours de suite reçu du soudan des messages très-fréquens, mais toujours sans résultat, le Roi transféra son armée au lieu appelé Syriaque. Pendant ce temps le soudan ne cessait d'expédier des exprès dans toutes les parties du royaume pour solliciter des secours; il rassemblait dans la ville toutes les armes qu'il pouvait se procurer; il y faisait entrer des vivres, visitait toutes les localités, faisait fortifier les points les plus faibles, et organisait tous ses moyens de résistance. Employant le langage de la persuasion, il invitait les habitans à combattre pour leur vie, pour leur liberté, pour leurs femmes et leurs enfans; il remettait fréquemment sous leurs yeux la déplorable catastrophe qui avait frappé une ville voisine, et leur représentait l'amertume de l'état de captivité, l'affreux malheur d'avoir à supporter le joug de maîtres étrangers et de languir dans la servitude, la plus cruelle de toutes les conditions.

Il y avait dans l'armée du seigneur Roi un homme noble selon la chair, mais dégradé par sa conduite, qui ne craignait point Dieu et n'était retenu par aucun respect humain; il se nommait Milon de Planci, homme déhonté et abandonné, médisant et brouillon. Connaissant l'avidité insatiable du seigneur Roi, et empressé de seconder ses penchans plutôt que de lui donner de bons conseils, Milon de Planci l'avait engagé dès le principe et continuait obstinément à l'engager à faire les plus grands efforts pour parvenir à un arrangement avec le calife et le soudan, après avoir toutefois châtié le royaume en y prélevant les sommes promises, et à ne plus tenter de s'emparer de vive force des villes du Caire et de Babylone; non qu'il crût impossible, à ce qu'on assure, de réussir dans cette dernière entreprise, mais afin de tromper les vœux des chevaliers et de tous ceux qui avaient déjà préparé leur courage et leurs mains pour amasser du butin, et afin de parvenir lui-même à faire entrer dans les coffres du Roi toutes les sommes qui devaient être le prix de tant de travaux et de fatigues. En effet, lorsque les villes sont prises de force, les armées remportent toujours de bien plus riches dépouilles que lorsqu'elles sont livrées aux rois et aux princes à la suite d'un traité quelconque et sous des conditions déterminées, qui ne sont avantageuses qu'aux seigneurs mêmes. Dans le premier cas, au milieu de la confusion qu'entraînent toujours ces scènes tumultueuses de destruction, tout ce que chacun rencontre, de quelque manière que ce soit, appartient au premier occupant, en vertu du droit de la guerre, et accroît la petite fortune de chaque vainqueur; mais dans le second cas, les rois seuls profitent des stipulations favorables, et tout ce qui leur est alloué revient de droit à leur fisc. Et quoiqu'il puisse paraître que tout ce qui augmente la fortune des rois et des puissances les plus élevées doit tourner au plus grand avantage des sujets et augmenter la richesse de tous, il est cependant vrai qu'on recherche toujours avec plus d'ardeur ce qui doit enrichir les foyers domestiques et accroître les ressources particulières d'une maison.

Cette divergence d'intérêts amena des discussions et des querelles dans l'armée. La plupart de ceux qui en faisaient partie voulaient s'en rapporter uniquement au glaive et tout livrer au pillage; le Roi et les siens soutenaient un avis tout différent; ils eurent enfin le dessus, et la volonté royale fut accomplie. Tandis que notre armée était établie dans le village que j'ai nommé, à cinq ou six milles du Caire, les interprètes et les exprès ne cessaient d'aller et de venir des deux côtés. Le soudan envoyait fréquemment des députés au Roi, pour lui faire dire qu'il mettait la plus grande activité à recueillir les sommes promises, et le supplier de ne pas lui imputer les retards et d'attendre encore avec patience; et en même temps il l'engageait à ne pas se rapprocher du Caire, afin de ne pas effrayer le calife ou le peuple de la ville, qui se reposaient avec pleine sécurité sur la foi des traités; l'assurant qu'il remplirait sans retard ses engagemens, et qu'alors il serait loisible au seigneur Roi de rentrer dans ses États sous les meilleurs auspices.

Tandis qu'à l'aide de ces trompeuses illusions le soudan déjouait toutes les dispositions qu'on avait faites dans notre armée, et rendait nuls les sages conseils et les salutaires avis de ceux qui jugeaient mieux la situation, le bruit se répandit que Syracon arrivait traînant à sa suite une armée innombrable de Turcs: aussitôt qu'il l'eut appris, le Roi leva son camp, fit reformer les bagages, et retourna à Péluse. Là, ayant pris des vivres pour la route, et laissant derrière lui une force suffisante de chevaliers et de gens de pied pour défendre la ville, le Roi partit le 25 décembre, et marcha vers le désert à la rencontre de Syracon. Il s'était déjà assez avancé dans cette solitude, lorsque les éclaireurs qui connaissaient bien les localités, et en qui il fallait bien avoir confiance, vinrent lui annoncer que Syracon avait déjà passé avec toutes ses troupes. Il fallut prendre une nouvelle détermination. Les forces des ennemis étant doublées, il n'y avait plus de sûreté à demeurer plus long-temps dans le pays; tout retard accroissait le péril. Il paraissait imprudent d'aller combattre les ennemis, et d'ailleurs le soudan ne voulait plus accomplir ses engagemens; nous n'avions aucun moyen de l'y contraindre, et il était évident qu'il n'avait cherché tant de prétextes et de retards que dans l'intention d'attendre l'arrivée des Turcs, pour nous forcer alors à la retraite. Dans cette situation, le Roi retourna à Péluse, et ayant rallié la portion de son armée qu'il y avait laissée pour défendre cette ville, il la reforma en bon ordre, et se remit en route, le 2 janvier, pour retourner en Syrie.

[1169.] Syracon voyant que les circonstances répondaient à ses vœux, et qu'après le départ du Roi personne en Égypte ne pouvait s'opposer à leur accomplissement, mit enfin à exécution le projet qu'il avait formé depuis long-temps. Il dressa son camp devant la ville du Caire, et comme s'il fût entré en pacificateur, il contint son impatience pendant quelques jours, se conduisit en homme plein de sagesse, ne montra aucune mauvaise intention, ne se permit aucun acte d'hostilité, et dissimula ses desseins avec toute l'adresse qui le distinguait. Le soudan Savar sortait tous les jours de la ville et se rendait au camp de Syracon en grande pompe et suivi d'une escorte considérable ; il allait tous les jours le visiter et lui présenter ses salutations empressées, et après lui avoir offert des présens il rentrait dans la ville. L'habitude de se rendre au camp des Turcs et d'en sortir sans aucun accident lui inspirait de jour en jour plus de sécurité, et comme il avait été reçu la veille et l'avant-veille avec tous les témoignages de respect, chaque jour il croyait avoir plus de raison de se confier en son hôte. Mais tandis qu'il comptait aveuglément sur la bonne foi des Turcs, Syracon, ministre du crime, le surprit au milieu de cette trompeuse assurance : il ordonna secrètement aux siens de frapper le soudan le lendemain matin, à l'heure où il viendrait, selon son usage, lui présenter ses devoirs, et tandis que lui-même serait sorti de son camp, comme pour aller se promener sur les bords du fleuve. Savar en effet se rendit au camp de Syracon à son heure accoutumée, pour lui faire sa visite et s'entretenir avec lui après lui avoir présenté ses salutations; les ministres de mort marchèrent à sa rencontre et mirent aussitôt à exécution les ordres qu'ils avaient reçus. Ils le renversèrent par terre, lui tranchèrent la tête et le percèrent de mille coups. Ses fils, témoins de sa mort, tournèrent bride aussitôt, s'enfuirent rapidement vers le Caire, et, saisis de douleur, se roulant aux pieds du calife, ils l'implorèrent pour leur propre salut. On dit que le calife leur répondit qu'ils pouvaient y compter, à la charge par eux de n'entreprendre aucune négociation secrète avec les Turcs; mais oubliant aussitôt les termes de leur traité, ils employèrent des émissaires pour négocier un traité de paix avec Syracon, et le calife en ayant été informé, donna l'ordre de les faire périr tous deux par le glaive.

Ainsi, le roi de Jérusalem étant absent et Savar mort, Syracon, parvenu au comble de ses vœux, s'empara du royaume, se rendit auprès du calife, et lui offrit les témoignages de respect qui lui étaient dus. Dans ce changement de fortune, comblé d'honneurs, revêtu de la dignité et de la charge de soudan, armé du pouvoir du glaive, Syracon devint maître de toute l'Égypte. O aveugle cupidité des hommes, le plus grand de tous les crimes! ô coupables entraînemens d'une ame avide et insatiable! De quelle situation pleine de douceur et de tranquillité nous fûmes jetés dans un état rempli de trouble et d'anxiété par cette soif immodérée de richesses! Toutes les productions de l'Égypte et ses immenses trésors étaient à notre disposition; notre royaume était parfaitement en sûreté de ce côté; nous n'avions vers le midi nul ennemi à redouter. Ceux qui voulaient se confier à la mer trouvaient les routes assurées : nos Chrétiens pouvaient aborder en sûreté sur le territoire d'Égypte pour leurs affaires de commerce, et les traiter à des conditions avantageuses. De leur côté les Égyptiens nous apportaient des richesses étrangères et toutes sortes de marchandises inconnues dans notre pays, et lorsqu'ils y venaient leurs voyages nous étaient à la fois utiles et honorables. En outre, les sommes considérables qu'ils dépensaient tous les ans chez nous tournaient au profit du trésor royal, ainsi que des fortunes particulières, et contribuaient à leur accroissement. Maintenant au contraire tout est changé; les choses ont pris la plus mauvaise face, et notre harpe ne fait plus entendre que des sons douloureux. De quelque côté que je me tourne, je ne vois que des sujets de crainte et de méfiance. La mer nous refuse une paisible navigation; tous les pays qui nous environnent obéissent à nos ennemis, tous les royaumes voisins sont armés pour notre ruine. La cupidité d'un seul homme a attiré tous ces maux sur nous; son avidité, source de tous les vices, a couvert d'un voile épais le ciel serein que nous devions à la bonté du Seigneur. Mais reprenons la suite de notre récit.

Après la mort du soudan et de ses fils, mort injuste et dont nous fûmes les auteurs par notre impie conduite, Syracon, parvenu au but de ses desirs, obtint le gouvernement de l'Égypte. Mais il ne jouit pas long-temps de ses succès, et sortit de ce monde un an tout au plus après qu'il se fut mis en possession du pouvoir. Il eut pour successeur son neveu Saladin, fils de son frère Negemeddin[1], homme d'un esprit ardent, vaillant à la guerre, et prodigue dans sa libéralité. Dès qu'il se fut emparé du commandement, il se rendit auprès du calife son seigneur, pour lui présenter l'hommage qu'il lui devait, le frappa, dit-on, d'une massue qu'il tenait dans ses mains, le renversa par terre et le tua : il perça également de son épée tous les enfans du calife, afin de n'avoir aucun supérieur et d'être lui-même et son calife et son soudan ; car il craignait que le calife ne le fît périr un jour ou l'autre, au moment où il s'approcherait de lui, attendu que les Turcs commençaient déjà à encourir la haine du peuple égyptien. Il le prévint par ce coup, et donna la mort à son seigneur, au moment où celui-ci ne s'y attendait nullement, et, à ce qu'on assure, était aussi résolu à le frapper à l'improviste. Le calife mort, Saladin s'empara de ses richesses, de ses trésors et de tout ce qu'il y avait de précieux dans sa maison ; il usa de toutes choses selon son bon plaisir, en fit la distribution entre ses chevaliers, et se livra tellement à ses habitudes prodigues qu'après avoir en peu de jours dégarni toute la maison et les garde-robes, il emprunta encore des sommes considérables, et se chargea de très-fortes dettes. Il y eut cependant, à ce qu'on dit, des personnes qui parvinrent à enlever secrètement quelques-uns des fils du calife, afin que si les

[1] Nedjm-Eddyn-Ayoub-Ben-Chady.

Égyptiens recouvraient jamais le droit de gouverner leur royaume, ils pussent retrouver un héritier du nom, des dignités et du sang de leur dernier calife.

Après le retour du seigneur Roi il ne se passa rien de mémorable dans le royaume pendant la première moitié de cette même année, si ce n'est que Reinier de précieuse mémoire, évêque de Lydda, étant mort, Bernard, abbé de l'église du Mont-Thabor, fut solennellement installé en cette même qualité.

Le printemps suivant, qui était le commencement de la sixième année du règne du seigneur Amaury, les hommes les plus sages du royaume reconnurent que l'occupation de l'Égypte par les Turcs nous nuisait considérablement, et que notre situation avait fort empiré depuis cette époque. En effet, Noradin, le plus violent de nos ennemis, pouvait, en faisant partir une flotte nombreuse de l'Égypte, serrer de très-près notre royaume, assiéger toutes nos villes maritimes avec deux armées, et, ce qui était plus dangereux encore, il pouvait s'opposer entièrement au passage des pélerins, et les empêcher d'arriver jusqu'à nous. Dans ces circonstances on jugea qu'il était nécessaire d'envoyer auprès des princes de l'Occident quelques prélats, hommes vénérables, sages et doués d'éloquence, qui seraient chargés de les informer avec soin des malheurs affreux qui accablaient le royaume, de raconter les afflictions du peuple chrétien et les calamités plus grandes encore dont il se voyait menacé. On élut d'un commun accord, pour l'accomplissement de cette mission, le seigneur patriarche, le seigneur Hernèse, archevêque de Césarée, et le seigneur Guillaume, évêque d'Accon :

ils reçurent des lettres du seigneur Roi et de tous les évêques pour le seigneur Frédéric, empereur des Romains, pour le seigneur Louis, roi des Français, pour le seigneur Henri, roi des Anglais, pour le seigneur Guillaume, roi de Sicile, pour les nobles et illustres comtes Philippe de Flandre, Henri de Troyes, Thibaut de Chartres, et pour d'autres princes des pays occidentaux : munis de ces dépêches, les prélats s'embarquèrent sur un seul navire. Dès la nuit suivante il s'éleva une affreuse tempête, qui ballotta leur vaisseau, brisa toutes les rames, renversa les mâts, et le troisième jour nos députés rentrèrent au port, remplis de frayeur, et n'ayant échappé au naufrage qu'avec beaucoup de peine. Ils furent remplacés pour cette même mission par le seigneur Frédéric, archevêque de Tyr, qui céda enfin aux instantes prières du seigneur Roi et des princes, et emmena avec lui le seigneur Jean, évêque de Panéade et suffragant de l'église de Tyr. Ils s'embarquèrent tous deux sous de meilleurs auspices, et abordèrent heureusement au lieu de leur destination : quant aux affaires pour lesquelles on les avait fait partir, ils n'obtinrent aucun succès. L'évêque de Panéade, étant arrivé en France, mourut peu de temps après à Paris; et le seigneur archevêque revint au bout de deux ans, sans avoir pu réussir dans sa mission.

Ce même été se passa sans qu'il survînt dans le royaume rien qui soit digne d'être rapporté. Vers le commencement de l'automne, le seigneur Empereur, fidèle à ses promesses, et se souvenant du traité d'alliance qu'il avait conclu par notre intermédiaire avec le seigneur Roi, envoya la flotte qu'il avait promise;

bien digne en cette circonstance des plus grands éloges, car, dans sa magnificence impériale, il interpréta son traité très-généreusement, et accorda beaucoup plus qu'il n'avait d'abord consenti. Son armée navale était composée de cent cinquante navires longs, à éperons, garnis d'un double rang de rameurs très-propres au service de la guerre, et qu'on appelle vulgairement des galères. Il y avait en outre soixante bâtimens plus grands que les précédens, destinés au transport des chevaux, ayant vers la poupe des portes par où l'on faisait entrer et sortir ces animaux, et garnis en outre de ponts qui servaient à embarquer et à débarquer commodément et les hommes et les chevaux. On y voyait enfin dix ou douze autres bâtimens encore plus grands, appelés *dromons* (sorte de navires très-longs), et qui étaient chargés au complet de vivres, d'armes de toute espèce, de machines et d'autres instrumens de guerre. L'Empereur envoya quelques-uns de ses princes avec cette flotte, savoir, Mégaducas, son cousin, à qui il donna le commandement en chef; un certain Maurèse, homme très-dévoué à l'Empereur qui avait beaucoup de confiance en son expérience (comme on put le reconnaître par la suite, lorsqu'il le mit à la tête de toutes les affaires de son empire); et enfin le comte Alexandre de Conversana, homme noble de la Pouille, pour qui le seigneur Empereur avait aussi beaucoup d'amitié, en reconnaissance de sa grande fidélité et de son extrême dévouement. Ayant chargé ces trois hommes de la conduite de son armée, l'Empereur les fit partir pour l'Orient : leur navigation fut heureuse; vers la fin de septembre ils entrèrent dans le port de Tyr, se rendirent de là à Accon, et s'établirent dans une bonne station, entre le fleuve et le port.

L'an 1169 de l'incarnation du Seigneur, la soixante-huitième année de la délivrance de la cité sainte, la sixième du règne du seigneur Amaury, et le 10 octobre, le Roi ayant mis ordre aux affaires de son royaume, et laissant derrière lui une force suffisante pour le défendre en son absence contre les entreprises et les incursions de Noradin, qui séjournait en ce moment dans les environs de Damas, rassembla toute l'armée, tant des Latins que des Grecs, auprès de la ville d'Ascalon.

Déjà, depuis quelques jours, la flotte était sortie du port d'Accon et avait fait voile pour l'Égypte. Le 17 des calendes de septembre [1], l'armée sortit d'Ascalon et se mit en marche, s'arrêtant tous les jours dans les stations les plus convenables et de façon à trouver toujours de l'eau en abondance, marchant à petites journées, afin que les corps de gens de pied ne fussent pas trop fatigués; elle arriva enfin le neuvième jour à l'antique ville de Pharamie. Un accident survenu récemment avait allongé la route qui conduisait à cette ville et qui se prolongeait sur les bords de la mer. A force de battre et d'assiéger en quelque sorte certains amas de sables placés entre une vaste plaine et les eaux, la mer avait enfin enfoncé cette digue, et, s'ouvrant une nouvelle voie, s'était répandue sans obstacle dans la plaine dont je viens de parler. L'ou-

[1] Il y a ici une grossière erreur qui ne peut provenir que des copistes; cette date reporterait au 15 juillet le départ de l'armée qui ne s'était réunie à Ascalon que le 15 octobre, comme Guillaume de Tyr vient de le dire plus haut. *L'Art de vérifier les dates* place l'époque de ce départ au 10 octobre.

verture qu'elle s'était faite était peu large, mais les eaux pouvant y passer librement, avaient formé au-delà un étang beaucoup plus vaste. Dès ce moment les infiltrations de la mer y amenèrent une telle quantité de poissons que non seulement les environs, mais même des villes éloignées s'en trouvèrent plus abondamment pourvues que jamais. Les lieux voisins de la mer ont été peu à peu envahis par ses débordemens, en sorte que ceux qui veulent suivre la côte maintenant pour descendre en Égypte rencontrent là un obstacle qui les oblige à tourner l'étang et à faire un circuit de dix milles et plus de longueur avant de pouvoir rejoindre de nouveau le rivage. J'ai raconté ce fait à cause de sa singularité miraculeuse et de la nouveauté de l'événement, comme aussi parce que cette portion du désert, qui était auparavant exposée à toute l'ardeur des feux du soleil et qu'on voit maintenant couverte d'eau et très-fréquentée par tous ceux qui naviguent, est devenue plus fertile qu'elle n'avait jamais été, et remplit les filets de tous les pêcheurs qui viennent y exercer une industrie jusqu'alors inconnue.

La ville de Pharamie, dont je viens de faire mention, maintenant inhabitée, et jadis remplie d'une nombreuse population, est située non loin de la première des embouchures du Nil, vulgairement nommée *Carabeix*, au milieu du désert, entre cette embouchure, la mer et les terres incultes, et à trois milles de distance du point où le fleuve se jette dans la mer. Notre armée étant arrivée dans cette ville y trouva la flotte; on disposa aussitôt les navires avec tous les rameurs dont on avait besoin, et toute l'armée passa sur la rive opposée : laissant alors sur la gauche la ville de Tapnis, jadis belle métropole, et qui maintenant ne présente plus que l'aspect d'un très-petit bourg, et suivant un chemin pratiqué entre les marais et le rivage de la mer, l'armée fit encore une vingtaine de milles environ, et arriva en deux jours devant Damiette.

Damiette, l'une des antiques et des plus illustres métropoles de l'Égypte, est située sur la rive inférieure du Nil, au lieu où ce fleuve se jette dans la Méditerranée par une seconde embouchure, et se trouve placée entre le lit du fleuve et la mer, dans une position infiniment agréable, à un mille environ de la mer. Notre armée y arriva le 27 octobre et dressa son camp entre la mer et la ville, pour attendre la flotte, que les tempêtes et les vents empêchaient encore d'aborder. Enfin, trois jours après, les eaux s'étant abaissées et les vents devenus favorables, la flotte entra dans le fleuve et vint se ranger sur ses bords, dans une station agréable, entre la ville et la mer. Il y avait sur la rive opposée du fleuve une tour singulièrement élevée et garnie d'hommes armés, en nombre suffisant pour la défendre. Une chaîne en fer, tendue de cette tour jusqu'à la ville, opposait une puissante barrière aux nôtres, et les empêchait absolument de remonter plus haut, tandis que des navires de toute espèce pouvaient descendre des lieux plus élevés, des villes du Caire et de Babylone, et arriver librement et sans aucun obstacle jusqu'auprès des habitans de Damiette. Notre flotte ayant pris position, les Chrétiens traversèrent les vergers situés entre leur camp et la place, et dressèrent leurs tentes plus près de la ville, sur un terrain d'où il leur était permis d'arriver jusqu'aux murailles. Ayant différé pendant trois jours de livrer assaut, ils apprirent par leur propre expérience combien le moindre retard peut être nuisible lorsqu'on est tout préparé. Des bandes innombrables de Turcs arrivèrent des parties supérieures de l'Égypte, et des navires chargés d'hommes armés vinrent, à la vue même de notre armée, et sans qu'il lui fût possible de s'y opposer, remplir de combattans la ville, qui naguère se trouvait presque déserte. Au moment de l'arrivée des nôtres, à peine eût-elle pu, même selon leur dire, soutenir une première attaque, et bientôt ils jugèrent ne pouvoir plus s'en emparer qu'en employant les machines et tous les instrumens de guerre. On choisit donc des ouvriers, on leur livra les matériaux dont ils avaient besoin, et ils construisirent à grands frais et avec beaucoup de travail une tour d'une hauteur étonnante, puisquelle avait sept étages, du haut de laquelle on pouvait voir toute la ville. On fit faire encore d'autres machines de diverses espèces, les unes pour lancer contre les murs d'énormes blocs de pierre capables de les ébranler; d'autres, pour y renfermer des fossoyeurs qui pussent s'y cacher comme dans des cavernes, afin d'aller miner les murailles de la ville, et s'avancer ensuite sous des passages souterrains pour achever de les renverser.

Lorsque toutes ces machines furent terminées, on aplanit le terrain, et on les plaça le long des murailles : ceux qui étaient dans la tour attaquaient sans relâche les assiégés avec des flèches et des pierres qu'ils lançaient à la main, et en employant toutes les armes dont ils pouvaient se servir dans leur fureur et dans l'étroit espace qui les renfermait. Ceux qui faisaient le service des machines à projectiles lançaient de gros blocs de pierre et s'efforçaient à l'envi les uns des autres de renverser les murailles et les maisons attenantes. A cette vue, les assiégés, voulant opposer l'adresse à l'adresse, et répondre avec la même habileté à toutes les entreprises des assiégeans, firent élever une tour pareille à celle des nôtres; ils la remplirent d'hommes armés, afin de tenter une résistance et des efforts semblables à ceux que faisaient les nôtres; d'autres instrumens de guerre fusent dressés en face des instrumens du même genre, et ils cherchèrent, avec la plus grande sollicitude et par tous les moyens possibles, à briser toutes nos machines. L'intérêt de leur défense les rendit habiles, la nécessité fut pour eux la mère de l'industrie. Naguère ils s'étaient crus hors d'état de résister; mais pressés par le besoin, ils trouvèrent des ressources jusqu'alors ignorées, les esprits les plus bornés devinrent ingénieux pour le soin de leur propre sûreté, et l'on put reconnaître alors par expérience la vérité de ces paroles proverbiales, que « l'esprit se déve« loppe dans le malheur. » Les nôtres au contraire, qui auraient dû pousser plus vivement leur entreprise, commencèrent à se montrer timides et comme glacés : les uns disent que ce fut par suite d'une trahison; d'autres, uniquement par négligence et incurie. La première occasion où l'on put reconnaître qu'il y avait parmi les nôtres moins d'habileté ou moins de sagesse que d'ordinaire, ou bien encore que les chefs de l'armée n'agissaient qu'à mauvaise intention, fut celle où l'on donna l'ordre de conduire la tour mobile vers les murailles, sur un terrain en pente et presque impraticable. Il y avait de ce même côté de la ville beaucoup de points où les murailles étaient plus basses, et contre lesquels on pouvait se diriger plus facilement pour livrer assaut et pour en prendre possession; et cependant on dressa la tour en face du point le plus solide et le mieux fortifié, et l'on rencontra plus de difficulté pour l'appliquer contre la muraille qu'on n'eût pu en trouver en en choisissant tout autre : là même, cette machine ne pouvait faire aucun mal aux assiégés ni à leurs édifices, mais seulement à l'église de la sainte Mère de Dieu, située tout près de ce même mur.

Il est encore une autre circonstance que j'ai déjà indiquée et sur laquelle on ne peut conserver aucun doute qu'elle n'ait été le résultat d'une méchante intention, c'est le retard qu'on mit à attaquer la ville lorsque notre armée fut arrivée devant ses murs. On la trouva dans ce moment à peu près déserte; il n'y avait que ceux qui y habitaient d'ordinaire, hommes lâches et efféminés qui n'avaient aucune habitude des combats; en sorte que, si on les eût attaqués vivement, comme on aurait dû le faire, la ville eût été certainement enlevée de vive force dès les premiers assauts. On leur donna du temps, les assiégés firent venir des forces du dehors, et il leur arriva dans cet intervalle une si grande quantité d'hommes vigoureux et parfaitement armés, qu'ils se trouvèrent en état de résister à nos attaques, non seulement dans l'enceinte des murailles, mais même en dehors et dans la plaine.

Il survint encore une nouvelle calamité. Les Grecs, qui étaient arrivés en grand nombre avec la flotte, se trouvèrent bientôt dépourvus de vivres, à tel point qu'ils manquaient entièrement de pain et n'avaient non plus aucune autre espèce d'alimens. On faisait des coupes pour divers besoins dans une forêt de palmiers située tout près du camp. A mesure que les arbres étaient abattus, les Grecs cherchaient avec beaucoup de soin, à l'extrémité du tronc et au point où les branches se forment, une substance molle qui fournit la sève aux branches, et qui est assez propre à être mangée; ils s'en servaient, dans leur misérable situation, pour calmer un peu leur appétit, car le besoin les rendait industrieux à chercher toutes sortes d'alimens, et la nécessité de satisfaire à leurs estomacs affamés leur inspirait une habileté toute nouvelle. Pendant quelques jours ils prolongèrent misérablement leur existence à l'aide de cette nourriture, et se défendirent des rigueurs de la faim. Ceux d'entre eux qui n'étaient pas entièrement dépourvus de ressources parvenaient à s'en garantir en se nourrissant de noisettes, de raisins secs et de châtaignes sèches. Les nôtres n'en étaient pas réduits à ce point, et avaient en suffisance des alimens de diverses espèces; mais ils pensaient au lendemain et ménageaient leurs provisions, dans la crainte d'en manquer pour eux-mêmes s'ils se laissaient aller imprudemment à en faire part à ceux qui n'en avaient pas, car ils étaient incertains sur la longueur de leur séjour dans les mêmes lieux, et craignaient de le voir se prolonger indéfiniment. Il tomba en outre à la même époque une si grande quantité d'eau, et les pluies furent si abondantes, que les pauvres dans leurs mauvaises cahutes, les riches même dans leurs pavillons ne pouvaient trouver aucun moyen de se défendre des infiltrations, et encore moins des torrens qui les accablaient quelquefois. On fit creuser autour des tentes un fossé qui pût recevoir et faire écouler les eaux, et l'on eut grande peine à se mettre à l'abri de leur impétuosité. Enfin il arriva encore vers le même temps un autre malheur bien affreux : les galères et les autres navires de diverses espèces qui avaient quitté la mer pour entrer dans le fleuve, avaient été rangés auprès de la ville dans une station qui paraissait tout-à-fait sûre; les assiégés, voyant souffler un vent très-fort du midi, qui suivait par conséquent le courant du Nil, en profitèrent pour mettre à exécution le projet qu'ils avaient formé. Ils prirent une barque de moyenne grandeur, la remplirent, autant qu'elle en put contenir, de bois sec, de poix et de matières liquides propres à animer un incendie, et ils y mirent le feu. Aussitôt qu'elle fut enflammée, ils la dirigèrent vers notre flotte, où le courant la transporta sans efforts tandis que le vent du midi qui soufflait avec force accroissait la violence du feu, entretenu sans relâche par tous les matériaux entassés. Le bateau descendit donc vers la flotte; là, trouvant les navires extrêmement rapprochés, et ne pouvant suivre son impulsion, il s'arrêta au milieu d'eux, et communiqua la flamme qu'il portait à six galères qui furent réduites en cendres. La flotte entière aurait brûlé de la même manière, si le seigneur Roi ne se fût aperçu de l'incendie : dans sa sollicitude, il s'élança brusquement sur son cheval, sans être même chaussé, et courut avertir les matelots et les encourager par ses gestes et ses cris à se défendre des progrès du feu. Aussitôt ils séparèrent les bâtimens les uns des autres, et les arrachèrent ainsi aux flammes qui se répandaient déjà de tous côtés. Ceux des navires qui avaient commencé à brûler dans le voisinage d'un autre, ou qui emportaient à leur suite quelque cause d'incendie, comme des étincelles ou toute autre matière enflammée, trouvaient des moyens de s'en délivrer dans le voisinage bienfaisant et l'emploi des eaux du fleuve.

On ne laissait pas cependant de continuer à livrer des assauts à la ville, de deux en deux jours, et, comme il arrive d'ordinaire dans la mobilité des événemens, c'étaient tantôt les nôtres, tantôt les ennemis qui se trouvaient maltraités; plus habituellement les provocations au combat venaient de notre armée. Il était rare que les assiégés offrissent la bataille, à moins qu'ils ne fussent harcelés de très-près. Quelquefois cependant ils sortaient par une porte bâtarde qui faisait face au camp des Grecs, et faisaient sur eux des irruptions subites, sans qu'on pût savoir précisément s'ils les attaquaient de préférence pour avoir entendu dire qu'ils étaient naturellement plus faibles que ceux de notre armée, ou bien s'ils les regardaient comme moins capables de résister à leur choc par suite de la famine qui les travaillait. Quoi qu'il en soit, le commandant en chef des Grecs et tous les autres combattaient assez vigoureusement et avec vaillance, toutes les fois que l'occasion s'en présentait; animés par l'exemple de leurs chefs, les inférieurs se montraient plus ardens à l'attaque et plus courageux à la résistance qu'ils ne le sont ordinairement. Les habitans recevaient sans cesse de nouveaux secours, tant par terre que par eau; de telle sorte que ceux qui étaient renfermés dans les murs de la ville devenaient toujours plus redoutables aux assiégeans, plutôt que ceux-ci ne faisaient véritablement de mal à ceux qu'on disait assiégés. Aussi le peuple chrétien commençait-il à murmurer sourdement, et l'on pensait généralement que nos armées se livraient à tant de travaux en pure perte, que leur entreprise avait excité la colère du ciel, et qu'il valait beaucoup mieux retourner dans le royaume que de demeurer en Égypte, pour y mourir de faim ou être livré au glaive des ennemis. En conséquence, on conclut un traité qui renfermait quelques conditions secrètes, et qui fut négocié par l'entremise de quelques-uns de nos chefs et de quelques satrapes turcs, et principalement de l'un de leurs princes, nommé Ivelin, qui s'y donna beaucoup de peine. Aussitôt les hérauts annoncèrent dans tout le camp que la paix venait d'être signée.

Dès ce moment les habitans de la ville et les étrangers venus à leur secours sortirent et se rendirent en toute liberté au camp des assiégeans. Tous ceux des nôtres qui voulaient aller à la ville eurent aussi la faculté d'y entrer et d'en sortir sans le moindre obstacle. On retrouva enfin des deux côtés la libre permission de commercer et d'acheter ou d'échanger tout ce qu'on voulut. Après avoir pendant trois jours de suite usé de cette faculté dans le marché où l'on exposait toutes sortes d'objets en vente, et toujours en bonne intelligence avec les ennemis, les nôtres firent enfin leurs préparatifs de départ. Ils abandonnèrent toutes leurs machines et y mirent le feu : ceux qui étaient venus par la voie de terre suivirent, avec le seigneur Roi, la route qu'ils avaient prise en venant, retournèrent en Syrie à marches forcées, et arrivèrent à Ascalon le 21 décembre. Le seigneur Roi se rendit en toute hâte à Accon, pour la célébration de la fête qui s'approchait, et il entra dans cette ville la veille même de la Nativité du Seigneur. Ceux qui étaient venus par mer montèrent sur leurs vaisseaux sous de sinistres auspices : à peine s'étaient-ils mis en route qu'il s'éleva une tempête extrêmement violente; ils subirent la fureur invincible des flots; les navires furent brisés et jetés sur la côte, et la plupart d'entre eux furent enfin naufragés. Il ne resta de cette flotte, si nombreuse lorsqu'elle était venue se réunir à notre armée, et de tant de bâtimens grands ou petits, qu'un petit nombre de navires qui fussent en assez bon état pour supporter la traversée et rentrer chez eux.

[1170.] Les députés du seigneur Empereur, retournant dans leur pays sans avoir réussi dans leur expédition, quoiqu'ils eussent déployé tout le zèle nécessaire au succès, et montré une juste sollicitude pour les intérêts de leur seigneur, arrivèrent profondément abattus et déplorant la fatalité qui les avait poursuivis : ils craignaient en même temps que l'Empereur ne leur attribuât la malheureuse issue de cette campagne, quoiqu'ils en fussent innocens, et que dans sa colère il n'imputât à leur mauvaise volonté ou à leur négligence ce qui n'était que le résultat d'accidens inévitables. Je me souviens qu'après mon retour je pris avec beaucoup de soin des informations auprès du seigneur Roi et de quelques princes du royaume, pour savoir comment il se faisait qu'une telle armée, dirigée par de tels princes, eût si complétement échoué dans son entreprise. Cette même année je m'étais rendu auprès de l'église romaine, dans l'intérêt de mes affaires particulières, et pour me soustraire à l'injuste inimitié de mon seigneur archevêque. A mon retour je cherchai donc à avoir une solution de la question que je viens de rapporter, et je desirai beaucoup apprendre la vérité en recueillant diverses relations de personnes différentes, car on disait que le résultat de cette expédition n'avait nullement répondu aux espérances qu'on en avait conçues; et j'avais un grand empressement à être bien informé des faits, ayant déjà résolu de m'occuper de l'ouvrage que j'écris maintenant. J'appris donc que les Grecs n'étaient pas sans avoir commis une grande faute dans cette affaire. Le seigneur Empereur avait promis de la manière la plus positive d'envoyer tout l'argent nécessaire pour l'entretien de cette grande armée, et il est certain qu'en cette occasion il fut peu exact à tenir sa parole. Dès le moment que ses généraux furent descendus en Égypte, et tandis qu'ils auraient dû subvenir aux besoins de tous les indigens, aux dépens de la munificence impériale, eux-mêmes se trouvèrent les premiers à manquer de tout, et à chercher de l'argent à emprunter pour fournir à la nourriture et à la solde de leurs propres légions; mais personne ne leur en donnait.

L'été suivant, dans la septième année du règne du seigneur Amaury [1], au mois de juin, tout l'Orient fut ébranlé par un tremblement de terre tel qu'on ne se

---

[1] En 1170.

souvient pas de mémoire d'homme, et qu'on ne lit même nulle part qu'il en soit jamais survenu d'aussi violent. Celui-ci, renversant entièrement les villes les plus antiques et les mieux fortifiées de tout le vaste Orient, et enveloppant les habitans dans leurs ruines, détruisit aussi tous les édifices, ou n'en laissa subsister du moins qu'un très-petit nombre. Jusques aux extrémités de la terre il n'y avait pas un lieu qui n'eût à déplorer quelque accident particulier, quelque malheur local. Le deuil régna partout, partout on ne fut occupé que de funérailles. Dans nos provinces, et entre autres en Syrie et en Phénicie, les villes les plus grandes, les plus nobles par une antiquité qui remontait à une longue série de siècles, furent renversées de fond en comble. Dans la Cœlésyrie, Antioche, métropole de plusieurs provinces, et jadis capitale de plusieurs royaumes, fut complétement détruite, ainsi que toute la population qui y habitait. Les murs et les fortes tours dont ils étaient garnis dans toute leur enceinte, ouvrage d'une solidité incomparable, les églises et tous les édifices quelconques furent si violemment renversés qu'aujourd'hui même, à la suite de travaux infinis et de dépenses énormes, et quoiqu'on s'y soit livré avec une sollicitude et un zèle infatigables, on est à peine arrivé à les rétablir fort imparfaitement. Plusieurs belles villes de cette province tombèrent encore par suite du même événement; parmi les villes maritimes on peut citer Gabul et Laodicée, et parmi celles qui sont situées au milieu des terres, et qui étaient alors occupées par les ennemis, Bœrée autrement appelée Alep, Césare, Hamath, Émèse et plusieurs autres encore, sans parler des plus petites qui ne pourraient être comptées. En Phénicie, Tripoli, ville noble et très-peuplée, éprouva une si violente secousse, le 29 juin, vers la première heure du jour, qu'elle en fut subitement renversée, et qu'il n'y eut, pour ainsi dire, dans cette immense population, pas un seul individu à qui il fût possible de pourvoir à sa sûreté. La ville présenta sur-le-champ l'aspect d'un monceau de pierres, sépulcre public et tombeau vivant des malheureux citoyens ensevelis sous ses décombres. A Tyr, fameuse métropole de la même province, la commotion fut assez violente pour renverser quelques tours très-solides; les habitans cependant ne coururent aucun danger. On trouvait sur notre territoire, ainsi que sur celui des ennemis, des villes à demi détruites, ouvertes de tous côtés et exposées aux surprises et aux attaques de tout venant. Mais tandis que chacun redoutait pour lui-même la colère du Juge inexorable, nul n'osait se permettre d'aller en attaquer un autre. A chacun suffisaient ses propres douleurs; chacun, accablé du soin de ses intérêts particuliers, ne songeait point à aller troubler ses voisins. La paix régna pour un court espace de temps, du consentement de tous les hommes; un traité d'alliance fut formé par la crainte des jugemens divins, et chacun, s'attendant à subir les effets de la colère qu'avaient attirée ses péchés, s'abstenait des actes trop ordinaires d'hostilité et mettait un frein à ses passions. Cet événement, par où se révélait la colère de Dieu, ne fut pas, comme de coutume, un accident d'une heure; durant trois ou quatre mois et même plus, on ressentit ces formidables secousses, tantôt de nuit tantôt de jour, à trois ou quatre reprises différentes et plus souvent encore dans la plupart des pays. Déjà tout mouvement était devenu redoutable, on ne trouvait plus en aucun lieu ni repos ni sécurité. Au milieu même du sommeil, l'esprit agité retrouvait avec horreur les craintes qu'on avait ressenties en veillant, et l'on était forcé, par une secousse subite, de renoncer au repos et de fuir. Celle de nos provinces qui est au dessus de la nôtre (la Palestine), protégée par le Seigneur, demeura à l'abri de ce fléau.

Cette même année, la septième du règne du seigneur Amaury, et au mois de décembre, le bruit se répandit de toutes parts, et de nombreux exprès annoncèrent que Saladin avait convoqué ses chevaliers dans toute l'Égypte et dans le territoire de Damas; que pour en augmenter la force il y avait ajouté des levées faites dans le menu peuple et parmi les hommes de moyenne condition, et qu'il formait le projet de s'avancer vers la Palestine, pour détruire entièrement notre royaume. Dès qu'il eut reçu ces nouvelles, le seigneur Roi se rendit en toute hâte sur le territoire d'Ascalon. Il apprit alors, par des rapports dignes de foi et d'une manière positive, que ce prince très-grand et très-puissant, marchant à la tête d'une armée nombreuse et plus forte même que d'ordinaire, avait assiégé pendant deux jours le château fort nommé Daroun; que pendant ce temps les assiégés n'avaient eu aucun moment de repos, et qu'il avait fait si constamment lancer une si grande quantité de flèches sur ceux qui occupaient la forteresse, que la plupart d'entre eux étaient blessés, et qu'il n'en restait plus qu'un bien petit nombre qui fussent encore en état de porter les armes et de défendre leur position. Le mur même ayant été miné et renversé violemment, Saladin avait occupé déjà une partie de la place, et les habitans s'étaient vus forcés de se retirer dans la citadelle, qui paraissait mieux fortifiée. Les ennemis avaient enfin pénétré de vive force dans la partie inférieure d'une tour dont ils avaient enfoncé et brûlé la porte, et cependant les chevaliers qui y étaient enfermés occupaient encore la partie supérieure de cette même tour. Telles furent les nouvelles que l'on apporta au seigneur Roi, et elles étaient exactement vraies. Le chef et le gardien de cette forteresse était un homme noble et vaillant à la guerre, religieux et craignant Dieu, le seigneur Anselme du Pas ; s'il eût été par hasard absent de ce château le jour qu'il fut attaqué, il est hors de doute que les ennemis auraient réussi à s'en emparer.

Le Roi, pénétré de douleur et enflammé de colère au récit de ces événemens, appela de tous côtés tout ce qu'il put rassembler en chevaliers et en gens de pied, autant que le lui permirent l'urgence des circonstances et le voisinage des ennemis, et sortant d'Ascalon le 18 du mois de décembre, il se rendit à Gaza. On voyait auprès de lui le seigneur patriarche, portant le bois vénérable et précieux de la croix vivifiante, et d'autres hommes respectables, le seigneur Raoul, évêque de Bethléem et chancelier du royaume, le seigneur Bernard, évêque de Lydda, et quelques-uns des princes du royaume, mais en très-petit nombre. Ayant fait le recensement de ses forces, le Roi reconnut qu'il avait tout au plus deux cent cinquante chevaliers et environ deux mille hommes de pied. On passa cette nuit à Gaza, mais sans dormir, par suite de la sollicitude et des soucis pressans qu'éveillait l'état des affaires. Les frères chevaliers du Temple, qui s'étaient rassemblés dans cette ville pour veiller à sa défense, se réunirent au reste de l'armée, et le lendemain au lever du soleil tous sortirent ensemble et dirigèrent leur marche vers le fort de Daroun. Ce fort est situé, à ce que je crois, dans l'Idumée ou Edom, au-delà du torrent appelé l'*Ægyptus*, lequel marque la délimitation entre la Palestine et le pays iduméen. Le seigneur Amaury l'avait fait construire, peu d'années auparavant, sur un emplacement peu élevé où l'on avait découvert quelques vestiges d'anciens édifices. Les habitans les plus âgés des environs rapportent, d'après leurs traditions, qu'il y avait eu anciennement dans le même lieu un couvent de Grecs, et que c'est de là que lui vient le nom de Daroun, qui signifie *la maison des Grecs*.

Ainsi que je l'ai dit, le seigneur Roi avait fait élever sur cette place un fort de moyenne grandeur, renfermant dans son enceinte l'espace du trait d'une pierre, de forme carrée, et ayant quatre tours angulaires, dont l'une plus grande et plus fortifiée que les autres : il n'y avait autour du château ni fossés ni remparts. Il est situé à cinq stades de la mer environ, et à quatre milles de Gaza. Quelques laboureurs des environs, et quelques hommes adonnés au commerce s'étaient réunis, avaient bâti non loin de la forteresse un faubourg et une église, et y avaient fixé leur résidence. La position du lieu était agréable, et les gens de condition inférieure y pouvaient vivre plus commodément qu'ils ne l'eussent fait dans les villes. Le Roi avait fait construire cette forteresse dans la double intention de reculer les limites de ses États, et d'avoir plus de facilité pour percevoir plus complétement ses revenus annuels dans toutes les maisons de campagne environnantes, appelées *casales* parmi nous, et pour prélever sur les passans les redevances accoutumées.

Notre armée étant sortie de Gaza, et s'étant arrêtée sur une hauteur qui se trouvait sur la route, aperçut de ce point le camp des ennemis : leur nombre prodigieux inspira des craintes aux nôtres, ils serrèrent leurs rangs beaucoup plus qu'ils n'avaient coutume de faire, et à tel point qu'ils avaient quelque peine à marcher en avant. Les ennemis s'élancèrent aussitôt sur eux pour essayer de rompre leurs rangs; mais protégés par la Divinité, et fortement unis en colonne serrée, ils soutinrent le choc sans s'ébranler et poursuivirent leur marche à pas pressés. Ils arrivèrent enfin au lieu de leur destination, dressèrent leurs tentes et s'arrêtèrent tous en même temps : le seigneur patriarche se rendit dans la citadelle, et tout le reste de l'armée campa en dehors et tout près du faubourg. On était alors vers la sixième heure du jour. Il y eut dans cette même journée plusieurs combats singuliers et quelques affaires de détachemens, dans lesquelles les nôtres attaquèrent avec audace et résistèrent vigoureusement. Vers les approches de la nuit, Saladin rangea son armée en bon ordre, et la conduisit vers Gaza; il passa cette nuit auprès du torrent, et le lendemain matin il mena ses troupes en avant, et se rapprocha de la ville.

Gaza, ville extrêmement antique, fut autrefois métropole du pays des Philistins; il en est fait mention très-fréquemment dans les histoires ecclésiastiques et profanes; aujourd'hui encore on y retrouve, dans plusieurs beaux monumens, beaucoup de traces de son ancienne splendeur. Elle fut abandonnée pendant fort long-temps, à tel point qu'on n'y voyait plus un seul habitant, jusqu'à l'époque où le seigneur Baudouin III, d'illustre mémoire, quatrième roi de Jérusalem, ayant, avant la prise d'Ascalon, convoqué toutes les forces du royaume, fit construire aux frais publics dans un quartier de la ville, une citadelle assez forte, et la donna aussitôt aux frères chevaliers du Temple, pour être par eux possédée à perpétuité. Ce fort ne put occuper toute la colline sur laquelle j'ai déjà dit que la ville avait été bâtie; ceux qui s'y réunirent pour y fixer leur résidence, voulant se mettre plus en sûreté, essayèrent de fortifier tout le reste de la colline, en la fermant par des portes, et en construisant un mur; mais ce mur était bas et peu solide. Lorsqu'ils furent informés de l'approche des ennemis, les habitans résolurent de se retirer dans la citadelle avec leurs femmes et leurs enfans, car ils n'avaient point d'armes; simples laboureurs, ils n'avaient aucune habitude de la guerre, et dans cette position ils étaient bien forcés de laisser sans défense la portion de la ville qu'ils occupaient. Mais Milon de Planci, l'un des plus grands seigneurs du royaume, homme méchant, et qui crut par ce moyen pouvoir les encourager à la résistance, refusa formellement de les recevoir, et les exhorta à défendre le quartier le moins fortifié. Il y avait en ce moment dans le même lieu soixante-cinq jeunes gens, tous équipés et prêts à combattre, originaires des environs de Jérusalem, et du village appelé Mahomérie. Ils se rendaient en hâte à l'armée, et étaient arrivés par hasard à Gaza cette même nuit. Tandis que, pour obéir aux ordres de Milon, ces jeunes gens combattaient vaillamment pour leur patrie et leur liberté auprès de la porte extérieure de la ville, et résistaient avec vigueur aux ennemis qui cherchaient à s'ouvrir un passage par le fer, d'autres ennemis entrèrent dans la ville par un autre côté, et trouvèrent ces mêmes jeunes gens combattant toujours entre la porte et la citadelle, et s'obstinant à disputer l'entrée à leurs adversaires; ils les attaquèrent aussitôt par derrière, les enveloppèrent de tous côtés au moment où ils ne s'y attendaient nullement et quand ils étaient déjà hors d'état de résister plus long-temps, et les firent succomber sous le glaive. Plusieurs de ces jeunes gens périrent, un plus grand nombre furent couverts de blessures; mais les ennemis payèrent chèrement leur victoire.

Les habitans de Gaza voulurent une seconde fois se retirer dans la citadelle; déjà les ennemis étaient maîtres de l'intérieur de la ville, et massacraient çà et là, sans distinction, tous ceux qu'ils rencontraient; mais les malheureux assiégés ne purent être admis dans le fort, seul moyen qui leur restât pour échapper à la mort. Les Turcs, aussitôt qu'ils furent maîtres de la place, s'élancèrent sur eux, sans aucun égard pour l'âge ni le sexe : les enfans à la mamelle étaient brisés sur les pierres, et les ennemis semblaient ne pouvoir assouvir leur fureur. Ceux qui occupaient la citadelle les tinrent cependant éloignés de leurs tours et de leurs murailles en leur lançant sans interruption des grêles de pierres et de traits, et parvinrent ainsi, avec l'aide du Seigneur, à garantir le fort de leurs attaques. Après avoir occupé la ville et massacré tous les habitans, les Turcs reprirent la route de Daroun, comme s'ils eussent remporté la victoire. Ils rencontrèrent sur leur chemin environ cinquante hommes de pied qui se rendaient à notre armée, et marchaient sans précaution. Ceux-ci se défendirent assez vigoureusement et résistèrent avec courage, mais enfin ils furent vaincus et périrent tous par le glaive.

Ayant alors organisé leurs escadrons selon les règles de l'art militaire, les Turcs se formèrent en quarante-deux corps, dont vingt-deux reçurent l'ordre de longer la côte et de passer entre la mer et le fort de Daroun. Les vingt autres corps durent traverser les terres et s'avancer sur cette route, jusqu'à ce que toute leur armée eût dépassé le fort, pour se réunir ensuite de nouveau. Les nôtres cependant, voyant les ennemis revenir en bon ordre, se préparèrent eux-mêmes pour le combat : quoiqu'ils fussent en petit nombre ils se confièrent en la clémence du Seigneur; et, invoquant les secours du ciel, ils firent toutes leurs dispositions pour la bataille. Aidés de la force du Seigneur, et remplis d'assurance et de fermeté, ils regardaient comme une chose certaine que l'ennemi ne revenait sur eux que pour leur livrer combat; mais les Turcs avaient un dessein bien différent, et se hâtèrent de reprendre la route de l'Égypte, sans se détourner ni à droite ni à gauche. Aussitôt que le seigneur Roi eut acquis par ses exprès la certitude que les ennemis poursuivaient leur marche et ne reviendraient point, il laissa du monde au château de Daroun pour relever les fortifications à demi renversées, en ajouter de nouvelles et défendre fidèlement cette position; et, marchant sous la conduite du Seigneur, il retourna à Ascalon avec tous les siens. Ceux qui avaient vu souvent d'autres corps ennemis dans le royaume disaient qu'à aucune époque les Turcs ne s'étaient présentés en forces aussi considérables, et l'on estimait que cette dernière armée, entièrement composée de cavaliers, était d'environ quarante mille hommes.

Vers le même temps, et le 29 décembre, avait lieu en Angleterre et dans la ville de Cantorbéry, noble et belle métropole de ce pays, la passion du bienheureux et très-glorieux martyr Thomas [1], archevêque de la même ville. Il était né à Londres, et fut jugé digne, au temps de Théobald, archevêque de Cantorbéry, d'être promu à l'archidiaconat de cette église. Appelé auprès de Henri II, roi du même pays, pour être associé à sa sollicitude royale, il devint son chancelier et se montra fidèle autant que sage et habile dans le gouvernement de tout le royaume. Après la mort du bienheureux Théobald, Thomas fut appelé, par son mérite et par la volonté du Seigneur, à lui succéder dans l'archevêché de Cantorbéry : il défendit les droits de son église avec beaucoup de vigueur et de fermeté, contre la tyrannie et l'impiété, et fuyant les persécutions du même Roi, forcé de se soumettre à l'exil, il passa en France et y demeura sept ans de suite, supportant ses maux avec une pa-

[1] Thomas Becket fut assassiné en effet, au pied de l'autel de la cathédrale de Cantorbéry, le 29 décembre 1170.

tience admirable et digne des plus grands éloges. Étant retourné en Angleterre pour y retrouver la paix qu'on lui avait promise, il fut ignominieusement frappé par le glaive des impies, dans l'enceinte même de l'église dont le Seigneur l'avait fait chef, et tandis qu'il priait pour ses persécuteurs : on lui trancha la tête, et cette couronne de son propre sang se changea, par un rare bonheur, en une couronne de martyr : aussi, depuis lors, le Seigneur, dans sa sainte miséricorde, daigne-t-il, presque tous les jours, opérer des miracles par son intermédiaire dans l'église de Cantorbéry et dans toute cette contrée, de telle sorte qu'il semble que les temps des apôtres sont revenus sur la terre.

[1171.] L'année suivante [1], qui était la septième année du règne du seigneur Amaury, ce roi convoqua tous les princes du royaume, car il voyait ses États accablés tous les jours de maux nouveaux ; le nombre de ses ennemis s'accroissait incessamment ; ils montraient de jour en jour plus d'audace ; leurs ressources et leurs richesses se multipliaient à l'infini ; et en même temps les princes les plus sages et les plus habiles de notre royaume avaient presque tous disparu ; on ne voyait plus après eux qu'une génération perverse de jeunes gens qui occupaient la place de ces hommes illustres sans la remplir convenablement, et qui dilapidaient la fortune de leurs ancêtres et en faisaient un détestable usage. Le Roi donc, ayant rassemblé tous les princes, leur exposa les besoins du royaume, et leur demanda leur avis sur les moyens de remédier à tant de maux

---

[1] En 1171 ; c'était la neuvième année du règne d'Amaury, car il avait été couronné le 18 février 1162.

et de prévenir la ruine de l'État. Ceux-ci, ayant aussitôt délibéré, répondirent d'un commun accord, et presqu'à l'unanimité, que le royaume se trouvait, en punition de nos péchés, réduit à ce point de faiblesse qu'il était hors d'état d'attaquer ses adversaires et de résister à leurs attaques. Ils déclarèrent qu'il fallait implorer les secours des princes de l'Occident pour essayer de faire face à tant de maux, et ils affirmèrent enfin qu'il leur était tout-à-fait impossible de trouver aucun autre moyen de salut. En conséquence on jugea convenable et l'on résolut, du consentement de tous, d'envoyer les personnes honorables qui seraient élues, avec mission de solliciter (en leur faisant connaître les tribulations du royaume) le seigneur Pape, les illustres seigneurs l'empereur des Romains, les rois des Français et des Anglais, de la Sicile et des Espagnes, et plusieurs autres comtes et ducs illustres, et d'implorer leur assistance pour nous défendre des périls qui nous menaçaient. On arrêta en même temps que l'on ferait connaître la situation précaire et difficile du royaume au seigneur empereur de Constantinople qui, se trouvant plus près de nous et étant d'ailleurs beaucoup plus opulent que tous les autres, pourrait plus facilement nous fournir les secours desirés. On reconnut surtout qu'il importait de n'envoyer auprès de ce dernier qu'une personne douée d'assez de sagesse, d'éloquence et d'autorité pour savoir et pouvoir à la fois disposer l'esprit d'un si grand prince à accueillir favorablement nos vœux. Tandis qu'on délibérait pour choisir celui qui paraîtrait le plus digne de remplir une telle mission, le Roi, après s'être consulté avec un petit nombre de ses intimes et des hommes de sa maison, ouvrit une proposition et annonça, en présence de tous, le projet qu'il avait formé. Il dit qu'une telle entreprise ne pouvait être tentée que par lui-même, et il ajouta qu'il était tout prêt à braver toutes sortes de fatigues et de périls pour travailler au soulagement des maux du royaume. Frappés d'étonnement et d'admiration, les principaux seigneurs dirent aussitôt qu'il serait trop cruel que le royaume fût privé de la présence du Roi et abandonné en quelque sorte à la désolation; à quoi le Roi répondit : « Que le Seigneur, dont je suis le ministre, « gouverne son royaume; pour moi je suis résolu à « partir, et il n'est au pouvoir de personne de me « faire renoncer à ce projet. » Alors ayant pris avec lui le seigneur Guillaume, évêque d'Accon, et parmi les grands du royaume Gormond de Tibériade, Jean d'Arsur, Gérard de Pugi, son maréchal; Roard, gouverneur de Jérusalem, et Renaud de Nephins (car Philippe de Naplouse, qui avait déjà renoncé à la maîtrise des chevaliers du Temple, avait été envoyé en avant et par la voie de terre), le Roi, suivi d'une nombreuse escorte, telle qu'elle convenait à la majesté de son rang, s'embarqua le 10 mars, emmenant avec lui dix galères. Le Seigneur leur ayant accordé dans sa bonté une heureuse traversée, le Roi aborda sans accident au détroit d'Abydos, à l'entrée du Bosphore, vulgairement appelé le *bras de Saint-Georges*. Le seigneur Empereur, homme très-magnifique, rempli de sagesse et de prudence, et digne d'éloges en tout point, ayant appris que cet illustre prince, souverain d'un royaume si fameux et agréable à Dieu même, venait d'entrer par extraordinaire sur le territoire de son empire, éprouva d'abord un extrême étonnement, ne pouvant comprendre quels motifs l'avaient poussé à braver ces fatigues et à entreprendre un tel voyage. Mais bientôt l'Empereur jugea que c'était pour lui un nouveau fleuron de gloire, un honneur imprévu, un don incomparable de la grâce céleste, de voir que le Seigneur lui eût accordé ce qu'il n'avait jamais accordé à aucun de ses prédécesseurs, la visite inattendue du roi de Jérusalem, du défenseur et du protecteur des lieux vénérables témoins de la passion et de la résurrection du Seigneur. Comblé de joie d'un tel événement, il résolut de prévenir l'arrivée du Roi et de lui rendre les plus grands honneurs. Appelant auprès de lui son neveu Jean le protosébaste, le plus élevé parmi les princes du sacré palais, dont la fille avait épousé le seigneur Roi, il le chargea d'aller à la rencontre de celui-ci, d'avoir soin qu'il fût traité le plus honorablement possible dans toutes les villes et lieux par où il passerait, conformément aux usages antiques et inviolables, et aux incomparables habitudes de magnificence adoptées dans l'Empire; et il lui prescrivit de le diriger comme un fils, et de l'inviter à attendre les messagers qui viendraient de sa part l'informer du moment où il pourrait faire son entrée dans la ville royale. Alors ce prince magnifique, suivi d'une honorable escorte, marcha à la rencontre du seigneur Roi jusqu'à Callipolis, ville située sur le rivage du Bosphore, non loin du détroit d'Abydos. Comme en ce moment le vent était peu propice pour ceux qui voulaient se rendre dans la cité royale, le Roi sortit de sa galère et se rendit à cheval à Héraclée, ville située sur la même côte, suivi de son escorte particulière. Il trouva sa flotte dans le port; elle avait profité du premier souffle d'un vent favorable, et, s'avançant rapidement, y était arrivée avant lui : alors il s'embarqua de nouveau par un bon vent, et arriva enfin à Constantinople.

Il y a dans cette ville, sur le rivage de la mer, et faisant face à l'orient, un palais impérial appelé palais de Constantin. On y arrive du côté de la mer, par un admirable et magnifique plancher; un escalier en marbre descend jusqu'au bord de l'eau; on y voit des lions et des colonnes travaillées avec un luxe vraiment royal, le tout également en marbre. D'ordinaire cette entrée, qui conduit vers la partie supérieure, est exclusivement réservée pour l'Empereur; mais afin de faire un honneur tout particulier au seigneur Roi, on se relâcha un peu des règles accoutumées, et il eut la permission de faire son entrée par ce côté.

Les grands du sacré palais allèrent aussitôt à sa rencontre, suivis d'une foule de personnes de la cour, et le reçurent en grande pompe : il fut conduit de là à travers beaucoup de corridors et de bâtimens d'une variété admirable, accompagné de tous les siens et d'un grand nombre de personnes du palais, de divers ordres, jusqu'au bâtiment supérieur, dans lequel se trouvait le seigneur Empereur avec tous ses illustres. On avait suspendu en avant de la salle d'audience des rideaux d'une étoffe précieuse et d'un travail aussi admirable pour le moins, en sorte qu'on eût pu leur appliquer avec justesse ces paroles du poète Nason (Ovide) : *materiam superabat opus,*

« le travail était supérieur à la matière. » Les plus grands princes du palais s'avancèrent à la rencontre du seigneur Roi en dehors de ces rideaux, et l'introduisirent ensuite dans l'intérieur. On dit que cette tenture avait été ainsi placée dans l'intention de maintenir la dignité impériale, et de gagner en même temps la bienveillance du seigneur Roi; car on assure que le seigneur Empereur se leva amicalement en l'honneur du Roi, au milieu de ses grands seigneurs, et en présence seulement de ses illustres; mais s'il en eût agi ainsi dans l'assemblée générale de la cour, on eût pu penser qu'il dérogeait trop à la majesté de son rang.

Après que le seigneur Roi fut entré, on tira tout-à-coup les rideaux, et ceux qui étaient demeurés en dehors virent alors le seigneur Empereur assis sur un trône d'or, et revêtu des ornemens impériaux, et à côté de lui le seigneur Roi également assis sur un trône d'honneur, mais un peu plus bas que l'autre. Alors l'Empereur donnant à nos princes le baiser de paix, et leur adressant les salutations qui leur étaient dues avec une grande bonté, s'informa avec empressement de la santé du seigneur Roi et de ses princes, et leur témoigna, par ses paroles autant que par l'enjouement de son visage, combien il avait le cœur content de leur arrivée. L'Empereur avait ordonné à ses domestiques et aux officiers de son palais sacré, de faire préparer dans l'enceinte même du palais quelques appartemens d'une admirable beauté pour le seigneur Roi et les gens de sa maison, et quant à ses princes, de faire disposer dans la ville, pour chacun d'eux, des logemens convenables, aussi rapprochés qu'il serait possible de ceux du Roi. Alors tous, prenant congé du seigneur Empereur et marchant à la suite du seigneur Roi, se retirèrent pour le moment, et le Roi, après leur avoir donné l'heure à laquelle ils devaient revenir auprès de lui, prescrivit à ses princes de se rendre chacun dans son logement particulier. Tous les jours et à des heures spécialement déterminées, ils avaient très-assidument des conférences, tantôt avec le seigneur Empereur, tantôt entre eux, au sujet des affaires qui les avaient attirés à Constantinople, et ils recherchaient sans relâche les meilleurs moyens de parvenir au but de ce grand voyage, afin de pouvoir retourner chez eux après avoir réussi dans leur entreprise.

Le seigneur Roi avait très-fréquemment aussi des entretiens particuliers avec le seigneur Empereur, quelquefois en tête-à-tête, d'autres fois au milieu de l'assemblée des illustres : il exposa soigneusement à l'Empereur le but de son voyage, les pressantes nécessités de son royaume ; il lui parla de la gloire immortelle que lui-même pouvait acquérir en faisant la conquête de l'Égypte, et lui expliqua, de la manière la plus claire, tous les moyens qu'il avait à sa disposition pour parvenir à ce résultat. Persuadé par ses discours, le seigneur Empereur prêta une oreille favorable à ses propositions, et lui promit que ses desirs seraient entièrement satisfaits. En même temps il ne cessait d'honorer le seigneur Roi et ses princes d'une immense quantité de présens dignes de la magnificence impériale, et dans les fréquentes visites qu'il leur rendait il se montrait rempli de sollicitude pour leur bien-être et leur santé. Il ordonna de leur ouvrir, comme à des personnes de sa maison, les appartemens intérieurs du palais, les lieux les plus secrets et qui n'étaient accessibles que pour les domestiques, les bâtimens consacrés aux usages les plus particuliers, les églises où les hommes du vulgaire ne pouvaient pénétrer, les trésors et les coffres, héritages de ses aïeux, et où étaient déposés les objets les plus curieux. Il voulut que l'on exposât sous leurs yeux les reliques des saints et tous les précieux témoignages des bontés de notre Seigneur Jésus-Christ, savoir, la croix, les clous, la lance, l'éponge, le roseau, la couronne d'épines, le suaire et les sandales : il n'y eut pas un des objets les plus secrets et des monumens les plus sacrés déposés, depuis le temps des bienheureux empereurs Constantin, Théodose et Justinien, dans les cachettes les plus inconnues des appartemens impériaux, qui ne leur fût découvert et présenté en particulier. De temps en temps aussi, et dans les momens de loisir, l'Empereur invitait le seigneur Roi et les siens à assister à des divertissemens, à des jeux tout nouveaux pour eux, et tels que les illustres spectateurs pouvaient y assister sans inconvenance; ils y entendaient divers instrumens de musique et des chants d'une admirable suavité, où l'art avait habilement introduit des accords très-variés; ils y voyaient aussi des chœurs de jeunes filles et des pantomimes d'histrions, dignes d'exciter l'admiration, et dans lesquelles la décence et les bonnes mœurs étaient cependant respectées. Enfin l'Empereur voulut aussi, en l'honneur du Roi, que l'on donnât pour les habitans de la ville ces spectacles publics que nous appelons ordinairement jeux du théâtre ou du cirque, et ils furent représentés à grands frais et avec toute la magnificence accoutumée.

Après avoir demeuré quelques jours dans le palais de Constantin, l'Empereur et le seigneur Roi transférèrent leur résidence au palais neuf, dit de Blachernes, afin de mettre quelque variété dans leurs plaisirs, l'un des meilleurs moyens d'échapper à l'ennui. Là encore l'Empereur donna au Roi, avec une grande politesse, de beaux appartemens situés dans l'enceinte même de son palais, et le traita pendant quelques jours avec beaucoup de bonté dans ce lieu, résidence ordinaire de ses ancêtres. Il fit également donner aux princes de sa suite de beaux et agréables logemens, non loin du même palais. Là, comme auparavant, il pourvut non seulement à tous leurs besoins, mais même avec une grande profusion à toutes leurs dépenses de plaisirs, et ceux qui remplissaient les fonctions d'officiers de la garde-robe ne cessèrent de leur fournir en abondance les objets les plus magnifiques. Le seigneur Roi visita aussi toute la ville à l'intérieur et au dehors ; il vit les églises et les couvens, si nombreux qu'on ne pouvait les compter, les colonnes chargées de trophées, les arcs de triomphe ; et toujours accompagné des grands seigneurs qui connaissaient le mieux les localités, il demandait aux hommes les plus âgés et les plus éclairés tous les renseignemens qu'il desirait, et apprenait d'eux l'origine et la destination des objets qu'il voyait. Il descendit aussi le long du Bosphore jusqu'à l'entrée de la mer du Pont, où commence cet étroit canal auquel on a donné le nom de Bosphore, et qui se dirige vers la mer Méditerranée. Il visitait ces lieux inconnus en homme curieux et qui desire s'instruire de toutes choses. Après avoir tout examiné il rentra dans la ville, reprit ses entretiens particuliers avec le seigneur Empereur, et travailla à terminer au gré de ses desirs la négociation pour laquelle il avait entrepris son voyage.

Après tous ces divertissemens, et lorsqu'il eut fini ses affaires et conclu heureusement et selon ses vœux un traité qui fut rédigé par écrit avec l'approbation des deux parties contractantes, et revêtu de leurs sceaux, le Roi, en prenant congé de tous, reçut de nouveaux témoignages de leur bienveillance et fit ses préparatifs de départ. Ce fut alors seulement qu'on vit paraître dans tout son éclat la munificence de l'Empereur; elle se manifesta presque par des prodigalités, mais d'une manière bien digne d'éloges, envers le seigneur Roi et tous les siens. Le Roi reçut une immense quantité d'or massif, des étoffes de soie en abondance, et de riches et magnifiques présens en marchandises étrangères; et tous ceux qui le suivaient, jusques à l'enfant le plus jeune, furent comblés aussi de cadeaux. Le protosébaste déploya aussi une générosité digne de son illustre rang. Tous les autres princes, remplis de zèle et cherchant à l'envi à se surpasser en magnificence, offrirent au seigneur Roi, en témoignage de leur bienveillance, des présens également remarquables par la beauté de la matière et par l'élégance du travail. La flotte étant prête à partir, le Roi, ayant heureusement accompli ses projets, se mit en route et descendit sur le Bosphore, qui marque les limites de l'Europe et de l'Asie; il suivit ce détroit dans sa longueur sur un espace de deux cents milles, passa entre les fameuses villes de Sestos et d'Abydos, où habitèrent Léandre et Héro, entra dans la mer Méditerranée, et, poussé par un vent favorable, alla débarquer le 14 juin dans le port de Sidon.

En entrant dans le royaume, le Roi apprit que Noradin se trouvait avec une nombreuse armée sur le territoire de Panéade, et redoutant qu'il ne tentât quelque invasion, il opposa à ces craintes toute la sollicitude que les circonstances semblaient exiger, et se rendit en Galilée. Ayant convoqué tous les princes du pays, il dressa son camp auprès de la fameuse source située entre Nazareth et Séphorim, afin de se placer au centre même du royaume, et de pouvoir se transporter sur tous les points où sa présence deviendrait nécessaire. Le Roi et tous ses prédécesseurs avaient l'usage de rassembler leurs armées en ce lieu, pour le motif que je viens de dire.

Vers le même temps le seigneur Frédéric, archevêque de Tyr et notre prédécesseur, qu'on avait envoyé vers les princes de l'Occident pour solliciter leurs conseils et leurs secours, revint après deux ans d'absence, déçu dans ses espérances, et n'ayant pu obtenir aucune des choses qu'il avait demandées de notre part. Il avait fait partir avant lui le seigneur comte Étienne, homme noble selon la chair, mais non par sa conduite, que le seigneur Roi l'avait chargé d'envoyer en Orient, ayant l'intention de lui donner sa fille en mariage. Il était fils du seigneur Thibaut l'ancien, comte de Blois, de Chartres et de Troyes. Arrivé dans le royaume et accueilli avec bonté par le seigneur Roi, qui l'entretint de ses projets, le comte Étienne rejeta les conditions qui lui étaient offertes et qu'il avait d'abord acceptées, et après avoir tenu pendant quelques mois une conduite honteuse et déréglée, il fit ses dispositions pour retourner dans son pays par la voie de terre. Il se rendit d'abord à Antioche, et de là en Cilicie, pour traverser le territoire du soudan d'Iconium, après avoir obtenu de lui une escorte, et se diriger ensuite sur Constantinople; mais en passant près de Mamistra, ville de Cilicie, il tomba par hasard dans un piége que lui tendit Milon, prince très-puissant des Arméniens, et frère de Toros. Des hommes cachés en embuscade s'élancèrent sur lui, lui enlevèrent beaucoup d'objets précieux et dignes de regret qu'il emportait avec lui, et ce ne fut même qu'à force d'instances et de prières qu'il obtint de ces brigands de conserver un mauvais cheval pour continuer sa route. Couvert de honte et chargé de la haine de tous les princes de l'Orient, il arriva, non sans beaucoup de peine, à Constantinople, suivi seulement d'un petit nombre de personnes.

Cette même année un autre comte Étienne, qui n'avait avec le précédent que la ressemblance du nom, et nullement celle de la conduite, homme au contraire réservé et recommandable en tout point, fils du comte Guillaume de Saône, arriva dans le royaume avec le duc de Bourgogne, Henri le jeune, neveu d'Étienne, comme fils de sa sœur. Ils venaient faire leurs prières et leurs dévotions, et après s'être arrêtés quelque temps ils retournèrent dans leur pays, en passant chez l'empereur de Constantinople, qui les accueillit honorablement et les renvoya chargés de présens.

[1172.] L'année suivante, qui était la huitième du

règne du seigneur Amaury[1], le seigneur Guillaume, de précieuse mémoire, évêque d'Accon, mourut de la manière la plus déplorable et la plus extraordinaire. Le seigneur Roi l'avait envoyé de Constantinople en Italie; il parcourut tout ce pays, et chercha avec autant de sagesse que de dévouement tous les moyens possibles d'obtenir ce qu'il était chargé de demander; ayant repris, pour rentrer dans le royaume, la route qu'il avait déjà faite, et voulant revenir auprès du seigneur Empereur, ainsi qu'il s'y était engagé, il arriva d'abord à Andrinople, illustre métropole de la seconde Thrace. Un jour, vers l'heure du midi, l'évêque, fatigué de son long voyage, s'était laissé aller au sommeil, à la suite de son repas. Un certain Robert, qui faisait partie de son escorte et que lui-même avait élevé au sacerdoce et admis dans son intimité, était couché dans la même chambre que le seigneur évêque. Il était encore en convalescence après une longue maladie dont il avait beaucoup souffert. Tout-à-coup, cet homme, saisi de fureur, s'arma d'une épée, et s'élançant sur le seigneur évêque endormi, il le frappa à plusieurs reprises et le blessa mortellement. Ceux qui se trouvaient en dehors ayant entendu l'évêque pousser un cri et croyant reconnaître les soupirs et les gémissemens d'un homme livré aux angoisses de la mort, voulurent s'élancer pour porter secours à leur seigneur, mais la porte était solidement fermée, et ils ne purent arriver auprès de lui qu'en l'enfonçant. Ils le trouvèrent presque mort, et conservant à peine le dernier souffle. Lorsqu'ils voulurent cependant charger de fers le criminel et le livrer au

[1] En 1172, la 10ᵉ année du règne d'Amaury.

supplice infligé par la loi aux homicides, l'évêque le leur défendit de la parole et de la main, et les supplia instamment, au nom du salut de son ame, de lui accorder pleine indulgence; et tandis qu'il faisait un dernier effort pour que ce malheur n'attirât point la mort sur celui qui en était l'auteur, l'évêque rendit l'ame entre les mains du Seigneur, le 29 juin. Il nous a été impossible jusqu'à ce jour de découvrir quel put être le motif de ce crime. Quelques personnes disent que ce Robert qui s'en rendit coupable, ayant été dangereusement malade et se trouvant encore en convalescence, fut saisi d'un accès de frénésie, pendant lequel il commit ce déplorable attentat sans en avoir connaissance. D'autres rapportent qu'il se livra à cet acte de scélératesse en haine d'un certain valet-de-chambre du seigneur évêque, qui, se fiant sur la bienveillance de son maître, maltraitait fort, à ce qu'on dit, et ce Robert et tous les autres gens de la maison. La même année, un certain Josce, chanoine et sous-diacre de la même église, fut élu évêque d'Accon, le 25 novembre.

Le noble et magnifique seigneur Toros, dont j'ai déjà parlé en plusieurs rencontres, prince illustre des Arméniens, étant mort vers le même temps [1], son frère, nommé Mélier [2], homme très-méchant, voulant recouvrer l'héritage de Toros, se rendit auprès de Noradin, et le supplia avec les plus vives instances de lui confier une partie de ses chevaliers, afin d'aller reconquérir par la force la succession de son frère. Après la mort de celui-ci, un certain Thomas, neveu

---

[1] D'après l'*Art de vérifier les dates*, Toros était mort avant 1170.

[2] Milon, Mélich ou Mélier.

des deux frères et fils d'une sœur à eux, ayant été appelé par les princes de ce pays, s'était mis en possession et jouissait tranquillement de toute la principauté de son oncle. Il était latin d'origine, mais avait peu d'habileté et se montrait peu soigneux de vivre en bonne intelligence avec ceux qui l'avaient appelé, et d'être généreux à leur égard. Mélier, ayant offert à Noradin les conditions qui semblaient pouvoir lui convenir le mieux, obtint de lui ce qu'il desirait, un grand nombre de chevaliers, et, fort de ce secours, il fit ce que n'avaient jamais fait ses ancêtres, en conduisant lui-même les infidèles dans l'héritage de sa famille. Il entra à main armée sur les terres de son frère, en expulsa son neveu et s'empara de tout le pays. Aussitôt qu'il eut pris possession du pouvoir, il commença, pour premier acte de son gouvernement, par chasser de la Cilicie tous les frères chevaliers du Temple qui y habitaient, quoique lui-même eût appartenu antérieurement à cet ordre; il contracta ensuite avec Noradin et les Turcs une étroite alliance, telle que celle qui unissait les frères. Devenu en quelque sorte infidèle, oubliant la loi du Seigneur, il faisait aux Chrétiens tout le mal possible, et lorsque le hasard en livrait quelques-uns entre ses mains, soit dans un combat, soit dans quelque place enlevée de vive force, il les faisait charger de fers, et les transportait sur le territoire de l'ennemi pour les vendre. Le prince d'Antioche et les grands seigneurs de ce pays, voyant cet homme méchant exercer ses fureurs contre les Chrétiens avec plus d'emportement que tout autre ennemi, prirent les armes pour marcher contre lui. C'était un dangereux exemple; les fidèles s'armant contre ceux qui étaient censés appartenir à la même foi, semblaient présenter l'image d'une guerre civile; mais enfin, ceux-ci, ne voulant pas souffrir plus long-temps les maux faits à leurs frères, déclarèrent la guerre à Mélier, et le proclamèrent un ennemi public.

Le seigneur Roi cependant, instruit du scandale nouveau qui survenait dans ce pays, et desirant interposer sa médiation pour rétablir la paix, se rendit avec son escorte particulière dans les environs d'Antioche, et envoya de là ses domestiques à ce cruel Mélier, abandonné de Dieu même, lui faisant demander instamment de se rendre au lieu et au jour qui lui conviendraient pour avoir une conférence particulière avec lui. Mélier parut d'abord agréer cette proposition avec joie, mais dans le fond du cœur il était loin d'y consentir. Le seigneur Roi lui expédia trois ou quatre messages consécutifs, et après avoir été plusieurs fois trompé par les artifices de cet homme rusé, il reconnut enfin qu'il n'y avait rien à en attendre. On convoqua donc les chevaliers dans toute la province, et l'armée chrétienne de ce pays entra sur le territoire de Mélier. Elle se répandit dans les plaines de la Cilicie, car il eût été trop pénible et trop difficile de gravir sur les montagnes; elle incendia les récoltes, et faisait tous ses efforts pour s'emparer des places, lorsqu'un messager, porteur de mauvaises nouvelles, arriva auprès du seigneur Roi et lui annonça, ce qui n'était que trop vrai, que Noradin avait mis le siége devant la ville de Pétra, autrement appelée Krac, métropole de la seconde Arabie. A ce récit, le Roi vivement inquiet, prit congé du seigneur prince d'Antioche, et repartit en toute hâte, avec son escorte particulière. Mais avant qu'il fût arrivé dans le royaume, les princes du pays avaient rassemblé toutes les forces avec autant de sagesse que de valeur; le seigneur Raoul, évêque de Bethléem, s'était chargé de porter la croix vivifiante, et l'on avait confié le commandement de l'armée au seigneur Honfroi le connétable. Tous se rendaient avec ardeur et sans le moindre retard au lieu de leur destination, lorsqu'ils rencontrèrent sur leur route un messager qui venait leur apprendre, comme le fait était vrai, que Noradin avait abandonné le siége de la place pour rentrer dans ses États. Aussi lorsque le Roi arriva dans son royaume, il le trouva, à sa grande surprise et cependant avec une vive satisfaction, en parfaite tranquillité.

L'année suivante, vers le commencement de l'automne, Saladin se disposa à entrer dans notre pays avec beaucoup de troupes et une cavalerie innombrable; ayant en effet rassemblé dans toute l'Égypte des forces infinies, il traversa le désert, et arriva au lieu appelé *le champ de Cannes des Turcs*. Le Roi, instruit de sa prochaine arrivée, avait aussi convoqué son armée; et prenant avec lui le seigneur patriarche portant le bois vénérable de la croix vivifiante, il était allé dresser son camp auprès de Bersabée, afin d'être mieux à portée de marcher à la rencontre des ennemis. Son camp se trouvait ainsi placé à seize milles tout au plus du lieu où l'on disait que Saladin était arrivé avec ses troupes, et même alors il n'était pas encore parfaitement certain que Saladin fût en effet où on l'annonçait, quoiqu'il fût vrai cependant qu'il y avait campé en recherchant le voisinage des eaux. Le Roi ayant alors tenu conseil avec ses princes, il fut résolu que les Chrétiens éviteraient la rencontre de Saladin, et à cet effet ils prirent de dessein prémédité une route différente. Les troupes et tout le peuple dirigèrent leur marche vers Ascalon, affectant cependant de chercher toujours l'ennemi qu'ils avaient évité naguère avec intention, lorsqu'ils s'étaient trouvés tout près de lui. Ils se rendirent de là à Daroun, et revinrent de nouveau sur le point que j'ai indiqué d'abord, faisant ainsi des courses et des dépenses tout-à-fait inutiles.

Saladin, pendant ce temps, traversa les plaines de l'Idumée, entra dans la Syrie de Sobal avec toutes ses troupes, alla mettre le siége devant un château fort qui est comme la clef et le boulevard de tout ce pays, et poussa son attaque aussi vivement que le lui permit la disposition des localités. Cette forteresse était située sur une colline élevée, et solidement défendue par ses tours, ses murailles et ses remparts : le faubourg extérieur occupait le penchant de la colline, et était placé cependant sur un point assez élevé et assez escarpé pour n'avoir point à redouter l'effet des assauts ou l'atteinte des arcs et des machines : en outre, tous les habitans de ce lieu étaient chrétiens, ce qui faisait un motif de plus de se fier entièrement à eux : enfin, la forteresse avait été approvisionnée avec soin et possédait tout ce qui lui était nécessaire pour sa défense, en armes, en vivres et en hommes. Aussi après avoir employé quelques jours à l'attaquer sans obtenir aucun résultat, et désespérant de parvenir à s'en emparer, Saladin donna l'ordre de départ, reprit la route du désert et rentra en Égypte.

L'année suivante, qui était la dixième du règne du seigneur Amaury [1], Saladin, mécontent de n'avoir obtenu aucun succès dans sa précédente expédition, et desirant de réparer cet échec, convoqua de nombreux chevaliers et des forces considérables dans tout le territoire de l'Égypte, et se disposa à rentrer de nouveau dans notre royaume. Il marcha donc à travers le désert, et afin de pouvoir s'avancer plus secrètement, et de trouver d'autant plus de moyens de nous nuire, il entra au mois de juillet dans le pays qu'il avait parcouru déjà l'année précédente avec toutes ses armées. Le Roi cependant, informé de sa prochaine arrivée, et traînant à sa suite tous les chevaliers de son royaume, marcha aussi vers le désert à la rencontre de son ennemi. On lui annonça qu'il s'était dirigé vers la Syrie de Sobal, comme il avait fait dans sa précédente expédition : craignant de l'y aller chercher, et de peur qu'en apprenant son arrivée Saladin n'entrât dans le royaume par un autre côté, et n'y exerçât ses ravages, le Roi monta sur la montagne, et choisissant le lieu où il lui parut le plus convenable de se poster, il se retira à Carmel. Ce Carmel n'est point la montagne du même nom, située sur les bords de la mer, et qui fut la résidence habituelle d'Élie; c'est un petit village où les Écritures nous apprennent qu'habitait autrefois l'insensé Nabal [2]. Le Roi choisit

---

[1] Je présume qu'il y a ici une erreur, et que cette seconde expédition de Saladin dans la Judée eut lieu également en 1172.

[2] Ce bourg de Carmel était situé sur une montagne de même nom, près d'Hébron, dans le pays de la tribu de Juda.

cette position dans sa sagesse, à cause de la facilité qu'il y avait d'y trouver de l'eau, car on y voyait une ancienne et immense piscine qui pouvait fournir en abondance toute l'eau nécessaire à l'armée. De plus, ce point se trouvait dans le voisinage du pays situé au-delà du Jourdain, et n'en était séparé que par la vallée illustre qui forme la délimitation, et dans laquelle on voit la mer Morte. Par ce moyen, notre armée pouvait avoir plus facilement et plus souvent des renseignemens sur les mouvemens des ennemis, et connaître au juste leur situation.

Tandis que le Roi ne pouvait se décider à suivre Saladin dans la Syrie de Sobal, par les motifs que j'ai rapportés, celui-ci faisait livrer aux flammes tout ce qu'il trouvait en dehors des places fortifiées; il faisait couper aussi les arbres et les vignes, détruisait les faubourgs et les lieux ouverts, et exerçait à son gré ses fureurs sur toute la contrée. Enfin, après s'être livré à tout l'emportement de ses passions, il retourna en Égypte vers la fin du mois de septembre.

Vers le même temps le seigneur Raimond le jeune, fils de Raimond l'ancien, et comte de Tripoli, prisonnier depuis huit ans, et languissant chez les ennemis dans les fers et dans la misère, ayant promis de donner pour sa délivrance quatre-vingt mille pièces d'or, recouvra sa liberté et revint dans le comté de ses ancêtres [1]. Le seigneur Roi l'accueillit avec bonté à son retour, et lui rendit son héritage sans aucune difficulté, après le lui avoir conservé pendant le temps de son absence. Il lui donna en outre beau-

---

[1] Selon l'*Art de vérifier les dates*, Raimond II, comte de Tripoli, sortit de captivité en 1171.

coup d'argent, dans sa royale libéralité, pour l'aider à acquitter le prix de sa rançon ; son exemple et ses exhortations déterminèrent en outre les princes du royaume et les prélats des églises à lui offrir des secours du même genre.

Il arriva vers le même temps un horrible événement, qui a eu jusques à présent des conséquences funestes pour nous, pour le royaume et pour l'Église : mais afin d'en faire mieux connaître les détails, je crois devoir reprendre mon récit d'un peu plus haut.

Il y a dans la province de Tyr, autrement appelée Phénicie, et dans les environs de l'évêché d'Antarados, un peuple qui possède dix châteaux forts, avec leurs faubourgs et dépendances, et dont la force est de soixante mille ames et même plus, d'après ce que j'ai très-souvent entendu dire. Ce peuple est dans l'usage de se donner un maître et de se choisir un chef qui gouverne, non point en vertu de droits héréditaires, mais uniquement par privilége de mérite, et que l'on appelle *le Vieux*, à l'exclusion de tout autre titre qui pourrait indiquer une dignité : le lien de soumission et d'obéissance qui engage tout le peuple envers ce chef est si puissant qu'il n'est rien de pénible, de difficile, de périlleux, que chacun de ceux qui en font partie n'entreprenne d'exécuter avec la plus grande ardeur, dès que le maître l'a commandé. S'il existe par exemple un prince odieux ou redoutable à cette race, le chef remet un poignard à l'un ou à plusieurs des siens, et aussitôt celui qui en reçoit l'ordre part, sans examiner quelle sera la suite de l'événement ni s'il lui sera possible de s'échapper, et va, dans son zèle ardent pour l'accomplissement de sa mission, courir et se fatiguer aussi long-temps qu'il est nécessaire, jusqu'à ce que le hasard lui fournisse l'occasion de faire ce qui lui a été prescrit, et d'accomplir les volontés de son maître. Notre peuple, aussi bien que les Sarrasins, les appelle *Assissins,* sans qu'il me soit possible de savoir d'où leur est venu ce nom [1]. Pendant quarante ans ils pratiquèrent la loi des Sarrasins, et se conformèrent à leurs traditions avec un si grand zèle que, comparés à eux, tous les autres peuples étaient estimés prévaricateurs, et qu'eux seuls semblaient accomplir la loi avec exactitude. De notre temps ils se donnèrent pour chef un homme doué d'éloquence, d'habileté et d'un esprit extrêmement ardent. Oubliant toutes les habitudes de ses prédécesseurs, cet homme fut le premier qui eût en sa possession les livres des Évangiles et le code apostolique [2] : il les étudia sans relâche et avec beaucoup de zèle, et parvint enfin à force de travail à connaître assez bien la série des miracles et des préceptes du Christ, ainsi que la doctrine de l'Apôtre.

Comparant alors cette douce et belle doctrine du Christ et de ses disciples avec les doctrines que le misérable séducteur Mahomet avait données à ses complices et à ses dupes, il en vint bientôt à rejeter avec

---

[1] M. Silvestre de Sacy a prouvé que ce nom était la corruption du mot *hachichin*, et qu'il avait été donné aux Ismaéliens, vrai nom de cette singulière tribu, parce qu'ils faisaient usage d'une liqueur appelée *hachich*, extraite d'une préparation de feuilles de chanvre. On trouve dans l'*Histoire des croisades* de M. Michaud (t. 11, *Pièces justificatives,* p. 529-562) une lettre de M. Jourdain qui contient sur les Ismaéliens les détails les plus exacts et les plus curieux.

[2] Peut-être Guillaume de Tyr désigne-t-il par là les Épîtres de S. Paul.

mépris tout ce qu'on lui avait enseigné dès le berceau et à prendre en abomination les ordures du séducteur des Arabes. Il instruisit son peuple de la même manière, fit cesser les pratiques de son culte superstitieux, renversa les oratoires dont on s'était servi jusques alors, affranchit les siens des jeûnes qu'ils observaient et leur permit l'usage du vin et de la viande de porc. Voulant ensuite s'instruire plus à fond de la loi de Dieu, il choisit un homme sage, rempli de prudence dans le conseil, éloquent, déjà bien imbu de la doctrine de son maître, nommé Boaldelle, et l'envoya au seigneur Roi avec mission de lui porter en secret ses propositions, dont la première et la plus importante était que, si les frères chevaliers du Temple, qui possédaient des châteaux forts dans son voisinage, voulaient lui faire remise des deux mille pièces d'or qu'ils avaient coutume de prélever tous les ans sur son peuple en forme de tribut, et lui montrer désormais une charité fraternelle, tout ce peuple se convertirait à la foi du Christ et recevrait le baptême avec empressement.

Le Roi reçut ces offres avec joie et satisfaction, et comme il avait beaucoup de discernement, il résolut de consentir à la demande qui lui était faite, et se disposa même, à ce qu'on assure, à payer aux frères du Temple, sur ses propres revenus, les deux mille pièces d'or dont les Assissins sollicitaient la remise. Après avoir long-temps retenu leur député pour conclure un arrangement avec lui, il le renvoya auprès de son maître, afin de terminer définitivement le traité, et lui donna un guide pour l'accompagner dans sa marche et veiller à la sûreté de sa personne. Cet homme avait déjà dépassé la ville de Tripoli, toujours suivi de son compagnon de voyage, et sur le point d'entrer dans son pays, quand tout-à-coup quelques-uns des frères du Temple tirant leur glaive et s'élançant à l'improviste sur le voyageur qui s'avançait sans crainte et sans précaution, marchant sous la protection du Roi et se confiant en la bonne foi de notre nation, le massacrèrent, se rendant ainsi coupables du crime de lèse-majesté. Le Roi, en apprenant cet horrible attentat, fut saisi de colère et comme d'un accès de rage : il convoqua aussitôt les princes du royaume, leur déclara que ce qui venait d'arriver était une offense dirigée contre lui-même, et demanda leur avis sur ce qu'il avait à faire. Les princes, assemblés en conseil, reconnurent qu'on ne pouvait fermer les yeux sur un tel événement, puisque l'autorité royale se trouvait gravement compromise; que l'opprobre attaché à une telle action pouvait retomber injustement sur le nom chrétien et décréditer tous ceux qui le portaient; qu'enfin l'Église d'Orient était en péril de perdre une conquête agréable à Dieu et déjà regardée comme certaine. On élut dans le conseil deux nobles, Seher de Malmedy et Gottschalk de Turholt, qui furent spécialement chargés de se rendre auprès du maître des chevaliers du Temple, Odon de Saint-Amand, et d'exiger qu'il donnât satisfaction au Roi et à tout le royaume, en expiation d'un crime aussi exorbitant. On accusait de ce crime un certain frère du Temple, nommé Gautier du Mesnil, homme méchant et borgne, mais stupide et n'ayant aucune espèce de discernement; on disait cependant qu'il n'avait commis ce meurtre que du consentement des frères. Aussi fut-il, à ce qu'on assure, ménagé beaucoup plus qu'il n'aurait dû l'être. Le maître du Temple annonça au Roi, par un exprès, qu'il avait infligé une pénitence à celui des frères à qui l'on reprochait cette action, et qu'il l'enverrait au seigneur Pape, chargé de cette punition; en même temps il prononça, de la part du seigneur Pape, la défense à qui que ce fût d'oser faire la moindre violence à ce même frère. Il ajouta encore à ce message beaucoup d'autres paroles, dictées par cet esprit d'arrogance et d'orgueil qui lui était habituel; mais il ne me paraît pas nécessaire de les rapporter. Le Roi se rendit à Sidon pour cette affaire, et y trouva le maître du Temple avec beaucoup de ses frères, entre autres celui qu'on accusait du crime. Après avoir tenu conseil avec ceux qui l'avaient accompagné dans son voyage, le Roi fit enlever de vive force, dans la maison des frères, le coupable de lèse-majesté, le fit charger de fers et l'envoya à Tyr, où on l'enferma dans une prison. Cette affaire fut sur le point d'entraîner tout le royaume dans des malheurs qu'il eût été impossible de réparer. Cependant le Roi fit protester de son innocence auprès du chef des Assissins, dont le député avait péri si misérablement, et réussit à se justifier à ses yeux. Quant aux frères du Temple, il usa d'assez de modération à leur égard; en sorte que l'affaire traîna jusqu'à l'époque de sa mort, et demeura ainsi sans conclusion. On assure toutefois qu'il avait résolu, s'il parvenait à se relever de la maladie dont il fut atteint, d'employer les plus honorables interprètes pour traiter à fond la question qui venait de s'élever, et s'entendre à ce sujet avec les rois et les princes de toute la terre.

[1173.] Le printemps suivant notre vénérable frère, le seigneur Raoul, évêque de Bethléem et chancelier du royaume, homme très-généreux et d'une grande bonté, subit la loi commune, et fut enseveli avec pompe dans le chapitre de son église. Après sa mort, on s'occupa dans la même église du choix de son successeur; mais on ne put s'entendre, et il survint de telles difficultés qu'elles ne furent résolues, même avec beaucoup de peine, que dans la seconde année du règne du seigneur Baudouin, fils et successeur du seigneur Amaury; ce qui ne laissa pas d'exposer l'église de Bethléem à de grandes dépenses.

Vers la même époque, et tout au plus un mois après la mort de l'évêque, mourut Noradin [1], le plus grand ennemi de la foi et du nom du Christ, prince juste cependant, habile, sage et religieux, du moins selon les traditions adoptées par son peuple; il mourut au mois de mai, et dans la vingt-neuvième année de son règne. Dès qu'il fut instruit de cet événement, le Roi convoqua, sans le moindre retard, toutes les forces de son royaume, et alla assiéger la ville de Panéade. La veuve de Noradin en ayant été informée, et déployant une énergie supérieure à son sexe, envoya aussitôt une députation au seigneur Roi, pour lui demander de lever le siége et de consentir pour quelque temps à la paix, en acceptant une somme considérable d'argent. Le Roi, voulant lui en arra-

---

[1] D'après les recherches des orientalistes modernes, la mort de Noureddyn eut lieu le 15 mai 1174. Il en résulterait qu'il survécut à Amaury; mais comme on ne peut supposer que Guillaume de Tyr se trompe sur un événement si important, et dont il était contemporain, il faut croire que sa chronologie était d'une année en arrière de celle que les orientalistes ont adoptée pour l'histoire de Noureddyn.

cher encore plus, parut d'abord rejeter ses propositions avec mépris, et poursuivit ses opérations.

Il continua pendant quinze jours de suite, avec le plus grand zèle et sans se donner un moment de relâche, à attaquer les assiégés, et chercha à leur faire le plus de mal possible avec ses machines, et de toutes sortes de manières ; mais voyant d'une part qu'ils s'animaient de plus en plus à la résistance, et qu'il lui serait impossible de parvenir à son but, et d'autre part ayant toujours auprès de lui les députés de la noble veuve de Noradin qui le sollicitaient vivement pour obtenir la paix, le Roi reçut l'argent qui lui avait été offert, et fit rendre la liberté à vingt chevaliers de notre nation ; puis formant de plus grands projets, il leva le siége et se mit en route pour rentrer chez lui, en se plaignant aux gens de sa maison de n'être pas en très-bonne santé, et d'éprouver quelque malaise. Ayant renvoyé ses troupes, il se rendit à Tibériade avec son escorte particulière, et commença à tomber sérieusement malade de la dysenterie. Craignant de voir augmenter son mal, il partit, traversa les villes de Nazareth et de Naplouse, voyageant à cheval cependant, et n'étant pas tout-à-fait dénué de forces, et arriva enfin à Jérusalem. Sa maladie devint alors plus sérieuse ; il fut pris d'une fièvre très-violente, et la dysenterie cessa par l'effet de l'habileté des médecins. Mais comme la fièvre continuait pendant quelques jours à épuiser ses forces, il ordonna d'appeler des médecins grecs, syriens, ou de telle autre de ces nations, et leur demanda instamment de le dégager à l'aide de quelque médecine : ne pouvant l'obtenir de ceux-ci, il fit venir des médecins latins, et leur demanda la même chose, déclarant en outre qu'il prenait toutes les conséquences sur son compte. On lui donna donc une médecine; il la prit, et elle l'évacua en effet à plusieurs reprises; il crut même se sentir soulagé; mais avant que son corps, épuisé par la violence de ce remède, eût pu reprendre de nouvelles forces par quelques alimens, il fut de nouveau saisi par la fièvre, et mourut enfin l'an 1173 de l'incarnation du Seigneur, le 11 juillet, après un règne de douze ans et cinq mois, et dans la trente-huitième année de sa vie. Il fut enseveli au milieu de ses prédécesseurs, à côté de son frère, sur la même ligne, et en face du Calvaire. C'était un homme sage, rempli de discernement, et tout-à-fait propre au gouvernement d'un royaume; ce fut pour céder à ses instantes prières que nous résolumes d'écrire, comme nous le faisons maintenant, l'histoire de ses prédécesseurs ainsi que la sienne.

LIVRE VINGT ET UNIÈME.

Le sixième roi latin de Jérusalem fut le seigneur Baudouin IV, fils du seigneur roi Amaury, d'illustre mémoire, et de la comtesse Agnès, fille de Josselin le jeune, comte d'Edesse, dont j'ai eu souvent occasion de parler. A l'époque où le seigneur Amaury fut appelé, en vertu de ses droits héréditaires, à occuper le trône de ses aïeux, l'autre seigneur Amaury, de précieuse mémoire, alors patriarche de Jérusalem, marchant sur les traces de son prédécesseur le seigneur Foucher, et usant de son autorité ecclésiastique, contraignit ce roi à renvoyer sa femme, la comtesse Agnès; car on disait, et cela était vrai, que ces deux époux étaient proches parens, ainsi que je l'ai fait voir avec plus de détail, en rapportant dans leur ordre les événemens du règne du seigneur Amaury. Le fils de ce roi n'était encore qu'un enfant âgé de de neuf ans environ, et nous remplissions à Tyr les fonctions d'archidiacre de cette église, lorsque son père, plein de sollicitude pour son éducation, nous adressa beaucoup de prières et de témoignages particuliers de sa bienveillance, et nous donna cet enfant pour être instruit par nous et initié dans l'étude des sciences libérales. Tant qu'il fut auprès de nous,

nous veillâmes sur lui avec tout le soin que nous devions à ce royal élève, et nous nous appliquâmes avec sollicitude à former son caractère, autant qu'à lui faire étudier les belles-lettres. Il jouait sans cesse avec les petits nobles ses compagnons, et souvent, comme il arrive entre les enfans de cet âge qui se divertissent ensemble, ils se pinçaient les uns les autres aux bras ou aux mains : tous, lorsqu'ils sentaient la douleur, l'exprimaient par leurs cris; mais le jeune Baudouin supportait ces jeux avec une patience extraordinaire et comme s'il n'eût éprouvé aucun mal, quoique ses camarades ne le ménageassent nullement. Cette expérience avait été renouvelée fort souvent, lorsqu'enfin on m'en parla : je crus d'abord que c'était en lui un mérite de patience et non point un défaut de sensibilité; je l'appelai, je me mis à examiner d'où pouvait provenir une telle conduite, et je découvris enfin que son bras droit et sa main du même côté étaient à moitié paralysés, en sorte qu'il ne sentait pas du tout les pincemens ni même les morsures. Je commençai alors à être inquiet, me rappelant en moi-même ces paroles du Sage : « Il est « certain que le membre qui est paralysé nuit beau- « coup à la santé, et que celui qui ne se sent pas « même malade n'en est que plus en danger. » Cette nouvelle fut annoncée au père de l'enfant; on consulta les médecins; on lui fit toutes sortes de fomentations, de frictions et de remèdes, mais tous ces soins et ces efforts demeurèrent infructueux. C'était, ainsi que la suite des temps l'a prouvé, le commencement et les premières atteintes d'un mal bien plus grave et entièrement incurable. Lorsqu'il fut arrivé à l'âge de puberté, nous ne pouvons le dire sans pleurer, on reconnut que le jeune homme était dangereusement atteint de la lèpre; le mal s'accrut de jour en jour et s'établit à toutes les extrémités de son corps et sur son visage, en sorte que ses fidèles, lorsqu'ils portaient les yeux sur lui, ne pouvaient le voir sans éprouver un vif sentiment de compassion. L'enfant cependant faisait des progrès dans l'étude des lettres, et donnait de plus en plus des motifs d'espérer en lui et des preuves d'un bon naturel. Il avait la beauté de formes qui appartient aux enfans de son âge, et était habile à monter et à diriger un cheval, plus que ne l'avait été aucun de ses ancêtres. Il avait une mémoire solide et aimait beaucoup la conversation. Il était économe, et gardait le souvenir des bienfaits aussi bien que des offenses; il ressemblait à son père en tout point, et non seulement de figure, mais aussi de tout le corps, de la démarche et du son de voix; il avait l'esprit prompt et la langue très-embarrassée; comme son père enfin, il aimait à entendre raconter des histoires, et se montrait fort empressé à écouter et à suivre les bons conseils.

Il avait à peine treize ans lorsque son père mourut : sa sœur aînée, Sibylle, fille de la même mère, était alors élevée dans le couvent de Saint-Lazare de Béthanie, auprès de la dame Ivète, abbesse de cette maison et tante maternelle de son père. Lorsque celui-ci fut mort, tous les princes du royaume, tant ecclésiastiques que séculiers, se réunirent, et du consentement de tous, quatre jours après cet événement et le 15 juillet, Baudouin reçut l'onction solennelle et fut couronné roi, avec les cérémonies d'usage, dans l'église du sépulcre du Sauveur, par le seigneur Amaury, de pieuse mémoire, patriarche de Jérusalem, assisté des archevêques, des évêques et des autres prélats des églises. A cette époque le seigneur pape, Alexandre III, présidait à la sainte église romaine; le seigneur Aimeri à la sainte église d'Antioche, le seigneur Amaury à celle de Jérusalem, le seigneur Frédéric à celle de Tyr; le seigneur Manuel, de pieuse et d'illustre mémoire, régnait à Constantinople; chez les Romains, le seigneur Frédéric; chez les Français, le seigneur Louis; en Angleterre, le seigneur Henri, fils de Geoffroi, comte d'Anjou; en Sicile, le seigneur Guillaume II, fils du seigneur Guillaume l'ancien; la principauté d'Antioche était gouvernée par le seigneur Boémond, fils du prince Raimond; et le comté de Tripoli par le seigneur Raimond le jeune, fils du comte Raimond l'ancien.

La première année du règne du seigneur Baudouin, et vers le commencement du mois d'août, on vit aborder en Égypte une flotte de deux cents navires, chargés de nombreuses troupes de gens de pied et de chevaliers, que le seigneur Guillaume, roi de Sicile, envoyait pour faire la conquête d'Alexandrie. Les employés et les commandans supérieurs de cette expédition n'ayant pas pris toutes les précautions nécessaires, perdirent un grand nombre d'hommes des deux ordres, qui furent faits prisonniers ou périrent par le glaive; et, après avoir demeuré cinq ou six jours dans les environs de cette ville, ils se retirèrent couverts de confusion.

Dans notre royaume, où Milon de Planci dirigeait toutes les affaires, il s'éleva de sérieuses inimitiés entre cet homme et quelques-uns des principaux seigneurs du pays. Ceux-ci ne pouvaient voir sans colère et sans jalousie que Milon de Planci fût toujours seul auprès du Roi, laissant tous les autres dans l'ignorance, ne les appelant même pas, s'abandonnant à son orgueil excessif, méprisant, et éloignant tout le monde de la familiarité du Roi, ne consultant personne, et faisant seul toutes les affaires du royaume. Sur ces entrefaites, le comte de Tripoli se rendit auprès du seigneur Roi, et s'adressant à ceux des princes que le hasard lui fit rencontrer, il leur demanda pour lui-même la régence du royaume, disant que comme le seigneur Roi était encore dans l'âge de puberté, la tutèle lui appartenait de droit en qualité de plus proche parent du côté paternel. Il déclara en outre que cette tutèle lui était due par plusieurs motifs; qu'il était en effet le plus proche de tous les parens, et de plus le plus riche et le plus puissant de tous les fidèles du Roi; il ajouta, comme troisième motif, et non moins fort que les précédens, que, tandis qu'il était en captivité, il avait du fond de sa prison prescrit à ses fidèles, au nom de la fidélité qu'ils lui devaient, de livrer au seigneur roi Amaury, père de celui-ci, toutes ses terres ainsi que ses citadelles et ses forts, et de mettre tout ce qui lui appartenait à sa disposition et sous ses ordres; enfin il affirma, pour terminer son discours, que dans le cas où la mort l'aurait surpris dans le fond de sa prison, il avait fait ses dispositions à l'effet d'instituer le seigneur Roi son héritier universel, comme le plus proche de tous ses parens; et il demanda que, pour prix de tous ces soins, on lui accordât à son tour ce qu'il sollicitait, bien plus à titre d'honneur que dans l'espoir d'en retirer quelque profit particulier. On différa cependant de faire une réponse à cette proposition du seigneur comte, sous prétexte que le seigneur Roi n'avait en ce moment auprès de lui qu'un très-petit nombre des grands qu'il était nécessaire de consulter; on lui promit qu'ils seraient convoqués tous en temps opportun et le plus promptement possible, et qu'après avoir pris leur avis, on lui ferait, avec l'aide du Seigneur, une réponse convenable sur tous les articles de sa proposition. Après cela, le comte rentra dans ses domaines. Le peuple presque tout entier se prononçait en sa faveur; parmi les barons il avait pour lui Honfroi de Toron, connétable du Roi; Baudouin de Ramla; Balian, frère de celui-ci; Renaud de Sidon, et en outre tous les évêques.

Milon de Planci, dont j'ai déjà parlé, était un homme noble, né dans la Champagne ultramontaine et sur les terres de Henri, comte de Troyes; parent du seigneur roi Amaury, il avait vécu dans son intimité, à tel point que celui-ci l'avait créé sénéchal du royaume, et qu'après la mort d'Honfroi le jeune, fils d'Honfroi l'ancien, il lui donna pour femme Stéphanie, veuve du premier, et fille de Philippe de Naplouse. Milon de Planci était, du chef de sa femme, seigneur de la Syrie de Sobal, pays situé au-delà du Jourdain et vulgairement appelé la terre de *Mont-Réal*. Stéphanie, veuve d'Honfroi le jeune, avait eu de celui-ci, son premier mari, deux enfans, un fils et une fille. Milon de Planci, fort, comme je l'ai déjà dit, de l'intimité toute particulière qui l'avait uni avec le seigneur Roi, père de celui-ci, traitait avec mépris les princes du royaume, même ceux qui étaient plus considérables que lui. Il était, quant à lui, imprudent, orgueilleux, arrogant, prodigue de paroles inutiles, et rempli d'une présomption excessive. Voulant chercher en apparence quelque moyen de calmer la jalousie dont il était l'objet, il employa un artifice dont le but n'échappa cependant aux yeux de personne, et, subornant un certain Roard, gardien de la citadelle de Jérusalem, homme du commun et fort peu capable, il feignit de lui laisser le pouvoir et d'être lui-même soumis à ses ordres; mais dans le fait, c'était tout le contraire; l'un portait un titre plus brillant que solide; l'autre, sous ce masque, dirigeait à son gré toutes les affaires du royaume. Se conduisant avec imprudence, parlant toujours à la légère, attirant à lui, en dépit de tous les autres, le soin du gouvernement, il disposait de toutes choses, dispensait les faveurs selon son bon plaisir, et soulevait ainsi contre lui-même des haines opiniâtres. On suborna quelques individus pour attenter à ses jours, et lorsqu'on l'en instruisit, il ne fit nul cas de cet avis, et le traita de crainte frivole. Il continua donc, selon son usage, à ne prendre aucune précaution, et, tandis qu'il faisait quelque séjour dans la ville d'Accon, il fut attaqué un soir, à la tombée de la nuit, frappé de plusieurs coups d'épée, et périt honteusement, après avoir subi toutes sortes de mauvais traitemens. Le peuple se partagea en divers avis à l'occasion de cet assassinat: les uns disaient qu'il était mort victime de la fidélité qu'il n'avait cessé de montrer pour le seigneur Roi; les autres, au contraire, qu'il manœuvrait en secret pour s'elever à la royauté, et qu'il avait envoyé des députés auprès de ses amis et de ceux qu'il connaissait en France, pour les engager à venir le rejoindre, dans l'espoir de parvenir avec leur secours à s'emparer du royaume. Je ne sais rien de positif sur aucune de ces deux versions. Toutefois il était de notoriété publique que Balian de Joppé, frère de Roard, avait été envoyé au-delà des mers, portant des lettres et des présens du Roi, et qu'on attendait son retour d'un moment à l'autre.

A la même époque, et dans le courant du même mois, le seigneur Frédéric, archevêque de Tyr, et notre prédécesseur, homme d'une grande noblesse selon la chair, dont j'ai parlé en diverses rencontres, tomba dangereusement malade à Naplouse, et, après avoir langui pendant quelque temps, il entra dans la voie de toute chair, le 3 des calendes de novembre[1]. Ses dépouilles mortelles furent transportées à Jérusalem avec les honneurs et les cérémonies qui lui étaient dus, et on l'ensevelit dans le chapitre du Temple du Seigneur, dont il avait été antérieurement chanoine régulier.

Vers le même temps encore les princes et les prélats des églises étant assemblés, et le seigneur Roi se trouvant à Jérusalem, le comte de Tripoli s'y rendit une seconde fois, pour recevoir une réponse sur la demande qu'il avait présentée pour se faire adjuger la régence du royaume. Comme il renouvela ses propositions et insista sur leur acceptation, le Roi en délibéra pendant deux jours de suite, et enfin tous les avis s'étant accordés, le comte fut revêtu de l'autorité supérieure, après toutefois le seigneur Roi, et reçut

[1] Non pas le 30, mais le 18 octobre.

dans le chapitre du sépulcre du Seigneur, en présence et aux acclamations du peuple, la mission de gouverner le royaume. Et puisque la série des événemens que je rapporte m'a amené en ce moment à parler de ce comte de Tripoli, il me paraît convenable de transmettre à la postérité tout ce que j'ai pu apprendre avec certitude au sujet de ce prince, non dans l'intention d'écrire un panégyrique, mais afin de faire connaître, autant que peut le permettre le cadre resserré de cette histoire, ce qu'il était et ce qu'il fut par la suite.

Le comte Raimond, dont il est ici question, était descendant, selon la chair, de ce seigneur Raimond l'ancien qui se montra si grand prince dans cette armée de Dieu dont le zèle, les efforts et les travaux infinis rendirent le royaume d'Orient au service du Christ. J'ai parlé avec plus de détail de cet illustre seigneur en racontant l'histoire des princes qui firent partie de la première expédition. Le premier comte Raimond, de précieuse mémoire, eut un fils nommé Bertrand, qui, après la mort de son père et l'assassinat de Guillaume Jordan, neveu du comte Raimond, gouverna le comté de Tripoli. Bertrand eut un fils nommé Pons, qui posséda le même comté après son père, en vertu de ses droits héréditaires, et qui épousa Cécile, fille de Philippe, roi des Français, et veuve de Tancrède; il eut d'elle un fils nommé Raimond, qui lui succéda dans son comté. Celui-ci épousa Hodierne, fille du seigneur Baudouin II, second roi de Jérusalem, et de ce mariage naquit le comte Raimond, dont j'ai à parler en ce moment. Il succéda à son père dans le même comté, lorsque celui-ci succomba près de la porte de Tripoli, sous les coups imprévus des Assissins. Il était donc du côté de sa mère cousin des seigneurs rois Amaury et Baudouin : la mère de ceux-ci était sœur de celle de Raimond. Du côté paternel ils étaient également parens, mais à un degré de moins. La grand'mère de Raimond, la mère de son père, Cécile, dont je viens de parler, était sœur de mère et non de père du seigneur roi Foulques, père des seigneurs rois Baudouin et Amaury. En effet, leur mère commune, sœur du seigneur Amaury de Montfort, avait été donnée en mariage au comte d'Anjou, Foulques l'ancien. Après avoir mis au monde son fils, Foulques le jeune, elle abandonna son mari, se rendit auprès du roi des Français, le seigneur Philippe, et eut de lui sa fille Cécile et quelques autres enfans; et, de son côté, le roi des Français chassa la Reine, sa femme légitime, dont il avait eu déjà son fils Louis et sa fille Constance, et méconnut la loi de l'Église pour se livrer à son amour déréglé pour la comtesse d'Anjou. Ainsi, le seigneur comte de Tripoli et les deux derniers rois de Jérusalem étaient, des deux côtés de leurs familles réciproques, étroitement unis par les liens du sang.

Le comte Raimond était mince de corps, extrêmement maigre, de taille moyenne, brun de visage, les cheveux plats et assez noirs, les yeux vifs et pénétrans, la tête haute. Il avait de la sagesse dans l'esprit, beaucoup de prévoyance, un courage déterminé dans l'action, une sobriété toute particulière pour la boisson et pour la nourriture, beaucoup de générosité envers les étrangers, et très-peu d'affabilité avec les siens. Pendant sa captivité chez les ennemis, il s'était donné beaucoup de peine pour s'instruire, et était passablement lettré ; mais la vivacité naturelle de son esprit l'aidait encore mieux à saisir avec intelligence tout ce qui était écrit, semblable en ce point au seigneur roi Amaury. Il faisait beaucoup de questions toutes les fois qu'il rencontrait quelqu'un qu'il jugeait capable de lui en donner la solution. La même année où il fut chargé de l'administration du royaume, il épousa la dame Esquive, veuve du seigneur Gautier, prince de Galilée, extrêmement riche, et qui avait eu plusieurs fils de son premier mari. Dès qu'elle se fut unie à Raimond, elle cessa d'avoir des enfans, par des motifs qui nous sont inconnus, et le comte s'attacha à ses fils et les aima avec une tendresse aussi vive que si lui-même leur eût donné la vie. Après cette courte digression, je reprends le fil de mon récit.

[1174.] Comme l'été précédent, le seigneur Raoul, de précieuse mémoire, évêque de Bethléem, et chancelier du royaume, était sorti de ce monde, et comme on avait besoin que quelqu'un continuât à s'occuper de la correspondance royale, le Roi, ayant pris l'avis du conseil de ses princes, nous appela vers la même époque à remplir cet office, et nous investit de la dignité de chancelier.

Cette même année encore Saladin, fils de Negemeddin, et neveu, par son père, de Syracon, auquel il avait succédé dans le royaume d'Égypte, fut appelé secrètement par les grands du pays de Damas, tandis que leur seigneur légitime, Mehele-Salah [1], fils de Noradin, et encore enfant, faisait sa résidence à Alep. Saladin remit le gouvernement de l'Égypte à son frère nommé Seifeddin, se rendit en toute

[1] Malek-El-Saleh-Ismaïl.

hâte en Syrie, en traversant l'immensité du désert, et de là à Damas pour s'emparer de ce royaume. Quelques jours après avoir pris possession de cette ville, qui lui fut livrée par les habitans, il partit pour la Cœlésyrie, espérant soumettre toutes les places à son autorité sans avoir besoin de faire la guerre; et il ne fut point en effet déçu dans ses calculs. En un court espace de temps les habitans des divers lieux lui ouvrirent volontairement leurs portes; et Saladin, au mépris de la fidélité qu'il devait à son seigneur, dont il avait été l'esclave, occupa toutes les villes de cette province, savoir : Héliopolis (suivant son nom grec), appelée aujourd'hui Malbec, et chez les Arabes Baalbeth; Émèse, vulgairement nommée Camela; Hamath, et Césare vulgairement appelée Césarée la Grande. Il s'était même flatté qu'Alep et l'enfant qui y habitait lui seraient livrés par quelques traîtres, mais un accident fit échouer ce projet. Tandis que ces événemens se passaient, le seigneur Roi tint conseil pour examiner ce qu'il y avait à faire au milieu de ces grands changemens, et dans des circonstances aussi nouvelles qu'imprévues. Il délibéra long-temps avec ses princes, et l'on arrêta enfin, d'un commun accord, que le seigneur comte de Tripoli se rendrait en hâte vers la Cœlésyrie, avec une armée levée dans le royaume et dans son comté. Il lui fut prescrit en outre de faire tous ses efforts pour s'opposer aux progrès de Saladin, et ce n'était pas sans de bonnes raisons. Nous avions lieu de redouter tout accroissement de sa puissance; ce qui pouvait lui arriver d'heureux semblait devoir tourner tout-à-fait à notre détriment. Saladin était sage et plein de prudence dans le conseil, vaillant à la guerre, généreux jusqu'à la profusion, et c'était surtout ce qui le rendait redoutable à juste titre aux yeux des hommes les plus éclairés de notre royaume, car il n'y a plus aujourd'hui aucun autre appât par lequel les princes puissent gagner les cœurs de leurs sujets et même de tous les autres hommes; et rien n'engage les affections des étrangers aussi fortement que les dons de munificence, surtout quand elle est exercée par un prince. Ainsi les Chrétiens n'avaient que trop de motifs de craindre que Saladin, après avoir doublé ses possessions et recueilli de nouvelles forces dans un nouvel empire, ne se levât contre eux avec plus d'ardeur, et ne les accablât d'attaques plus violentes. C'est là cependant le spectacle que nous voyons maintenant; tous nos efforts ont été superflus, nous avons vainement tenté de le contenir, et nos yeux sont baignés de larmes à cette vue; devenu plus grand, ce prince s'élève contre nous sur terre et sur mer, et il ne nous reste plus aucun espoir de lui résister avec succès si nous ne sommes visités par le Tout-Puissant. Certes, il devait paraître sage de porter secours à un enfant encore en bas âge, non point par faveur pour celui-ci, ni pour remplir simplement envers lui un devoir d'humanité, mais pour entretenir un rival à notre plus redoutable ennemi, afin que ses desseins en fussent ralentis, et qu'il ne pût s'élancer contre nous qu'avec moins de force et d'ardeur.

Ici je crois devoir suspendre un moment le cours de mon récit, non pour faire une digression oiseuse, mais pour exposer quelques idées qui peuvent n'être pas entièrement inutiles.

On demande souvent, et certes il semble qu'on peut avec raison demander pourquoi nos pères ont souvent, dans les combats, soutenu avec avantage, quoiqu'en plus petit nombre, l'attaque des forces plus considérables des ennemis, et ont plus fréquemment encore détruit avec de faibles corps les bataillons les plus épais, les armées souvent innombrables de leurs adversaires, de telle sorte que le nom chrétien était devenu un objet d'effroi pour les nations qui ne connaissent point Dieu, et que le Seigneur était glorifié par les œuvres de nos pères; tandis qu'au contraire les hommes de notre temps ont été habituellement vaincus par des forces inférieures, et quelquefois même lorsqu'ils ont voulu tenter quelque entreprise avec l'avantage du nombre sur leurs adversaires, n'ont pu réussir et ont succombé dans cette lutte. En réfléchissant sur ces questions, en examinant avec soin notre situation actuelle, la première cause qui nous paraisse devoir être assignée à ce changement nous reporte vers Dieu, auteur de toutes choses. Nos pères, qui furent des hommes religieux et craignant Dieu, ont été remplacés par des fils pervers et criminels, prévaricateurs envers la foi du Christ, et qui s'abandonnent, au hasard et sans réflexion, à toutes les actions illicites, tels ou pires encore que ceux qui dirent à leur seigneur Dieu : « Retirez-vous de nous; nous ne voulons point connaître vos voies[1]. » Que le Seigneur retire aussi sa grâce à tous ceux-là, en juste punition de leurs péchés, puisqu'ils ont provoqué sa colère! Tels sont en effet les hommes du siècle présent, et surtout ceux des con-

---

[1] Job, chap. 21, v. 14.

trées de l'Orient. Celui qui voudrait entreprendre de tracer d'une plume exacte le tableau de leurs mœurs, ou plutôt de leurs vices monstrueux, succomberait à l'immensité de son travail, et semblerait avoir inventé une satire, bien plus que composé une histoire véritable.

Un second motif se présente à mon esprit. Au temps passé, lorsque ces hommes vénérables, poussés par un zèle divin, et le cœur plein d'une ardente foi, descendirent les premiers sur les terres de l'Orient, ils étaient accoutumés à la discipline militaire; ils avaient l'habitude des combats, et les armes étaient leurs instrumens les plus familiers. Les peuples de l'Orient, au contraire, amollis par un long repos, ne connaissant nullement l'art militaire, n'ayant aucun usage de la guerre et de ses lois, vivaient dans une complète oisiveté. Il n'est pas étonnant dès lors qu'un petit nombre d'hommes ait pu résister à un plus grand nombre, ni qu'après avoir remporté la victoire, les premiers en aient su tirer de plus grands avantages; car en ce genre d'affaires (et ceux qui l'ont vu de plus près le savent encore mieux que moi) on voit presque toujours ceux qui ont acquis de l'expérience par un long usage des armes et par des travaux continuels, obtenir la supériorité sur ceux qui ne disposent que de forces inhabiles et dépourvues d'intelligence.

Je trouve encore un troisième motif non moins réel et non moins puissant que ceux que je viens d'exposer. Dans les premiers temps, presque toutes les villes avaient des seigneurs divers, qui, pour parler le langage d'Aristote, n'étaient pas soumis régulièrement les uns aux autres, n'avaient que bien rarement les mêmes intentions, et suivaient beaucoup plus souvent des impulsions contraires. Comme ils avaient donc des projets différens, et le plus souvent opposés, comme ils se jalousaient les uns les autres, il y avait moins de danger à les combattre, car il ne leur était pas facile de pouvoir ou de vouloir se réunir pour repousser leurs communes injures, et ceux qui redoutaient même leurs compatriotes non moins que les nôtres, ne pouvaient s'armer d'un commun accord pour travailler à notre perte. Maintenant au contraire tous les royaumes limitrophes de nos États ont été, par la volonté de Dieu, réunis sous la puissance d'un seul; dans des temps plus récens, et qui sont encore présens à ma mémoire, un homme extrêmement cruel, et qui avait horreur du nom chrétien comme d'un fléau, Sanguin, père de ce Noradin qui vient de mourir dernièrement, après s'être emparé à main armée des autres royaumes, s'empara également de la noble et illustre métropole des Mèdes, Ragès, autrement nommée Edesse, fit périr tous les fidèles qui y habitaient, et prit possession de tout le territoire environnant. Son fils Noradin chassa le roi de Damas, plus par la trahison des sujets de celui-ci que par ses propres forces; il se rendit maître de son royaume, et accrut ainsi l'héritage de son père. Plus récemment le même Noradin s'est emparé du très-antique et très-riche royaume d'Égypte, par le bras et l'habileté de Syracon, comme je l'ai rapporté avec plus de détail en écrivant l'histoire du règne de seigneur Amaury. On voit par là, comme je le disais tout-à-l'heure, que tous les royaumes qui nous environnent obéissent maintenant à un seul homme, le servent même malgré eux dès le premier signal, et s'arment, à notre préjudice, comme un seul homme et à la voix d'un seul. Nul parmi eux n'est entraîné par des desirs divers ; nul ne tenterait impunément de méconnaître les volontés de son seigneur. Maintenant tous ces royaumes sont au pouvoir de Saladin, dont j'ai parlé déjà bien souvent, homme d'une naissance obscure, et qu'une fortune trop favorable a élevé de la condition la plus inférieure. Il tire de l'Égypte et des pays voisins une quantité incalculable d'or de première qualité et de la plus grande pureté, et que l'on appelle *obryzum :* les autres provinces lui fournissent des cavaliers, des combattans et des troupes innombrables d'hommes avides d'or ; et ceux qui en possèdent en abondance n'ont rien de plus facile que de les attirer à leur service.

Reprenons maintenant la suite de notre récit. Les princes assemblés résolurent donc, comme je l'ai dit, de faire les plus grands efforts pour résister à ce Saladin si illustre, et que la continuité de ses succès portait rapidement au plus haut degré de puissance ; car ils craignaient qu'il ne se levât contre nous, d'autant plus redoutable qu'il aurait acquis plus de forces. Le seigneur comte de Tripoli prit avec lui les princes du royaume, rassembla de tous côtés des auxiliaires, et se rendit en hâte dans les environs de Tripoli ; il dressa ensuite son camp près du territoire d'Archis, dans cette partie du pays que l'on appelle Galifa.

Dans le même temps, l'oncle du fils de Noradin, prince très-grand et le plus puissant parmi les Orientaux, de la race des Parthes, nommé Cotobedi [1], ayant appris qu'après la mort de son frère, Saladin s'était révolté contre son seigneur encore enfant, au mépris de toutes les lois humaines, et oubliant dans son ingratitude les bienfaits qu'il avait reçus du père de cet enfant et sa propre condition, leva une forte armée parmi les innombrables cavaliers qu'il a, dit-on, à sa disposition, traversa l'Euphrate, et se mit en marche pour porter secours à son neveu contre ceux qui l'avaient trahi. Ce grand prince était seigneur de cette très-antique et très-célèbre ville de Ninive, dont les habitans prirent jadis les cendres et le cilice, en signe de pénitence, à la voix et aux exhortations du prophète Jonas. Le nom de cette ville est maintenant changé, les débris de ses édifices et de sa population ont servi à en refaire une nouvelle non loin du sol où se trouvait placée l'antique Ninive; celle-ci se nomme Mossoul, et a conservé sa dignité de métropole de toute l'Assyrie. Aussitôt après son arrivée, ce prince dressa son camp dans la plaine qui environne la ville d'Alep. Saladin pendant ce temps avait pris possession sans retard de Bostrum, grande métropole de la première Arabie et d'Héliopolis, aujourd'hui vulgairement appelée Balbek; les habitans lui avaient livré ces deux villes de plein gré et sans combat, et Saladin avait ensuite mis le siége devant Émèse, autrement nommée Camela : les citoyens lui livrèrent sans le moindre délai toute la portion inférieure de leur ville. La forteresse, située sur une colline peu élevée, et assez bien fortifiée, avait servi de retraite à tous les fidèles du jeune enfant, qui avant

[1] Seifeddin Ghazi.

d'y entrer avaient eu soin de l'approvisionner assez abondamment en armes et en vivres. Saladin avait en outre pris possession des autres villes de la même province, voisines de celle d'Émèse, et que les habitans lui avaient livrées, savoir, Hamath, Césare et tout le pays environnant jusques à Alep.

Ceux qui étaient alors enfermés dans la citadelle d'Émèse envoyèrent des députés au comte de Tripoli et aux nôtres qui se trouvaient campés au lieu que j'ai déjà nommé, espérant les uns et les autres pouvoir les attirer aux conditions desirées, leur faisant demander, au milieu de ce désordre extrême, de ne pas tarder à voler à leur secours, et leur promettant que l'assistance qu'ils leur accorderaient contre un ennemi si redoutable ne serait pas pour eux une œuvre stérile et produirait les meilleurs résultats. Il y avait en effet, et l'on retenait dans le même fort les otages que le seigneur comte avait livrés, pour se racheter, à Noradin, père du jeune enfant, et qu'il laissa après lui en sortant de captivité, comme gage du paiement d'une somme qui pouvait bien s'élever à soixante mille pièces d'or. On y gardait en outre quelques autres otages que le seigneur Renaud de Sidon avait donnés en échange de son frère Eustache. Nos princes, espérant pouvoir obtenir, par un traité avec le chef qui commandait dans cette citadelle, la restitution de ces otages, en lui présentant l'espoir des secours qu'il sollicitait, se rendirent en toute hâte vers Émèse, suivis de tous leurs chevaliers. Mais voyant qu'il n'y avait pas à compter sur ses promesses, car le chef avait alors l'espoir de faire lever le siége, les Chrétiens se retirèrent après avoir toutefois hésité et délibéré longuement, et rentrèrent dans le camp qu'ils avaient quitté peu auparavant.

Saladin cependant, voyant que les nôtres s'étaient éloignés avec une sorte d'indignation, enhardi de cet événement et puisant dans la retraite des nôtres de nouveaux motifs de confiance, se rapprocha d'Alep, commença à provoquer au combat l'armée du prince Cotobedi, et la harcela de ses fréquentes incursions. A la suite de plusieurs attaques de ce genre on en vint à une bataille régulière et sérieuse. Les Ninivites eurent le désavantage, trahis, à ce qu'on assure, par un grand nombre des leurs que l'or de Saladin avait corrompus, et celui-ci remporta la victoire. Il retourna de là à Émèse, et prit enfin possession de la citadelle, comme il avait auparavant occupé la ville. Il envoya de là une députation au seigneur comte pour lui demander de ne pas s'opposer à ses succès, et de le laisser combattre seul contre le fils de Noradin et ceux qui étaient venus à son secours, lui offrant en outre, afin qu'il ne rejetât point ses propositions avec mépris et sans recevoir une juste indemnité, de lui restituer gratuitement ses otages et ceux du seigneur Renaud. Le comte agréa ce message, et reçut les otages conformément à la convention qui fut arrêtée; tous les nobles qui faisaient partie de la même expédition ne furent renvoyés qu'en recevant aussi des témoignages suffisans de la munificence de Saladin; on leva le camp, et chacun retourna chez soi. On dit qu'Honfroi de Toron, connétable du Roi, fut le médiateur de toute cette négociation, et on l'accusa même, à cette occasion, d'être trop dévoué et trop entièrement attaché à Saladin. Il arriva par là qu'au détriment de tous nos intérêts, l'homme auquel il était absolument nécessaire de résister, de peur qu'il ne devînt plus insolent que jamais à mesure qu'il acquerrait plus de puissance, parvint à se concilier notre bienveillance, et osa mettre sa confiance en nous lorsque l'accroissement successif de son pouvoir devait tourner à notre plus grand désavantage. Les Chrétiens, sortis du royaume vers le commencement de janvier, y rentrèrent vers le commencement de mai.

[1175.] A cette époque, et le 25 avril, le seigneur Mainard, de précieuse mémoire, évêque de Béryte, mourut après avoir demeuré quelque temps malade dans la ville de Tyr; et puisse son ame reposer en paix!

Dans le même mois encore et après que le siége de l'église de Tyr fut demeuré vacant pendant sept mois, nous fûmes appelé au gouvernement de cette église, par un effet de la patience de Dieu bien plus que de nos mérites, et par les vœux du clergé et du peuple, confirmés, ainsi qu'il en est d'usage, par l'assentiment du seigneur Roi. Dix jours plus tard, le 8 juin, nous reçûmes, tout indigne que nous sommes, le don de consécration dans l'église du Sépulcre du Seigneur, des mains du seigneur Amaury, patriarche de Jérusalem.

Tandis que Saladin était encore vers le même temps fort occupé dans les environs d'Alep, on annonça au seigneur Roi que le pays de Damas se trouvait, sans armée et sans gouverneur, exposé au pillage et à tous les maux que les lois de la guerre autorisent à porter chez un ennemi. Aussitôt le Roi rassembla ses chevaliers, passa le Jourdain, traversa la forêt voisine de la ville de Panéade, et dont elle a pris le nom, et arriva dans la plaine de Damas, ayant à sa gauche la fameuse montagne du Liban. C'était le moment de la moisson. Les nôtres, se répandant dans la plaine et parcourant le pays en toute liberté, livrèrent aux flammes les fruits de la terre, tant ceux qui étaient déjà transportés dans les aires que ceux qui tenaient encore au sol ou qu'on avait entassés en gerbes dans les champs. Les habitans, instruits à l'avance de leur arrivée, s'étaient retirés dans les lieux les mieux fortifiés, avec leurs femmes et leurs enfans. En conséquence, les Chrétiens occupèrent à leur gré toute la contrée et s'avancèrent jusques à Darie. Ce lieu, situé au milieu de la plaine, est limitrophe du territoire de Damas, et à quatre milles tout au plus de cette ville. Ils se rendirent de là à Bédégène, qui se trouve placé au pied du mont Liban, et où l'on voit des eaux très-limpides qui l'ont fait appeler *la Maison de volupté*. Ils s'en emparèrent de vive force, malgré l'opposition et la résistance opiniâtre des habitans; et chargés de dépouilles, emportant avec eux toutes sortes de butin et de richesses, sous les yeux mêmes des habitans de Damas qui n'osaient y mettre aucun empêchement, ils revinrent dans le royaume et y arrivèrent sains et saufs au bout de quelques jours.

Le seigneur Hernèse, de précieuse mémoire, archevêque de Césarée, mourut vers le même temps; le seigneur Héraclius, archidiacre de Jérusalem, fut élu en sa place et consacré dans le même siége.

La seconde année du règne du seigneur Baudouin IV, et le premier jour du mois d'août, Saladin toujours retenu par ses affaires dans les environs d'Alep, le seigneur Roi convoqua les grands du royaume, rassembla les chevaliers et entra de nouveau sur le territoire des ennemis. Il traversa les champs de Sidon, gravit les montagnes qui séparent notre pays de celui des ennemis et arriva en un lieu où l'on trouve presque tous les biens de ce monde, un sol fertile, de belles sources, et que l'on nomme Messaara; il descendit de là dans la vallée dite de Baccar et arriva dans une terre qui distille le lait et le miel, comme on lit dans les anciens historiens. Quelques personnes pensent que c'est le pays anciennement appelé l'Iturée, où était tétrarque en même temps que dans la Trachonite, au dire de Luc dans son Évangile, Philippe, fils d'Hérode l'ancien. Plus anciennement, c'est-à-dire au temps des rois d'Israel, il était appelé la forêt du Liban, parce que la vallée qui le forme se prolonge en effet jusqu'au pied du Liban. Il possède un sol fertile, des eaux très-salubres, et se recommande en outre par l'abondance de sa population, par la grande quantité des villages qu'on y rencontre, et par la douceur extrême de sa température. On montre dans la partie la plus basse de ce vallon une ville, aujourd'hui encore entourée de fortes murailles, où l'on trouve beaucoup d'antiques édifices qui attestent sa noblesse, et que l'on nomme de son nom moderne Amégarre. Ceux qui étudient l'antiquité pensent que c'est la ville de Palmyre, noble colonie en Phénicie, dont Ulpien de Tyr a parlé dans son nouveau Digeste, tit. x, *de censibus*. Arrivés dans ce pays, les nôtres se mirent à le parcourir librement, sans que personne s'y opposât, et livrèrent tout aux flammes. Les habitans s'étaient retirés dans les montagnes ; il n'y avait pas de chemin pour aller les y chercher, et en partant, dès qu'ils furent instruits de la prochaine arrivée des nôtres, ils avaient conduit la plus grande partie de leur gros et menu bétail dans les marais situés au milieu de la vallée, et qui fournissaient des pâturages très-abondans. Pendant ce temps le comte de Tripoli, ayant passé, comme il avait été convenu, à travers les champs de Biblios et auprès du château fort nommé Manethère, entra tout-à-coup sur le territoire d'Héliopolis, et les nôtres apprirent bientôt qu'il était avec les siens dans la même vallée, brûlant tout sur son passage. Les premiers marchèrent à la rencontre du comte dès qu'ils furent informés de son approche ; celui-ci ne desirait pas moins les retrouver, et ils se réunirent à peu près au milieu de la vallée. Samsedol, frère de Saladin, et qui demeurait à Damas en qualité de gouverneur, instruit de ces nouvelles, rassembla ses chevaliers, raillia les habitans de ces lieux, qui vinrent se réunir à lui, organisa son armée pour tenter de résister, et fit toutes ses dispositions pour marcher à la rencontre des nôtres. Ceux-ci de leur côté se formèrent en bon ordre et s'avancèrent avec ardeur. On combattit vigoureusement des deux côtés, mais enfin la Divinité se montra propice aux nôtres, et les ennemis prirent la fuite, laissant derrière eux beaucoup de morts et un plus grand nombre de prisonniers. Samsedol s'échappa avec quelques-uns des siens et se retira dans les montagnes. Les nôtres repartirent chargés des dépouilles de leurs ennemis, emmenant du gros bétail et un riche butin ; ils perdirent cependant quelques hommes qui étaient entrés imprudemment dans les marais pour combattre, crurent ensuite que le gros de l'armée ne se remettrait pas en marche si promptement, et ne surent pas retrouver leur chemin.

[1176.] Le seigneur Roi et les siens arrivèrent à Tyr en parfaite santé, avec l'aide de Dieu, traînant à leur suite des troupeaux de bœufs et de moutons et toutes sortes de bagages qui attestaient leur victoire et rendaient témoignage de leur bonheur. Le comte de Tripoli, reprenant le chemin qu'il avait d'abord suivi, et emmenant aussi un butin considérable, rentra heureusement dans son pays avec tous les siens.

Cette même année le seigneur Renaud de Châtillon, qui avait succédé au seigneur Raimond, prince d'Antioche, dans le gouvernement de cette même principauté, en épousant sa veuve Constance, recouvra enfin la liberté, après avoir pendant plusieurs années subi dans Alep le joug d'une dure captivité : ses amis intervinrent en sa faveur, et payèrent même pour lui une très-forte somme d'argent. Josselin, fils de Josselin comte d'Edesse et oncle du seigneur Roi, fut arraché à ses fers et recouvra la liberté en même temps que Renaud de Châtillon, grâce au zèle et à l'adresse de la comtesse Agnès, sa sœur, femme de Renaud de Sidon et mère du Roi.

Cette même année encore, et le second jour du mois de mai, le seigneur Odon, élu évêque de Sidon, et qui avait été préchantre de l'église de Tyr, et le seigneur Renaud, évêque élu de Béryte, reçurent de nos mains le don de consécration dans l'église de Tyr.

Vers la même époque, le seigneur Manuel, empereur de Constantinople, d'illustre et pieuse mémoire en Jésus-Christ, dont le monde presque tout entier a éprouvé les bienfaits et l'honorable libéralité, poussé par un sentiment louable de piété, et combattant pour l'avancement du nom chrétien contre la cruelle race des Turcs et contre leur chef impie, le soudan d'Iconium [1], essuya une grande défaite dans les environs de cette ville, et perdit un grand nombre de ses serviteurs et une partie des troupes impériales qu'il avait traînées à sa suite, en tel nombre qu'on ne saurait s'en faire une idée exacte [2]. Quelques-uns de ses parens, hommes illustres et dignes à jamais de nos regrets, périrent dans cette affaire; Jean le protosébaste, entre autres, neveu du seigneur Empereur, comme fils de son frère, homme d'une grande libéralité et d'une magnificence remarquable, dont la fille Marie avait épousé notre seigneur roi Amaury, résista vaillamment aux ennemis, et succomba enfin couvert de blessures. L'Empereur lui-même, ayant rallié la plus grande partie de ses troupes, mais frappé de consternation à la suite de ce sinistre événement, se retira dans ses États, sain et sauf de sa personne. On assure que ce malheur provint de l'imprudence des chefs qui commandaient ses bataillons, bien plus que des forces des ennemis : tandis qu'il y avait des chemins larges et bien ouverts pour faire marcher les troupes et transporter commodément les bagages et les approvisionnemens de tout genre, dont la quantité surpassait, dit-on, tout calcul et toute mesure, les chefs s'engagèrent trop légèrement dans d'étroits défilés, dont les ennemis avaient déjà occupé les positions, et où il était impossible de leur résister ou de repren-

---

[1] Kilidge-Arslan II, surnommé Azeddin, sultan d'Iconium de 1155 à 1192. — [2] En 1176.

dre sur eux l'avantage. On dit que depuis ce jour le seigneur Empereur conserva une si vive impression du souvenir de ce déplorable événement, qu'il cessa d'avoir cette hilarité d'esprit qui le distinguait d'une manière si remarquable, et de montrer quelque gaîté devant les siens, malgré toutes les instances qu'ils lui faisaient. Jusqu'au dernier jour de sa vie, il ne jouit plus de cette santé si brillante en lui avant cette époque; le souvenir continuel de ce malheur le consumait à tel point qu'il ne pouvait trouver aucun repos ni jouir d'aucune tranquillité d'esprit.

Dans la troisième année du règne du seigneur Baudouin[1], vers le commencement du mois d'octobre, le seigneur marquis Guillaume, que l'on surnomma *Longue-épée*, fils de Guillaume l'ancien, marquis de Montferrat, que le seigneur Roi et tous les princes du royaume, tant séculiers qu'ecclésiastiques, avaient appelé auprès d'eux, débarqua dans le port de Sidon. Dès l'année précédente il avait été invité spécialement pour le projet qui s'exécuta plus tard, que l'on avait arrêté par un traité que le seigneur Roi avait confirmé de sa main, et pour lequel tous les princes avaient prêté serment en s'engageant par corps. En conséquence, et quarante jours après son arrivée, le seigneur Roi lui donna en mariage sa sœur aînée, et lui conféra en même temps les deux ports de mer de Joppé et d'Ascalon, avec toutes leurs dépendances et tout le comté, ainsi qu'on en était convenu d'avance dans le traité. Quelques personnes, qui avaient consenti d'abord aux premières démarches, virent cette cession avec peine et s'y opposèrent même publique-

[1] En 1176.

ment, se laissant aller en cette circonstance à leur irréflexion; car c'est le fait d'un homme inconstant et léger d'agir directement contre ce qu'il a consenti d'abord. Le marquis Guillaume était d'une taille convenable, il avait bonne tournure et les cheveux blonds. Plein de courage, irascible à l'excès, extrêmement généreux, il se livrait avec une excessive facilité, et ne savait jamais cacher aucun de ses projets; tel il se montrait au dehors et tel il était dans le fond de son ame. Il s'adonnait habituellement aux excès de la table et de la boisson, mais non cependant jusqu'au point de faire tort à sa raison. Il avait, dit-on, l'habitude des armes dès sa première enfance, et en connaissait parfaitement l'usage; enfin il était noble selon le siècle, de telle sorte qu'il n'y avait point, ou bien peu d'hommes qui pussent se comparer à lui à cet égard. Son père, en effet, était oncle du seigneur Philippe, roi des Français, comme frère de la mère de celui-ci : sa mère avait été sœur du seigneur Conrad, illustre empereur des Romains, et était tante du seigneur Frédéric, qui, depuis la mort du seigneur Conrad son oncle, de glorieuse mémoire, a gouverné et gouverne maintenant l'empire romain avec succès; ainsi le marquis Guillaume était cousin au même degré de ces deux illustres souverains. Après son mariage, il vécut avec sa femme pendant trois mois au plus en bon état de santé, et fut pris ensuite d'une maladie grave; il en souffrit sans relâche pendant environ deux mois, et mourut enfin dans le mois de juin [1], tandis que le seigneur Roi était également à Ascalon, très-malade. Il laissa sa femme grosse : son

---

[1] En 1177.

corps fut transporté à Jérusalem, et enseveli par nos soins, avec assez de pompe, dans le vestibule de l'église de la maison de l'Hôpital, à gauche en entrant.

[1177.] Vers le même temps, Honfroi de Toron, connétable du Roi, épousa la dame Philippa, fille du seigneur Raimond prince d'Antioche, et sœur du seigneur Boémond III qui gouverne maintenant la même principauté, et de la dame Marie, impératrice de Constantinople. Andronic, cousin du seigneur Empereur, avait d'abord épousé la dame Philippa; il la renvoya ensuite, et enleva secrètement la dame Théodora, veuve du seigneur roi Baudouin, et sa nièce; action non moins impudente qu'impudique. Mais à peine le seigneur Honfroi eut-il mené sa femme dans sa maison qu'il tomba dangereusement malade; et elle-même, frappée en même temps d'un mal trop actif, mourut au bout de quelques jours.

Quatre ans et deux mois après que le seigneur Baudouin IV fut monté sur le trône, et vers le commencement d'août, Philippe, comte de Flandre [1], attendu depuis long-temps, débarqua enfin dans le port d'Accon. Son arrivée fut un grand sujet de joie pour le seigneur Roi, qui, toujours malade, s'était fait transporter en litière d'Ascalon à Jérusalem. Il envoya auprès de lui plusieurs de ses princes et des prélats des églises, et voulut qu'on l'accueillît avec les plus grands honneurs. Après qu'il fut arrivé à Jérusalem, le Roi continuant à être sérieusement malade, on tint une assemblée générale à laquelle assistèrent le seigneur patriarche, les archevêques, les évêques, les abbés,

---

[1] Philippe, fils de Thierri d'Alsace et de Sibylle d'Anjou, comte de Flandre de 1168 à 1190.

les princes, les maîtres de l'Hôpital et du Temple et tous les princes laïques. Le Roi proposa au comte de Flandre de l'investir de son pouvoir, et de lui remettre l'administration générale et entière de tout le royaume, « afin qu'il pût exercer une pleine juridiction en temps « de paix comme en temps de guerre, au dehors ainsi « que dans l'intérieur, sur les grands et sur les petits, « et qu'il disposât librement et à son gré des trésors « et des revenus du royaume. » Le comte, après avoir tenu conseil avec les siens, répondit « qu'il n'était « point venu pour exercer aucune espèce de pouvoir, « mais uniquement dans l'intention de se consacrer « au service de Dieu; qu'il n'avait nullement le projet « de s'engager dans aucun soin de gouvernement, « car il voulait avoir la facilité de retourner chez « lui lorsque ses affaires particulières l'y rappelle- « raient; qu'ainsi le seigneur Roi pouvait instituer « pour régent de son royaume celui qu'il lui plairait « de choisir, et que lui-même serait disposé, pour le « plus grand bien de ce même royaume, à obéir à ce « régent, comme à son seigneur direct le roi des « Français. » Voyant que le comte refusait positivement ce que nous lui avions offert, le seigneur Roi le fit solliciter très-instamment par ses princes de vouloir bien du moins être chef de l'expédition qui serait bientôt entreprise, et que l'on avait arrêtée depuis long-temps avec le seigneur empereur de Constantinople; il le fit prier d'accepter le commandement de toute l'armée chrétienne, et de diriger les armes du Seigneur contre les Égyptiens. Le comte répondit sur cette proposition comme sur la précédente. Alors le seigneur Roi reprit les arrangemens qu'il avait déjà réglés avant l'arrivée du comte, et institua régent du royaume et commandant en chef des armées le seigneur Renaud, ci-devant prince d'Antioche, homme d'une fidélité éprouvée et d'une admirable fermeté. Il reçut mission, si le Roi ne pouvait se présenter en personne, d'administrer les affaires du royaume, à la charge toutefois par lui de se diriger en tout point d'après l'avis du seigneur comte. Lorsqu'on donna ces nouvelles à ce dernier, il répondit « qu'il ne lui semblait pas qu'un tel régent fût néces-« saire, qu'il fallait en instituer un à qui la gloire de « la guerre pût appartenir personnellement, si Dieu « en ordonnait ainsi; qui pût être aussi responsable « de toute la honte, si le Seigneur permettait qu'il en « mésarrivât; et à qui enfin le royaume d'Égypte fût « dévolu, si le Seigneur le livrait entre nos mains. » Nous lui répondîmes alors, avec ceux que le Roi lui avait envoyés, « que le seigneur Roi ne pourrait in-« stituer un tel régent sans le créer roi en même « temps, et que ce n'était ni l'intention du seigneur « Roi ni la nôtre. » Dans cette situation des choses, le secret que le comte tenait renfermé dans son cœur nous fut enfin découvert avec évidence, et il ne cacha plus le but de ses efforts, car il nous dit « qu'il était « étonnant que personne ne lui fît aucune ouverture « au sujet du mariage de sa cousine. » En entendant ces paroles nous fûmes étonnés de la méchanceté de cet homme et des sinistres projets qu'il avait formés, lui qui avait été reçu si honorablement par le seigneur Roi, et qui ne craignait pas d'entreprendre de le supplanter, au mépris des lois de la parenté, et en oubliant les devoirs de l'hospitalité.

Il faut que je fasse ici une petite digression pour faire mieux connaître à mes lecteurs comment nous parvînmes à découvrir, tant par les rapports de beaucoup de personnes que par les aveux du comte, les perfides intentions qu'il nourrissait dans son cœur. Un certain homme puissant, qui avait accompagné le seigneur comte dans son pélérinage et qui se nommait Avocat de Béthune, avait en outre amené avec lui ses deux fils déjà grands. S'appuyant, à ce qu'on dit, du concours du comte Guillaume de Mandeville, qui avait également suivi le comte de Flandre, il chercha à circonvenir ce dernier, et parvint à lui persuader qu'il trouverait de grandes facilités à s'établir dans notre royaume. Il lui dit en même temps qu'il possédait dans le même comté de Flandre un très-vaste patrimoine, et qu'il le lui donnerait entièrement pour être possédé par lui à titre héréditaire, pourvu que celui-ci voulût s'employer à faire donner en mariage à ses fils les deux filles du seigneur roi Amaury. Ce roi avait laissé en effet deux filles, dont l'une avait été femme du marquis, et dont l'autre, parvenue à l'âge nubile, vivait à Naplouse avec la reine sa mère. Le comte de Flandre avait consenti à ces propositions, et employait tous ses efforts à en assurer le succès. Je reprends maintenant la suite de mon récit.

Lorsque nous eûmes reconnu le but vers lequel se dirigeait l'avide ambition du comte, nous lui répondîmes, « qu'il fallait d'abord faire connaître ces pro-
« positions au seigneur Roi, et que nous lui rapporte-
« rions le lendemain la réponse que le Roi jugerait
« devoir faire, de l'avis de son conseil. » Le lendemain en effet et après la tenue du conseil, nous re-

tournâmes auprès du comte et lui dîmes « que c'é-
« tait chez nous un usage confirmé par une lon-
« gue expérience, qu'une femme veuve et surtout
« grosse ne pût décemment convoler en secondes no-
« ces qu'après l'expiration d'une année de deuil, et
« qu'il y avait trois mois tout au plus que cette veuve
« avait perdu son mari. Qu'il ne fallait donc point
« prendre en mauvaise part que nous n'eussions point
« méconnu les habitudes du temps et les règles adop-
« tées dans notre pays, et qu'il n'eût pas été question
« jusqu'à ce moment du mariage de ladite dame. Que
« toutefois nous verrions tous avec plaisir que l'on
« s'occupât de cette affaire et qu'il en donnât lui-même
« son avis, puisqu'il était présent, et puisqu'en effet
« il était certain que le seigneur Roi avait toujours le
« desir de se diriger selon ses conseils, en ce point
« comme en tout autre, et d'obtempérer à ses volon-
« tés, autant du moins qu'il pourrait le faire avec
« honneur. Qu'ainsi le comte n'avait qu'à prendre l'i-
« nitiative, et à nommer la personne qui lui paraî-
« trait le plus convenable pour l'accomplissement de
« ce projet, et que nous serions tout prêts à agir en
« cette occasion d'après la volonté générale. » Impa-
tienté de cette réponse, le comte nous dit alors « qu'il
« ne ferait point ce que nous lui demandions, à
« moins que tous les princes ne jurassent d'abord de
« s'en tenir à la proposition qu'il présenterait, et de
« n'y mettre aucune opposition; car, ajouta-t-il, ce
« serait déshonorer la personne d'un noble, quel qu'il
« fût, de lui faire subir un refus après qu'il au-
« rait été nommé. » A quoi nous répondîmes « qu'il
« serait tout-à-fait contraire à l'honneur du seigneur

« Roi et au nôtre, de livrer ainsi sa sœur à un inconnu
« dont personne même ne saurait le nom. » — Ayant
ainsi connu les intentions du Roi et de tous les princes,
le comte abandonna sa proposition, non sans conserver un vif ressentiment et beaucoup de colère.

Il y avait dans le même temps à Jérusalem des députés du seigneur Empereur, hommes illustres et éminens, savoir : le seigneur Andronic, qu'on surnomme l'Ange, neveu du seigneur Empereur, comme fils de sa sœur; Jean, homme magnifique et mégatriarque [1]; le noble Alexandre, comte de Conversana, dans la Pouille, et Georges Sinaïte, serviteur intime de la cour impériale. Ils s'étaient rendus auprès du seigneur Roi de la part du seigneur Empereur, jugeant, d'après les nouvelles espérances que leur donnait l'arrivée du comte de Flandre, que le temps était venu de mettre à exécution, avec l'aide de Dieu, le traité conclu depuis long-temps entre le seigneur Empereur et le seigneur roi Amaury, et renouvelé depuis lors, aux mêmes conditions, entre cet Empereur et le seigneur Roi qui règne maintenant. On avait en conséquence convoqué une cour générale dans la ville sainte, et tous les grands du royaume s'y étaient rendus, avec l'espoir, partagé par l'universalité des habitans, que les conseils et les secours du seigneur comte de Flandre et des siens contribueraient à l'agrandissement si desiré du royaume agréable à Dieu, et que l'on traiterait dans cette assemblée des meilleurs moyens de parvenir à la destruction des ennemis du Christ; mais tout-à-coup, comme je l'ai annoncé,

[1] Commandant des troupes fournies par les alliés pour le service du palais.

le comte parut changé d'une manière fâcheuse, et, oubliant ses promesses, il s'occupa de tout autres affaires, et renversa ainsi les espérances que nous avions pu concevoir à juste titre. Les conseillers intimes de l'Empereur insistaient cependant pour l'exécution des traités, disant « que tout retard pourrait entraîner des « dangers, protestant que ce n'était pas leur faute si « l'on différait ainsi de suivre l'accomplissement des « projets convenus, et qu'ils étaient tout prêts à rem- « plir fidèlement, et même avec la plus large in- « terprétation possible, toutes les conditions stipulées « dans le traité. » Après avoir entendu ces paroles des députés et délibéré à ce sujet, nous jugeâmes convenable de faire connaître ces propositions au seigneur comte dans tout leur détail : il fut donc appelé, et, lorsqu'il se présenta, on mit sous ses yeux le texte fidèle du traité, écrit et conclu entre nous et le seigneur Empereur, et revêtu de son sceau d'or. Il le lut avec soin, l'examina attentivement, après quoi on lui demanda ce qu'il en pensait. Il répondit alors « qu'il était étranger; qu'il ne connaissait pas les « localités et encore moins le pays d'Égypte, qu'on « disait fort différent des autres et dans une situation « toute particulière, puisqu'à de certaines époques les « eaux le submergeaient et occupaient entièrement « tout son territoire; que nous connaissions mieux « l'état des lieux et les momens convenables pour y « aller; que cependant il avait entendu dire à ceux « qui étaient souvent descendus en Égypte, que l'é- « poque actuelle n'était pas favorable pour aller l'at- « taquer. Il ajouta que l'hiver approchait, que l'É- « gypte était tout inondée par les débordemens du

« Nil, et qu'en outre il avait entendu dire qu'il y
« était accouru une multitude innombrable de Turcs;
« enfin il redoutait, dit-il, par dessus tout le reste,
« qu'on ne manquât de vivres pendant la marche, et
« plus encore après être arrivé dans le pays, et que
« l'armée entière ne fût détruite par le fléau de la fa-
« mine. » Voyant qu'il n'alléguait que de mauvaises
raisons, et desirant lui ôter tout prétexte de refus,
nous lui offrîmes six cents chameaux, pour faire
transporter par terre les vivres, les armes et tous les
bagages, et en outre autant de navires qu'il voudrait pour embarquer et expédier par mer tous les
approvisionnemens nécessaires à la guerre, et toutes
les grosses machines. Mais il repoussa ces propositions, et déclara « qu'il ne voulait pas absolument se
« rendre en Égypte avec nous, de peur de s'y voir
« forcé d'y périr de faim, lui aussi bien que tous ceux
« qui le suivraient. » Il ajouta encore « qu'il avait tou-
« jours eu l'habitude de conduire ses armées dans des
« pays très-riches, que ses hommes ne pourraient sup-
« porter de telles privations, et que si nous voulions
« enfin choisir tout autre pays, où l'on pourrait plus
« commodément, et avec plus de facilité, travailler
« à l'accroissement du nom chrétien, conduire des
« armées et détruire les ennemis du Christ, il ferait
« volontiers toutes ses dispositions pour marcher avec
« les siens. »

Cependant il n'était ni sûr, ni honorable pour nous
de renoncer à l'exécution de notre traité. Les députés
du seigneur Empereur, hommes nobles et illustres,
étaient toujours là avec de grandes sommes d'argent,
persistant à déclarer qu'ils étaient tout prêts à exé-

cuter fidèlement les conventions arrêtées entre nous et le seigneur Empereur. Ils avaient dans le port d'Accon soixante-dix galères, sans compter d'autres navires, et ces galères étaient plus que suffisantes pour les transports et pour la réussite du projet convenu. On jugea donc qu'il y aurait en même temps honte et péril pour nous à refuser l'accomplissement des sermens qui nous engageaient. Quand même il eût été possible d'obtenir le consentement des députés impériaux pour faire différer l'expédition, il ne nous paraissait pas sûr de renoncer aux secours que l'Empereur avait mis alors même à notre disposition, et nous étions fondés à craindre que l'indignation qu'il en pourrait ressentir ne nous entraînât dans de graves périls. En conséquence, et en exécution de nos promesses et des conventions réglées depuis long-temps, nous nous confirmâmes, du consentement des deux parties contractantes, dans le projet de cette expédition, et nous fîmes nos préparatifs pour l'entreprise que nous avions auparavant arrêtée de concert avec le seigneur Empereur. Lorsqu'il en fut informé, le comte de Flandre recommença à faire rage contre nous avec plus de véhémence que jamais, disant que toute cette affaire avait été conduite à ce résultat uniquement pour lui faire un affront. On en vint enfin, après de nouvelles hésitations, à faire complétement sa volonté, et l'expédition fut de nouveau retardée pour tout le mois d'avril, de notre consentement et de l'aveu des Grecs.

Sur ces entrefaites, et après que le seigneur comte eut demeuré quinze jours environ à Jérusalem, comme il avait terminé ses prières et reçu le rameau qui est chez nous la preuve de l'accomplissement d'un pélerinage, il partit pour Naplouse, comme dans l'intention de se retirer tout-à-fait. Quelques jours après, il nous envoya à Jérusalem Avocat de Béthune et quelques autres de ses hommes : ils vinrent nous annoncer de la part du seigneur comte que celui-ci, après avoir long-temps hésité, était définitivement résolu et prêt à nous accompagner où nous jugerions le plus convenable d'aller, soit en Égypte, soit en tout autre lieu. Quand nous eûmes reçu ce message, quoiqu'il nous parût ridicule que le comte changeât si souvent d'avis, et que nous fussions fondés à lui reprocher cette extrême mobilité qui l'empêchait de tenir fermement à une résolution quelconque, nous nous déterminâmes cependant, mais bien malgré nous, à aller trouver les Grecs. Le comte, dans ce moment même, n'avait nullement l'intention de confirmer ses paroles par ses actions; le seul objet de tous ses efforts était de parvenir à nous entraîner à quelque faute, afin de pouvoir écrire aux princes d'outre-mer que nous seuls avions empêché l'exécution de cette entreprise. Dans son desir de faire retomber ses fautes sur nous-mêmes, il nous avait envoyé ces députés, parce qu'il comptait bien qu'il n'y aurait pour nous aucun moyen de ramener les Grecs à nos projets.

Nous allâmes donc trouver ceux-ci, pour essayer de les disposer de nouveau à l'accomplissement des traités, et leur demander s'ils voudraient descendre en Égypte, dans le cas où le comte y viendrait avec nous. Ils nous répondirent « que, quoiqu'il leur
« restât bien peu de temps pour préparer leurs ar-

« mées, si cependant le comte voulait jurer en per-
« sonne de venir avec nous, et d'envoyer tous les
« siens, dans le cas où il lui arriverait d'être malade,
« dans le royaume ou pendant la route; s'il voulait
« durant tout le cours de l'expédition travailler de
« bonne foi, sans fraude ni mauvaise intention, pour
« le plus grand avantage de la chrétienté; s'il s'en-
« gageait à n'enfreindre en aucun point, ni par con-
« seils, ni par secours, le traité conclu par écrit
« entre le seigneur Roi et le seigneur Empereur; s'il
« faisait enfin jurer les mêmes choses à ses hommes,
« les Grecs, quoiqu'il pût leur paraître fâcheux de
« voir un homme dépourvu de la fermeté convenable
« et si souvent porté à changer d'avis, viendraient
« cependant avec nous pour travailler à accroître la
« gloire du royaume agréable à Dieu et de leur sei-
« gneur Empereur. » Alors Avocat et ceux qui étaient
venus avec lui offrirent de prêter serment sur les propositions qui leur étaient faites; mais comme ils ne
voulurent pas cependant faire entrer dans leur serment toutes les conditions exigées, et ne promirent pas
même la parole du comte, nous ne voulûmes plus
continuer des négociations aussi infructueuses : la
conférence fut rompue, les députés impériaux prirent
congé, remettant à un temps plus opportun la suite
de cette affaire, et repartirent pour leur pays.

Les députés du comte demandèrent alors, puisqu'il n'y avait pas moyen d'entreprendre pour le moment cette expédition, ce que pourrait faire le seigneur comte avec les secours du royaume, pour ne
pas demeurer tout-à-fait dans l'oisiveté. Il plut à ceux
à qui ces propositions furent portées de l'engager à

se rendre sur le territoire de Tripoli ou sur celui d'Antioche, où l'on pouvait croire que le comte trouverait à faire quelque entreprise honorable pour lui et utile en même temps à la chrétienté. Quelques personnes reprochaient au seigneur prince d'Antioche qui était présent, et au seigneur comte de Tripoli, l'opposition que le comte de Flandre avait manifestée au sujet de l'expédition en Égypte, et l'on disait que ces deux princes faisaient tous leurs efforts pour entraîner le comte chez eux, dans l'espoir de pouvoir, avec son secours, faire quelque tentative qui tournât à l'agrandissement de leurs possessions; mais ils furent trompés dans ces calculs, car le ciel ne permit point au comte d'exécuter ni chez nous, ni chez eux aucune entreprise mémorable : il était juste en effet que celui à qui le Seigneur avait retiré sa grâce ne pût prospérer en rien ; car « Dieu résiste « aux superbes, et donne sa grâce aux humbles. [1] » Le seigneur Roi cependant lui promit de coopérer à ses efforts et de lui prêter secours; il lui donna en conséquence, au moment de son départ, cent de ses chevaliers et deux mille hommes de pied. Telle était la situation de nos affaires vers le commencement d'octobre; le comte de Flandre prit alors avec lui tous les siens, le seigneur comte de Tripoli, le maître de la maison de l'Hôpital, beaucoup de frères chevaliers du Temple, et se rendit dans le pays de Tripoli.

Vers le même temps le seigneur Balian d'Ibelin, frère du seigneur Baudouin de Ramla, épousa, avec la permission du seigneur Roi, la veuve du seigneur

---

[1] Ire Épît. de S. Pierre, chap. 5, v. 5.

roi Amaury, la reine Marie, fille de Jean le protosébaste, dont j'ai eu plusieurs fois occasion de parler. Il reçut en outre, pour être possédée par lui pendant la vie de sa femme, la ville de Naplouse, dont celle-ci jouissait, à titre de donation, pour cause de mariage.

Le comte, arrivé au lieu de sa destination, prépara tous les approvisionnemens nécessaires pour se mettre en route, organisa ses troupes, et entra sur le territoire ennemi avec le comte de Tripoli et tous les siens, et fit d'abord quelque séjour dans les environs d'Émèse et de Hamath, non sans que les ennemis eussent à en souffrir. En effet Saladin, après avoir terminé ses affaires dans ce pays et conclu la paix avec le fils de Noradin, aux conditions qu'il avait voulues, était descendu en Égypte, dans la crainte de ces préparatifs dont j'ai déjà parlé, et de cette expédition depuis long-temps promise, pour laquelle toutes choses avaient été réglées long-temps à l'avance. Il avait traîné à sa suite tout ce qu'il avait pu rassembler de combattans et une nombreuse armée, afin de réunir les plus grandes forces sur le point où il semblait que devaient se passer les plus grands événemens. Le comte de Flandre et les siens trouvèrent par conséquent le pays dans lequel ils entraient dégarni de troupes, et purent le parcourir en toute liberté ; les places fortes cependant et les citadelles des villes étaient suffisamment approvisionnées en vivres, en armes et en défenseurs. Le prince d'Antioche, instruit que les Chrétiens étaient entrés sur le territoire ennemi, prit une autre route, comme il avait été convenu à l'avance, et alla se réunir à eux. Après avoir fait leur jonction en personne, ils se réunirent également en esprit, et jugèrent que dans les circonstances présentes ce qui leur convenait le mieux était d'aller mettre le siége devant le château de Harenc. Ce fort est situé sur le territoire de Chalcis, aujourd'hui vulgairement appelé Artasie, noble jadis, et qui maintenant ne présente plus que l'aspect d'un petit bourg. Cette ville et le fort sont situés à douze milles d'Antioche environ. Lorsque notre armée fut arrivée devant Harenc, on dressa le camp en cercle, et l'on investit tout le tour de la place, afin que les assiégés ne pussent en sortir, et que ceux qui voudraient leur porter secours ne pussent arriver librement jusqu'à eux. On construisit ensuite des machines et tous les instrumens nécessaires aux opérations de ce genre; puis, comme s'ils eussent voulu promettre un siége en quelque sorte éternel, et engager leur constance à le soutenir, les Chrétiens bâtirent des huttes en osier, et, attendu que l'hiver approchait, ils entourèrent leur camp de fossés pour se défendre des dommages que pourraient leur faire d'impétueux torrens.

Pendant ce temps les gens d'Antioche et les habitans des campagnes environnantes, adonnés à l'agriculture, s'empressaient à l'envi d'apporter au camp les vivres dont on avait besoin. Le château de Harenc appartenait au fils de Noradin, et c'était le seul que Saladin lui eût laissé dans cette partie du pays. Lorsqu'il fut investi de tous côtés, les assiégeans livrèrent des assauts à la place, prenant leur temps à l'avance, et passant chacun à son tour de service, comme il est d'usage; en même temps leurs machines et leurs instrumens à projectiles attaquaient et ébranlaient les murailles, en sorte que les assiégés n'avaient aucun moment de repos.

Dans le même temps, Saladin ayant appris que le comte et toute l'armée chrétienne qu'il était allé attendre en Égypte, non sans éprouver de très-vives craintes, s'étaient rendus dans le pays d'Antioche, jugea fort sagement qu'il lui serait possible d'envahir notre royaume, qui se trouvait dégarni de forces, et d'obtenir facilement l'un ou l'autre de ces deux résultats, ou la levée du siége de Harenc et la retraite de ceux qui l'attaquaient, ou, s'ils persistaient dans leur entreprise, un triomphe certain sur ceux des nôtres qui étaient demeurés dans le royaume. Il rassembla donc ses troupes de tous côtés, en quantité innombrable, s'approvisionna plus encore que de coutume en armes et en toutes les choses nécessaires à la guerre, sortit d'Égypte, traversa la vaste étendue du désert qui nous en sépare, et arriva à marches forcées dans l'antique ville de Laris, maintenant inhabitée. Il y laissa une partie de ses équipages, se débarrassa des bagages les plus lourds, et prenant avec lui ceux qui furent jugés les plus actifs et les plus habiles dans le combat, laissant sur ses derrières notre bourg de Daroun et notre célèbre ville de Gaza, il envoya en avant quelques éclaireurs, et arriva bientôt après, de sa personne, devant Ascalon.

Le seigneur Roi, instruit depuis quelques jours de sa prochaine arrivée, avait convoqué en toute hâte tout ce qui restait de chevaliers dans le royaume et était entré depuis peu dans la même ville avec les siens. J'ai déjà dit que le comte de Tripoli était absent avec cent de nos chevaliers, choisis sur un plus grand nombre; le maître de l'Hôpital avec ses frères, et la plupart des chevaliers du Temple étaient également partis; ceux qui restaient de cette dernière maison s'étaient retirés à Gaza, dans la crainte que Saladin ne l'assiégeât, attendu que c'était la première de nos villes qu'il devait rencontrer sur son chemin; enfin Honfroi, le connétable, était retenu par une maladie très-grave. Le seigneur Roi n'avait donc que très-peu de monde avec lui.

Lorsqu'il apprit cependant que les ennemis se répandaient librement dans les plaines voisines, et portaient de tous côtés leurs ravages, invoquant les secours du ciel et laissant quelques hommes pour défendre la ville, il sortit avec les siens et comme pour aller combattre. Saladin avait rassemblé ses forces en un seul corps, non loin de la ville. Dès que l'armée chrétienne fut sortie et eut reconnu les forces innombrables de ses adversaires, ceux qui avaient le plus d'expérience de la guerre déclarèrent qu'il serait beaucoup plus sage de se maintenir en position que de se livrer témérairement aux chances toujours incertaines des combats. On demeura donc immobile jusque au soir : il y eut de temps en temps des combats singuliers, et quoique les deux armées fussent très-rapprochées, les nôtres soutinrent cependant très-bien ces attaques. Le soir venu, ils jugèrent qu'il serait trop dangereux pour eux, attendu leur petit nombre et l'immense supérioriré de leurs adversaires, de demeurer au camp pendant la nuit, et ils rentrèrent sagement dans Ascalon. Ce mouvement inspira un tel orgueil à Saladin qu'il semblait ne pouvoir plus se contenir; il se pavanait dans son admiration de lui-même, et déjà, comme s'il eût remporté la victoire, il distribuait entre ses compagnons d'armes les diverses parties du royaume, qu'il regardait comme conquis. Dès ce moment, et comme si tout eût réussi au gré de leurs desirs, les Turcs commencèrent à s'abandonner à leur imprudence ; ils se répandaient çà et là sans précaution et s'en allaient de tous côtés par bandes éparses.

Cette nuit même les Chrétiens pensèrent que leurs ennemis dresseraient leur camp en face de la ville, sur l'emplacement qu'ils avaient occupé la veille, ou qu'ils s'en rapprocheraient encore plus, afin de commencer le siége et d'investir la place. Mais ceux-ci, ne prenant aucun repos ni pour eux ni pour leurs chevaux, se formaient en petits détachemens qui parcouraient tout le pays, s'abandonnant à leur impulsion désordonnée. Il y avait parmi leurs satrapes un certain homme nommé Ivelin, vaillant à la guerre, toujours porté aux entreprises hasardeuses, Arménien de naissance, apostat qui avait délaissé la foi du divin Médiateur pour suivre dans leurs aberrations les impiétés des Gentils. Cet homme arriva avec le corps qu'il commandait jusques à la ville de Ramla, située dans la plaine, et la trouvant déserte, il y mit le feu. Les habitans n'osant se fier à leurs fortifications, peu propres en effet à les défendre, étaient tous partis ; les uns, réunis à l'expédition du seigneur roi Baudouin, étaient entrés à Ascalon ; d'autres étaient allés à Joppé avec tous les gens faibles, les femmes et les petits enfans ; d'autres enfin s'étaient retirés dans un château nommé Mirebel, situé sur les montagnes et assez bien fortifié. Après avoir incendié Ramla, Ivelin se rendit en hâte avec toute sa troupe devant la ville de Lydda, qui se trouvait dans le voisinage; dès qu'il y fut arrivé il distribua ses forces tout autour de la place et l'investit; puis il attaqua les habitans et les harcela sans relâche, en faisant pleuvoir sur eux des grêles de flèches et des traits de toute espèce. Toute la population de la ville s'était retirée au dessus de l'église du bienheureux martyr George.

Cependant nos Chrétiens étaient saisis d'une telle frayeur que déjà ils n'avaient plus aucun espoir que dans la fuite : non seulement ces craintes avaient saisi ceux qui habitaient dans les plaines, inondées et parcourues en toute liberté par les ennemis; mais ceux-là même des nôtres qui vivaient dans les montagnes partageaient l'épouvante générale; les habitans de la cité sainte étaient sur le point de l'abandonner, et n'osant compter sur les fortifications de la ville, ils quittaient tous les quartiers à l'envi les uns des autres, pour se retirer dans la citadelle dite de David. Il était venu des éclaireurs ennemis jusqu'au lieu appelé Calcalie; les coureurs de l'armée turque avaient presque couvert toute la surface du pays, et les nôtres, abandonnant les plaines, se disposaient à monter sur les lieux les plus élevés. Tel était l'aspect que présentait notre pays désolé et accablé d'amertume, au jour où le Seigneur, provoqué à la colère, avait dans sa fureur étendu ses épais brouillards sur notre terre. « Cependant il n'oublie point sa bonté compatissante « envers les hommes, et sa colère n'arrête pas le cours « de ses miséricordes; il nous assiste, et ses consola- « tions ont rempli de joie notre ame, à proportion du

« grand nombre de douleurs qui avaient pénétré notre cœur.¹ »

Dans cet état des choses, le seigneur Roi, apprenant que les ennemis s'étaient répandus sur son territoire en une immense multitude, et l'occupaient de tous côtés, sortit d'Ascalon avec les siens et se disposa à marcher à leur rencontre, jugeant qu'il valait mieux encore tenter la fortune incertaine des combats, que d'abandonner son peuple au pillage, à l'incendie et au massacre. Étant sorti du côté de la mer, il suivit le rivage, afin de marcher sur les ennemis sans être découvert, et arriva à l'improviste dans la plaine où Saladin s'était arrêté. Aussitôt il dirigea de son côté toutes les forces dont il pouvait disposer pour le combat, tant en chevaliers qu'en gens de pied; les frères du Temple qui étaient demeurés à Gaza vinrent aussi le rejoindre. Dès que les chevaliers se furent formés en rang, ils se disposèrent à marcher sur les ennemis : tandis qu'ils s'avançaient tous ensemble pour aller venger leurs injures, le spectacle des incendies qu'ils voyaient de tous côtés, et les détails qu'ils apprenaient sur le massacre de leurs frères, les animaient d'un courage agréable au ciel même; ils marchaient en avant, comme un seul homme, lorsque tout-à-coup ils reconnurent en face, et à peu de distance, les bataillons ennemis. C'était environ la huitième heure du jour. Saladin ayant appris que les nôtres venaient sur lui dans l'espoir de combattre, et redoutant un engagement qu'il avait paru d'abord desirer, expédia aussitôt des exprès pour rappeler ceux des siens qui se trouvaient dispersés de

¹ Psaum. 76, v. 9; 93, v. 19.

tous côtés. Le son des trompettes, le bruit des tambours, annonçaient le combat; Saladin lui-même cherchait, comme il est d'usage, à animer l'ardeur de ses troupes par les discours qu'il leur adressait, et faisait tous ses efforts pour leur inspirer une nouvelle vigueur.

Le seigneur Roi avait avec lui Odon de Saint-Amand, maître du Temple, et quatre-vingts de ses chevaliers, le prince Raimond, Baudouin de Ramla et Balian son frère, Renaud de Sidon et le comte Josselin, son oncle, sénéchal du royaume. On reconnut que l'armée se composait en tout de trois cent soixante-quinze chevaliers de diverse condition. Invoquant les secours du ciel, et précédés du bois admirable de la croix vivifiante, que portait dans ses mains le seigneur Albert, évêque de Bethléem, ils s'avancèrent en bon ordre, bien disposés à combattre vigoureusement. Pendant ce temps, ceux des ennemis qui étaient partis pour aller au loin chercher du butin ou porter les ravages de l'incendie, arrivaient de tous côtés et grossissaient incessamment l'armée de nos adversaires, en sorte qu'à moins que le Seigneur, qui n'abandonne point ceux qui espèrent en lui, ne daignât dans sa clémence inspirer aux nôtres une force intérieure, ils se voyaient réduits à désespérer, non seulement de la victoire, mais même de leur liberté et de tout moyen de salut. Cependant ils ne laissèrent pas de former leurs corps selon les règles de l'art militaire, et convinrent à l'avance quels seraient ceux qui attaqueraient les premiers et ceux qui se tiendraient prêts à les secourir.

Les combattans s'étant successivement rapprochés, on en vint enfin à un engagement qui fut d'abord indécis, mais où les forces se trouvaient extrêmement inégales. Bientôt les nôtres, persévérant avec le plus grand courage, et tout remplis de la grâce céleste, qui les rendait plus forts que de coutume, jetèrent le désordre dans les rangs des ennemis, et les mirent en fuite après en avoir tué un grand nombre. Lorsque j'ai voulu savoir d'une manière précise quelle était la force de l'armée ennemie, j'ai reconnu par les rapports de plusieurs personnes très-véridiques, qu'il était entré sur notre territoire vingt-six mille cavaliers équipés, sans compter ceux qui montaient des bêtes de somme et des chameaux; sur ce nombre, il y avait huit mille hommes de bonne cavalerie, de ceux que les Turcs appellent dans leur langue les *toassins*, et les autres dix-huit mille hommes étaient de simples soldats, appelés par les Turcs *carnagoles*. Parmi les premiers on comptait mille hommes vêtus en étoffe de soie de couleur jaune safran, par dessus leurs cuirasses, de même que l'était Saladin, et faisant auprès de lui le service de gardes-du-corps. En effet, les satrapes turcs et les grands princes qu'ils nomment émirs dans leur langue, sont dans l'usage de faire élever avec soin des jeunes gens nés d'esclaves, ou achetés, ou tombés entre leurs mains dans les combats; ils les font instruire ensuite dans l'art de la guerre; lorsqu'ils sont devenus grands, ils leur donnent une solde proportionnée au mérite de chacun d'eux, et leur allouent même des possessions considérables : dans les hasards de la guerre, ils confient à ces jeunes gens le soin de veiller à la sûreté de leur personne, et mettent en eux leurs plus grandes espérances pour remporter la victoire : les Turcs les appèlent en leur langue des Mamelucks. Entourant sans cesse leur seigneur, ils font tous ensemble les plus grands efforts pour éloigner de lui tout malheur, et le suivent jusqu'à la mort. Ceux de Saladin continuèrent à se battre avec constance jusqu'au moment où leur seigneur prit la fuite, et il en résulta que, tandis que les autres se sauvaient, les Mamelucks furent presque tous tués.

Les nôtres cependant poursuivirent les ennemis dans leur retraite jusqu'à la fin du jour et à l'entrée de la nuit, depuis le lieu appelé le Mont de Girard, jusqu'au marais vulgairement nommé le Champ des Étourneeux. Pendant tout ce temps et sur toute la longueur de ce trajet, qui est de douze milles et plus, on ne cessa de tuer un grand nombre d'ennemis, et il n'en serait même échappé aucun si la nuit importune n'était venue les soustraire au glaive des nôtres. Afin de pouvoir fuir plus rapidement et s'occuper uniquement du soin de leur personne, ils jetaient en chemin leurs armes, leurs vêtemens, leurs bagages, et, laissant en arrière tous les faibles, les plus forts et ceux qui avaient les meilleurs chevaux fuyaient aussi vite que possible, et parvinrent, à l'aide de la nuit, à échapper à la mort ; les autres, faits prisonniers ou frappés par le glaive, eurent une plus triste fin. Les nôtres perdirent dans le premier combat quatre ou cinq chevaliers, et un nombre connu d'hommes de pied, mais que je ne sais pas. Ceux qui parvinrent à se sauver étant arrivés auprès du marais que j'ai nommé, jetèrent au fond de l'eau tout ce qui pouvait les charger encore, comme leurs cuirasses et leurs bottines de fer, afin d'être eux-mêmes plus dégagés, et aussi afin que ces armes, ainsi plongées dans les eaux, ne pussent en aucun temps servir à nos guerriers ni être montrées par eux en témoignage de leur victoire. Ils se trompèrent cependant dans l'une et l'autre de leurs prétentions : s'attachant sur leurs traces pendant toute la nuit et le jour d'après, les nôtres battirent tout cet emplacement couvert de roseaux, fouillèrent même dans le marais avec de longues perches et des crochets, et y trouvèrent tout ce qu'on y avait caché. Des personnes dignes de foi m'ont assuré qu'on en avait retiré en un seul jour cent cuirasses, sans compter des casques, des bottines de fer et des objets moins importans, utiles cependant et quelquefois précieux.

Cette belle victoire, à jamais mémorable, nous fut accordée par le ciel la troisième année du règne de Baudouin IV, le 18 novembre, le jour de la fête des saints martyrs Pierre d'Alexandrie et Catherine. Le seigneur Roi étant ensuite retourné à Ascalon y attendit l'arrivée de tous ceux qui avaient poursuivi les ennemis de divers côtés; ils furent tous rassemblés le quatrième jour. On les voyait arriver chargés de butin, traînant à leur suite des prisonniers, des troupeaux de chameaux, des chevaux, des tentes, et ivres de joie, selon les paroles du prophète, « comme « les vainqueurs après la prise du butin, lorsqu'ils « partagent les dépouilles. »

Il survint encore une autre circonstance qui prouva évidemment que la clémence divine se manifestait en notre faveur. Il tomba une si grande quantité de pluie et le froid devint tout-à-coup si vif, qu'on put croire avec assurance que les élémens eux-mêmes conspiraient contre nos ennemis. Leurs chevaux, qui n'avaient eu aucun moment de repos, car ils ne les avaient fait ni manger ni boire pendant les trois jours qu'ils séjournèrent sur notre territoire, furent tous perdus, et, comme je l'ai dit, les hommes s'étaient entièrement dépouillés de leurs bagages et de leurs vêtemens. Pour comble de misère ils n'avaient absolument rien à manger pour eux-mêmes, en sorte que le froid, la faim, la longueur des routes et toutes ces fatigues extraordinaires les épuisaient entièrement. On en trouvait çà et là, tantôt en assez grand nombre, tantôt quelques-uns seulement, dans un tel état que l'homme le plus faible pouvait à son gré assouvir sur eux sa fureur; et comme la plupart ne connaissaient pas du tout les localités, tandis qu'ils croyaient s'en retourner chez eux, ils tombaient inopinément au milieu des nôtres, soit dans les villages, soit sur les routes, et rencontraient souvent ceux qui les cherchaient.

Pendant ce temps les Arabes, race perfide, voyant les malheurs survenus aux Turcs, se rendirent en hâte auprès de ceux que j'ai déjà dit qu'on avait laissés dans la ville de Laris avec les bagages, et les effrayant par le récit du massacre de leurs compagnons, ils les mirent en fuite. Ils ne manquèrent pas aussi de poursuivre cruellement ceux qu'un hasard quelconque avait fait échapper à nos armes; au moment où ceux-ci se croyaient sauvés, ils tombaient entre les mains et devenaient la proie des Arabes, en sorte qu'on voyait s'accomplir ces paroles du prophète : « La che-« nille a dévoré les restes de la sauterelle [1]. » On dit que cette race perverse des Arabes est dans l'usage

[1] Joel, chap. 1, v. 4.

de suivre à la guerre un chef, quel qu'il soit, et d'éviter les chances incertaines des combats : tant que le résultat de la bataille demeure incertain, ils se tiennent au loin, mais ensuite ils s'attachent au parti des vainqueurs, poursuivent les vaincus en ennemis, et s'enrichissent de leurs dépouilles.

Pendant plusieurs jours on amena des prisonniers du milieu des forêts, des montagnes et même du désert; quelquefois même il en venait qui se livraient de plein gré, aimant mieux être jetés en prison et chargés de fers que de languir tourmentés par le froid et la faim. Le seigneur Roi, après avoir fait la répartition du butin et des dépouilles, selon les lois de la guerre, partit en hâte pour Jérusalem, afin d'aller offrir de solennelles actions de grâces au Seigneur, en reconnaissance des bienfaits dont il nous avait comblés. Quant à Saladin, qui était arrivé avec tant d'orgueil et suivi d'une si nombreuse cavalerie, frappé par la main de Dieu, il s'en retourna avec cent cavaliers tout au plus, et lui-même, à ce qu'on dit, était monté sur un chameau.

Arrêtons ici notre attention sur ces grâces de la munificence divine, pour faire remarquer comment notre saint Consolateur voulut se réserver toute la gloire de sa libéralité envers nous. Certes, si le comte de Flandre, le prince d'Antioche, le comte de Tripoli et ces nombreux chevaliers alors absens eussent pris part à cette œuvre dirigée par le ciel même, semblables aux imprudens que l'orgueil surprend ordinairement dans la prospérité, ils n'eussent pas craint, sinon de dire, du moins de penser : « C'est notre main
« très-puissante et non le Seigneur, qui a fait toutes ces

« merveilles ¹. » Et cependant, suivant la parole qui a
été écrite : « Je ne donnerai point ma gloire à un au-
« tre ², » le Seigneur se réservant pour lui seul toute
l'autorité et toute la gloire, employant, non un grand
nombre d'hommes, mais les bras de quelques-uns,
et renouvelant dans sa clémence les miracles de Gé-
déon, détruisit une immense multitude, déclarant
ainsi que c'est « par sa grâce, et non par une autre,
« qu'un seul homme en peut poursuivre mille, que
« deux hommes en mettent dix mille en fuite. » At-
tribuons donc ces bienfaits à « celui par qui toute
« chose excellente est donnée, et de qui provient tout
« don parfait, » puisqu'il n'y a rien dans les circonstances dont il s'agit, que l'homme puisse attribuer à
ses œuvres. C'est un don de la grâce divine accordé
à ceux qui ne l'ont point mérité. « C'est votre ouvrage,
« Seigneur; vous avez étendu votre main, et la terre
« les a dévorés; dans l'abondance de votre gloire vous
« avez anéanti tous mes adversaires. »

Tandis que ces choses se passaient auprès de nous,
le comte de Flandre et ceux qui étaient avec lui continuaient à assiéger le château de Harenc, mais leurs
efforts étaient infructueux. Livrés à la débauche,
ils s'occupaient des jeux de dés et de tous les plaisirs
dangereux, beaucoup plus que ne le permettaient
la rigueur du service militaire ou les devoirs d'un
siége; en outre ils se rendaient sans cesse à Antioche, pour y prendre des bains, se livrer aux
excès de la table, à l'ivrognerie et à toutes les vo-
luptés de la chair, et pendant ce temps les travaux du
siége étaient négligés. Ceux-là même qui paraissaient

---

¹ Deutéron. chap. XXXII, v. 27. — ² Isaïe, chap. XLII, v. 8.

les plus assidus étaient comme engourdis dans leur paresse, ne faisaient rien de bon et d'utile, perdaient leur temps dans l'oisiveté et passaient leurs journées immobiles, comme les eaux des marais. Tous les jours le comte lui-même ne cessait de répéter qu'il était obligé de partir, et qu'il ne demeurait là que malgré lui. Ces discours avaient pour effet, non seulement de détourner de toute entreprise honorable ceux qui faisaient le siége en dehors, mais encore d'encourager les assiégés à prolonger leur résistance. Forts de l'espoir que le siége serait bientôt levé, ils aimaient mieux, pour quelque temps encore, supporter tous les maux qui pouvaient leur être faits, quelque pénibles qu'ils parussent, que de livrer à une race odieuse la place remise à leur fidélité et de s'entacher à jamais d'une trahison. Le fort de Harenc était situé sur un lieu élevé, au milieu d'une colline, qui semblait en grande partie construite de main d'homme, et n'était accessible aux attaquans que d'un seul côté. Sur tous les autres points on ne trouvait aucun chemin pour monter à l'assaut ; les machines cependant battaient la place de tous côtés, sans aucune difficulté. Après divers accidens, et à la suite de fréquens assauts qui eussent dû amener la prise du fort s'ils eussent été suivis avec plus d'ardeur et si la Divinité eût été favorable à cette entreprise, on en vint à ce degré de négligence que j'ai déjà rapporté. Les nôtres perdirent toute leur vigueur, en punition de nos péchés ; toute leur sagesse s'évanouit, et tandis que ceux qu'ils tenaient enfermés étaient arrivés au dernier terme du désespoir, eux-mêmes commencèrent à s'occuper du projet de retourner chez eux. Nous ne saurions assez nous étonner (et il nous semble en effet que les hommes doivent avoir peine à le concevoir), que de si grands princes aient été enveloppés par le Seigneur dans de si épaisses ténèbres, et que Dieu dans sa colère les ait frappés d'un tel aveuglement qu'ils en soient venus, sans y être forcés par personne, et uniquement par jalousie et par excès de nonchalance, à abandonner à leurs ennemis un fort presque entièrement conquis. Le seigneur prince d'Antioche, voyant le comte arrêté dans ses résolutions et irrévocablement déterminé à suivre ses projets, reçut des assiégés une somme d'argent dont le montant ne m'est pas connu, et leva le siége. Le comte de Flandre revint à Jérusalem, y passa les jours solennels de la sainte Pâque, et fit ensuite ses dispositions de départ : ayant fait préparer des galères et des navires nécessaires pour le transport de ses bagages, il alla s'embarquer à Laodicée de Syrie, pour retourner chez lui, en passant d'abord chez le seigneur empereur de Constantinople, et partit sans laisser derrière lui aucune action qui pût mettre sa mémoire en honneur.

[1178.] Vers le même temps, le seigneur Frédéric, empereur des Romains, se réconcilia à Venise avec le seigneur pape Alexandre, après un schisme qui durait depuis vingt ans [1].

A cette même époque, les murailles de la sainte ville de Jérusalem étant déjà en bonne partie tombées de vétusté, les princes, tant ecclésiastiques que séculiers, se cotisèrent entre eux, et l'on rassembla des engagemens pour une certaine somme d'argent à payer tous les ans, jusqu'à ce que les travaux de ré-

---

[1] En 1178.

paration fussent entièrement terminés avec l'aide du Seigneur, afin que cette parole s'accomplît de nouveau : « Seigneur, traitez favorablement Sion et faites-« lui sentir les effets de votre bonté, afin que les « murs de Jérusalem soient bâtis [1]. »

L'an 1178 de l'incarnation du Seigneur, et la cinquième année du règne du seigneur Baudouin IV, au mois d'octobre, les prélats de l'Orient, convoqués à Rome pour le concile général que l'on avait annoncé dès l'année précédente dans tout le monde latin, se mirent en route pour le lieu de leur destination. Ceux qui partirent furent : moi, Guillaume, archevêque de Tyr; Héraclius, archevêque de Césarée; Albert, évêque de Bethléem; Raoul, évêque de Sébaste; Josce, évêque d'Accon; Romain, évêque de Tripoli; Pierre, prieur de l'église du sépulcre du Seigneur; et Renaud, abbé de l'église de la montagne de Sion. L'évêque Josce, qui se rendait au concile avec nous, était en outre chargé d'une mission auprès du seigneur Henri, duc de Bourgogne, qu'il devait inviter à se rendre dans notre royaume. Nous étions convenus à l'unanimité de donner en mariage à ce duc la sœur du seigneur Roi, qui avait épousé d'abord le marquis, et de lui accorder les mêmes conditions. Déjà le duc avait accepté avec joie ces propositions qui lui avaient été portées auparavant par le même évêque, et l'on dit même qu'il avait juré de sa propre main qu'il ne manquerait pas de venir. Cependant il s'y refusa dans la suite, pour des motifs qui me sont encore inconnus, oubliant ses promesses et méconnaissant les sermens par lesquels il s'était engagé.

[1] Psaum. 58, v. 19.

Dans le même mois où nous nous mîmes en route pour le concile, le seigneur Roi entreprit avec toutes les forces du royaume, de construire un château fort sur les rives du Jourdain, dans le lieu vulgairement nommé le Gué de Jacob. Les traditions antiques rapportent que c'est le lieu où Jacob, revenant de Mésopotamie, dit, après avoir envoyé des députés à son frère et formé les siens en deux bandes : « J'ai « passé ce Jourdain n'ayant qu'un bâton, et je re- « tourne maintenant avec ces deux troupes[1]. » Il est situé entre Nephtali et Dan ; cette dernière ville est autrement nommée Panéade, et autrement encore Césarée de Philippe ; l'une et l'autre font partie de la province de Phénicie, et sont suffragantes de la métropole de Tyr. Ce lieu se trouve à dix milles de distance de Panéade. Les fondations furent faites à une profondeur convenable, sur une colline d'une élévation moyenne ; on bâtit ensuite, en carré, une muraille d'une grande solidité, d'une épaisseur étonnante et d'une hauteur convenable ; et cet ouvrage fut terminé au bout de six mois.

Tandis que les Chrétiens travaillaient à cette construction, des brigands, sortis du pays de Damas, encombrèrent toutes les routes, à tel point que l'on ne pouvait plus aller à l'armée ou en revenir, et que les voyageurs ne pouvaient plus suivre aucun grand chemin sans courir les plus grands dangers : ces voleurs venaient d'un lieu situé dans les montagnes, nommé Bacades, et vulgairement Bucael. Ce lieu, qui se trouve sur le territoire de Zabulon, est infiniment agréable. Quoiqu'il soit placé sur le sommet des mon-

---

[1] Genèse, chap. XXXII, v. 10.

tagnes, il a des eaux en abondance, et est partout planté d'arbres à fruits. Les habitans sont insolens, braves et fiers de leur nombre, à tel point qu'ils ont rendu tributaires toutes les campagnes et les villages environnans. Les malfaiteurs, ceux qui échappaient à des supplices mérités, les brigands et les voleurs de grand chemin trouvaient chez eux un refuge assuré, en les mettant de moitié dans le partage du butin et de tout ce qu'ils avaient enlevé de vive force. Leur arrogance intolérable les avait, à juste titre, rendus odieux à tous les habitans des environs, aux nôtres aussi bien qu'aux Sarrasins; plusieurs fois même on avait entrepris de les extirper entièrement du pays, mais comme on n'avait pu y réussir, ils devenaient de jour en jour plus audacieux. Le seigneur Roi, ne pouvant tolérer plus long-temps leurs insolences, leurs brigandages et leurs assassinats, s'empara, sans coup férir et de vive force, du lieu qu'ils habitaient, et fit mettre à mort tous ceux qu'on put saisir; mais la plupart s'échappèrent, ayant été informés à l'avance de sa prochaine arrivée, et se retirèrent sur le territoire de Damas avec leurs femmes et leurs enfans. Ils recommencèrent de là à faire de fréquentes incursions dans nos provinces, toujours à l'improviste, et reprirent leurs anciennes habitudes. A l'époque dont je parle, ils avaient rallié tous leurs associés de brigandage, et étaient rentrés sur notre territoire. Indignés que des hommes de cette espèce eussent rendu les routes aussi périlleuses, les nôtres dressèrent des embûches dans les lieux convenables, et épièrent avec soin une occasion favorable pour les surprendre. Une nuit que ces brigands descendaient des montagnes de Zabulon après y avoir enlevé du butin, pour se rendre vers le lieu d'où ils étaient partis, ils tombèrent dans l'embuscade que les nôtres leur avaient préparée, et recueillirent enfin le fruit de leurs méfaits : neuf d'entre eux furent faits prisonniers, et il y en eut plus de soixante-dix de tués. Cet événement arriva le 20 du mois de mars.

A la même époque, on tint à Rome un concile de trois cents évêques qui se rassembla dans la basilique de Constantin, autrement appelée Latran : c'était la vingtième année du pontificat du seigneur Alexandre, au mois de mars, la douzième indiction et le cinquième jour du mois. Si quelqu'un desire connaître les statuts de ce concile, les noms des évêques, leur nombre et leurs titres, il n'a qu'à lire l'écrit que j'ai composé avec soin sur ce sujet, à la prière des saints pères qui assistèrent à cette réunion. Je l'ai fait déposer dans les archives de la sainte église de Tyr, parmi les autres livres que j'ai donnés à cette même église, dont je suis chef depuis six ans.

Lorsque le château fort fut construit et entièrement terminé, on annonça au seigneur Roi que les ennemis, cherchant imprudemment des pâturages dans la forêt voisine de la ville de Panéade, y avaient conduit leur gros et leur menu bétail, sans avoir avec eux aucune force armée qui pût résister à nos attaques. Les nôtres, espérant donc les trouver dépourvus de tous moyens de défense et de troupes propres au combat, ainsi qu'on l'avait annoncé, et comptant pouvoir les accabler aisément, se rendirent en secret dans la forêt, et afin d'attaquer les ennemis tout-à-fait à l'improviste et sans être at tendus, ils partirent donc et continuèrent leur marche toute la nuit. Le lendemain matin ils arrivèrent au lieu de leur destination; mais tandis que les uns se dirigeaient sur divers points dans l'espoir de combattre, et que d'autres s'avançaient lentement et ne suivaient que de loin, le corps que commandait le Roi s'enfonça trop imprudemment dans des enclos entourés de murailles, où quelques-uns des ennemis s'étaient réfugiés. Ayant appris l'arrivée des nôtres, ils avaient cherché à se cacher, afin d'échapper à la première attaque, et de réussir, par ce moyen, à sauver leur vie. Voyant que les nôtres s'étaient lancés sur eux avec imprudence, et forcés par la nécessité, ils reprirent courage, en quelque sorte malgré eux, au moment même où ils désespéraient de leur salut, et sortant subitement de leur retraite, lorsqu'ils virent les nôtres engagés dans un défilé, ils s'élancèrent sur eux avec ardeur. Ainsi ceux qui naguère s'estimaient heureux d'avoir évité leurs adversaires en se cachant, les accablèrent bientôt après avoir tué leurs chevaux en leur lançant des flèches de loin. Le seigneur connétable, voyant les ennemis se présenter au combat à l'improviste, s'élança au milieu d'eux avec impétuosité, se battit vigoureusement selon son usage, défendit fidèlement le seigneur Roi qui se trouvait en danger, repoussa les attaques dirigées contre lui, déploya toute la vigueur de son bras pour le garantir de tout malheur; mais enfin, accablé de mille coups, frappé de blessures mortelles, lui-même fut enlevé par les siens, et eut grand'peine à s'échapper à l'aide de son cheval. Plusieurs hommes honorables et dignes de nos pieux souvenirs, périrent dans cette mêlée, entre autres un jeune homme noble et riche, beau de sa personne et recommandable par ses vertus, Abraham de Nazareth; on perdit encore Gottschal de Turholt, qui a laissé aussi une mémoire honorée, et quelques autres hommes d'un rang inférieur. Le seigneur Roi, après avoir ainsi échappé à un grand danger par le zèle des siens, rentra dans le camp qu'il avait quitté, et rallia tous ceux qui s'étaient dispersés en désordre et de divers côtés. Le seigneur Honfroi, connétable du Roi, de plus en plus malade de ses blessures, fut transporté au château neuf qu'il faisait construire lui-même en ce moment. Cet événement arriva le 10 avril. Après avoir demeuré pendant dix jours environ toujours couché et prolongeant son existence dans la douleur, après s'être préparé, par ses souvenirs et avec une grande sagesse, au suprême jugement, cet homme, recommandable en tout point et digne des regrets éternels de sa patrie, termina enfin sa vie le 22 avril, et fut enseveli, avec la magnificence due à son rang, dans l'église de la bienheureuse Mère de Dieu toujours vierge, et dans le noble et célèbre château de Toron, qui lui appartenait.

Aussitôt après la mort du seigneur Honfroi, et le 26 mai, Saladin alla mettre le siége devant le château fort que l'on venait de faire construire. Il livra de fréquens assauts, et attaqua vivement les assiégés, les accablant sans relâche sous des grêles de flèches; mais un jour un homme de la place qui se nommait, à ce qu'on dit, Reinier des Mares, perça d'une flèche et tua l'un des plus riches parmi les assiégeans, au grand étonnement de ceux-ci; sa mort répandit parmi eux une si grande consternation qu'ils levèrent le siége et se retirèrent sans terminer leur entreprise.

Le mois suivant, Saladin, qui était déjà entré deux fois et même plus dans le pays de Sidon, et l'avait ravagé sans rencontrer aucun obstacle, incendiant et tuant tout ce qu'il rencontrait, résolut d'y retourner encore. Il dressa son camp entre la ville de Panéade et le fleuve de Dan, et envoya des coureurs en avant pour ramasser du butin et porter la flamme de tous côtés. Lui-même cependant, comme s'il eût été là en simple auxiliaire, ne sortait pas de son camp, et attendait le retour de ses fourrageurs et le résultat de leurs courses. On annonça donc au seigneur Roi que Saladin exerçait de nouveau ses fureurs sur notre territoire, et le Roi, prenant avec lui le bois de la croix du Seigneur, convoqua tous les siens, et tous les hommes qu'il lui fut possible de rassembler, et se rendit en hâte à Tibériade. Il passa de là par le bourg de Sephet, par la très-antique ville de Naason, et arriva ensuite avec sa troupe au château de Toron. De nombreux messagers vinrent lui apprendre de la manière la plus certaine que Saladin était toujours au lieu où il avait dressé son camp, et que les chevaliers armés à la légère qu'il avait envoyés en avant parcouraient en ennemis les champs de Sidon, détruisant tout, massacrant, incendiant, et enlevant un riche butin. Après qu'on eut délibéré sur ces rapports, tous les nôtres furent d'avis de marcher sur l'ennemi. Ils convinrent de diriger l'armée vers Panéade, et arrivèrent d'abord au village appelé Mésaphar. Comme ce lieu est situé sur le sommet des montagnes, ils pouvaient voir de cette hauteur tout le pays qui s'étendait au dessous jusqu'aux pieds du Liban, et ils reconnurent ainsi de loin le camp des ennemis. Chacun de nos Chrétiens avait sous les yeux le spectacle des incendies et des ravages des Turcs. Comme ils descendirent rapidement sur le revers de cette montagne, il ne leur fut pas possible de traîner à leur suite les compagnies des gens de pied, car ceux-ci, fatigués de la longueur de la marche, se trouvaient hors d'état d'avancer aussi vite que les cavaliers. Il n'y en eut donc qu'un petit nombre des plus agiles qui arrivèrent avec le reste de l'armée dans la plaine située en dessous des montagnes et dans le lieu vulgairement appelé Mergium. Ils s'y arrêtèrent pendant quelques heures pour déterminer plus positivement ce qu'ils auraient à faire. Saladin, cependant, un peu effrayé de l'arrivée subite du Roi, craignant pour ses coureurs qu'il voyait en quelque sorte séparés de lui et de tous les siens, et redoutant en outre que les Chrétiens ne vinssent l'attaquer dans son camp, ordonna de transporter ses équipages, ses bagages et tous ses approvisionnemens entre la muraille intérieure et le rempart extérieur de la ville voisine, afin d'être lui-même plus libre et mieux préparé à tout. Ayant ainsi fait ses dispositions, et flottant dans une grande incertitude, il attendit la suite des événemens. Ses coureurs cependant qui étaient allés chercher du butin, ayant appris l'arrivée des nôtres, et en étant fort effrayés, renoncèrent à toute autre chose pour s'occuper uniquement des moyens de rejoindre leurs compagnons. Ils traversèrent le fleuve qui coupe par le milieu les champs de Sidon et la plaine dans laquelle étaient les nôtres, et vinrent se présenter devant eux : on combattit aussitôt et de près; favorisés par le Seigneur, les nôtres remportèrent promptement l'avantage; ils tuèrent et renversèrent sur le sol beaucoup de leurs ennemis; les autres, en plus grand nombre encore, prirent la fuite et cherchèrent à rentrer dans leur camp.

En même temps Odon, maître du Temple, le comte de Tripoli et d'autres qui les suivaient, montèrent sur une colline qui se présentait devant eux, ayant le fleuve à leur gauche et sur la droite la grande plaine et le camp des ennemis. Saladin, apprenant que ses coureurs étaient accablés, exposés à un grand péril, ou même mis à mort, se prépara à leur porter secours; et tandis qu'il se confirmait dans cette résolution, il vit arriver ceux qui avaient trouvé moyen de s'échapper en fuyant; il marcha à leur rencontre, apprit d'eux ce qui s'était passé, les ranima par ses paroles, les rallia à son corps d'armée, et s'élança subitement sur les nôtres, qui poursuivaient encore les fuyards et s'avançaient sans précaution. Nos gens de pied, pendant ce temps, chargés des dépouilles de ceux qu'ils avaient tués, et croyant qu'il ne restait plus rien à faire pour une victoire qui leur semblait complète, campaient sur les bords du fleuve et s'y reposaient : nos chevaliers voyant les ennemis, qu'ils croyaient vaincus, se précipiter sur eux avec des forces nouvelles, et n'ayant ni le temps ni le loisir nécessaires pour reformer leurs corps selon les règles de l'art militaire et pour se ranger en bon ordre, résistèrent cependant quelque temps, et soutinrent avec fermeté le choc des ennemis. Enfin, se trouvant trop inférieurs en nombre, et ne pouvant même, dispersés et en désordre comme ils étaient, s'aider les uns les autres, ils prirent la fuite et succombèrent honteusement. Il leur eût été assez facile d'échapper aux ennemis par divers autres côtés, et de se réfugier en un lieu où ils eussent été en sûreté; mais ils prirent le plus mauvais parti, en punition de nos péchés, et se jetèrent dans des défilés tout parsemés de rochers escarpés, dont il était à peu près impossible de sortir, en sorte qu'ils ne pouvaient ni marcher en avant, ni essayer de retourner sur leurs pas, à travers les rangs des ennemis, sans courir les plus grands dangers. Ceux qui franchirent le fleuve, pour chercher à sauver leur vie, se retirèrent, en majeure partie, dans une petite ville voisine nommée Belfort; les autres suivirent la rive opposée de la rivière et se rendirent à Sidon, où ils échappèrent aux périls de la confusion qui suivit cette déroute. Ils rencontrèrent le seigneur Renaud de Sidon qui se hâtait d'aller rejoindre l'armée avec les siens; ils lui racontèrent le malheur qui venait d'arriver, et l'engagèrent fortement à rentrer dans la ville, ce qu'il fit en effet. Nous croyons que sa retraite fut la cause de nouveaux malheurs. Il est probable en effet que, s'il eût continué sa route pour rentrer dans le camp, il eût pu, avec la coopération des habitans de la ville et des campagnes qui connaissaient bien les localités, sauver un grand nombre des nôtres qui se cachèrent pendant cette nuit dans les cavernes, ou au milieu des rochers, mais que les ennemis rencontrèrent le lendemain matin en parcourant et visitant avec soin tous les environs, et qu'ils chargèrent de fers après les avoir faits prisonniers. Le seigneur Roi, protégé par quelques-uns de ses fidèles, se sauva sans accident; le comte de Tripoli arriva à Tyr avec un petit nombre d'hommes. Parmi les prisonniers que nous perdîmes était Odon de Saint-Amand, maître du Temple, homme pervers, rempli d'orgueil et d'arrogance, violent, n'ayant aucune crainte de Dieu, ni aucun respect pour les hommes. Il fut même cause, au dire de beaucoup des gens, des malheurs qui nous arrivèrent en cette journée, et dont nous avons recueilli un éternel opprobre. Il mourut, dit-on, dans la première année de sa captivité, chargé de fers et enfermé dans une prison infecte, mais sans emporter les regrets de personne. Baudouin de Ramla, homme noble et puissant, Hugues de Tibériade, beau-fils du seigneur comte de Tripoli, jeune homme d'un bon naturel et extrêmement aimé de tout le monde, et beaucoup d'autres encore dont je ne connais ni les noms, ni le nombre, furent également faits prisonniers.

[1179.] Tandis que nos affaires se trouvaient ainsi dans le plus mauvais état possible, le seigneur Henri, comte de Troyes, homme magnifique, fils du comte Thibault l'ancien, que nous avions laissé nous-même à Brindes, ville de la Pouille, au moment où nous revînmes du concile, débarqua dans la ville d'Accon, avec une nombreuse escorte de nobles. Je dis que beaucoup de nobles avaient traversé la mer en même temps; c'étaient le seigneur Pierre de Courtenai, frère du seigneur Louis, roi des Français, et le seigneur Philippe, fils du seigneur comte Robert, frère du même roi, et élu à l'évêché de Beauvais : leur arrivée rendit quelque espérance aux Chrétiens que leurs malheurs tout récens avaient frappés d'une grande consterna-

tion; ils se flattèrent qu'il leur serait possible, avec la protection de tant et de si illustres nobles, de repousser les injures qu'ils redoutaient, et de se venger de celles qu'ils avaient reçues; mais Dieu s'étant déclaré contre nous, ils ne purent laver leurs précédens affronts et tombèrent même dans de plus grandes calamités. Saladin en effet, notre plus cruel ennemi, s'enorgueillit de ses succès et des faveurs de la fortune à tel point qu'il ne nous laissa pas même le loisir de respirer quelques momens, et alla tout aussitôt mettre le siège devant le nouveau château fort dont les travaux n'avaient été terminés que le mois d'avril précédent. On l'avait confié aux frères du Temple, qui revendiquaient la possession de tout ce pays en vertu d'une concession des rois de Jérusalem; et dès qu'il fut construit, on les chargea de veiller à sa défense. Lorsque le seigneur Roi fut informé de l'entreprise de Saladin, il convoqua toutes les forces du royaume, et prenant avec lui le seigneur comte Henri et les autres nobles qui venaient d'arriver, il se rendit en hâte à Tibériade. Là, ayant rassemblé tous les princes du royaume, il leur proposa d'aller porter secours aux assiégés et de forcer les ennemis à se retirer; mais tandis qu'il attendait et qu'on différait de partir pour terminer les préparatifs, on vint annoncer, comme il n'était que trop vrai, que le château avait été pris de vive force et rasé, et que tous ceux qu'on y avait laissés pour le défendre étaient tués ou prisonniers. Ainsi vint s'ajouter à tous les malheurs précédens un nouveau sujet de plus grande confusion, en sorte qu'on était bien fondé à dire : « En vérité, Seigneur, vos
« jugemens sont un abîme très-profond; Dieu est vrai-

« ment terrible dans ses desseins sur les enfans des « hommes [1]. » Après avoir, l'année précédente, donné à ses fidèles de si grands témoignages de sa munificence, le Seigneur permit que les mêmes fidèles fussent plus tard en proie à la crainte et à la confusion. Y a-t-il quelqu'un qui connaisse les intentions du Seigneur, ou qui soit son conseiller? Qu'est-ce donc, Seigneur Dieu? Vous leur avez retiré votre grâce, parce qu'il y avait là une multitude de nobles, afin qu'ils ne s'attribuassent point ce qui n'est pas donné aux mérites, mais par la grâce; ou bien encore parce qu'ils n'avaient pas rendu assez d'actions de grâces à vous, leur bienfaiteur, pour les bienfaits que vous leur aviez accordés naguère à titre gratuit; ou bien parce que vous châtiez l'enfant que vous aimez. Vous couvrez nos faces d'ignominie, afin que nous cherchions votre saint nom, qui est béni dans tous les siècles. Nous savons, Seigneur, et nous confessons que vous ne changez point, car vous avez dit : Je suis Dieu et je ne change point. Ainsi donc, quoi qu'il en soit, nous savons que vous êtes juste, Seigneur, et que vos jugemens sont droits!

Vers le même temps on reprit encore les conférences qui avaient eu lieu l'année précédente, au sujet du duc de Bourgogne; celles-ci furent tenues avec le seigneur comte Henri, son oncle, car on espérait que le duc s'embarquerait et arriverait bientôt dans le royaume: mais, comme l'événement le prouva clairement par la suite, il refusa de venir, sans que les motifs de ce refus soient encore connus.

---

[1] Psaum. 35, v. 6; 55, v. 4.

LIVRE VINGT-DEUXIÈME.

[1179.] A la même époque, le seigneur Boémond, prince d'Antioche, et le seigneur Raimond, étant entrés dans le royaume avec leurs chevaliers, effrayèrent beaucoup le seigneur Roi, qui craignit qu'ils ne vinssent tenter contre lui quelque entreprise extraordinaire, comme de le détrôner, et de s'emparer eux-mêmes du royaume. Le Roi, en effet, était consumé d'un mal dévorant plus vivement encore que d'ordinaire, et de jour en jour les caractères de la lèpre se développaient en lui avec plus d'évidence. Sa sœur, qui avait épousé d'abord le marquis de Montferrat, continuait à vivre dans le veuvage, et attendait, comme je l'ai dit, le duc de Bourgogne. Cependant le Roi, connaissant bien les nobles qui venaient d'entrer dans ses États, et se méfiant d'eux, quoique l'un et l'autre fussent ses parens, se hâta de conclure le mariage de sa sœur, et quoiqu'il eût pu trouver même dans son royaume, soit parmi les étrangers, soit parmi les indigènes, des hommes plus nobles, plus sages, plus riches, et qui eussent mieux convenu pour l'établissement de sa sœur, surtout par rapport aux intérêts publics, le Roi, ne s'arrêtant pas assez à considérer qu'un empressement excessif peut tout gâter, donna sa sœur en mariage, tout-à-fait à l'improviste, mais non cependant sans quelques motifs qui déterminèrent son choix, à un jeune homme assez noble, Gui de Lusignan, fils de Hugues le Brun, du pays de Poitiers; et cette solennité fut célébrée, contre tout usage, pendant les fêtes de Pâques.

Les deux nobles hommes dont je viens de parler, voyant que leur arrivée dans le royaume excitait les craintes du seigneur Roi et des siens, repartirent pour leurs États, après avoir, selon la règle, terminé leurs prières. Pendant qu'ils étaient en route, et que tous deux s'étaient arrêtés pour quelques jours à Tibériade, Saladin, ignorant qu'ils y fussent, entra dans cette ville à l'improviste; il ne fit cependant aucun mal aux habitans, et se retira de nouveau sur le territoire de Panéade. Comme il continuait à demeurer dans ce pays avec ses armées, attendant, ainsi qu'on le reconnut par la suite, l'arrivée d'une flotte de cinquante galères qu'il avait fait équiper dans le cours de l'hiver précédent, le seigneur Roi, inquiet de la prolongation de son séjour, lui envoya des députés chargés de traiter avec lui d'une trève. Saladin accepta, dit-on, ces propositions avec empressement, non qu'il se méfiât de ses propres forces, ni qu'il éprouvât la moindre crainte de ceux qu'il avait si souvent battus dans la même année, mais parce que l'extrême sécheresse et le manque absolu de pluie avaient amené depuis cinq ans dans le pays de Damas une disette de toutes sortes d'approvisionnemens et de vivres, pour les chevaux aussi bien que pour les hommes. On conclut donc une suspension d'armes sur terre et sur mer, tant pour les étrangers que pour les indigènes; le traité fut confirmé par les sermens réciproques des deux partis, à des conditions très-modestes, du moins pour nous, car il fut conclu sur le pied de parfaite égalité, et les nôtres ne firent aucune réserve particulière en leur faveur; ce qui, dit-on, n'était pas encore arrivé.

Cette même année, et pendant l'été qui suivit immédiatement, Saladin, ayant pourvu à la sûreté de ses provinces de Damas et de Bostrum, conduisit toute sa cavalerie dans les environs de Tripoli, et après y avoir dressé son camp, il dispersa ses escadrons dans la contrée. Le comte s'était retiré avec les siens dans la ville d'Archis, et attendait une occasion favorable de combattre les ennemis, sans s'exposer à de trop grands dangers. Les frères du Temple qui habitaient dans le même pays se tenaient renfermés dans leurs places, s'attendant d'un moment à l'autre à y être bloqués, et n'osant entreprendre trop légèrement de se mesurer avec les Turcs. Les frères de l'Hôpital, saisis des mêmes craintes, s'étaient également renfermés dans leur château fort, nommé Krac, et estimaient qu'ils auraient assez à faire, au milieu de cette confusion, de se maintenir dans leur place, à l'abri des injures de l'ennemi. Celui-ci se trouvait ainsi placé entre les frères du Temple et de l'Hôpital et les troupes du seigneur comte de Tripoli, en sorte que ces derniers ne pouvaient se prêter mutuellement aucun secours, ni même s'envoyer des exprès pour s'informer les uns les autres de leur situation. Pendant ce temps Saladin se promenait dans toute la plaine, visitait particulièrement les lieux cultivés, et comme personne ne s'opposait à sa marche, il se portait en liberté sur tous les points, incendiait les récoltes, en partie enfermées déjà dans les aires, en partie coupées et entassées en gerbes dans les champs, d'autres enfin encore sur pied ; il faisait un riche butin et exerçait de tous côtés ses ravages.

Tandis que ces choses se passaient dans le pays de Tripoli, et vers le commencement de juin, l'armée navale de Saladin se présenta tout-à-coup dans les parages de Béryte ; mais lorsque les chefs de cette armée eurent acquis la certitude que Saladin avait conclu un traité avec le seigneur Roi, ils respectèrent les conditions que lui-même avait réglées et s'abstinrent de violer les lois de la paix dans les environs de Béryte, de même que sur les frontières de tout le royaume. Ayant appris en outre que leur seigneur se trouvait avec ses troupes dans les environs de Tripoli, ils s'y rendirent promptement, occupèrent l'île d'Arados, située en face de la ville d'Antarados, à trois milles de distance tout au plus, et établirent leurs galères dans la bonne station que leur offrait ce port. Aradius, fils de Chanaan et petit-fils de Noé, fut, dit-on, le premier qui habita cette île, et y bâtit une ville très-forte, à laquelle il donna son nom, de même qu'à l'île entière. A l'orient de cette île est encore une autre ville très-noble, nommée Antarados, parce qu'elle se trouve située, comme je l'ai dit en un autre lieu, précisément en face d'Arados, et maintenant appelée par corruption Tortose. On dit que l'apôtre Pierre, parcourant la Phénicie, y fonda une petite église en l'honneur de la Mère de Dieu; aujourd'hui encore cette église continue à attirer un grand concours de peuple, et l'on assure que le ciel, par l'intercession de la Vierge immortelle, y accorde toujours de grands bienfaits aux fidèles qui l'implorent. Ces deux villes sont censées suffragantes de la métropole de Tyr, de même qu'une autre ville voisine, nommée Maraclée, qui est considérée comme appartenant à la province de Phénicie.

L'arrivée des Turcs dans cette île répandit la terreur dans tout le pays; tandis qu'ils attendaient les ordres de leur seigneur, ils incendièrent une maison située au dessus du port d'Antarados, et cherchèrent, mais en vain, à faire de plus grands maux aux habitans de cette ville. Saladin, après avoir ravagé selon son gré tout le pays qu'il avait occupé, prescrivit à sa flotte de repartir, et ayant lui-même rallié toutes ses troupes, il se retira sur son territoire. Quelques jours après il conclut un traité de paix avec le seigneur comte, et rentra alors dans l'intérieur de ses États et dans le pays de Damas.

Vers le même temps, et après avoir demeuré pendant sept mois de suite auprès du seigneur Manuel, d'illustre mémoire, empereur magnifique de Constantinople, non sans utilité pour nous-même et pour notre Église, quatre jours après les fêtes de Pâques et à la suite de beaucoup d'instances, nous obtînmes enfin la permission de retourner dans notre pays. Le seigneur Empereur ayant recommandé à nos soins ses députés, hommes nobles et magnifiques, nous partîmes avec quatre galères qui nous furent accordées par ce souverain avec sa générosité accoutumée, et après avoir passé devant les îles de Ténédos, Mytilène, Chio, Samos, Délos, Claros, Rhodes et Chypre, laissant sur notre gauche la Phrygie, l'Asie mineure, la Lycie, la Lycaonie, la Pamphilie, l'Isaurie et la Cilicie, nous abordâmes, avec la faveur de Dieu et parfaitement sains et saufs, le 12 mai, à l'embouchure du fleuve Oronte et au port de Séleucie, aujourd'hui appelé port de Saint-Siméon. Ici, nous croyons ne devoir pas passer sous silence le récit de quelques faits qui doivent tenir une place considérable dans cette histoire.

[1180.] Pendant que nous séjournions dans la ville royale, tant à cause de l'hiver qui s'approchait et nous forçait de retarder notre départ, que pour obéir aux ordres du très-heureux seigneur Empereur, ce prince, dans sa sollicitude paternelle et animé d'un esprit de prévoyance qui semblait lui faire deviner sa fin prématurée, résolut de pourvoir à l'établissement de ses deux enfans, un fils et une fille, et de leur donner en mariage, à l'un une femme, à l'autre un époux. Son fils, qui n'avait pas encore atteint l'âge de puberté, puisqu'il comptait à peine treize ans, et qui se nommait Alexis, ainsi que son aïeul paternel, épousa solennellement la fille de l'illustre roi des Français, le seigneur Louis, nommée Agnès, âgée de huit ans tout au plus; et tous deux, revêtus des ornemens impériaux, furent unis [1] dans le palais du seigneur Constantin, dans le grand salon de ce palais, que l'on appelle *trullus*, où se rassembla, dit-on, le sixième saint concile général, au temps de Constantin, fils de Constantin, fils d'Héraclius [2]. Sa fille épousa un jeune homme nommé Reinier, fils de Guillaume l'ancien, marquis de Montferrat, et frère

---

[1] Le 2 mars 1180.

[2] En 680, sous le règne de Constantin III, dit *Pogonat*, fils en effet de Constantin II, fils d'Héraclius Constantin, fils d'Héraclius.

du seigneur Guillaume, à qui nous avions uni la sœur de notre roi. Le seigneur Empereur avait envoyé ses conseillers intimes auprès de ce jeune homme, alors âgé environ de dix-sept ans, pour le mander à sa cour, et il était arrivé dans la ville royale quinze jours environ avant nous. Il y demeura d'abord, suivit ensuite le seigneur Empereur dans une expédition, et lorsque celui-ci fut revenu, vers l'époque de l'Épiphanie, il convoqua sa cour au mois de février, dans le palais neuf, dit de Blachernes, déploya la magnificence impériale, donna en mariage au seigneur Reinier sa fille nommée Marie, par les mains de Théodose, patriarche de la même ville, le nomma Jean, du nom de son père, et le créa César. L'Empereur avait eu cette fille de son premier mariage avec l'impératrice Irène, de pieuse mémoire, qui était venue du royaume des Teutons; il n'eut de son second mariage avec Marie, que son fils Alexis qui règne maintenant. Si je voulais entreprendre de raconter dans cet écrit les jeux du cirque, que les habitans de cette ville appellent hippodrome, et l'éclat des divers spectacles qui furent offerts au peuple en ces jours solennels, et de décrire la magnificence impériale à l'égard des vêtemens et de toutes les parures en pierres précieuses et en perles d'une pesanteur et d'un nombre incalculable; s'il me fallait parler des richesses infinies du palais en or et en argent massif, de superbes rideaux suspendus de tous côtés pour orner les appartemens, et énumérer tous les serviteurs et tous les gens de la cour; si je voulais rapporter dans tous leurs détails les pompes et la magnificence de ces noces et tous les actes de libéralité par lesquels l'Empereur déploya sa grandeur envers tout le monde, envers les siens comme envers les étrangers, je succomberais sous l'immensité d'un tel travail, dussé-je même en faire l'objet d'un écrit particulier. Aussi je reprends la suite de cette histoire.

Après nous être acquitté à Antioche des commissions que nous avions reçues de Sa Grandeur Impériale pour le seigneur prince de ce pays et pour le seigneur patriarche, nous rejoignîmes le seigneur Roi à Béryte, et, comme il se rendait à Tyr par la voie de terre, nous continuâmes notre navigation, sous la protection de Dieu, et nous rentrâmes dans notre église de Tyr le 6 juillet, après un an et dix mois d'absence, depuis notre départ pour le concile.

La septième année du règne du seigneur Baudouin IV, et le 9 septembre [1], le très-pieux et très-chrétien roi des Français, homme dont les vertus et la mémoire vivront à jamais, le seigneur Louis, déposant le fardeau de la chair, porta son ame dans les cieux pour y jouir des récompenses éternelles avec les princes élus. Il ne laissa qu'un fils unique qui fut son héritier et qui se nommait Philippe [2]. Il l'avait eu de son mariage avec la reine Alix, fille de Thibault l'ancien, et sœur du seigneur Henri, comte de Troyes; de Thibault, comte de Chartres; d'Étienne, comte de Sancerre, et du seigneur Guillaume, archevêque de Rheims; il mourut après un règne de cinquante ans [3] et dans la soixantième année de sa vie.

[1] Le 18 septembre 1180.
[2] Louis le Jeune avait eu en outre quatre filles, Marie, Alix, Marguerite et Agnès.
[3] De 43 ans, un mois et 18 jours depuis la mort de son père Louis le Gros.

Le mois suivant, le 6 octobre, le seigneur Amaury, de précieuse mémoire, patriarche de Jérusalem, homme simple à l'excès et tout-à-fait incapable, entra dans la voie de toute chair, après vingt-deux années de pontificat. Il fut remplacé au bout de dix jours par le seigneur Héraclius, archevêque de Césarée.

Dans le même mois le seigneur Roi promit en mariage sa sœur, à peine âgée de huit ans, à un jeune homme nommé Honfroi. Cet Honfroi troisième était fils de Honfroi le jeune et de Stéphanie, fille de Philippe de Naplouse, et Honfroi le jeune et le second était fils de Honfroi de Toron l'ancien, connétable du Roi, dont j'ai parlé très-souvent dans cette histoire. L'aïeul maternel de Honfroi, Philippe de Naplouse, avait été seigneur de la seconde Arabie, ou Arabie Pétrée, vulgairement appelée pays de Krac, et de la Syrie de Sobal, aujourd'hui le pays de Montréal; l'un et l'autre de ces pays situés au-delà du Jourdain. Cet Honfroi, ayant dans la suite pris l'habit religieux, devint maître des chevaliers du Temple. Le prince Renaud, troisième mari de la mère du jeune Honfroi, négocia ce mariage avec beaucoup de zèle, et lorsqu'il eut réussi, les fiançailles furent célébrées à Jérusalem entre Honfroi et la sœur du seigneur Roi. Ce jeune homme fit en outre avec le seigneur Roi un échange du patrimoine qui lui avait été dévolu par droit héréditaire après la mort de son aïeul, et qui était situé dans le territoire de Tyr, savoir : le château de Toron, le château neuf et la ville de Panéade avec ses dépendances. Ce traité fut fait sous de certaines conditions, et le texte, qui en fut écrit sous notre dictée par suite de l'office que nous exerçons, se trouve déposé dans les archives du royaume.

Ce même mois, et le troisième jour du mois [1], le seigneur Manuel, empereur de Constantinople, homme très-distingué et d'immortelle mémoire, le plus grand en munificence parmi tous les princes de la terre, déposa le fardeau de la chair, et rendit son ame au ciel. Son souvenir demeurera en bénédiction, et toute l'Église des saints racontera à jamais l'abondance de ses largesses. Il mourut, dit-on, dans la quarantième année de son règne, et la quarante et unième année de sa vie, autant du moins qu'il nous est donné de le savoir [2].

[1181.] Le seigneur Boémond, prince d'Antioche, abandonna aussi vers la même époque la dame Théodora sa femme [3], nièce du seigneur Empereur; et méprisant les lois de l'Église, il osa prendre pour femme une certaine Sibylle, adonnée, dit-on, à la magie.

Tandis que le seigneur Josselin, oncle du Roi et son sénéchal, que celui-ci avait envoyé à Constantinople pour y traiter quelques affaires du royaume, séjournait encore en cette ville, de même que le seigneur Baudouin de Ramla qui y était également allé implorer les secours du seigneur Empereur pour le paiement de sa rançon, peu de temps après la mort du seigneur empereur Manuel, de pieuse mémoire, et vers le commencement de mars, on découvrit que quelques nobles, hommes grands et illustres, avides de nouveautés, conspiraient contre le seigneur em-

---

[1] C'est une erreur, Manuel mourut le 24 septembre 1180.

[2] Manuel Comnène mourut à 60 ans, après un règne de 37 ans, 5 mois et 16 jours.

[3] En 1181; Théodora Comnène est aussi nommée, par d'autres écrivains, Irène, ou Esine ou Estine.

pereur Alexis, fils du seigneur Manuel. L'Empereur, encore placé sous la tutelle de sa mère, conformément aux dernières volontés de son père, les fit arrêter comme coupables de lèse-majesté, et ordonna de les charger de fers et de les mettre en prison, quoique quelques-uns d'entr'eux fussent ses cousins. On remarquait parmi eux, comme chef de toute cette faction, Manuel, fils d'Andronic l'ancien, dont j'ai souvent parlé; Alexis, grand écuyer, fils de Théodora Calusine, nièce du seigneur Empereur, et frère du logothète[1], et quelques autres grands seigneurs, au nombre de douze environ. La sœur du seigneur Empereur, la dame Marie, complice de cette même faction, se sauva pendant la nuit avec son mari, fils du marquis, dont j'ai déjà parlé plusieurs fois, dans l'église de Sainte-Sophie, et, inquiète de son sort, elle se mit à l'abri sous les murs de cette église. Enfermée dans cet édifice, où l'on avait rassemblé des armes et des chevaliers, avec son mari, ses partisans et les complices de ses projets, elle voulut faire quelque nouvelle tentative contre l'Empereur son frère, appuyée, comme elle l'était, par le patriarche de la même ville. Mais enfin le parti de l'Empereur s'étant accru, et ayant trouvé ses principales forces chez les Latins, la princesse sa sœur découragée, et ne conservant plus aucun espoir, employa des intercesseurs pour faire demander son pardon en suppliante; et son frère le lui ayant accordé, elle se réconcilia avec lui.

Vers le même temps tout le pays d'Orient, occupé par les Latins, et principalement le pays d'Antioche,

---

[1] Espèce de ministre des finances, chargé surtout de l'examen des comptes.

fut livré à de grands troubles, à l'occasion d'une concubine que Boémond, prince d'Antioche, avait épousée en secondes noces, après avoir renvoyé sa femme légitime. Ce prince fut invité une première et une seconde fois à renoncer à un adultère aussi patent et à rappeler sa femme légitime ; mais semblable au pécheur qui, parvenu au comble du vice, méprise tous les avis, il endurcit ses oreilles, ne voulut point entendre la voix de ceux qui l'assourdissaient des conseils de la sagesse, et, persévérant avec obstination dans son péché, il attira sur lui une sentence d'excommunication, bien justement lancée. Loin de déférer à cette sentence, il aggrava encore son crime, poursuivit en ennemi tant le seigneur patriarche d'Antioche que les évêques du pays et les autres prélats des églises, et exerça sur eux des violences ; il brisa les portes des lieux vénérables, tant églises que monastères, enleva les objets sacrés, et, dans l'excès de son impiété et de son audace, voulut troubler les gens d'église dans leurs possessions ; on assure même qu'il alla jusqu'à assiéger le seigneur patriarche et le clergé, qui s'était réfugié auprès de celui-ci dans un fort appartenant à l'église, et qui se trouvait bien approvisionné en armes, en soldats et en vivres, et qu'il livra de fréquens assauts devant cette place comme un ennemi acharné. Cependant quelques-uns des grands seigneurs du pays ne pouvant tolérer un tel excès de folie, et sachant bien qu'ils se devaient à Dieu plus qu'aux hommes, renoncèrent à ce prince d'esprit et de corps, détestant ses mauvaises actions. Parmi eux était le noble et puissant Renaud, surnommé Mansour : il se retira dans un château inaccessible et très-bien fortifié qui lui appartenait, s'adjoignit tous ceux qui avaient à cœur la cause la plus honorable et devant les yeux la crainte de Dieu, et offrit en ce lieu une retraite assurée à tous les prélats qui se trouvaient chassés de leur siége, et à tous ceux, quels qu'ils fussent, que les mêmes motifs obligeaient de prendre la fuite.

Cet événement jeta toute cette contrée dans une situation si périlleuse que les hommes sages, ceux qui avaient le plus d'expérience, ne doutaient nullement que, si la clémence divine ne venait promptement à notre secours, les ennemis n'en prissent occasion de travailler à notre ruine, et de charger le nom chrétien d'un opprobre éternel, en faisant rentrer sous leur autorité toute cette province, qui n'avait été arrachée de leurs mains, avec l'aide du Seigneur, que par la sollicitude des princes fidèles, et par les travaux et les nombreux sacrifices du peuple du Christ. Elles sont en effet bien justes et bien dignes de foi ces paroles de vérité : « Tout royaume divisé en lui-même « périra. » Le seigneur roi de Jérusalem, le seigneur patriarche, les autres prélats des églises et tous les princes laïques, remplis d'une sollicitude bien légitime, se rassemblèrent pour examiner avec le plus grand soin ce qu'il y avait à faire au milieu de circonstances si difficiles. Quoique ce prince imprudent et débauché eût bien mérité par sa conduite que l'on employât la force contre lui, tous hésitaient cependant à s'y résoudre, dans la crainte qu'il n'appelât à son secours les ennemis pour appuyer sa résistance, et que le pays ne se trouvât ainsi livré aux Turcs, dont le prince lui-même aurait ensuite grand'peine à se débarrasser, quelque desir qu'il en eût et quelque effort qu'il fît pour y parvenir. Ils jugeaient bien en outre qu'il n'y avait aucun moyen d'adresser des prières ou de salutaires avis à un homme insensé qui se précipitait vers le mal et n'était occupé que de ses mauvaises pensées, car c'eût été, comme on dit, raconter une fable à un âne sourd et jeter ses paroles au vent ; en conséquence ils n'osèrent pas même lui envoyer des hommes sages et doués du talent de la persuasion. Ils supportèrent donc ce mal pour ne pas en rencontrer de pires, attendant tout secours de celui qui ramène souvent sur l'eau ceux qui sont plongés dans les profondeurs de la mer, qui « fait que la neige tombe comme de la laine sur la « terre, et qui envoie sa glace divisée en une infinité « de parties [1] ; » afin que le prince, averti par cette visite du Seigneur, et revenant à lui, s'élevât vers les fruits d'une meilleure vie, et fût revêtu de la force du suprême régulateur de toutes choses.

Cependant le mal allait toujours croissant, et il n'y avait nul espoir de trouver bientôt quelque moyen de le guérir. Non seulement la personne du prince fut enchaînée dans les liens de l'anathème, mais tout le pays fut aussi frappé d'interdiction à cause des vols et des incendies qu'on commettait sur les propriétés des lieux vénérables ; excepté le baptême des petits enfans, aucun des autres sacremens de l'Église n'était administré au peuple ; et lorsque les Chrétiens virent les choses venues à ce point, ils craignirent de plus en plus qu'on ne pût y demeurer long-temps sans être exposé aux plus grands dangers.

---

[1] Psaum. 147, v. 5 et 6.

Il fut donc résolu, d'un commun accord, que le seigneur patriarche, le seigneur Renaud de Châtillon, qui avait été jadis prince d'Antioche et qui était beau-père, par sa femme, du seigneur Boémond le jeune; le maître des chevaliers du Temple, frère Arnaud de Toroge [1], et le maître de l'Hôpital, frère Roger de Moulins [2], se rendraient dans ce pays, pour voir s'il y avait quelque moyen, avec la grâce de Dieu, de découvrir et d'appliquer un remède à tant de maux, soit pour un temps, soit pour toujours. Nous avions en effet à craindre que le seigneur pape ou les princes d'outre-mer n'attribuassent à une négligence coupable, ou peut-être même à quelque méchante intention, le tort de n'avoir donné aucun témoignage de compassion à nos voisins, si misérablement éprouvés, et de n'avoir pas cherché du moins à les soulager dans leur détresse. Le seigneur patriarche prit avec lui, parmi les prélats des églises, le seigneur archevêque de Césarée, le seigneur Albert, évêque de Bethléem, le seigneur Renaud, abbé de la montagne de Sion, et le seigneur Pierre, prieur de l'église du Sépulcre, hommes sages et intelligens; et, suivi de tous ses autres compagnons de voyage, il se mit en route pour le pays d'Antioche : sur son chemin il prit encore avec lui le seigneur comte de Tripoli, ami particulier du prince et aimé de lui, afin de pouvoir réussir plus facilement dans sa négociation. Tous ces députés se réunirent à Laodicée : allant successivement conférer tantôt avec le seigneur patriarche et tantôt avec le seigneur prince, ils en vinrent enfin à leur assigner

[1] Grand-maître des Templiers de 1179 à 1184.
[2] Grand-maître des Hospitaliers de 1177 à 1187.

à tous deux un rendez-vous à Antioche; et après diverses propositions faites de part et d'autre dans cette ville, ils conclurent un arrangement temporaire. Il fut convenu que le seigneur patriarche, les prélats des églises et les lieux saints recouvreraient tout ce qui leur avait été enlevé, que l'interdit serait levé, et qu'on rendrait au peuple le bienfait des sacremens de l'Église. Le prince devait en outre se soumettre en personne, et avec résignation, à la sentence qui serait rendue contre lui par les évêques, ou, s'il desirait être entièrement absous, il devait renvoyer sa concubine et rappeler sa femme légitime. Après avoir conclu ce traité, les députés retournèrent chez eux, espérant avoir réussi du moins à calmer un peu la violence de cet incendie; mais le prince ne pouvait être ramené, et persévéra à vivre dans la souillure. Il fit plus, et ce qui devait être le plus dangereux pour le pays, il chassa de la ville et de tout son territoire, uniquement parce qu'on disait que sa conduite leur déplaisait, les plus distingués de ses fidèles, hommes nobles et illustres, savoir : son connétable et camérier, Guiscard de l'Ile; Bertrand, fils du comte Gillebert, et Guérin Gainard. Forcés de partir, ils se retirèrent auprès du seigneur Rupin, illustre prince des Arméniens [1], qui les accueillit avec les plus grands honneurs, fit à chacun d'eux de très-beaux présens, et leur assigna un revenu suffisant pour leur entretien.

Cette même année, au mois d'août et le 27 de ce mois [2], le seigneur pape Alexandre III entra dans la voie de toute chair, la vingt-troisième année de son

---
[1] De 1180 à 1189. — [2] Le 30 août 1181.

pontificat : on l'ensevelit dans l'église de Latran. Il eut pour successeur le seigneur pape Luc III, qui avait été Ubald, évêque d'Ostie; il était né toscan, et de la ville de Luques; c'était un homme déjà fort âgé et médiocrement lettré.

Vers le même temps, notre vénérable frère en Christ, de pieuse mémoire en Dieu, le seigneur Raimond, évêque de l'église de Béryte, fut enlevé à la lumière de ce monde, pour aller jouir à jamais, par la bonté du Seigneur, des récompenses de la lumière éternelle. Il eut pour successeur dans la même église un homme honorable et lettré, maître Odon, archidiacre de notre église, auquel, pendant les jours de décembre, nous conférâmes nous-mêmes, avec l'aide de Dieu, le grade du sacerdoce et la dignité pontificale.

Melechsalah, fils de Noradin, mourut aussi vers la même époque [1]. Il était jeune encore, et n'avait conservé de l'héritage de son père que la ville d'Alep et un très-petit nombre d'autres places. On dit que par un testament, fait au moment de sa mort, il laissa la ville d'Alep et son héritage tout entier à un certain fils de son oncle, nommé Hezedin [2], fils de Thébeth et seigneur de Mossoul. Ses princes, après sa mort, envoyèrent des députés à ce seigneur, illustre et puissant satrape des Turcs, pour l'inviter à se rendre auprès d'eux en toute hâte. Dès qu'il eut reçu le message, le seigneur de Mossoul partit et alla prendre possession des biens de ses aïeux, qui lui appartenaient en vertu de ses droits héréditaires, craignant encore que Saladin, qui déjà avait dépouillé en

---

[1] Le 4 décembre 1181. — [2] Azeddyn-Masoud.

grande partie son cousin-germain, ne revînt d'Égypte pour s'emparer de vive force de la ville d'Alep, en dépit même des habitans, surtout lorsqu'il était certain que quelques-uns des principaux citoyens favorisaient en secret ses prétentions.

Saladin cependant, après avoir conclu avec nous une trêve pour deux ans entiers, était descendu en Égypte, afin de s'y occuper avec zèle du soin de ses affaires. Il avait appris avec beaucoup d'anxiété que le roi de Sicile avait fait de très-grands préparatifs, et mis en mer une flotte chargée de nombreuses troupes, dans l'intention de la diriger vers les côtes d'Égypte. Mais les craintes de Saladin n'étaient nullement fondées : la flotte dirigea sa marche vers l'Occident, pour se rendre aux îles Baléares, situées dans le voisinage de l'Espagne citérieure, et dont l'une est appelée vulgairement Majorque et l'autre Minorque; mais sa navigation fut malheureuse. Ballottée par des vents ennemis, la flotte périt tout entière dans les environs d'Albenga, et les vagues de la mer en furie la brisèrent contre le rivage des villes maritimes, sur un espace de vingt milles.

[1182.] Tandis que notre royaume jouissait, comme je l'ai dit, d'une paix temporaire, une race de Syriens, habitant dans la province de Phénicie, près de la chaîne du Liban et de la ville de Gébaïl, éprouva un changement notable dans l'état de ses affaires. Après avoir, pendant près de cinquante ans, partagé les erreurs d'un certain hérésiarque, nommé Maron, à tel point qu'ils avaient reçu de lui le nom de Maronites, qu'on les avait séquestrés de l'Église des fidèles, et qu'ils célébraient les sacremens tout-à-fait à part, saisis tout-à-coup d'une inspiration divine, revenant à eux-mêmes et renonçant au mal, ils allèrent trouver le patriarche d'Antioche, Aimeri, troisième patriarche latin et qui gouverne encore cette église; ils abjurèrent l'erreur qui les avait mis si long-temps en péril, revinrent à l'unité de l'Église catholique, adoptèrent la foi orthodoxe, et se déclarèrent tout disposés à reconnaître et à observer avec le plus grand respect toutes les traditions de l'église romaine. Cette population était assez considérable; on assure qu'elle s'élevait à plus de quarante mille individus, qui habitaient dans les évêchés de Gébaïl, de Botryum et de Tripoli, au milieu des montagnes et sur les revers du Liban. Ils étaient pleins de force, vaillans à la guerre, et fort utiles pour nous dans les rencontres qu'ils avaient très-fréquemment avec les ennemis. Aussi leur retour à la sincérité de la foi nous causa une très-grande joie. L'erreur de Maron et de ses sectateurs est et était, comme on peut le voir par le sixième concile, qui fut, ainsi qu'on le sait, rassemblé contre eux, et où ils subirent une sentence de condamnation, de prétendre qu'il n'y a et qu'il n'y a eu dès le commencement qu'une seule volonté et une seule opération en Notre-Seigneur Jésus-Christ. Cet article ayant été réprouvé par l'Église orthodoxe, les Maronites en adoptèrent encore beaucoup d'autres très-dangereux lorsqu'ils eurent été rejetés de l'assemblée des fidèles; mais enfin, en étant venus à se repentir de toutes ces erreurs, ils se rallièrent, comme je l'ai dit, à l'Église catholique, avec leur patriarche et quelques évêques, et ceux-ci, de même qu'ils avaient marché devant eux dans l'impiété, leur servirent aussi de guides lorsqu'ils furent rentrés dans les voies de la vérité.

Cependant, si le royaume goûtait quelque repos par suite de la trêve conclue entre le seigneur Roi et Saladin, on ne laissait pas d'y voir des fils de Bélial, disciples d'impiété, qui, dans l'inquiétude de leur esprit, suscitaient des troubles et des malheurs intérieurs. Le comte de Tripoli était demeuré près de deux ans de suite dans les environs de cette ville, et la multiplicité de ses affaires l'avait empêché de se rendre dans notre royaume; enfin, poussé par sa sollicitude pour la ville de Tibériade, héritage de sa femme, il se disposa à y revenir, et fit tous ses préparatifs pour son voyage. Déjà même il était arrivé à Gébaïl, lorsque ces méchans hommes, abusant par leurs perfides insinuations de la confiance du Roi, parvinrent à lui persuader que le comte venait dans le royaume avec de mauvaises intentions, et dans le but de négocier en secret pour le supplanter. Le Roi, prêtant trop facilement l'oreille à ce langage perfide, chargea imprudemment des députés d'aller de sa part interdire au comte l'entrée de son royaume. Celui-ci, qui recevait une si grande offense sans l'avoir méritée, fut saisi de confusion et d'une juste colère; il renonça cependant à son projet, et retourna malgré lui à Tripoli, après avoir fait de grandes dépenses en pure perte. L'intention de ces perfides conseillers était de profiter de l'absence du comte, homme habile et rempli de sagesse, pour diriger à leur gré les affaires du royaume, et faire tourner à leur plus grand avantage les infirmités mêmes du Roi. Parmi eux la mère de ce prince, femme détestée de Dieu et toujours prête à toutes les violences, et son frère, sénéchal du Roi, assistés de quelques hommes méchans, ne cessaient de pousser le Roi en ce sens.

Lorsque les princes du royaume furent informés de cet événement, ceux qui avaient le plus d'expérience en éprouvèrent un extrême déplaisir, car ils craignirent que le royaume, privé de la protection d'un si grand prince, ne tombât dans l'abîme et ne pérît par ses divisions, selon les paroles du Seigneur; d'autant plus que la maladie du Roi, augmentant de jour en jour, le rendait plus incapable et le mettait de plus en plus dans l'impossibilité de s'occuper des affaires publiques; pouvant à peine se soutenir lui-même, il tombait dans un état de complète dissolution. Voyant donc les dangers qui pouvaient résulter de cette démarche, les grands firent tous leurs efforts pour rappeler le comte et apaiser sa colère. A la suite de beaucoup de négociations et après diverses propositions d'arrangemens, ils parvinrent à forcer la main au Roi, et, en ayant obtenu la permission, ils ramenèrent le comte dans le royaume : cet illustre seigneur dissimula avec sagesse ses ressentimens et se réconcilia avec le seigneur Roi.

Tandis que ces choses se passaient dans l'Orient, il survint à Constantinople de grands changemens dans les affaires de l'Empire; la race latine tout entière subit une triste catastrophe et des affronts inouïs jusqu'alors, outre les malheurs positifs dont elle eut à gémir. La douleur qu'avait jadis éprouvée la trompeuse et perfide Grèce, enfanta l'iniquité. Le seigneur Manuel, très-heureux empereur, d'illustre mémoire, eut pour successeur son jeune fils, nommé

Alexis, à peine âgé de treize ans, qui parvint à l'Empire en vertu du testament de son père et de ses droits héréditaires. Il fut placé sous la tutelle de sa mère, et Alexis, neveu du seigneur empereur défunt, comme fils de son frère aîné, dirigea les affaires du gouvernement : les grands de l'Empire et le peuple de Constantinople crurent voir, dans ces circonstances, une occasion favorable de mettre à exécution les projets qu'ils avaient formés contre les Latins. Sous le règne de l'empereur Manuel, aimé de Dieu, le peuple latin avait trouvé auprès de lui le juste prix de sa fidélité et de sa valeur; l'Empereur dédaignait ses petits Grecs comme des hommes mous et efféminés, et ayant lui-même de la grandeur d'ame et une bravoure incomparable, il ne confiait qu'aux Latins le soin de ses plus grandes affaires, et comptait avec juste raison sur leur dévouement et leur vigueur. Comme ils étaient fort bien traités par lui, et qu'il ne cessait de leur prodiguer les témoignages de son extrême libéralité, nobles et roturiers accouraient à l'envi de tous les coins du monde vers celui qui se montrait leur plus grand bienfaiteur. Les services qu'ils lui rendaient augmentaient de plus en plus son affection pour eux et le portaient à améliorer sans cesse leur sort. Aussi les nobles grecs, et principalement les parens de l'Empereur, conçurent-ils, de même que tout le reste du peuple, une haine implacable contre les Latins, et la différence qui existe entre leurs sacremens et les nôtres mit le comble à leur fureur et servit d'aliment à leur inimitié. Arrogans en effet au dessus de toute expression, et séparés de l'église romaine uniquement par insolence, les Grecs tiennent pour hérétique quiconque n'adopte pas leurs folles croyances, tandis qu'ils justifient de plus en plus pour eux-mêmes la dénomination d'hérétiques, en créant ou en adoptant des doctrines nouvelles et empestées, par opposition à l'Église romaine et à cette foi des apôtres Pierre et Paul, « contre laquelle les « portes de l'enfer ne sauraient prévaloir. » Ayant ainsi et depuis long-temps nourri dans leurs cœurs de profonds sentimens de haine, ils avaient attendu l'occasion, qu'ils espéraient trouver après la mort de l'Empereur, de détruire entièrement cette population latine qu'ils détestaient, tant dans l'intérieur de la ville que sur le territoire de l'Empire, et d'assouvir leur inflexible inimitié.

Cependant lorsque l'Empereur fut sorti de ce monde, et qu'Alexis le protosébaste prit les rênes du gouvernement, les Grecs jugèrent que les circonstances n'étaient pas encore propices à l'exécution de leurs méchans projets; car Alexis, imitant la conduite de l'Empereur, continuait à employer les conseils et l'appui de nos Latins, et cherchait, autant qu'il se pouvait, à les rapprocher de sa personne; en un seul point cependant il se rendait extrêmement odieux aux nôtres aussi bien qu'à tous en général. Quoiqu'il fût, comme les Grecs, efféminé à l'excès, et qu'il appliquât tous ses soins à satisfaire les desirs impurs de la chair, il était en même temps avare, et ménageait les trésors de l'Empire comme s'il les eût gagnés à la sueur de son front. On disait en outre qu'il entretenait un commerce criminel avec l'Impératrice, quoique celle-ci fût vouée à la vie religieuse, du vivant même de son mari, et lorsqu'il était déjà à la dernière extrémité.

Enfin il était plein d'arrogance, n'estimait personne au dessus de lui, disposait de tout selon son bon plaisir, sans consulter les autres grands, et semblait ne faire aucun cas d'eux tous, quoiqu'ils fussent aussi nobles et aussi illustres que lui. Irrités contre Alexis, par les motifs que je viens de dire, et pleins de jalousie, les princes du palais travaillèrent et parvinrent à faire venir du Pont, où il commandait, Andronic l'ancien, cousin-germain du seigneur Empereur défunt, et ils l'appelèrent afin qu'il vînt les aider à accomplir leurs projets et à dépouiller Alexis de la régence de l'Empire. Cet Andronic, cousin-germain de l'Empereur Manuel, était un homme perfide et méchant, artisan de conspirations, et toujours infidèle à l'Empire. Ses crimes nombreux lui avaient plusieurs fois valu la prison et les fers du vivant du dernier empereur : traité ignominieusement en juste punition de ses péchés, fugitif et errant sur la terre, il avait parcouru tout l'Orient; pendant son exil même il avait commis beaucoup d'actions honteuses et dignes de l'animadversion publique; cependant tout récemment, et trois mois tout au plus avant la mort de l'Empereur, il se réconcilia avec lui et rentra en grâce. Pour l'empêcher d'exciter de nouveaux troubles dans la ville, selon son usage, et d'ourdir des conspirations dans le but de parvenir au trône, l'Empereur l'avait envoyé dans le Pont, sous prétexte de lui faire honneur, en le chargeant d'y commander. C'est à cet homme que les parens de l'Empereur et d'Alexis le protosébaste lui-même, et principalement ceux en qui il paraissait avoir le plus de confiance, envoyèrent secrètement des députés pour l'inviter à s'armer contre celui qui avait indignement plongé dans les fers ses propres fils et quelques autres seigneurs illustres. J'ai déjà dit en effet qu'ayant découvert une conspiration tramée par quelques grands, Alexis les avait fait jeter dans les prisons, et cette circonstance avait encore augmenté la haine qu'on lui portait. Andronic, répondant à cet appel, arriva auprès de Constantinople, traînant à sa suite des essaims innombrables de peuples barbares ; il dressa son camp sur les bords de l'Hellespont, en face la ville royale, et occupa toute la Bithynie. Quelques hommes puissans, qu'on envoya contre lui pour résister à ses entreprises, allèrent se réunir à lui comme font les traîtres : les premiers et les plus considérables furent Andronic l'Ange, commandant des troupes chargées de cette expédition, et Alexis Mégaducas, commandant en chef de la flotte, tous deux parens de l'Empereur. Et ce n'était pas seulement la désertion de ceux qui passaient ainsi ouvertement dans l'autre parti, qui affaiblissait celui des nôtres; tous les autres, tant les grands que les citoyens obscurs, se montraient favorables à Andronic, non plus même secrètement, mais tout-à-fait en public; tous desiraient le voir arriver dans la ville, et employaient tous les moyens possibles pour hâter son passage vers l'autre côté du détroit.

Cette conspiration ayant pris tous les jours de nouvelles forces, le protosébaste fut enfin fait prisonnier [1]; on lui creva les yeux, on lui fit subir une horrible mutilation, et ces événemens répandirent la consternation parmi les Latins. Craignant une attaque subite de la part des habitans de la ville, et prévenus

[1] En avril 1182.

par quelques-uns de ceux qui avaient le secret de la conjuration, les plus vaillans échappèrent aux machinations des Grecs et à la mort; les uns, en s'embarquant sur quarante-quatre galères qu'ils trouvèrent dans le port; les autres, en chargeant tous leurs effets sur d'autres navires qui étaient là en grand nombre. Les plus âgés, les infirmes, tous ceux enfin qui ne purent prendre la fuite, demeurèrent dans leurs maisons et supportèrent les horribles effets de la rage impie à laquelle leurs compagnons s'étaient soustraits en se sauvant. Andronic, ayant fait préparer en secret ses embarcations, conduisit dans la ville toutes les troupes qu'il traînait à sa suite; aussitôt qu'elles y furent arrivées, elles se précipitèrent, avec les citoyens, vers le quartier de la ville qu'habitaient nos Latins, et firent périr par le glaive les débris de cette population, tous ceux qui n'avaient pas voulu ou pu suivre leurs compagnons au moment de leur départ : quoiqu'il n'y eût qu'un bien petit nombre d'entre eux en état de prendre les armes, ils résistèrent cependant long-temps, et vendirent cher la victoire à leurs ennemis. Oubliant les traités et les nombreux services que les nôtres avaient rendus à l'Empire, les Grecs, après avoir massacré tous ceux qui paraissaient capables de résistance, mirent le feu à leurs maisons, et réduisirent en cendres tout le quartier occupé par les Latins. Leur impiété ne fut pas même satisfaite après s'être ainsi exercée sur les lieux profanes; ils incendièrent en outre les églises et les lieux saints, quels qu'ils fussent, et ceux qui s'y étaient réfugiés pour y chercher un moyen de salut furent également brûlés avec les édifices sacrés. On ne mettait non plus aucune distinction entre les laïques et le clergé, si ce n'est même que l'on commettait de plus grandes atrocités contre ceux qui étaient vêtus en religieux ou portaient quelque marque d'honneur. Les moines et les prêtres recevaient toujours les premières insultes, et subissaient des supplices tout particuliers. Un homme vénérable, entre autres, nommé Jean, sous-diacre de la sainte église romaine, que le seigneur Pape avait envoyé à Constantinople pour les affaires de l'Église, fut saisi et décapité, en témoignage d'insulte pour cette même église, et sa tête fut attachée à la queue d'une chienne impure. Les morts mêmes, que l'impiété respecte d'ordinaire dans ses excès, ne furent point à l'abri des fureurs de ces détestables sacriléges, pires que des parricides; leurs corps furent arrachés des monumens qui les renfermaient et traînés dans les rues et sur les places publiques, comme s'ils eussent dû ressentir les outrages dont on les accablait. Les Grecs se rendirent aussi à l'hôpital que l'on appelait de Saint-Jean, et firent périr par le glaive tous les malades qu'ils y trouvèrent. Ceux-là même que leurs pieuses fonctions eussent dû porter à soulager les opprimés dans leur détresse, je veux dire les prêtres et les moines grecs, excitaient au contraire au meurtre les brigands et les sicaires, leur donnaient de l'argent, parcouraient avec eux les retraites, visitaient les lieux les plus cachés dans les maisons, afin que personne n'y demeurât caché et n'échappât ainsi à la mort; ceux qu'ils y trouvaient en étaient arrachés de vive force et livrés par eux aux bourreaux, et afin que ceux-ci ne fussent pas occupés sans profit, ils leur offraient le prix du misérable sang qu'ils faisaient couler. Ceux qui paraissaient montrer le plus de clémence disposaient de la personne des malheureux qui s'étaient réfugiés vers eux, à qui ils avaient donné l'espoir de les sauver, et les vendaient en éternelle servitude aux Turcs et aux autres peuples infidèles. On dit que plus de quatre mille Latins, de sexe, d'âge et de conditions diverses, furent ainsi livrés aux nations barbares, à prix d'argent. C'est ainsi que ce peuple impie des Grecs, race de vipères, semblables au serpent réchauffé dans le sein et à la souris renfermée dans l'armoire, témoigna sa reconnaissance à ses hôtes qui n'avaient point mérité un pareil traitement et ne le redoutaient nullement; et cependant ces mêmes Grecs leur avaient donné en mariage leurs filles, leurs nièces, leurs sœurs, et s'étaient liés avec eux par une longue cohabitation.

On dit cependant que ces odieux forfaits, inouïs dans tous les siècles, ne demeurèrent pas entièrement impunis. Ceux des Latins qui étaient partis sur des galères, comme je l'ai dit, et ceux qui peu après les avaient suivis sur d'autres bâtimens, emmenant avec eux une nombreuse multitude, s'étaient retirés dans les environs et non loin de la ville, pour attendre l'issue de l'événement. Lorsqu'ils eurent appris avec détail que les auteurs du premier tumulte qui s'éleva dans la ville avaient incendié tout le quartier des Latins et détruit leurs femmes, leurs enfans et toutes leurs familles, soit par le glaive, soit par les flammes, remplis d'une juste indignation, ils se livrèrent à tout l'emportement de leur fureur. Ardens à venger le sang de leurs frères, ils parcouraient les deux rivages de l'Hellespont, depuis l'entrée de la mer du Pont, située à trente milles de Constantinople, jusqu'au point où commence la mer Méditerranée, à deux cents milles de distance de la même ville, s'emparant de vive force des villes et de tous les lieux habités qu'ils trouvaient sur l'une et l'autre rive, faisant périr tous les habitans par le fer, visitant aussi tous les monastères qu'on rencontre sur les deux rives ou dans les petites îles dispersées sur cette mer, frappant de leur glaive les faux moines et les prêtres sacriléges, pour venger le sang de leurs frères, incendiant les monastères mêmes, et brûlant tous ceux qui s'y étaient réfugiés. On dit qu'ils enlevèrent aussi de ces lieux une immense quantité d'or, d'argent, de pierreries et de soieries, telle qu'ils y trouvèrent avec usure une indemnité pour les choses qu'ils avaient perdues, et une ample compensation à tout ce qu'on leur avait enlevé. En effet, sans compter les richesses incalculables des monastères et les trésors infinis qu'une longue série de temps y avait enfouis, les habitans de Constantinople y avaient en outre déposé de l'or et d'autres objets précieux pour des valeurs immenses : les Latins emportèrent tous ces trésors avec eux, et abandonnèrent les défilés de cette mer. Passant entre Sestos et Abydos, villes et ports très-antiques, ils entrèrent dans la Méditerranée, parcoururent les rivages de la Thessalie, ainsi que toutes les villes, tous les bourgs des provinces maritimes voisines, livrèrent tout le pays à la flamme et au pillage, et massacrèrent un nombre incalculable d'habitans. Ils rencontrèrent, dit-on, dans les environs de Chrysopolis, ville de Macédoine, dix galères de celles qui étaient parties les premières, et en rallièrent encore beaucoup d'autres en plusieurs lieux ; ce qui leur donna les moyens de former, au détriment des Grecs, une très-grande flotte qui leur devint en effet extrêmement redoutable. Ceux qui avaient en abomination cette vie de massacre et de pillage se mirent sur quelques vaisseaux, dont ils rencontraient tous les jours un grand nombre, avec leurs femmes, leurs enfans et le reste de leur petite fortune, quittèrent cette armée et vinrent débarquer chez nous, en Syrie.

Andronic cependant, ayant pris possession de la ville, selon ses desirs, et ne trouvant point de contradiction, fit couronner solennellement l'Empereur, ainsi que sa future épouse la fille du roi des Français, le jour de la fête de Pentecôte[1], et lui témoigna le plus grand respect. Il traita avec plus d'égards encore la sœur et la mère de l'Empereur, ainsi que le mari de la première, qui tous habitaient dans l'intérieur du palais. Quant à lui, il dirigea entièrement à son gré toutes les affaires de l'Empire, tant dans la ville qu'au dehors : on craint cependant qu'il ne se soit montré ainsi généreux envers ces personnes que pour faire excuser sa première fraude, et jusqu'à ce que, s'étant bien emparé de l'Empire et ayant soumis tout le monde, il puisse plus librement faire connaître ses intentions à leur égard. Cet événement est arrivé l'an 1182 de l'incarnation du Seigneur, au mois d'avril.

Dans le même temps, un vaisseau qui transportait quinze cents pélerins, ballotté par les vents, échoua enfin devant Damiette, sur le territoire d'Égypte; les naufragés avaient l'espoir de se sauver, puisqu'on

[1] Le 16 mai 1182.

disait que Saladin avait conclu une trêve avec les Chrétiens, sur terre comme sur mer; mais il en arriva tout autrement que ne le prescrivaient le texte et les stipulations précises du traité de paix. Saladin, cédant à son avidité et ne voulant pas permettre qu'un si grand nombre de Chrétiens sortît librement de son royaume, en vertu de la trêve, les fit tous charger de fers, et donna l'ordre de confisquer tout ce qui leur appartenait. Il adressa ensuite une députation au seigneur Roi pour lui faire des demandes tout-à-fait contraires aux termes de son traité, et presque impossibles à réaliser, ajoutant que, si on ne lui donnait satisfaction sur tous les points qu'il desirait, il était résolu à retenir le navire à titre d'indemnité, et à renoncer en outre au traité de paix déjà conclu. Son député n'ayant pu rien obtenir, attendu qu'il cherchait de mauvais prétextes pour pouvoir retenir le navire de quelque manière que ce fût, plutôt qu'il n'alléguait de justes motifs à l'appui de ses demandes, Saladin, rompant la trêve, s'occupa des moyens de reprendre le cours de sa vieille haine et d'accabler de nouveau notre royaume.

Il convoqua donc toutes ses troupes tant en gens de pied qu'en chevaliers, ainsi que cette multitude de Turcs qui étaient descendus en Égypte dans le cours des années précédentes, abandonnant le pays de Damas et toutes les provinces environnantes, pour échapper au fléau de la famine, et il se décida à se rendre à Damas pour être de là plus à portée de nous nuire. En même temps il résolut de nous faire en passant le plus de mal possible dans la portion de notre territoire située au-delà du Jourdain, soit en brûlant les moissons qu'on était sur le point de couper, soit en s'emparant de vive force d'un ou de plusieurs forts que nous avions dans cette province.

On assure que Saladin, en formant ce projet, avait principalement pour but d'obtenir lui-même satisfaction du prince Renaud qui commandait dans ce pays, parce que celui-ci, disait-on, avait pris quelques Arabes pendant le temps de la trêve, et au mépris du traité, et qu'il avait refusé de les rendre lorsqu'on les redemanda.

Informé par ses éclaireurs de sa prochaine arrivée et de ses projets, le Roi tint à Jérusalem une cour générale, et après qu'on eut examiné avec soin les demandes de Saladin, le Roi, sur l'avis de quelques personnes, se rendit avec toutes les forces du royaume sur notre territoire d'au-delà du Jourdain, en traversant la vallée où se trouve la mer Morte, et voulant par ce mouvement prévenir la marche de Saladin et s'opposer à la dévastation de la province. Saladin cependant, ayant traversé le désert avec toutes ses troupes, non sans de grandes difficultés et après vingt journées d'une marche pénible, arriva enfin sur la terre habitable, et dressa son camp dans notre territoire, à dix milles de distance environ de celui de nos forts qui est appelé Mont-Réal, pour se donner le temps d'être plus exactement informé de l'état du pays, et de savoir où se trouvaient le Roi et son armée. De son côté ce prince avait dressé son camp auprès d'une ville antique, nommée *la Pierre du désert*, située dans la seconde Arabie, et à trente-six milles de distance tout au plus de l'armée de Saladin. Il était là avec toutes les forces du royaume; mais le comte de

Tripoli n'y demeurait qu'à regret, car c'était contre son avis que le Roi avait dirigé son armée vers ce lieu, et laissé en même temps toutes les autres parties du royaume à découvert et sans défense. Quelques personnes avaient déterminé le Roi à prendre ce parti, par bienveillance pour le prince Renaud, plus que par la considération de plus grands avantages, et sans s'arrêter à examiner ce qui pouvait arriver dans le royaume dégarni en même temps de toutes ses forces : la suite des événemens ne tarda pas à prouver qu'on avait en effet commis une grande imprudence. Les princes étrangers qui habitaient les environs de Damas, de Bostrum, de Baalbek et d'Émèse, voyant notre royaume comme abandonné et toute la contrée dépourvue de chevaliers, convoquèrent leurs troupes en secret et sans bruit, passèrent le Jourdain près de la mer de Galilée ou de Tibériade, et entrèrent à l'improviste sur notre territoire; ils traversèrent une partie de la Galilée, et arrivèrent vers un lieu situé au dessous du mont Thabor, nommé Burie, tout près de la très-antique ville de Naïm [1]. Les habitans du pays, comptant sur la trêve qu'ils ne savaient pas rompue, et pleins de sécurité, prenaient peu de précautions, en sorte que les ennemis, arrivant sur eux en silence et de nuit, investirent la place de toutes parts et de telle manière que les assiégés ne purent même prendre la fuite vers la montagne qui se trouvait au dessus d'eux. Le jour étant revenu, et les habitans de Burie se voyant

---

[1] Naïm ou Naïn, c'est-à-dire, d'après l'étymologie hébraïque, *gracieuse, agréable* : elle était située dans la plaine d'Esdrelon, près d'Endor, et à deux lieues de Nazareth. Jésus-Christ y ressuscita le fils unique de la veuve (Év. sel. S. Luc, chap. 7, v. 11-17).

enveloppés par une multitude innombrable, se retirèrent en toute hâte dans la tour qui dominait leur faubourg. Aussitôt les ennemis investirent cette tour, la minèrent avec une grande activité, et après un travail de quatre heures ils la renversèrent; toutefois, avant qu'elle fût tombée, au moment où elle commençait à s'ouvrir et où tout annonçait sa chute prochaine, ceux qui s'y étaient réfugiés se rendirent aux ennemis. Ceux-ci enlevèrent à leur gré et sans aucun obstacle tout le butin qu'ils purent trouver à Burie ou dans les lieux voisins, et, sans compter ceux qui étaient morts dans les combats, ils emmenèrent environ cinq cents prisonniers. Comme ce territoire était très-fécond, et que le moment de la moisson approchait, il y était venu beaucoup de gens des environs pour lever les récoltes, et tous, comme je l'ai dit, furent pris et emmenés sans résistance par les Turcs, qui, après cette expédition, traversèrent de nouveau le Jourdain, et rentrèrent chez eux sains et saufs.

Il arriva vers le même temps, et tandis que le Roi et l'armée chrétienne étaient encore dans la Syrie de Sobal, un autre événement à jamais déplorable, et qui nous exposa à de nouveaux dangers. Nous occupions dans le pays de Suète, au-delà du Jourdain et à seize milles de Tibériade, une position extrêmement forte, et, comme on dit, inexpugnable, qui était, à ce qu'on assure, infiniment précieuse pour nous. Comme le pays où elle se trouvait était à la portée des ennemis beaucoup plus que de notre royaume, les Turcs auraient pu très-facilement y agir selon leur bon plaisir, et imposer leurs volontés aux habitans avec pleine assurance, n'eût été la possession de ce point fortifié à l'aide duquel on avait obtenu depuis longues années, et l'on obtenait encore en ce moment, un égal partage de pouvoir, et une égale distribution des impôts et des tributs entre les nôtres et les ennemis. Ce fort était placé dans une caverne située sur le flanc d'une montagne; au dessous était un immense précipice; il n'y avait aucun moyen d'y aborder par la partie supérieure de la montagne, et de l'autre côté on n'y arrivait que par un sentier tellement étroit qu'à peine un homme seul et libre de tout fardeau pouvait y passer sans péril. Cette position avait été confiée à la fidélité et à la vigilance d'un homme noble et très-riche, Foulques de Tibériade. Après avoir, comme je l'ai dit, forcé la place de Burie, et emmené la population de ce pays en captivité, les mêmes princes turcs se dirigèrent vers ce lieu, parurent à l'improviste devant le fort, et s'en rendirent maîtres au bout de cinq jours d'attaque. Il y eut à ce sujet diverses relations : les uns affirmèrent que ceux qui étaient enfermés dans ce fort l'avaient vendu à prix d'argent, et livré aux ennemis; d'autres disaient que ceux-ci avaient pratiqué de force une ouverture dans la caverne, attendu que le sol était de pierres de craie, faciles par conséquent à enfoncer; qu'après être entrés, ils s'étaient emparés de vive force du premier étage, qui se trouvait le plus bas, et que de là ils avaient contraint ceux qui occupaient l'étage du milieu et l'étage supérieur à se rendre; car il y avait, à ce qu'on dit, trois étages l'un sur l'autre dans cette caverne. On reconnut plus tard que la perte de ce fort provenait de la faute des chefs. Les soldats auraient bien voulu résister; mais, abusant de leur autorité, les chefs les empêchèrent de se défendre, et lorsque la position eut été enlevée, ils passèrent chez les ennemis. Ceux qui commandaient dans ce fort étaient, à ce qu'on dit, des Syriens, que nous considérons comme des hommes mous et efféminés; ce qui aggravait beaucoup la faute de Foulques de Tibériade, qui avait confié un point si important à de tels commandans. Cet événement fut bientôt connu, et la nouvelle s'en répandit dans toutes les parties du royaume; elle parvint aussi à ceux des nôtres qui étaient allés au-delà du Jourdain pour s'opposer au passage de Saladin venant d'Égypte en Syrie et se rendant à Damas. Tous les Chrétiens furent frappés de consternation en l'apprenant, et principalement le comte de Tripoli, aux soins duquel la défense de ce fort avait été spécialement confiée. Il en résulta qu'après avoir abandonné le royaume trop légèrement, les Chrétiens continuèrent à se conduire avec nonchalance, et ne firent rien qui pût être agréable à Dieu et utile à notre pays. Tandis qu'ils auraient dû marcher à la rencontre de Saladin jusque sur les confins de notre territoire, afin de l'empêcher d'y entrer, ils le laissèrent, dans leur imprudence, s'avancer jusqu'au lieu nommé Gerba, où l'armée turque trouva en abondance l'eau dont elle avait le plus grand besoin; et de là Saladin, dirigeant une partie de ses troupes vers les environs de notre forteresse de Mont-Réal, fit brûler les vignobles et causa d'autres dommages aux habitans. Si les nôtres se fussent rendus sur ce point avant Saladin, il est hors de doute qu'il eût été contraint de retourner en Égypte, car il traînait à sa suite une population innombrable et désarmée qui n'avait plus d'eau dans ses outres, plus de pain dans ses corbeilles, en sorte que toute cette armée, se trouvant dans l'impossibilité d'avancer, et ne pouvant combattre les nôtres qu'en s'exposant aux plus grands dangers, eût infailliblement péri de faim au milieu du désert.

Ayant appris l'arrivée de Saladin au lieu que j'ai nommé, les nôtres résolurent de marcher à sa rencontre vers les eaux de Rasel-Rasit [1]; s'ils eussent exécuté ce projet, les Turcs se seraient vus obligés de passer par le désert situé au-delà, afin de pouvoir continuer leur route, et ils ne l'eussent point traversé sans perdre un grand nombre d'hommes et de chevaux. Mais comme ce projet ne fut point mis à exécution, Saladin arriva sans obstacle aux eaux de Rasel-Rasit, franchit en toute sûreté les frontières qui le séparaient de son territoire, et arriva enfin à Damas sans rencontrer d'opposition. Lorsque les nôtres furent instruits de son arrivée, ils reprirent le chemin qu'ils avaient suivi d'abord, et rentrèrent chez eux. Mais comme ils craignirent que Saladin, arrivé à Damas avec toute sa suite, ne préparât de là quelque embuscade, ou quelque entreprise funeste contre le royaume, ils rassemblèrent toute la population du pays auprès de la fontaine de Séphorim, entre Séphorim et Nazareth; et le Roi, le patriarche, tous les princes, tant ecclésiastiques que séculiers, réunis sur ce point, et ayant avec eux le bois de la croix du Seigneur, attendirent d'un jour à l'autre les tentatives des ennemis.

[1] Probablement le lac Jaezer, d'où sort un petit torrent qui va se jeter dans le Jourdain.

Saladin cependant, ayant rassemblé tous les chevaliers de ses États, pour les ajouter à ceux qu'il avait amenés d'Égypte, et résolu de faire une invasion sur notre territoire, se rendit au lieu appelé en langue turque Raseline, ce qui veut dire la source de l'eau. Ce lieu est, dit-on, à une petite distance de nos frontières et de la ville de Tibériade. Après y avoir demeuré quelques jours, Saladin entra subitement sur nos terres et dressa son camp sur l'emplacement appelé Cava, situé entre deux fleuves, et tout au plus à quatre milles de distance de Tibériade. Aussitôt que les nôtres en furent informés par leurs éclaireurs, ils dirigèrent en toute hâte l'armée vers cette ville, afin de rallier d'abord les chevaliers que l'on avait chargés de la défense de ce point et des deux places de Saphet et de Belveir, situées dans le voisinage, et de se mettre ensuite à la poursuite de l'ennemi.

Pendant ce temps, le comte de Tripoli, homme sage, vaillant à la guerre et rempli d'expérience, tomba dangereusement malade d'une fièvre double-tierce : les nôtres, qui avaient beaucoup de confiance en lui, furent extrêmement affligés de se voir, dans des circonstances si difficiles, privés des bons conseils et de la sage prévoyance d'un si grand prince. Ils convoquèrent cependant des auxiliaires dans toutes les contrées voisines, et marchèrent à la poursuite de l'ennemi les bannières déployées. Saladin, instruit de leurs mouvemens, passa le Jourdain, et se porta avec toutes ses forces dans les environs de Scythopolis. Cette ville, autrefois métropole de la troisième Palestine, est située entre les monts Gelboé et le Jourdain, au milieu d'une plaine et de champs bien arrosés : on la nomme aussi Bersan [1]; le privilége dont elle jouissait a été transféré maintenant à l'église de Nazareth, qui se trouve dans le même diocèse, car Scythopolis ne contient à présent qu'un bien petit nombre d'habitans, et est devenue un petit bourg. Les ennemis y étant arrivés, attaquèrent d'abord avec vigueur un petit fort situé au milieu des marais; mais comme les habitans résistèrent courageusement, les Turcs voyant qu'ils ne pouvaient en venir à bout, se dirigèrent vers le château neuf, nommé aujourd'hui Belveir, et situé dans les montagnes, entre les villes de Scythopolis et de Tibériade, afin de marcher à la rencontre des nôtres. Ceux-ci suivirent le cours du Jourdain, et lorsqu'ils furent arrivés vers Scythopolis, ils quittèrent la vallée et montèrent sur les montagnes, fatigués à l'excès de la chaleur immodérée qu'ils avaient endurée pendant toute leur marche. Ils passèrent cette nuit dans le voisinage de l'ennemi, et veillant sans relâche pour se garder. Le lendemain matin ils descendirent dans la plaine située entre Scythopolis et le village nommé Forbelet, et virent les ennemis campés tout autour en une multitude telle qu'on n'en avait jamais vu de semblable depuis la première entrée des Latins en Syrie, au dire même des princes les plus âgés du royaume. Ils avaient environ vingt mille hommes bien équipés pour le combat, tandis que les nôtres comptaient tout au plus sept cents chevaliers dans leurs rangs. Saladin et ses princes n'avaient qu'une seule et unique intention, c'était d'envelopper les nôtres de tous côtés, de telle sorte

[1] Bethséan.

qu'aucun d'eux ne pût s'échapper; car comptant sur leur immense supériorité, et méprisant le petit nombre de leurs adversaires, ils ne pensaient nullement que ceux-ci pussent leur opposer quelque résistance. Mais celui à qui il n'est pas difficile de vaincre une immense multitude avec une faible troupe en avait jugé autrement. Soutenus par la clémence du Dieu de miséricorde, les nôtres, quoiqu'ils parussent comme rien comparés à leurs ennemis, formèrent leurs corps selon les règles de l'art militaire, et s'élançant avec leur courage accoutumé dans les rangs des Turcs, résistant avec beaucoup de fermeté à leurs attaques, ils obtinrent enfin l'avantage dans ce combat, quoique beaucoup d'entre eux, que je me garderai de désigner nominativement, se fussent soustraits honteusement aux fatigues de la bataille, se couvrant ainsi d'un éternel opprobre. Baudouin de Ramla et Balian son frère se conduisirent parfaitement dans cette journée, et combattirent avec courage et vigueur. Hugues le jeune, beau-fils du seigneur comte de Tripoli, qui commandait le corps des gens de Tibériade, mérita aussi que sa mémoire demeure à jamais en bénédiction. Quoiqu'il fût encore très-jeune, déployant une force au dessus de son âge, il enfonça avec le corps qu'il conduisait trois des corps ennemis, les mit en fuite, et revint, par la grâce de Dieu, se réunir aux siens sans avoir reçu de blessure. Les nôtres ne perdirent qu'un petit nombre de chevaliers qui allèrent rejoindre la société des saints, il périt un plus grand nombre de gens du peuple. Les ennemis éprouvèrent une perte plus considérable; quelques-uns de leurs princes succombèrent dans la mêlée, et saisis de consternation par leur mort, tous les autres abandonnèrent le champ de bataille.

Je ne dois pas omettre de dire que les chaleurs étaient si fortes vers cette époque que les deux armées perdirent autant d'hommes par l'effet de ce fléau que par le tranchant du glaive. Je n'ai pu recueillir aucun renseignement positif sur le nombre d'hommes morts chez les ennemis ; car ils emportèrent avec eux ceux qui étaient tombés dans la bataille, afin de nous cacher leur perte : la nuit suivante ils les ensevelirent secrètement dans leur camp, pour éviter que la connaissance de leur désastre ne donnât aux nôtres une nouvelle ardeur. Je crois pouvoir affirmer cependant qu'ils perdirent environ un millier d'hommes, soit dans le combat, soit par l'effet des chaleurs.

Saladin voyant que cet événement n'avait pas répondu à son attente, que ses adversaires s'étaient montrés plus redoutables qu'il ne l'avait pensé, et rempli de confusion, traversa le Jourdain, rentra sur son territoire et campa de nouveau au lieu d'où il était parti pour entrer chez nous. Les nôtres s'étant tous réunis, retournèrent à la fontaine de Séphorim, où ils avaient campé auparavant. Pendant ce trajet un certain chanoine du Sépulcre du Seigneur, nommé Baudouin, trésorier de la même église, et qui portait la croix vivifiante, ne pouvant résister à l'excès de la chaleur, fut déposé sur une litière, et expira au pied du mont Thabor, près du torrent de Cyson. Un autre frère et chanoine de la même église, Geoffroi de Villeneuve, qui avait été adjoint à Baudouin le chanoine, emporté par son zèle, fut percé d'une flèche pendant le combat et mourut également, car,

selon la parole du Seigneur : « Tous ceux qui pren-
« dront l'épée périront par l'épée [1] ».

Le seigneur Roi étant revenu avec ses troupes au lieu que j'ai nommé, Saladin, irrité d'avoir vu déjouer ainsi ses efforts et ceux de tous les siens, convoqua de nouveau ses forces, et délibéra, dans son anxiété, avec ses princes sur tous les moyens possibles de faire le plus de mal aux Chrétiens. Jugeant que la meilleure manière de parvenir à les accabler serait de les attaquer sur un plus grand nombre de points, il écrivit à son frère, qu'il avait laissé en Égypte pour y avoir soin de ses affaires, et lui ordonna positivement de faire promptement partir d'Alexandrie et de tous les ports d'Égypte une flotte qu'il dirigerait vers la Syrie, lui annonçant la résolution qu'il avait formée d'aller, aussitôt que cette flotte serait arrivée, investir la ville de Béryte par terre et par mer. Afin que le peuple de notre royaume et le Roi ne pussent se porter en hâte au secours de cette place, il prescrivit également à son frère de rassembler les chevaliers qu'il avait laissés en Égypte, d'arriver par le midi, et de ravager aussitôt tout le pays situé aux environs de Gaza, d'Ascalon et de Daroun, qui sont les premières villes de notre royaume que l'on rencontre en sortant d'Égypte.

Saladin fit toutes ces dispositions afin qu'une partie de nos forces fût employée à marcher à la rencontre de ceux qui arriveraient d'Égypte, et pour pouvoir lui-même pousser plus vivement et avec plus de liberté le siége de Béryte, tandis que les nôtres seraient disséminés et les divers corps affaiblis. Ses

[1] Évang. sel. S. Matth. chap. 26, v. 52.

projets furent exécutés conformément aux ordres qu'il avait donnés. Au bout de quelques jours une flotte de trente navires à éperons arriva, ainsi qu'il l'avait demandé, et son frère conduisit dans les environs de Daroun toutes les troupes qu'il put rassembler en Égypte. Afin d'être tout prêt au moment de l'arrivée de sa flotte, Saladin lui-même conduisit son armée dans le pays vulgairement appelé la vallée de Baccar, et plaça des éclaireurs sur les montagnes situées entre ce pays et la plaine de Béryte et qui dominent la mer, afin d'être instruit par eux de l'approche de ses galères. En même temps il convoqua des troupes de gens de pied dans toutes les contrées voisines, et mit tous ses soins à rassembler tout ce qu'il crut nécessaire pour le siége qu'il projetait.

Vers le commencement d'août la flotte aborda sur le rivage de Béryte ; les éclaireurs que Saladin avait apostés dans cette intention vinrent l'en informer sans retard ; il franchit aussitôt les montagnes dont j'ai parlé et qui le séparaient de la plaine dans laquelle il conduisit toute son armée, et il alla investir de toutes parts la ville de Béryte, conformément au plan qu'il avait depuis long-temps arrêté. Les nôtres cependant, toujours campés auprès de la fontaine de Séphorim, recevaient des renseignemens divers sur les projets de Saladin : les uns disaient qu'il avait résolu d'assiéger Béryte, comme la suite le prouva en effet ; d'autres affirmaient qu'il n'avait d'autre desir, d'autre ambition que de s'emparer d'Alep ; quelques-uns présumaient qu'il voulait marcher contre le seigneur de Mossoul, magnifique et puissant satrape des Turcs, qui assiégeait, disait-on, quelques-unes des places que possédait Saladin sur les bords de l'Euphrate. Tandis que ces divers rapports circulaient dans le camp, un messager vint mettre un terme à toutes ces incertitudes en annonçant qu'il était hors de doute qu'on assiégeait la ville de Béryte. Un autre exprès, venu du côté du midi, apporta en même temps la nouvelle que le frère de Saladin était entré avec de nombreuses troupes sur notre territoire dans les environs de Daroun, qu'il avait tué trente-six chevaliers armés à la légère, de ceux que l'on appelle *turcopoles*, et incendié quelques habitations dans la campagne. Après en avoir délibéré avec les princes, le Roi se décida à se porter sur le point où l'on voyait le plus de danger, et à délivrer d'abord la ville assiégée des maux qui la menaçaient, puisque les troupes dont il pouvait disposer n'étaient pas en nombre suffisant pour qu'on pût repousser en même temps les ennemis des divers points du territoire qu'ils avaient envahis.

Ayant donc rassemblé toutes ses troupes et marchant à leur tête, le Roi arriva à Tyr. Il ordonna en même temps d'équiper la flotte, dont il trouva une partie dans le port d'Accon et le reste dans celle de Tyr, et au bout de sept jours, au grand étonnement de tout le monde, cette flotte se trouva prête et forte de trente-trois galères, montées par des hommes vigoureux.

Tandis qu'on faisait chez nous tous ces préparatifs avec un zèle et une ardeur extraordinaires, Saladin, assiégeant la ville de Béryte avec ses deux armées, faisait les plus grands efforts pour faire aux habitans le plus de mal possible. Il avait disposé ses légions autour de la place; les troupes se relevaient successivement pour faire le service, et pendant trois jours consécutifs les assiégés furent si vivement pressés qu'ils n'avaient aucun moment de repos et ne trouvaient pas même le temps nécessaire pour réparer leurs forces par quelque nourriture. Saladin n'avait apporté aucune machine, aucun de ces instrumens avec lesquels on parvient d'ordinaire à emporter une place, soit qu'il eût cru pouvoir forcer l'entrée de la ville et s'en rendre maître promptement, facilement et sans avoir recours à ce genre d'attaque, soit que, s'attendant incessamment à l'arrivée de notre armée, il n'eût pas voulu faire inutilement les avances d'une si grande entreprise ; mais en même temps il cherchait avec beaucoup de zèle et une extrême sollicitude à faire tout ce qui lui était possible sans le secours de ces machines. Ainsi que je l'ai dit, il avait rangé tout autour de la ville l'immense multitude dont il disposait, de façon que tous les corps se relevaient l'un l'autre pour faire le service, et les Turcs lançaient incessamment une si grande quantité de flèches sur ceux qui occupaient les murailles et les tours et travaillaient à force pour la défense de la place, que la ville tout entière ainsi que les murailles étaient couvertes de traits, comme s'ils fussent tombés en guise de grêle. Et ce n'était pas seulement par ce moyen que les Turcs cherchaient à empêcher les assiégés de combattre pour leur cité : ils avaient aussi appelé des mineurs pour travailler sous les remparts, et ils faisaient de violens efforts pour leur donner les moyens de s'approcher, afin qu'ayant abattu les murailles ils pussent pratiquer des issues par où les hommes armés s'élanceraient ensuite dans la ville, en dépit des habitans. Dans cette intention, et pour que les mineurs eux-mêmes pussent s'occuper de leurs travaux avec plus de facilité, les autres pendant ce temps ne cessaient, comme je l'ai dit, d'attaquer les assiégés avec leurs arcs et leurs arbalètes et de lancer sur eux des grêles de traits; ils les pressaient avec une telle ardeur que ceux qui se trouvaient enfermés ne pouvaient même porter un doigt en avant sans être exposés aux plus grands dangers. Toutefois, et quoiqu'ils fussent en très-petit nombre, les assiégés, jaloux de répondre aux exhortations et aux avis du gouverneur de la ville et surtout de l'évêque, qui tous deux déployèrent en cette circonstance un courage et une fermeté dignes des plus grands éloges, opposaient à tous les artifices de l'ennemi des artifices contraires, et ne négligeaient aucun moyen possible de résistance. A leur tour ils lançaient des traits et des flèches contre les archers des assiégeans, avec autant d'ardeur et d'habileté qu'en montraient ces derniers, leur faisant ainsi courir d'autant plus de dangers et les frappant de mort d'autant plus souvent qu'eux-mêmes étaient plus acharnés à les attaquer avec audace. Ils employaient le même genre de défense contre ceux qui travaillaient à force pour miner les murailles, et tandis que ces derniers étaient occupés à cette entreprise, les assiégés leur envoyaient la mort ou les mettaient hors d'état de travailler.

Indépendamment des Turcs qui étaient arrivés par terre, et qui donnaient tant de mal aux habitans de Béryte, les gens venus par mer ne les attaquaient pas avec moins de vigueur, et ne se montraient pas moins redoutables. Saladin lui-même s'était établi sur une colline non loin de la ville, et animait ses troupes par sa présence autant que par ses discours. Entre autres effets de son influence, l'un de ses princes nommé Choelin demanda un jour des échelles pour les appliquer contre les murailles, et déclara qu'il fallait entrer d'assaut dans la place, car il jugeait trop honteux pour une si grande multitude d'hommes si vaillans, qu'une si faible population pût ou osât résister à leurs efforts. Tandis qu'il persistait avec ardeur à suivre l'exécution de son projet, encourageant les autres par ses paroles et son exemple, il fut tout-à-coup frappé d'une flèche au visage, tout près de l'œil, et forcé de renoncer à son entreprise; ceux qui le suivaient l'abandonnèrent également. Enfin, après trois jours d'attaques continuelles et qui cependant n'amenèrent aucun résultat, ceux qui étaient arrivés par mer reçurent de Saladin l'ordre de remonter sur leurs galères, et le soir, au commencement de la troisième nuit, ils repartirent en secret. Saladin ayant aussi rassemblé ses troupes se retira à une petite distance de la ville, distribua ses forces dans la plaine qui l'environne, ordonna de jeter par terre et de raser les tours qui se trouvaient dans les villages voisins, et n'épargnant ni les vergers ni les vignobles, qui étaient en grande abondance dans toute la banlieue de la place, il fit abattre tous les arbres avec la hache et la cognée. Afin de pouvoir continuer le siége plus librement et en plus grande sûreté, il fit occuper par ses compagnies de gens de pied quelques passages difficiles, quelques défilés qui se trouvaient entre les deux villes de Béryte et de Sidon, et par où notre armée devait passer nécessairement si elle voulait venir au secours de la place assiégée : il ne se borna pas à cela, et voulut qu'on élevât jusque vers les bords de la mer des murailles en pierres sèches et sans ciment, sur tous les points les plus resserrés, afin que ce double obstacle retardât la marche de nos légions, qu'elles eussent plus de difficulté à parvenir jusques à lui, et que lui-même pendant ce temps pût continuer de harceler la ville. On assure qu'il avait eu d'abord la ferme résolution de ne se retirer qu'après avoir réussi à s'emparer de vive force de cette place, mais enfin il changea de volonté, et rentra en hâte dans ses États.

Voici ce qu'on dit des motifs de cette retraite. Ceux qui étaient chargés de garder les défilés arrêtèrent par hasard un messager, porteur de lettres adressées par quelques fidèles aux habitans de Béryte pour ranimer leur courage, et ce messager fut aussitôt conduit devant Saladin et mis à la question de la manière la plus cruelle. On lui fit confesser à force de violences, et les lettres qu'il portait apprirent également aux Turcs, que nos deux armées étaient toutes prêtes, et qu'elles arriveraient sans aucun doute dans l'espace de trois jours; ce qui détermina Saladin à renoncer à ses premières résolutions et à lever le siége. Notre flotte en effet arriva au lieu de sa destination; mais ayant trouvé la ville dégagée, elle rentra peu de temps après dans les ports d'où elle était sortie. Le Roi et toute son armée, ayant appris que les ennemis avaient quitté Béryte, demeurèrent quelques jours encore à Tyr; et, l'expédition s'étant de nouveau rassemblée, le Roi retourna au camp de Séphorim.

Saladin cependant, toujours actif, aspirant sans cesse avec la plus grande ardeur à accroître la gloire de son nom et à étendre sa puissance, dédaignant la faiblesse de nos Chrétiens, et avide de plus grands succès, résolut de s'avancer vers l'orient. On ne sait point encore avec certitude s'il tenta cette entreprise de son propre mouvement et entraîné par la grandeur d'ame qui lui était naturelle, ou si ce fut sur les invitations des princes de ces contrées qu'il hasarda une expédition si difficile et qui semblait tellement au dessus de ses forces. Quoi qu'il en soit, il rassembla une immense cavalerie, fit préparer, selon les convenances des temps et des lieux, des bagages et des approvisionnemens en quantité suffisante pour une si longue route, et dirigea sa marche vers l'Euphrate. On disait beaucoup parmi nous qu'il se rendait du côté d'Alep pour tâcher de s'en rendre maître. Cette ville, et quelques autres petits bourgs environnans, étaient les seuls biens de tout l'héritage de Noradin qui ne fussent pas encore tombés au pouvoir de Saladin. Depuis la mort du fils de Noradin, ils appartenaient au frère de Cotobedi, seigneur de Mossoul, à qui le jeune homme défunt les avait laissés à titre héréditaire, et qui les possédait sous la protection de son frère. On croyait donc, et c'était en effet assez vraisemblable, que Saladin se dirigeait vers ce pays afin de s'emparer de cette place; mais la suite des événemens ne tarda pas à prouver qu'il avait formé de bien plus vastes projets. Laissant derrière lui la ville d'Alep et passant l'Euphrate, il se rendit maître en peu de jours, soit de vive force, soit en répandant ses largesses, des plus belles villes de la Mésopotamie, Edesse, Carrhes et beaucoup d'autres encore, de tous les bourgs qui en dépendaient, et de presque toute la contrée qui jusques alors avait reconnu l'autorité du prince seigneur de Mossoul. Ayant corrompu, par ses riches présens, les grands du pays, que leur serment de fidélité engageait au seigneur de Mossoul, il se fit livrer les places par eux, et reçut les hommages d'eux tous, à tel point que le grand et noble prince de Mossoul, entièrement privé de leur secours, ne put ni marcher contre son ennemi ni lui opposer aucune résistance. On disait même ouvertement que Saladin avait gagné ses domestiques et les gens de sa maison, et lui avait fait présenter un breuvage mortel à l'effet duquel il n'avait échappé qu'avec beaucoup de peine; en sorte qu'on croyait déjà Saladin arrivé sans obstacle jusqu'à Mossoul avec toutes ses troupes; du moins la renommée l'annonçait ainsi. Il y avait cependant chez nous plusieurs versions sur ce point : les uns disaient que Saladin marchait toujours avec succès, et que tout lui réussissait au gré de ses desirs; d'autres, au contraire, affirmaient que les plus grands princes de ces contrées s'étant réunis pour résister à cette insolente entreprise, l'armée de Saladin avait été maltraitée.

Cependant le Roi et les princes de notre royaume, voyant le pays voisin dégarni de troupes, pensèrent, non sans apparence de raison, avoir trouvé une occasion favorable de faire du mal à leurs ennemis. Ils y étaient d'autant plus enclins qu'ils s'indignaient de l'insolence de celui qui venait de témoigner son mépris pour nous en allant conquérir d'autres pays, sans conclure même ni trêve ni traité avec le Roi. Après avoir tenu conseil à ce sujet et rassemblé les forces du royaume, nos princes, portant avec eux le bois précieux de la croix vivifiante, et suivis du seigneur patriarche, entrèrent sur le territoire des ennemis avec l'intention de le ravager autant qu'il leur serait possible. Ayant traversé la Trachonite, qui fait une portion considérable du pays de Bostrum, ils entrèrent dans la Syrie mineure, dont Damas est la capitale; et, se dirigeant du côté de l'orient, ils pénétrèrent de vive force dans la fameuse ville de Zora [1], remplie d'un grand nombre d'habitans, et située à peu de distance de Damas. De là, parcourant presque tout le pays, ils détruisirent les maisons de campagne, vulgairement appelées *casals* [2], soit en y mettant le feu, soit en employant toutes sortes d'autres moyens. Les habitans de tous les environs, informés à l'avance de leur approche, s'étaient retirés dans les lieux les mieux fortifiés, emmenant avec eux leur gros et menu bétail, leurs femmes et leurs enfans, en sorte que les nôtres ne trouvaient que très-peu ou même point de butin à emporter. Les grains cependant et toutes les autres provisions de bouche que les habitans n'avaient pu prendre avec eux en s'en allant furent brûlés ou détruits par tous les moyens possibles. En revenant sur leurs pas, et dévastant toujours tout ce qui se présentait devant eux, les nôtres eurent occasion de passer tout près de la noble métropole de ce pays, nommée Bostrum, et plus vulgairement Busseret. Ils mirent d'abord en délibération s'ils ne tenteraient pas de s'emparer de force du faubourg de cette ville; mais reconnaissant qu'ils ne pourraient y parvenir tout de suite, qu'il leur faudrait un assez long délai, et que le défaut d'eau ne

---

[1] Peut-être Gerra. — [2] De l'espagnol *casa*, maison.

leur permettait pas de s'arrêter, ils se disposèrent à rentrer chez eux, redoutant pour eux-mêmes, pour leurs chevaux et pour leurs bêtes de somme tous les maux de la soif.

Le pays dans lequel ils se trouvaient est en effet aride et dépourvu d'eau. On n'y voit ni sources, ni ruisseaux, ni fleuves. Durant les mois d'hiver les habitans ont coutume de recueillir les eaux pluviales dans des fossés, et les conservent avec le plus grand soin pour s'en servir pendant toute l'année, quoique l'ardeur du soleil et la vase sur laquelle elles reposent sans cesse leur enlèvent bientôt toute saveur. Instruits à l'avance de l'arrivée de nos Chrétiens, les habitans de ce pays avaient même rompu leurs réservoirs pour faire écouler les eaux, ou bien encore ils les avaient gâtées en y jetant toutes sortes d'immondices, afin que notre armée fût dans l'impossibilité de s'arrêter chez eux. En outre, l'époque où l'on se trouvait ne permettait pas de faire autant de dégâts qu'on eût pu le desirer. Les grains et toutes les autres productions que l'on détruit ordinairement par l'incendie, étaient déjà renfermés en tas dans les greniers, que les habitans de ce pays établissent toujours dans des cavernes souterraines ; comme ensuite ils les recouvrent de terre et les cachent avec beaucoup d'art, il était difficile de découvrir leur emplacement; et si l'on trouvait encore quelque grain dans les aires, il était déjà dépouillé de sa première enveloppe, la paille était enlevée, en sorte qu'on ne pouvait aisément y mettre le feu; et la campagne toute nue ne pouvait non plus être brûlée. Ainsi tout le mal que l'on pouvait faire dans les aires était tout au plus de disperser les grains, ou de les enlever en partant, pour les faire manger aux chevaux. Beaucoup de gens, cherchant les moyens de nuire, portaient de côté ou d'autre, les uns les débris du grain, d'autres de la paille, et les mêlaient avec les grains déjà nettoyés, afin de pouvoir ensuite y mettre le feu. Le petit corps que Saladin avait laissé dans ce pays au moment de son départ n'osait se fier assez en ses forces pour entreprendre de se battre contre les nôtres, ou pour s'opposer de près à leurs entreprises; mais il les suivait par bandes et de loin, afin de saisir l'occasion de tenter à l'improviste quelque attaque sur les derrières de notre armée. Il lui fut cependant impossible de mettre aucun obstacle à sa marche, ou de faire aucun mal à la totalité ou à une portion quelconque de notre expédition.

Les Chrétiens retournant chez eux, après avoir traversé tout ce pays et y avoir commis tout le dégât qu'il leur fut possible d'y faire, s'arrêtèrent dans cette portion de la même province à laquelle on donne le nom de Suète. C'est là que se trouve ce fort que peu de temps auparavant les ennemis avaient enlevé aux nôtres par artifice tandis que notre armée séjournait dans la Syrie de Sobal : j'ai déjà rapporté les détails de cet événement. Ce pays se recommande par l'abondance de ses produits, en vin, en froment et en huile, par la salubrité de son climat et par l'agrément de sa position. Les anciennes traditions rapportent que Baldad, l'ami de Job, était originaire de ces lieux, et qu'il fut surnommé à cause de cela Baldad le Suète. En y arrivant les Chrétiens jugèrent qu'il leur serait honorable d'assiéger le fort dont je viens de parler, et ils s'y résolurent, dans l'espoir de faire retomber sur les ennemis l'affront qu'ils nous avaient fait en s'en emparant frauduleusement, si le ciel nous permettait de parvenir à en reprendre possession. Conformément à cette résolution, ils dressèrent leur camp en face de ce fort, et employèrent aussitôt tous leurs soins à forcer ceux qui y étaient enfermés à se rendre. Mais comme cette position était extrêmement forte, et inattaquable de tous côtés, si ce n'est par la partie supérieure, et de ce côté même seulement en pratiquant une ouverture à travers les rochers jusqu'au lieu de l'habitation, les Chrétiens résolurent d'établir sur ce point des tailleurs de pierre, de leur donner tout autant d'ouvriers qu'il en faudrait, et de leur adjoindre des surveillans, afin qu'ils pussent travailler en sûreté et à l'abri de toute attaque imprévue.

Cette caverne était située sur le flanc le plus élevé de la montagne et l'on n'y arrivait qu'avec beaucoup de difficulté et par un sentier à peine suffisant pour un piéton libre de toute charge. En dessous était un immense et horrible précipice qui descendait jusqu'au fond de la vallée, et sur le sentier pratiqué par le côté on trouvait tout au plus la largeur nécessaire pour y poser le pied. Il y avait dans la caverne trois étages placés l'un sur l'autre, et l'on communiquait de l'un à l'autre, pour monter ou descendre, par des échelles en bois et par certaines ouvertures fort étroites. Ainsi les nôtres prenant l'unique moyen qui se présentât d'attaquer cette position, entreprirent de faire une brèche au dessus de la caverne, afin d'arriver, s'il était possible, par ce nouveau chemin, au premier et au plus élevé des trois étages. Telles étaient leurs intentions et le but auquel ils aspiraient de tous leurs efforts. Ayant donc choisi et mis en place tous les ouvriers dont ils avaient besoin pour l'exécution de ce travail, ils leur adjoignirent des compagnons chargés de faire rouler dans le fond de la vallée les pierres et tous les fragmens de pierres qu'ils enlèveraient, afin que l'ouvrage pût être continué sans interruption ; et ils les faisaient relever les uns par les autres, tant de jour que de nuit, de telle sorte que ceux qui se trouvaient fatigués étaient remplacés par d'autres également en état de s'acquitter de la même tâche : ainsi le travail avançait, tant à cause du grand nombre d'hommes qu'on y employait et de l'ardeur qu'ils y mettaient, que par les facilités que présentait la nature même de la pierre sur laquelle ils s'exerçaient. C'était une pierre de craie, facile à briser; on y trouvait cependant quelquefois des veines de silex extrêmement dur, qui ébréchait presque toujours même les instrumens de fer, et qui ralentissait les progrès des ouvriers, malgré le zèle extrême qu'ils ne cessaient de déployer. Tous les fragmens de rochers qu'on faisait rouler dans la vallée pour dégager la place, passaient sous les yeux des assiégés, enfermés dans leur caverne ; leurs craintes en étaient redoublées, et ils attendaient d'heure en heure le moment où les nôtres pénétreraient enfin chez eux de vive force après avoir terminé la brèche qu'ils faisaient faire.

Notre armée était divisée en deux corps : l'un avait dressé son camp, comme j'ai dit, sur le sommet de la montagne où était située cette caverne, afin de mettre les travailleurs à l'abri des embûches de l'ennemi ; l'autre avait occupé le bas de la plaine, avec la mission spéciale d'empêcher les assiégés de sortir de leur position ou d'y rentrer. Quelquefois des hommes de ce second corps s'avançaient par le sentier étroit dont j'ai parlé, jusqu'à l'étage inférieur de la caverne, et cherchaient, mais sans beaucoup de résultat, à inquiéter les ennemis par leurs attaques. Les hommes renfermés dans le fort étaient soixante-dix environ, braves, pleins de vigueur et pourvus abondamment d'armes et de vivres. Éprouvés par leur valeur, Saladin qui les avait choisis comptait entièrement sur leur fidélité et leur constance, et en partant il leur avait recommandé expressément la défense de cette position. Déjà les travaux étaient avancés au point que ceux qui habitaient dans la caverne ne pouvaient y goûter aucun moment de repos, à cause de la répercussion des marteaux qui frappaient presque continuellement auprès d'eux. A mesure que les coups redoublaient, il semblait que la caverne tremblât et en fût toute ébranlée, en sorte que les assiégés redoutaient déjà, non que les nôtres pénétrassent chez eux de vive force, mais bien plutôt que la caverne ne pût résister aux effets de la répercussion des marteaux, et qu'un éboulement subit ne vînt les écraser tous. D'un autre côté, il ne leur était pas possible d'espérer quelque secours, car ils savaient, même avant d'être attaqués, que Saladin était parti pour des contrées très-éloignées, d'où il ne lui était pas facile de revenir, et qu'il avait emmené toutes ses troupes. Enfin, après avoir supporté ce siége pendant trois semaines de suite, et même un peu plus, ils envoyèrent une députation au seigneur Roi, et obtinrent par l'entremise du seigneur comte de Tripoli la faculté de sortir librement avec les armes qu'ils avaient apportées et les effets qui leur appartenaient, et de se rendre à Bostrum, après avoir remis le fort entre nos mains. Ils partirent, les nôtres prirent possession de la caverne, et ainsi fut effacée, avec l'aide de Dieu et par la surabondance de sa grâce, la honte qui pouvait être tombée sur nous par la perte de cette position. Le seigneur Roi et les autres princes prirent soin aussitôt, selon qu'ils le jugèrent nécessaire, de l'approvisionner suffisamment en armes et en vivres, et d'en confier la garde à des hommes dont la fidélité et la capacité ne laissassent aucune crainte. Après qu'on y eut pourvu le mieux possible, notre armée se remit en marche pour rentrer dans le royaume. Cet événement arriva l'an 1182 de l'incarnation du Seigneur, et le . . . . du mois d'octobre [1].

Peu de temps après, c'est-à-dire au mois de décembre suivant, nos princes, voyant que Saladin n'était pas revenu, et que de plus grandes affaires le retenaient toujours fort occupé dans les environs de Mossoul, et ne voulant pas perdre une des occasions que leur fournissait cette absence, se réunirent de nouveau, et ayant tenu conseil, ils se donnèrent d'un commun accord rendez-vous à Césarée, ville maritime, et résolurent à l'unanimité de rassembler les forces du royaume, de préparer les provisions nécessaires pour quinze jours, tant pour le besoin des hommes que pour la nourriture des chevaux, et d'entrer de nouveau sur le territoire des ennemis, puisque les circonstances étaient favorables à ces incursions. On fit d'abord une expédition secrète, qui n'était composée que de chevaliers; ils se portèrent, comme

---
[1] La date du jour manque dans les manuscrits.

on en était convenu à l'avance, sur le pays ennemi, dans les environs de Bostrum, enlevèrent et conduisirent à leur suite beaucoup de gros et de menu bétail et un grand nombre de prisonniers, et rentrèrent chez eux sains et saufs. Comme cette expédition partit des environs de Tibériade et revint sur le même point, ce fut le seigneur comte de Tripoli qui la commanda. Enfin le quinzième jour, le Roi, prenant avec lui la croix du Seigneur, se trouva auprès de Tibériade sur les bords de la mer Galilée, dans le lieu nommé *le Castellet,* avec tous les princes du royaume, et avec les compagnies de chevaliers et de gens de pied que l'on avait pu rassembler de tous côtés dans cet intervalle. De là il passa le fleuve au lieu appelé le Gué de Jacob, et entra sur le territoire ennemi. L'armée s'avança dans la plaine, laissant le Liban sur la gauche, et détruisit d'abord le lieu nommé Bettégené [1], ainsi que tous les petits villages voisins, soit en y mettant le feu, soit en rasant les habitations et en dévastant les propriétés de toutes sortes de manières. En poursuivant sa marche, elle arriva au lieu qui se nomme Darie, situé tout au plus à quatre ou cinq milles de Damas, et le détruisit de même, ainsi que tous les villages environnans. Les habitans de cette contrée s'étaient réfugiés, les uns dans les sommités du Liban, les autres à Damas, en sorte qu'il ne fut pas possible de faire de prisonniers; et cependant nous perdîmes quelques-uns des nôtres qui étaient allés à la maraude, et qui ne prenaient aucune précaution. Quelques chevaliers, pleins de confiance en la ra-

---

[1] Peut-être Batanée, sur la rive droite du Jabbok; Guillaume de Tyr l'appelle ailleurs Bedegène.

pidité de leurs chevaux, étaient sortis de la ville de Damas; tantôt ils marchaient en avant de notre armée, tantôt ils se portaient sur ses derrières, cherchant toujours le moment ou le lieu où ils pourraient nous faire quelque mal; comme je l'ai dit, ils s'élancèrent à l'improviste sur ces hommes de notre armée, et les traitant en ennemis, ils les massacrèrent tous. Les gens de Damas, étant aussi sortis de chez eux, se formèrent en bataillons au milieu des vergers qui sont en grand nombre dans les environs de la ville; ils regardaient de loin nos troupes, mais n'osaient s'avancer. Les nôtres n'essayèrent point de les attaquer; de leur côté les ennemis ne tentèrent pas même de se lancer sur notre armée, et lorsque celle-ci se retira ils rentrèrent également dans leur ville. Ayant ainsi parcouru tout le pays et fait beaucoup de dégâts, les Chrétiens rentrèrent chez eux sans difficulté et sans rencontrer aucun obstacle, et le seigneur Roi se rendit promptement à Tyr pour y célébrer avec nous les fêtes solennelles de Noël.

[1183.] Cependant on faisait courir des bruits toujours divers sur le compte de Saladin. Les uns disaient qu'il obtenait de grands succès en Mésopotamie, dans les environs de Mossoul, et qu'il avait subjugué toute cette contrée; d'autres, que tous les princes de l'orient s'étaient réunis pour le repousser de vive force de ce pays et lui enlever ce qu'il avait déjà conquis par ses artifices et en prodiguant ses trésors. Cette expédition nous inspirait de vives craintes; nous redoutions tout accroissement de sa puissance, puisqu'il pouvait y trouver de nouvelles forces pour se retourner ensuite contre nous. En conséquence, et au mois de février suivant, tous les princes du royaume se réunirent à Jérusalem pour tenir conseil et délibérer sur l'état présent des affaires, car, ainsi que je l'ai dit, on craignait beaucoup le retour de Saladin, et l'on cherchait avec anxiété à rassembler tous les moyens possibles de résistance. A la suite de longues délibérations on résolut enfin d'un commun accord de lever un impôt dans toute l'étendue du royaume, pour pourvoir aux besoins publics en formant des troupes de chevaliers et de gens de pied, afin que l'ennemi, s'il revenait vers nous, nous trouvât bien préparés à lui résister. Le Roi et les autres princes se trouvaient réduits à une telle pauvreté qu'il leur était impossible de faire face aux dépenses nécessaires. On leva donc de l'argent sur le public, et je donnerai ici le rescrit qui fut publié à ce sujet, afin de faire mieux connaître le mode de perception que l'on adopta.

« Ceci est le mode fixé pour la perception de l'im-
« pôt qui doit être levé du consentement unanime
« de tous les princes, tant ecclésiastiques que sécu-
« liers, et de l'assentiment de tout le peuple du
« royaume de Jérusalem, pour l'utilité générale de ce
« royaume, et afin de pourvoir aux nécessités qui le
« pressent.

« Il est ordonné et décrété publiquement que l'on
« ait à élire dans toute ville du royaume quatre
« hommes sages et dignes de confiance, lesquels,
« après avoir eux-mêmes prêté serment par corps
« d'agir de bonne foi dans la présente affaire, devront
« d'abord donner pour eux, et forcer ensuite les
« autres à donner aussi un byzantin sur chaque cent

« byzantins qu'ils auront, ou dont ils auront l'équi-
« valent soit en choses qu'ils posséderont par devers
« eux, soit en choses qui leur seront dues, et sur
« leur revenu deux byzantins par chaque centaine
« de byzantins. Quant à ce qu'ils auront à exiger de
« chacun des citoyens, ou habitans des villes ou
« lieux auxquels ils seront préposés, ils devront,
« selon ce qu'ils jugeront de bonne foi que valent les
« biens, déclarer ensuite à chacun, d'après la me-
« sure de ses facultés, ce qu'il aura à payer pour cet
« impôt. Que si celui à qui on aura déclaré ce qu'il
« devra donner dit qu'il a été surchargé et imposé au-
« delà de ses facultés, il apportera, selon sa propre
« conscience, autant qu'il estimera la valeur de son
« mobilier, et après avoir prêté serment qu'il ne doit
« pas donner davantage, il se retirera tranquille, con-
« formément à la condition ci-dessus. Les quatre élus
« seront tenus, en vertu de leur serment, de garder
« secret tout ce qui leur aura été offert par les ci-
« toyens, soit en plus, soit en moins, et de ne point
« découvrir leur richesse non plus que leur pau-
« vreté. Voilà ce qu'ils doivent observer pour tous
« ceux qui ont la valeur de cent byzantins, quelque
« langue qu'ils parlent, de quelque nation et de quel-
« que profession de foi qu'ils soient, sans distinction
« de sexe, et hommes et femmes indifféremment,
« tous seront soumis à la même loi. Mais si lesdits
« quatre élus qui seront chargés de cette affaire
« savent avec certitude que la fortune de quelqu'un
« ne vaut pas cent byzantins, qu'ils perçoivent sur
« lui un fouage, c'est-à-dire, pour un feu un byzan-
« tin ; ou, s'ils ne peuvent le percevoir tout entier,

« qu'ils en perçoivent un demi-byzantin; et s'ils ne
« peuvent en percevoir un demi, qu'ils perçoivent
« un *raboin*, selon ce qu'ils jugeront de bonne foi
« devoir faire. Tous ceux, quelque langue qu'ils
« parlent, de quelque nation, de quelque profession
« de foi et de quelque sexe qu'ils soient, dont la for-
« tune ne vaudra pas cent byzantins, seront soumis à
« cette condition. Il est encore décrété que chaque
« église, chaque monastère, tous les barons, quel que
« soit leur nombre, et tous les vavasseurs [1], devront
« donner deux byzantins pour chaque cent byzantins
« qu'ils auront en revenu, de même que tous les
« autres, quels qu'ils soient, du royaume qui pos-
« sèdent des revenus: quant aux gens qui reçoivent
« une solde, ils devront donner un byzantin par cha-
« que centaine de byzantins. Tous ceux qui ont des
« *casals* sont tenus de jurer qu'ils donneront de
« bonne foi, et en outre de ce qui est dit ci-dessus,
« un byzantin par chaque feu qu'ils ont à la campagne
« dans leurs *casals*, en sorte que si un *casal* a cent
« feux, on devra forcer les paysans à payer cent
« byzantins. Ce sera ensuite l'affaire du seigneur du
« *casal* de répartir ces byzantins dans des propor-
« tions convenables entre les paysans du même lieu,
« en sorte que chacun soit forcé selon ses facultés à
« en payer une portion, et de manière que les plus
« riches ne soient pas trop allégés, ni les plus pauvres
« trop surchargés. Il en sera de même, soit que le
« *casal* ait un plus grand nombre ou un moindre
« nombre de feux. Cet argent ainsi perçu dans cha-
« cune des villes qu'on trouve depuis Caïphe et en

[1] Vassaux immédiats des barons.

« deçà jusqu'à Jérusalem, sera porté à Jérusalem par
« ceux qui auront été élus, comme il a été dit ci-
« dessus, dans toutes les villes et dans les châteaux
« forts. Ils le remettront en une somme et un poids
« fixes à ceux qui seront chargés à Jérusalem de ce
« travail, et ceux-ci l'ayant reçu séparément pour
« chacune des villes ou autres lieux, dans des sacs
« cachetés et distincts, en présence du seigneur pa-
« triarche ou de son délégué, du prieur du Sépulcre
« du Seigneur et du gouverneur de la citadelle de
« la ville, le déposeront dans une caisse qui sera
« dans le trésor de la Sainte-Croix, et qui aura trois
« serrures et autant de clefs. La première de ces clefs
« sera remise au seigneur patriarche, la seconde au
« prieur du Sépulcre, la troisième au gouverneur de
« la citadelle et aux quatre citoyens de la ville qui
« auront été chargés de faire la recette. Depuis Caïphe
« jusqu'à Béryte, ceux qui auront été élus dans les
« villes porteront pareillement l'argent qu'ils auront
« perçu dans la ville d'Accon, et le remettront, pour
« chacune des villes et chacun des châteaux, en une
« somme et un poids fixes aux quatre citoyens qui
« auront été élus dans cette ville pour la perception :
« l'argent sera déposé en des sacs séparés, revêtus
« d'une inscription et d'un sceau, dans une caisse qui
« aura trois serrures et autant de clefs : la première
« de ces clefs sera remise au seigneur archevêque de
« Tyr, la seconde à Josselin, sénéchal du Roi, la troi-
« sième aux quatre citoyens susdits, qui sont chargés
« dans la ville d'Accon de la perception de l'impôt.
« Cet argent, ainsi perçu, ne doit point être dépensé
« pour les menues affaires du royaume, mais unique-

« ment pour la défense du territoire. Tant qu'il sera
« conservé, on cessera de percevoir, tant sur les
« églises que sur les villes, l'impôt vulgairement ap-
« pelé taille. Ceci ne sera fait qu'une fois et ne tirera
« point à conséquence pour l'avenir. »

Cependant Saladin, toujours actif et se montrant en toute circonstance vaillant et habile, occupa tout le pays dans la Mésopotamie de Syrie, et s'empara de vive force des principales villes. Il assiégea entre autres la belle métropole de cette contrée, Amida, que sa nombreuse population et sa forte enceinte de murailles aussi bien que sa position semblaient devoir rendre inexpugnable. Il l'attaqua, la prit [1], et après l'avoir prise la donna par un traité à un certain prince des Turcs, nommé Noradin, fils de Carassalem, dont les services et les secours l'avaient aidé à prolonger son séjour dans ce pays et à en faire la conquête.

Le printemps suivant Saladin, ayant rassemblé ses troupes, laissa cette contrée en sûreté entre les mains de ses fidèles, et repassant l'Euphrate, il revint en Cœlésyrie, établit son armée auprès d'Alep, et chercha à fatiguer les habitans de toutes sortes de manières. Celui qui commandait dans cette ville, voyant que son frère, le seigneur de Mossoul, beaucoup plus fort et plus puissant que lui, n'avait pu cependant repousser de son territoire ce même Saladin, et que celui-ci avait soumis toutes les provinces au-delà de l'Euphrate, craignit pour lui-même quelque événement semblable, envoya des députés en secret et sans le consentement des habitans d'Alep, conclut un traité de paix avec Saladin, et s'engagea à

[1] Le 26 avril 1183.

lui remettre Alep, à condition qu'il lui rendît Semar et quelques autres bourgs dont je ne sais pas les noms. Saladin reçut ces propositions avec une vive joie, car depuis qu'il était parvenu au pouvoir il ne desirait rien aussi ardemment que de s'emparer, de quelque manière que ce fût, de cette ville, qu'il regardait comme devant faire la force de ses États; il consentit donc avec empressement à cette offre, rendit la ville ci-dessus nommée avec les bourgs qui en dépendaient, et prit possession d'Alep pendant le mois de juin.

Nos Chrétiens furent remplis de craintes beaucoup plus vives du moment que l'événement qu'ils redoutaient le plus fut enfin réalisé. Ils pensaient depuis long-temps que, si Saladin parvenait à mettre cette ville sous sa domination, notre pays tout entier paraîtrait de tous côtés comme enveloppé et en quelque sorte assiégé par sa puissance et ses forces : aussi dès que cette nouvelle fut connue ils cherchèrent toutes sortes de moyens et travaillèrent de tous leurs efforts pour assurer la défense de leurs villes et de leurs bourgs, surtout des lieux qui se trouvaient situés dans le voisinage des ennemis : les habitans de Béryte en particulier sentirent encore plus que tous les autres le besoin de se mettre à l'abri par de semblables travaux. Le prince d'Antioche, inquiet aussi de la proximité d'un ennemi si puissant, voyant un adversaire plus redoutable prendre la place de celui qui se retirait, partit avec une faible escorte, pour ne pas laisser son territoire dégarni de chevaliers, prit en passant le comte de Tripoli, et alla trouver le Roi, qui en ce moment faisait quelque séjour dans la ville d'Accon. Là, et en présence des princes du royaume, il lui demanda des secours contre Saladin, et l'on jugea que cette demande méritait d'être accueillie. En conséquence, on lui donna, à titre de secours, environ trois cents chevaliers du royaume et de conditions diverses; ils l'accompagnèrent dans le pays d'Antioche, et étaient tout disposés à servir sous ses ordres, lorsqu'au bout de peu de temps ils rentrèrent dans le royaume après avoir pris congé du prince. Celui-ci venait de conclure une trêve avec Saladin, et paraissait avoir retrouvé par ce moyen quelque tranquillité. Afin d'avoir encore moins de sollicitude et de pouvoir veiller plus exactement à la défense de son territoire d'Antioche, ce prince livra, au prix d'une somme considérable, la ville de Tarse, métropole de la première Cilicie, qu'il tenait lui-même des Grecs, à Rupin, satrape très-puissant des Arméniens, qui possédait déjà toutes les autres villes de ce pays. Il agit en cela fort sagement, car il se trouvait fort loin de cette ville, qui elle-même était située au milieu des terres du satrape Rupin, en sorte qu'il ne pouvait en prendre soin qu'avec beaucoup de difficultés et à très-grands frais, tandis qu'il était très-facile à ce noble Arménien de veiller à sa défense.

Saladin, ayant ainsi terminé ses affaires selon ses vœux, retourna alors à Damas avec toutes ses troupes. Ce mouvement répandit parmi nos Chrétiens une terreur encore plus grande, et il paraissait d'autant plus dangereux qu'il n'y avait aucun moyen de s'assurer par des éclaireurs des intentions qu'il pouvait avoir. Les uns pensaient qu'il appellerait une armée navale, et qu'il tenterait, ainsi que l'année précédente, d'assiéger la ville de Béryte; d'autres prétendaient qu'il avait l'intention de se rendre sur les montagnes qui dominent la ville de Tyr, et d'attaquer les deux forts de Toron et de Château-Neuf ; d'autres présumaient qu'il avait un vif desir de ravager notre pays situé au-delà du Jourdain, la Syrie de Sobal, et de détruire toutes les villes qui se trouvent dans cette contrée. Quelques-uns enfin cherchaient à se persuader que, fatigué de ses longues expéditions, et ayant obtenu la paix pour quelque temps, Saladin descendrait en Égypte, afin de faire reposer ses armées épuisées et de rassembler de nouvelles ressources pour d'autres entreprises.

Au milieu de ces incertitudes le Roi et tous les princes du royaume demeuraient en suspens, et ne laissaient pas d'éprouver de vives terreurs. On réunit cependant toutes les forces du royaume, et on les conduisit, pour attendre la suite des événemens, à la fontaine de Séphorim, où nos armées avaient depuis long-temps l'habitude de se rassembler. On convoqua en même temps le prince d'Antioche et le comte de Tripoli, on chercha à réunir des forces et des subsides, et de tous côtés on s'attendait d'un jour à l'autre à voir Saladin faire une irruption dans une partie quelconque du royaume, traînant à sa suite une armée plus considérable que jamais.

Tandis que nos troupes demeuraient dans cet état d'incertitude auprès de la fontaine de Séphorim, le Roi, étant à Nazareth, fut pris tout-à-coup d'une fièvre qui le rendit sérieusement malade : la lèpre, dont il était atteint depuis le commencement de son règne, ou, pour mieux dire, dont il avait senti les effets dès les premières années de son adolescence, faisait en ce moment des progrès plus rapides que d'ordinaire : il avait perdu la vue, les extrémités de son corps étaient frappées et tombaient en putréfaction, il ne pouvait se servir en rien de ses pieds et de ses mains, et cependant il conservait toujours sa dignité royale, et avait même refusé jusqu'à ce moment de se démettre de l'administration de l'État, quoique quelques personnes eussent cherché à lui insinuer qu'il ferait bien d'y renoncer, et de s'assurer, sur les biens de la couronne, les moyens de vivre tranquillement dans une retraite honorable. Faible de corps et impotent, il conservait encore beaucoup de force d'ame, et faisait des efforts extraordinaires pour cacher son mal et supporter toujours le poids des affaires. Cependant lorsqu'il fut pris de la fièvre, comme je viens de le dire, et qu'il put croire à son danger, il convoqua ses princes, et, en présence de sa mère et du seigneur patriarche, il nomma régent du royaume Gui de Lusignan, comte de Joppé et d'Ascalon, dont j'ai déja parlé très-souvent, se réservant toutefois pour lui-même la dignité royale et la seule ville de Jérusalem, avec un revenu annuel de dix mille pièces d'or : il lui transmit à ces conditions la libre et générale administration de toutes les autres parties du royaume, et ordonna à tous ses fidèles et à tous les princes généralement, de se reconnaître pour ses vassaux, et de lui engager leur foi ; ce qui fut aussitôt exécuté. On assure encore qu'avant cela Gui de Lusignan jura, sur l'ordre formel du Roi, de ne point aspirer à la couronne du vivant de celui-ci, et de ne transférer à personne, de n'aliéner du domaine public aucune des villes, aucun des châteaux que le Roi possédait actuellement. On croit que ce ne fut pas sans dessein, mais bien plutôt avec une intention préméditée, qu'on lui fit cette injonction, et qu'on voulut l'obliger à l'observer strictement en le liant par la religion du serment en présence de tous les princes, car il avoit promis à chacun d'eux, et presqu'à tous les plus grands seigneurs du royaume, de leur en céder des portions assez considérables, afin d'obtenir leurs suffrages et leur bonne volonté pour parvenir au but de son ambition. On disait même qu'il s'était engagé envers eux par de semblables sermens. Je ne saurais cependant affirmer positivement ce que j'avance, puisque je n'en ai pas de preuves formelles; mais du moins tels étaient les bruits généralement répandus dans le peuple.

Ces nouveaux arrangemens ne furent pas agréables à tout le monde : les uns les voyaient avec déplaisir par des intentions particulières ou pour des motifs qui sont demeurés secrets; d'autres, occupés de l'intérêt public, agités de vives sollicitudes pour l'état présent du royaume, déclaraient ouvertement que le comte était incapable de supporter le fardeau d'une telle administration, et ne pouvait suffire au soin des affaires ; d'autres, au contraire, qui espéraient que l'avancement du comte pourrait tourner au profit de leur fortune particulière, affirmaient qu'une telle mesure ne pouvait être que fort utile. Dans le peuple on en parlait de différentes manières ; il y avait beaucoup de sentimens divers, et, comme on le dit proverbialement, *autant d'hommes, autant d'avis*. Le comte cependant n'eut pas long-temps à se réjouir, ainsi qu'on le verra par la suite, d'être parvenu au comble de ses vœux par cette transmission du pouvoir qu'il desirait depuis si long-temps et dont il se montra d'abord tout glorieux, même assez inconsidérément. Je dis qu'il accepta cette grande tâche assez inconsidérément, parce qu'en effet il ne prit pas assez de soin de comparer ses forces à la pesanteur du fardeau. Trop faible et trop dépourvu de sagesse par rapport du moins à la charge qu'il voulut porter, il montra qu'il n'avait pas assez bien étudié cette parabole de l'Évangile qui dit : « Qui est celui d'entre vous « qui, voulant bâtir une tour, ne suppute auparavant « en repos et à loisir la dépense qui y sera nécessaire, « pour voir s'il aura de quoi l'achever? de peur qu'en « ayant jeté les fondemens et ne pouvant l'achever, « tous ceux qui verront ce bâtiment imparfait ne « commencent à se moquer de lui en disant : Cet « homme avait commencé à bâtir, mais il n'a pu « achever [1]. »

Tandis que ces choses se passaient dans notre royaume, et que notre armée s'était réunie de divers côtés et campait en un seul corps auprès de la fontaine de Séphorim, Saladin, après avoir beaucoup délibéré, appela à lui les forces dont il disposait dans le pays situé au-delà de l'Euphrate, convoqua de tous côtés toutes les troupes de cavalerie qu'il put rassembler, et suivi d'une nombreuse multitude, armée jusqu'aux dents, il entra enfin sur notre territoire. Ayant traversé le pays de l'Auranite, le long de la mer de Tibériade, il parut avec son armée dans les plaines du Jourdain, au lieu nommé Cava, distribua son armée de divers côtés, et se rendit de là vers Scytho-

[1] Évang. de S. Luc. chap. 14, v. 28-30.

polis, en suivant le cours du Jourdain. Cette ville est, comme je l'ai déjà dit, celle que l'on appelle aujourd'hui Bethsan : elle fut jadis métropole de toute la Galilée, et l'on y trouve encore les preuves de son antique noblesse dans les ruines d'anciens édifices, et dans une grande quantité de marbres que l'on rencontre au milieu des débris : maintenant elle est presque anéantie, il n'y a que très-peu d'habitans; ce n'est plus qu'un petit bourg au milieu des marais, et qui ne peut contenir qu'une très-mince population. Ceux qui y demeuraient, quoiqu'ils fussent assez abondamment pourvus d'armes et de vivres eu égard à leur petit nombre et aux dimensions de leur localité, n'osèrent se fier aux fortifications de leur citadelle, l'abandonnèrent avant l'arrivée de l'armée ennemie, et se rendirent à Tibériade, laissant derrière eux tous leurs bagages. Aussi les ennemis, en arrivant à Scythopolis, et la trouvant entièrement évacuée, y firent-ils tout ce qu'ils voulurent ; ils enlevèrent les armes, les provisions de bouche, tous les objets de quelque utilité, et partirent ensuite. Ils s'avancèrent alors en plusieurs corps, et l'un d'eux, cherchant le voisinage des eaux, alla camper auprès de la source nommée Tubanie, qui sort du pied du mont Gelboé [1], à côté d'une ville noble par son antiquité, jadis nommée Jezhrael, et maintenant vulgairement appelée le Petit-Gérin [2].

---

[1] Ce mot *gilboa* signifie en hébreu *source jaillissante;* la fontaine de Tubanie est celle auprès de laquelle campèrent les Israélites dans une de leurs guerres contre les Philistins : « Toutes les troupes des « Philistins s'assemblèrent à Aphek, et Israel de son côté vint cam- « per à la fontaine de Jezhrael. » (Rois, liv. 1, chap. 29, v. 1.)

[2] Jisrehel, ville située dans le pays de la tribu d'Issachar, dont le

Les nôtres, qui occupaient encore leur camp auprès de la fontaine de Séphorim, attendant avec anxiété pour savoir de quel côté les troupes ennemies dirigeraient leur invasion, ayant appris qu'elles tenaient les plaines de Bethsan et s'étaient divisées en plusieurs corps pour s'emparer de tout le pays environnant; les nôtres, dis-je, prirent les armes tous en même temps, et suivirent les bannières royales et le bois de la croix vivifiante; ils traversèrent les montagnes au milieu desquelles est située Nazareth, la ville du Seigneur, et descendirent dans la grande plaine, anciennement nommée d'Esdrélon. Ayant alors formé leurs corps et fait toutes les dispositions selon les règles de l'art militaire, ils se portèrent en masse vers la fontaine de Tubanie, où Saladin s'était établi auprès des eaux avec une forte troupe de chevaliers distingués et choisis, comme pour expulser les ennemis de cette position et s'emparer eux-mêmes du voisinage des eaux. Ils crurent d'abord en y arrivant qu'ils ne pourraient y réussir qu'avec beaucoup de difficultés et après des combats pleins de dangers; mais tout-à-coup Saladin leva son camp, abandonna la fontaine d'une manière bien inattendue, et suivant le courant de la même source il alla camper de nouveau un peu au dessous vers Bethsan, et tout au plus à un mille de distance de notre armée. Avant que nos Chrétiens fussent arrivés en ce lieu, les ennemis s'étaient séparés par bandes du gros de leur armée, et avaient commencé à se ré-

---

nom revient souvent dans les guerres des Hébreux contre les Philistins, et qui fut la résidence des rois Achab et Joram. Naboth était de Jisrehel, et sa vigne était située à la porte de cette ville. Il ne reste aujourd'hui sur cet emplacement qu'un petit village nommé Charety pandre dans tous les environs et à les dévaster. Les uns s'étaient portés vers le village que j'ai déjà nommé, le Petit-Gérin, y avaient détruit tout ce qu'ils rencontraient, sans pouvoir cependant trouver les habitans, ou du moins n'en trouvant qu'un bien petit nombre, car tous les autres, instruits de leur approche, s'étaient retirés dans des lieux mieux fortifiés. D'autres, s'étant dirigés vers le village vulgairement appelé Forbelet, avaient forcé l'entrée et détruit en ennemis tout ce qui se présentait à leurs yeux. D'autres encore suivaient les chemins publics, et exposaient ainsi à toutes sortes de dangers ceux des nôtres, tant chevaliers que gens de pied, qui accouraient de tous côtés pour se réunir à notre armée; en sorte qu'il n'y avait aucune sûreté pour y arriver, et que l'on pouvait à tout moment perdre la vie pendant le trajet. Quelques-uns même des ennemis montèrent sur le mont Thabor, ce qui ne s'était pas encore vu : ils traitèrent selon leurs caprices le monastère des Grecs, appelé de Saint-Eloi, et essayèrent même de s'emparer de force d'un couvent plus considérable. Mais les moines, tous les gens de leur maison et quelques habitans des villages voisins, qui s'étaient retirés dans l'intérieur de ce couvent, entouré de bonnes murailles et garni de tours, se défendirent vigoureusement, et repoussèrent les ennemis au-delà de l'enceinte extérieure. D'autres encore montèrent également sur la montagne où est bâtie la ville de Nazareth, et du haut des collines qui la dominent ils voyaient sous leurs pieds la ville tout entière. Les femmes, les petits enfans, les vieillards, tous les gens faibles qui y étaient demeurés furent saisis d'une telle frayeur en les voyant, qu'ils se précipitèrent en foule dans la grande église, dans l'espoir d'y trouver un moyen de salut, et qu'au milieu de ce tumulte il y eut, dit-on, beaucoup de personnes étouffées. Une grande partie des citoyens capables de porter les armes avaient suivi l'expédition générale et se trouvaient dans notre camp; d'autres s'étaient rendus avec leurs serviteurs dans les villes maritimes, et principalement à Ptolémaïs.

Comme ceux des ennemis qui s'étaient séparés du gros de leur armée et dispersés de tous côtés dans le pays exposaient sans cesse aux plus graves dangers ceux des nôtres qui voulaient se rendre auprès de nos troupes, la terreur devint telle que personne n'osait plus se diriger vers notre camp, soit pour y porter des denrées, soit pour augmenter nos forces; en sorte que la famine ne tarda pas à se déclarer dans notre armée. Afin de marcher plus librement contre l'ennemi, nos troupes s'étaient mises en route sans bagages et sans aucune espèce de charge, espérant que leur expédition serait terminée au bout de deux ou trois jours. Les gens de pied surtout se trouvaient dans la plus grande détresse, et principalement ceux qu'on avait convoqués avec les plus vives instances sur toute la côte de la mer, les Pisans, les Génois, les Vénitiens et les Lombards, qui avaient abandonné leurs navires au moment même de leur départ, car le temps les pressait, puisqu'on se trouvait presque au milieu d'octobre, et qui étaient venus se réunir à notre camp avec les pélerins qu'ils devaient ramener en Occident. Tous ces hommes, qui n'avaient même transporté leurs armes qu'avec peine, car notre camp était à vingt milles de distance des bords de la mer,

n'avaient pris avec eux aucune espèce de provisions de
bouche. On expédia des exprès dans toutes les villes
voisines pour demander instamment à ceux qui y
commandaient d'envoyer des vivres en toute hâte, et
ceux-ci, empressés d'obtempérer aux ordres du Roi,
ne mirent aucun retard à faire partir tout ce qu'ils
purent trouver. La plus grande partie de ces provisions arriva en effet dans notre camp, et y porta l'a-
bondance nécessaire pour le temps et pour le lieu;
mais une autre partie, dont on ne prit pas assez de
soin, tomba dans les mains des ennemis, et leur fut
infiniment utile, car eux aussi avaient à souffrir d'une
semblable disette.

On avait envoyé en avant quelques-uns de nos
chevaliers, avec la mission expresse de protéger la
marche de ceux qui venaient porter des vivres à
l'armée : ils accompagnèrent en effet sains et saufs
jusqu'à notre camp ceux qu'ils rencontrèrent, mais
les autres, qui ne reçurent pas les mêmes secours,
tombèrent entre les mains des ennemis et périrent
par le glaive ou se virent condamnés à une éternelle
servitude. Si nos péchés n'eussent pas été un obstacle à la protection de Dieu, il semble que cette
occasion eût été bien favorable pour détruire facilement toutes les forces des ennemis et pour rabattre
leur orgueil intolérable. On ne lit nulle part qu'une
multitude aussi considérable, tant de chevaliers que
de gens de pied, ait jamais été rassemblée dans tout
notre pays de l'Orient, et les hommes les plus âgés
ne se souviennent pas d'avoir vu une aussi forte armée uniquement composée des troupes de notre
royaume. Elle comptait en effet treize cents chevaliers

environ, et l'on assure qu'il y avait au-delà de quinze mille hommes de pied, parfaitement bien armés.

Cette armée était en outre commandée par des chefs recommandables et dignes des plus grands éloges, illustres par leur naissance autant que par leur expérience à la guerre, le seigneur Raimond, comte de Tripoli; le seigneur Henri, duc de Louvain, noble prince de l'empire teutonique; Raoul de Malène, homme illustre de l'Aquitaine; sans compter les princes de notre royaume, qui étaient Gui, comte de Joppé; Renaud de Châtillon, seigneur du territoire situé au-delà du Jourdain, et qui avait été auparavant prince d'Antioche; Baudouin de Ramla, Balian de Naplouse, son frère; Renaud de Sidon, Gautier de Césarée et Josselin, sénéchal du Roi. Il paraissait assez juste de croire, d'après tout cela, que nos ennemis avaient fait une véritable imprudence en passant le Jourdain et en venant s'établir sur notre territoire; mais, en punition de nos péchés, le Seigneur fit errer nos princes hors de la voie [1], en sorte que l'intérêt des affaires publiques, qui demandaient à être conduites avec une grande activité, fut non seulement négligé, mais trahi même méchamment, à ce qu'on assure. Ceux qui paraissaient les plus propres à tirer un bon parti de notre situation, pleins de haine, dit-on, pour le comte de Joppé, à qui le Roi avait confié deux jours auparavant la régence du royaume [2]....... voyaient avec indignation qu'au milieu de si grands périls, dans une nécessité si pressante, tant et de si grands intérêts eussent été mis dans les mains d'un homme inconnu, dépourvu de discernement et tout-

---

[1] Psaum. 106, v. 40. — [2] Il manque ici quelques mots.

à-fait incapable. Il en résulta que l'armée chrétienne souffrit avec une patience excessive, et même à sa très-grande honte, que les ennemis tinssent pendant huit jours de suite dans leur camp, établi tout près d'elle, et à un mille de distance tout au plus, chose qu'on n'avait encore jamais vue dans notre royaume, tandis que leurs détachemens ravageaient toute la contrée en pleine liberté. Les hommes simples et qui ne connaissaient pas les méchantes intentions de nos princes s'étonnaient qu'on négligeât une si belle occasion de combattre les ennemis, et qu'on ne fît même aucune disposition pour les attaquer. S'il arrivait qu'on en parlât en public, on donnait pour prétexte à ces délais que Saladin, prince des armées ennemies, s'étant établi dans un lieu environné de rochers, nos troupes ne pourraient arriver jusqu'à lui sans courir les plus grands dangers, et qu'en outre il avait des corps très-forts, placés comme en cercle autour de nous et disposés à se précipiter sur nous de tous côtés, dans le cas où nous voudrions tenter de lui livrer bataille. Les uns reconnaissaient la vérité de ces motifs, et disaient que les princes étaient fondés à les alléguer; mais d'autres affirmaient que ce n'était qu'un vain prétexte, un artifice imaginé pour éviter l'occasion de combattre, afin qu'on ne pût attribuer au comte les succès qu'on pourrait obtenir, et qu'il ne fût pas dit que nos affaires eussent pris une meilleure tournure entre ses mains. J'ai recueilli et rapporté ces diverses interprétations sans vouloir moi-même rien affirmer avec certitude, parce que je n'ai pu reconnaître l'exacte vérité des choses. Il est positif toutefois que les ennemis demeurèrent en toute liberté sept ou huit jours de suite sur notre territoire, auprès du Jourdain, et qu'ils firent tous les jours et impunément beaucoup de dégât dans le pays. Enfin le huitième, ou plutôt le neuvième jour, Saladin ayant rappelé ses troupes, rentra dans ses États sans avoir souffert aucun dommage. Les nôtres se reportèrent de nouveau vers la fontaine de Séphorim, n'étant pas encore bien assurés que l'ennemi ne reviendrait pas. Durant les quelques jours que notre armée passa auprès de la fontaine de Tubanie, il arriva un événement qui mérite d'être rapporté. Jusqu'à cette époque on avait cru que cette source, aussi bien que le ruisseau qu'elle forme, n'avait point de poissons, ou du moins n'en avait qu'une très-petite quantité, et pendant ce temps elle en fournit, dit-on, en si grande abondance qu'il y en avait suffisamment pour toute l'armée.

Les Chrétiens ne s'étaient pas infiniment trompés dans leur attente. Un mois s'était à peine écoulé que Saladin, ayant recruté ses armées, se prépara de nouveau à la guerre : il rappela ses cohortes, reforma ses légions, fit transporter des machines, et eut soin de rassembler tous les instrumens avec lesquels on attaque d'ordinaire des places assiégées. Après avoir fait toutes les dispositions nécessaires, il traversa les villes de Basan et de Galaad, le pays des Ammonites et celui de Moab, situés au-delà du Jourdain, et se prépara à faire le siége de la ville anciennement appelée la *Pierre-du-désert* et maintenant Krac. Informé de ce projet par des éclaireurs, Renaud de Châtillon, chargé de la défense de cette contrée, qui appartenait à sa femme en vertu de ses droits héréditaires, s'y rendit en toute hâte, conduisant à sa suite un corps de chevaliers qui fut jugé suffisant pour la sûreté de cette place. Une autre affaire l'attirait en même temps dans ce pays. Honfroi le troisième, fils de Honfroi le jeune, petit-fils, par son père, de Honfroi l'ancien, connétable du Roi que l'on avait surnommé de Toron, et beau-fils de Renaud, était sur le point d'épouser la plus jeune des sœurs du seigneur Roi, à laquelle il avait été fiancé quatre ans auparavant. A peine Renaud était-il arrivé dans cette ville, et le même jour, dit-on, que l'on célébra les solennités de ce mariage, Saladin arriva avec une multitude innombrable, traînant à sa suite des machines et des instrumens à projectiles avec lesquels on cherche à battre les remparts des villes assiégées, et ayant dressé son camp, il fit investir la place.

Cette ville avait été bâtie sur une montagne très-élevée et entourée de profondes vallées; elle demeura pendant long-temps détruite et entièrement abandonnée. Sous le règne du seigneur Foulques, troisième roi des Latins de l'Orient, un certain Pains, surnommé l'Échanson, seigneur du pays situé au-delà du Jourdain, fit bâtir un fort sur la montagne où avait été la ville, sur la pente de cette montagne la moins rapide et la plus voisine de la plaine qui se trouvait à ses pieds. Ses successeurs, savoir, Maurice, son neveu, et ensuite Philippe de Naplouse, y ajoutèrent de nouvelles fortifications, et firent creuser un fossé et élever des tours. En dehors de cette forteresse, et sur l'emplacement où avait été l'ancienne ville, il y avait, au temps dont je raconte l'histoire, un faubourg dont les habitans se trouvaient assez bien en sûreté. Ils avaient en effet du côté de l'orient la citadelle qui les défendait complétement, et des autres côtés toute la montagne, qui, comme j'ai dit, était entourée de profondes vallées : la moindre muraille qui eût garni son enceinte aurait suffi pour la mettre à couvert de toute entreprise hostile, car on ne peut arriver que par deux points jusqu'au sommet de cette montagne; un petit nombre d'hommes peut aisément défendre ces deux points contre les plus fortes armées, et tous les autres côtés sont, dit-on, tout-à-fait inaccessibles.

Le prince, voyant les ennemis arriver, résolut assez imprudemment, au dire des hommes qui avaient le plus d'expérience, de défendre le faubourg extérieur, situé en dessous du fort, et prescrivit aux habitans, qui voulaient renfermer leurs effets dans le château et pourvoir eux-mêmes à leur salut, de ne point abandonner leurs maisons, et de ne pas se hasarder à transporter la moindre des choses qui leur appartenaient. Mais tandis que les chevaliers et les compagnies d'hommes de pied étaient uniquement occupés à s'opposer aux efforts que faisaient les ennemis pour monter vers eux, ceux-ci remportèrent l'avantage par leur immense supériorité, et mettant en fuite ceux qui voulaient leur disputer le passage, ils s'emparèrent de la montagne et s'ouvrirent un chemin par le fer. Il s'en fallut même bien peu qu'ils n'entrassent de vive force dans la citadelle, en même temps que les nôtres qui y cherchèrent enfin leur refuge, et si un seul chevalier, nommé Ivène, n'eût résisté avec une admirable fermeté, ceux des ennemis qui s'étaient déjà avancés sur le pont et vers la porte voisine seraient sans doute parvenus à s'emparer de cette entrée, et l'auraient dès lors livrée à leurs compagnons sans difficulté.

Ainsi les malheureux habitans eurent à subir des dommages considérables par suite de l'imprudence de leur chef. Les ennemis prirent possession de leurs maisons, ainsi que de tous les meubles qu'ils y trouvèrent. Ceux qui s'étaient retirés dans le fort, craignant les attaques de l'ennemi, commirent une nouvelle imprudence, et dans leur précipitation abattirent le pont établi au-dessus du fossé, seul point de communication par lequel les assiégés pussent sortir et rentrer. Il y avait dans l'intérieur de la citadelle des individus de tout sexe et de conditions diverses, foule nombreuse et tout-à-fait inutile qui ne pouvait qu'être à charge aux assiégés. C'étaient des histrions, des joueurs de flûte et d'instrumens à cordes, que les fêtes de la noce avaient attirés de toute la contrée, et qui furent déçus dans leurs espérances, ne trouvant, au lieu des profits et des plaisirs qu'ils étaient venus chercher, que la guerre et les combats, occupations fort différentes de celles auxquelles ils étaient accoutumés. Des Syriens, habitans des lieux voisins dans la plaine, s'étaient rendus également à la Pierre-du-désert, avec leurs femmes et leurs enfans, et avaient rempli la place. La foule était si grande que ceux qui voulaient courir de côté ou d'autre ne pouvaient circuler librement, et que les hommes les plus actifs, ceux qui s'occupaient du soin de la défense, en étaient sans cesse embarrassés et fatigués. On dit aussi que les vivres étaient en grande abondance dans la citadelle, mais qu'il n'y avait pas d'armes en quantité suffisante pour les besoins de la ville en temps de siége.

Le Roi cependant, voyant bien que le comte de Joppé, à qui il avait confié l'administration générale du royaume, avait montré peu de sagesse et de valeur lors de la réunion de l'armée auprès de la fontaine de Tubanie, et que ses imprudences et son incapacité mettaient les affaires publiques en fort mauvais état, céda à de meilleurs conseils et lui retira le gouvernement qu'il avait remis entre ses mains. On dit que d'autres motifs encore déterminèrent sa résolution. Lorsqu'il confia au comte l'administration du royaume, le Roi se réserva, comme je l'ai dit, la ville de Jérusalem et un revenu de dix mille pièces d'or, payable tous les ans, pour ses dépenses particulières : plus tard, fâché de cet arrangement, il voulut se faire céder aux mêmes conditions la ville de Tyr, en échange de Jérusalem, parce que la première de ces villes était la mieux fortifiée de tout le royaume et lui paraissait d'ailleurs mieux à sa convenance. Le comte de Joppé sembla n'écouter cette proposition qu'avec déplaisir, et l'on dit que ce fut à cette occasion que le Roi changea tout-à-fait de sentiment. Il était juste en effet que celui qui refusait de se montrer généreux dans une si petite affaire envers l'homme qui lui avait tout donné, fût entièrement dépouillé. Le Roi ne se borna pas à lui ôter les soins et l'honneur du gouvernement, il lui enleva en même temps tout espoir de lui succéder dans notre royaume. De l'avis unanime du conseil des princes, et particulièrement du seigneur Boémond prince d'Antioche, du seigneur comte de Tripoli, de Renaud de Sidon, de Baudouin de Ramla et de Balian son frère, en présence du comte de Joppé lui-même qui n'osa s'y opposer, et d'après les conseils et sur les vives instances de sa mère, le Roi fit donner l'onction royale et couronner solennellement Baudouin, jeune enfant qui n'avait tout au plus que cinq ans [1]; le peuple entier donna son approbation à ce choix, le clergé qui assistait à l'assemblée y consentit aussi, et la cérémonie fut célébrée dans l'église de la Résurrection du Seigneur. Aussitôt après, et sans le moindre délai, tous les barons engagèrent leur fidélité au jeune roi, en lui présentant la main et en prêtant serment selon la formule d'usage, et lui rendirent, dans toute leur plénitude, les honneurs et les respects dus à la majesté royale : le seul comte de Joppé ne fut invité par personne à venir lui présenter son hommage, et ce dernier fait parut aux yeux des plus sages, comme il l'était en effet, la preuve la plus évidente d'un ressentiment profond, ou plutôt d'une haine qui ne cherchait plus à se cacher. La suite de ce récit le fera reconnaître encore mieux.

Les hommes sages se partageaient en diverses opinions au sujet de ce grand changement. Les uns disaient que l'élévation de cet enfant ne pouvait être d'aucun avantage pour le royaume, d'aucune utilité pour les affaires publiques, puisque les deux rois étaient également incapables, l'un par son état de maladie, l'autre par son âge, et qu'il aurait beaucoup mieux valu qu'on eût pris l'avis et le consentement des grands, pour remettre le soin des affaires du Roi et l'administration des intérêts publics entre les mains

---

[1] Fils de Guillaume de Montferrat et de Sibylle sœur de Baudouin IV; il régna ensuite sous le nom de Baudouin V.

d'un homme vaillant à la guerre et sage dans le conseil ; d'autres pensaient que, quoiqu'il fût encore impossible de juger du degré d'utilité qu'on pourrait retirer du choix de cet enfant, on avait cependant pourvu par cette disposition à un intérêt important, en ce sens qu'elle avait enlevé tout espoir de la succession au comte de Joppé, homme entièrement incapable, comme on le disait, et qui aspirait de tous ses vœux au moment où cette succession lui serait ouverte ; on pouvait espérer par là de voir entièrement détruit le foyer de troubles et les germes dangereux de sédition qu'on avait eu à redouter pour l'avenir. Tous cependant ne formaient qu'un seul et même vœu, c'était que l'on nommât un régent pour diriger les affaires, et surtout pour conduire les armées, dans ce temps où les ennemis nous pressaient plus vivement que jamais ; et presque tous étaient d'accord en ce point, que le comte de Tripoli était le seul qui convînt à ces fonctions et pût suffire à une telle tâche. Cet événement eut lieu l'an 1183 de l'incarnation du Seigneur, le vingt-sixième jour du mois de novembre.

Tandis que ces choses se passaient à Jérusalem, Saladin poussait de toutes ses forces et avec la plus grande vigueur les travaux du siége qu'il avait entrepris, et dans son importune insistance il ne laissait aucun moment de repos à ceux qui occupaient l'intérieur de la place. Il avait fait élever huit machines, six dans la partie intérieure et sur l'emplacement où avait été jadis la ville, deux au dehors et dans le lieu vulgairement appelé Obelet, et faisait attaquer continuellement la forteresse, de nuit aussi bien que de

jour, en lançant contre les murailles des blocs de
pierre si énormes qu'aucun de ceux qui étaient renfermés n'osait plus avancer la main, ni regarder à travers les ouvertures des remparts, ni entreprendre un
travail de défense quelconque. La terreur était si
grande parmi les assiégés, et ils avaient tellement perdu
tout courage, que les ennemis se glissaient par des
cordes, sans que les autres osassent se présenter, dans
le fossé creusé au dessous des remparts, pour y prendre le bétail que les malheureux habitans y avaient
introduit [1].......... Ils tuaient impunément ces animaux, et après les avoir dépecés ils les retiraient pour
s'en nourrir, sans que les assiégés cherchassent à s'y
opposer, ni à leur faire le moindre mal. Dans l'armée
ennemie, ceux qui faisaient le service de cuisiniers ou
de boulangers, et ceux qui fournissaient le marché de
toutes sortes de marchandises, ayant trouvé les maisons
des habitans garnies de toutes les choses nécessaires, y
avaient établi leur résidence et y exerçaient leur industrie en toute liberté. Ils y avaient aussi trouvé du
froment, de l'orge, du vin et de l'huile en abondance,
et ils s'en emparaient de vive force, en dépit des
légitimes possesseurs. Les assiégés voulurent bien aussi
essayer une fois de construire une machine ; mais ceux
qui dirigeaient au dehors le service de l'attaque lançaient des pierres avec une telle habileté que chacune
de ces pierres qui tombait au milieu des nôtres leur
faisait redouter la mort, et qu'enfin remplis de craintes
et renonçant à leurs projets, ils jugèrent sage de supporter avec patience tout ce qui pourrait leur arriver,
plutôt que de braver de si grands dangers pour tenter

[1] Il manque ici quelques mots.

ce nouveau mode de défense. Et ce n'était pas seulement ceux qui sortaient de leurs retraites pour s'avancer vers les remparts, pour lancer des pierres ou des traits contre les ennemis ou pour voir la disposition de leur camp, qui se trouvaient exposés à tous ces périls, ou frappés d'un sentiment de terreur qui les portait à désespérer de leur salut; ceux-là même qui se tenaient enfermés dans les appartemens les plus retirés ou qui s'étaient réfugiés dans les lieux les plus cachés, effrayés par le bruit et le fracas que faisaient les blocs de pierre en tombant, et croyant entendre le tonnerre, attendaient à tout moment l'éclat de la foudre et redoutaient sans cesse que les édifices, réduits en mille pièces, ne vinssent les écraser dans leur chute.

Le Roi pendant ce temps ne cessait de chercher avec sollicitude et de la manière la plus active les moyens de porter promptement aux assiégés les secours qu'ils desiraient si ardemment. Prenant avec lui le bois salutaire de la croix vivifiante, et ayant convoqué de tous côtés toutes les forces du royaume, il se rendit en hâte vers le lieu où l'appelaient les vœux des fidèles : arrivé auprès de la mer de sel, autrement nommée lac Asphalte, et près de la ville nommée Ségor [1], et aujourd'hui vulgairement appelée Palmer, après avoir longuement délibéré, il chargea le comte de Tripoli de commander et de conduire toute son armée. Saladin, ayant appris par les éclaireurs que les

[1] L'ancienne Zoar, l'une des cinq villes qui occupaient la vallée où se forma ensuite la mer Morte, et voisine de Sodome; ces cinq villes étaient Sodome, Gomorrhe, Adama, Zebojim, et Zoar ou Bala. Quand le feu du ciel descendit sur ces villes, celle de Zoar fut seule épargnée, à la prière de Loth qui s'y réfugia. (Genèse, chap. 19, v. 19-22.)

Chrétiens venaient d'arriver dans le voisinage et que le comte de Tripoli les commandait, abandonna ses machines, donna l'ordre du départ, leva le siége de la place, après l'avoir affligée de toutes sortes de maux pendant un mois consécutif, et rentra dans ses États. Le Roi et toute l'armée continuèrent cependant leur marche et se rendirent jusqu'au lieu de leur destination, où leur présence apporta quelque consolation aux habitans. Puis ayant donné l'ordre du départ et rassemblé toutes ses troupes, le Roi retourna à Jérusalem et y arriva sain et sauf.

LIVRE VINGT-TROISIÈME.

Lassé des malheurs qui arrivent dans notre royaume, plus fréquemment que de coutume et presque sans relâche, nous avions résolu de quitter la plume, et d'ensevelir dans le silence les récits que nous avions d'abord entrepris de transmettre à la postérité. Nul ne saurait sans douleur raconter les maux de sa patrie et produire au grand jour les fautes de ses concitoyens; car il est en quelque sorte convenu entre les hommes, et l'on regarde comme un devoir de nature, que chacun fasse tous ses efforts pour célébrer sa terre natale, et ne se montre point envieux de la gloire de ses compatriotes. Cependant tout sujet de louange nous est maintenant enlevé; nous n'avons sous les yeux que les calamités de notre patrie en deuil et des misères de tout genre, qui ne peuvent nous arracher que des larmes et des gémissemens. Jusqu'à présent nous avons décrit de notre mieux les beaux faits des grands princes qui, pendant quatre-vingts ans et plus, ont exercé le pouvoir dans notre Orient, et principalement à Jérusalem. Le courage nous manque maintenant : nous détestons le présent, nous demeurons interdit devant les choses qui se présentent à nos yeux et à nos oreilles, choses qui ne seraient pas même dignes des chants d'un Codrus ou des récits d'un Mœvius, quel qu'il fût. Nous ne rencontrons rien dans les actions de nos princes qu'un homme sage puisse croire devoir confier au trésor de la mémoire, rien qui soit capable d'intéresser le lecteur ou de faire quelque honneur à l'écrivain. Nous pouvons répéter pour nous la complainte du prophète : « La prudence a manqué « au sage, la parole au prêtre, l'esprit de prévision « au prophète. » Maintenant aussi chez nous « le prêtre est comme le peuple [1], » en sorte qu'on peut justement nous appliquer ces paroles d'un autre prophète : « Toute tête est languissante, et tout cœur est abattu; « depuis la plante des pieds jusqu'au haut de la tête « il n'y a plus rien de sain [2]. » Nous sommes arrivés à ce point de ne pouvoir plus supporter ni nos maux ni les remèdes. Aussi, et en punition de nos péchés, les ennemis ont-ils repris tout l'avantage : nous qui avions triomphé, qui remportions habituellement sur eux la palme glorieuse de la victoire, privés maintenant de la grâce divine, nous avons la plus mauvaise part dans presque toutes les rencontres. C'est pourquoi il faudrait se taire; c'est pourquoi il vaudrait mieux couvrir nos fautes des ombres de la nuit, que porter la lumière sur des choses honteuses. Mais ceux qui ont à cœur de nous voir poursuivre l'entreprise que nous avons commencée, et qui nous supplient avec de vives instances de continuer à tracer pour la postérité le tableau des événemens heureux ou malheureux survenus dans le royaume de Jérusalem, nous encouragent en nous proposant l'exemple des historiens les plus distingués. Ainsi Tite-Live, disent-ils, n'a pas seulement raconté dans ses

[1] Osée, chap. 4, v. 9. — [2] Isaïe, chap. 1, v. 5, 6.

écrits les prospérités des Romains, il a parlé aussi de leurs malheurs; Josèphe ne s'est pas borné, dans ses longs ouvrages, à rapporter les belles actions des Juifs, il a dit aussi ce qui leur est arrivé de honteux. Ils nous citent encore beaucoup d'autres exemples, par lesquels ils cherchent à nous déterminer, et qui font voir en effet d'une manière évidente que ceux qui racontent les choses du passé ont autant de motifs de rapporter les vicissitudes les plus contraires de la fortune; car de même que le tableau des événemens heureux doit éveiller chez nos descendans des sentimens de courage, de même l'exemple des maux qu'on a soufferts doit inspirer plus de prudence pour des circonstances semblables. Le devoir des annalistes est de consigner les faits dans leurs écrits, non tels qu'ils desireraient eux-mêmes qu'ils se fussent passés, mais tels que les présente la série des temps. Dans les choses de ce monde, et surtout à la guerre, les chances sont ordinairement variées et n'ont point d'uniformité; jamais on n'y voit de prospérité continue, ni de malheurs sans quelques intervalles lucides. Nous sommes donc vaincu; et puisque nous avons commencé, renonçant à notre précédente résolution, nous continuerons, avec l'aide de Dieu et tant qu'il nous prêtera vie, à écrire avec soin le récit des événemens que nous présentera la suite des temps : et plaise au ciel que ces événemens soient heureux!

La haine excitée par des causes secrètes entre le Roi et le seigneur de Joppé s'animait de plus en plus et de jour en jour; les choses en vinrent à tel point que le Roi parut bientôt chercher ouvertement des motifs de séparer sa sœur de son mari et de rompre leur union. Dans ce dessein le Roi alla trouver publiquement le patriarche et lui demanda, comme avec l'intention de porter plainte de ce mariage, de lui assigner un jour où il pût faire prononcer le divorce solennellement et en sa présence.

Le comte, instruit de toutes ces démarches, quitta aussitôt l'armée et retourna à Ascalon par le plus court chemin, afin de faire avertir sa femme, qui se trouvait en ce moment à Jérusalem, d'avoir à sortir de cette ville avant que le Roi y fût arrivé, car il craignait que ce prince ne lui permît plus de retourner auprès de son mari s'il pouvait réussir à s'emparer de sa personne. Le Roi expédia un exprès par lequel il mandait le comte et lui faisait connaître les motifs de cet appel; mais le comte, ne voulant pas y répondre, chercha des prétextes pour s'en dispenser, et allégua qu'il était malade. Après l'avoir mandé à plusieurs reprises, et toujours sans succès, le Roi se résolut à se rendre en personne auprès de lui, et à le sommer solennellement et de vive voix de se présenter en justice. Il arriva à Ascalon accompagné de quelques-uns de ses princes, trouva les portes de la ville fermées, y frappa de la main, et répéta par trois fois l'ordre de les lui ouvrir; mais comme personne ne se présenta pour lui obéir, il se retira rempli d'une juste indignation, à la vue de toute la population de cette ville, qui, en apprenant son arrivée, s'était rendue sur les tours et sur les murailles pour attendre l'issue de cet événement.

De là le Roi se porta directement sur Joppé, et rencontra dans son chemin un grand nombre de citoyens de cette ville, des plus considérables, de l'une et l'autre condition ; les portes lui ayant été ouvertes, il entra sans difficulté, et après avoir chargé un fondé de pouvoirs de prendre soin de cette place, il se rendit à Accon. Il convoqua une assemblée générale dans cette ville, et tous les princes du royaume s'y étant réunis au jour fixé, le patriarche, assisté dans cette démarche des deux maîtres du Temple et de l'Hôpital, alla trouver le seigneur Roi, et fléchissant le genou, il intercéda pour le comte et supplia le Roi de déposer toute rancune et de le faire rentrer en grâce. Cette demande n'ayant pas été accueillie sur-le-champ, ils se retirèrent tous trois remplis d'indignation et quittèrent non seulement la cour, mais même la ville. On avait fait la proposition, en présence des princes rassemblés, d'envoyer des députés aux rois et aux autres princes d'outre-mer, pour solliciter des secours en faveur de la chrétienté et de notre royaume. On aurait dû s'occuper d'abord de cette affaire ; mais le patriarche, ayant élevé l'incident dont je viens de parler, et ayant porté la parole au nom des princes, avait prononcé le discours que j'ai rapporté, et ensuite, dans le premier mouvement de sa passion, il était sorti et avait quitté la ville, comme je l'ai dit. Le comte de Joppé, apprenant que le Roi ne voulait pas fléchir et se réconcilier avec lui, ajouta des torts plus graves à ses torts précédens. Il se fit accompagner des chevaliers dont il disposait, et se rendit au château nommé Daroun. Il s'élança à l'improviste sur le camp de quelques Arabes, qui, attirés par les pâturages, avaient dressé leurs tentes non loin de là ; le Roi leur avait promis sécurité, et ils y séjournaient tranquillement, se confiant en cette parole. Le comte les trouvant sans défense leur enleva tout le butin qu'il put prendre, et retourna à Ascalon. Dès qu'il en fut informé, le Roi convoqua de nouveau les princes et confia l'administration générale du royaume au comte de Tripoli, mettant tout son espoir dans sa sagesse et sa grandeur d'ame. Cette résolution parut satisfaire en grande partie aux vœux de tout le peuple et des princes, car tous jugeaient qu'il n'y avait d'autre moyen de salut que de remettre entre les mains du comte le soin des affaires du royaume [1].

[1] Ici s'arrêtent les manuscrits de Guillaume de Tyr; il y a lieu de croire que les malheurs du royaume de Jérusalem et les affaires dans lesquelles il fut employé ne lui permirent pas de continuer son ouvrage. Nous donnerons dans notre prochaine livraison le plus estimé de ses continuateurs.

FIN DE L'HISTOIRE DES CROISADES PAR GUILLAUME DE TYR.

TABLE DES MATIÈRES

CONTENUES

DANS CE VOLUME.

LIVRE XVII. . . . . Page 1

Assemblée d'Accon (S. Jean-d'Acre). — Siége de Damas par Baudouin III, Conrad et Louis-le-Jeune réunis. — Mauvais succès de cette expédition. — Départ de Conrad. — Brouillerie du roi Baudouin avec sa mère Mélisende. — Guerres continuelles des Chrétiens contre Noradin. — Cession du comté d'Edesse à l'empereur Manuel Comnène. — Siége et prise d'Ascalon par les Chrétiens.

LIVRE XVIII. 74

Querelles de Renaud de Châtillon, prince d'Antioche, avec le patriarche de cette ville. — Origine et ambition des chevaliers de l'Hôpital. — Troubles civils de l'Égypte. — Continuation des guerres contre Noradin. — Mort de Baudouin III à Béryte.

LIVRE XIX. 158

Elévation d'Amaury, frère de Baudouin III, au trône de Jérusalem. — Caractère de ce prince. — Ses conversations avec Guillaume de Tyr. — Expédition d'Amaury en Égypte. Histoire de Syracon (Chyrkouh), lieutenant de Noradin et oncle de Saladin. — Ambassade des Chrétiens au calife d'Égypte. — Description du palais du Caire. — Nouvelle expédition des Chrétiens en Égypte. — Siége et prise d'Alexandrie.

LIVRE XX. 230

Nouvelle expédition en Égypte. — Élévation de Saladin. — Tremblement de terre en Syrie. — Les Assissins ou Ismaéliens; leur origine et leurs mœurs. — Mort de Noradin. — Mort du roi Amaury.

LIVRE XXI. 304

Avénement de Baudouin IV, ou *le lépreux*. — Il avait été élevé par Guillaume de Tyr. — Histoire du comte de Tripoli. — Conquêtes progressives de Saladin sur les Chrétiens. — Alliance des Grecs et des Chrétiens de Jérusalem pour envahir l'Égypte. — Elle demeure sans résultat.

LIVRE XXII. 373

Fâcheux état du royaume de Jérusalem. — Guillaume de Tyr revient de Constantinople où il avait été envoyé en ambassade. — Troubles de l'empire grec. — Brillante expédition de Saladin en Mésopotamie. — Imposition extraordinaire établie pour la défense du royaume. — La maladie du Roi croissant toujours, Gui de Lusignan est nommé régent. — La régence lui est retirée. — Couronnement de Baudouin V encore enfant.

LIVRE XXIII. 460

Douleur de l'historien à la vue des désastres de son pays. — Animosité du roi Baudouin IV contre le comte de Joppé. — La régence du royaume est donnée au comte de Tripoli. — Fin de l'ouvrage de Guillaume de Tyr.

FIN DE LA TABLE.

www.ingramcontent.com/pod-product-compliance
Lightning Source LLC
Chambersburg PA
CBHW070201240426
43671CB00007B/509